フリードリッヒ＝マイネッケ

世界市民主義と国民国家 I

――ドイツ国民国家発生の研究――

矢田俊隆訳

岩 波 書 店

WELTBÜRGERTUM UND NATIONALSTAAT

Studien zur Genesis
des deutschen Nationalstaates

Von Friedrich Meinecke

Siebente durchgesehene Auflage
Verlag von R. Oldenbourg, München und Berlin 1928

ともに過ごした上ライン時代の思い出のために
親愛の情をこめて
エーリヒ＝マルクスにささげる

第七版の序言

わたしが二十年前に本書を公刊したとき、本書は、大部分は、まだほとんど文献のない寂しい地域を歩いている、と、ある批評家は述べた。だが、こうした事情は、なんと変わってしまったことだろう。しかしながら、なかんずく第一部で取り扱われている諸問題にたいするわたし自身の態度も、歴史的なもろもろの経験を通じて、変わっているのである。わたしの「国家理性の理念」(一九二四)をこの書物と比較する人は、このことを容易に認めるであろう。しかし、この変化は、わたしが前からのこの書物を、いまあるいは否認しなければならないほど、はなはだしいものではない。当時わたしの判断をみちびいた究極の高い価値――国家、国民、人類――は、わたしにとっては、依然として不動のものである。ただ、それらの価値は、当時わたしには、もっと明るい日光に照らされているようにみえたのに、こんにちでは、かすみに包まれているようにみえるだけである。

それゆえ、もしわたしが、本書のなかへわたしの現在の見解をもちこもうとするならば、わたしは、歴史的に規定された本書の性格を抹殺することになるであろう。そしてまた、本書のなかで直接の研究にもとづいている部分は、同様に、最近の諸研究に向かいあって自己の地位を維持しようと望んでも、さしつかえないであろう。なぜなら、最近の諸研究は、わたしが第一部で描いた像を、もちろんしばしば個々の点で豊かにし醇化してはくれるが、しかし、その大要を確認してくれるからである。ロマン主義にかんする最近の多数の文献を、わたしは喜ばしいとは思わない。なぜなら、それらは、わたしの問題にふれるかぎりでは、わたしが簡潔にいおうとしたことを、繰り返しくどくどと述べたてているにすぎないからである。理念史に愛着を覚えるわかい研究者たちは、別の、もっとむずかしい理念史の分野に、たちむかうべき時である。
わたしは、第一部ではほとんど改めるべき点がなく、注で若干の相手との論争を指示することができたにすぎなかったが、第二部では、新しく開かれた一つの史料、すなわち、Hübner によって公刊された一八四八年にかんするドロイゼンの記録――そこには、なかんずく、一八四八―四九年のフランクフルト憲法委員会の議事録がふくまれている――を、大いに利用することができた。プロイセンをドイツに同化させようとする思想の歴史にみられた、本質的なもろもろの間隙は、それによってうずめられることができたのである。そして、これと関係のある諸問題が、まさにこんにちふたたび、まったく生き生きした、切迫したものになっているので、わたしは、こんにち争われている国家改革の問題の歴史的な根源を理解する力のあるすべての政治家たちに、本書が何物かを提供してくれることを、希望するものである。

一九二七年十一月十二日

ベルリン＝ダーレムにて

第二版の序言

一九〇七年の末に初版の発行された本書は、特定の重要ないくつかの問題を取り出し、その発展を、十九世紀を通じてたどることによって、ドイツ国民国家の発生を、いっそう深く究明しようとするものである。歴史的＝政治的な考察と理念史的な考察とが、その際つねに協力しなければならなかった。わたしの試みが、ほとんど例外なく、友好的にそして寛大に受けいれられ、研究をすでに幾重にも刺激してきたということを、わたしは、感謝の念をこめて語ってもよいであろう。それゆえわたしはまた、わが批評家たちの、なかでもまず G. Küntzel, R. M. Meyer および H. Oncken の言葉から、そしてさらに、最近の幾多の個別的研究から、学ぶことができ、第二版には、一連の訂正と補足をつけ加えることができたのである。ゲンツの文通が公刊されたことによって、わたしは、第一部で述べられている発展系列のさなかに、彼の立場を簡単に特徴づけるきっかけを、あたえられた。シュタインのドイツ的・ヨーロッパ的な政策についてのわたしの見解は、H. Ulmann の表明した疑問にたいして、十分な弁明を行なったであろうと、わたしは信じている。さらに第二部では、G. Droysen の J. G. Droysen にかんする書籍解題《ビブリオグラフィー》は、一八四八年春の彼の計画の前史を解明するための好機会を、わたしにあたえた。第二部で取り扱われている問題にたいする、国王フリードリヒ・ヴィルヘルム四世の態度を、わたしは、王室文庫のなかであらたに発見された、彼についての記録によって、いっそう明らかにすることができた。わたしがそのあいだに発見した、なおそのほかの新しい証拠は、世襲皇帝派の態度にかんするものである。一八四八年のカトリック＝グループの戦術についてのわたしの叙述にたいして、あげられている異論も、わたしは、考慮にいれた。おしまいに、H. Onckenのベニクゼンにかんする書籍解題は、最後の章について、わたしに本質的な補足をあたえてくれた。

本書は、次のような信念にもとづいている。ドイツの歴史研究は、その方法的作業の貴重な伝統を放棄することなしに、しかもまた、国家生活＝文化生活のもろもろの重要な力とともに自由に活動し、またそれらの力と自由に接触するまでに、高められなくてはならない。ドイツの歴史研究は、自己の固有の本質と目的をそこなうことなしに、もっと勇敢に、哲学と政治にゆあみしてもよいのである。それどころか、それは、普遍的であると同時に国民的であることによってはじめて、自己の固有の本質を発展させることができるのだ、という信念に。

一九一一年五月二十一日

フライブルク＝イム＝ブライスガウにて

目　次

第一部　ドイツ国民国家思想の発展における国民、国家および世界市民主義

第一章　国民、国民国家および世界市民主義についての一般的考察

ドイツにおける国民国家思想の発生史について何事かを語ろうとするものは、まず第一に国民および国民国家の本質について、またこれら二つの概念の相互関係について、みずから明確な観念を形づくっておかなくてはならない。

人類の歴史の全体的な範囲のなかで、個々の国民をたがいにわかつものはなんであろうか。その答としてはただ、それにたいする目じるしを普遍妥当的にあたえるような公式はなんら存しないというほかはない。国民とは、一見したところ、ながい発展のうちに歴史的に成立したえず運動し変化している強大な生活共同体であるが、そのためまた、国民の本質にはなにかしら流動的なものが含まれている。共同の居住地、共通の血統――あるいは、人類学的な意味で種族的に純粋な国民というものはありえないから、いっそう厳密にいえば――共通のあるいは似通った血液の混合、共通の言語、共通の精神生活、共同の国家的結合または若干の同質的国家の連合、これらすべては、一つの国民の重要かつ本質的な基礎もしくは特徴でありうる。しかしそうかといって、あらゆる国民は、それが一つの国民であるためには、これらの条件を全部いっしょに備えなければならなかった、とはいえない。なるほど、国民のなかには、血液の近似によって生じた一つの自然的核心が、絶対に存しなければならない。これにもとづいてこそ、種族的結合をはじめて国民にまで高め、またその種族に他の種族や異質的な要素を同化

する能力をあたえるもの、すなわち、独自の内容豊かな精神的共同体およびそれについての多少とも明白な意識は、生まれることができるのである。しかし、この一段高い共同体がいかにして発生するか、またその内容がどんなものであるかについてわれわれに教えるところがあるのは、一般的な経験法則ではなくて、ただ、具体的な個々の場合の研究だけである。もしかりに、一般的法則がここに支配するとしても、それは、われわれの経験にとっては近づきがたいものである。なるほど人びとは、ここかしこで、一般的法則とはいかぬまでも一般的傾向の一片をとらえることができ、またあらゆる国民の、それほどではなくても多数の国民のあいだに、似通ったもろもろの特徴および発展段階を認めることができると信じているが、しかし、いっそう厳密に吟味すれば、各国民はまた、いずれもまったく個性的な独自の部分をもっているのである。そして、一般的な社会学が、諸国民の本質における類型的なもの、普遍的なものをできるだけ多く取り出そうとするものであるならば、本来の歴史家は、できるだけ忠実かつ精細に個々の国民の特異な点を観察しようとする衝動に、より多くかられるであろう。こうして、われわれの研究もまたこれを欲する。とはいえ、この仕事をなしえんがためには、諸国民の存在と生成における一般的な類型および傾向について判別できるものにかんして、少なくとも総括的な概観を行なうことが、必要である。

われわれはここで、諸国民をその最初の起源において、すなわち、すでに示したように普通比較的小さな諸種族および諸団体からの合生に還元されてしまうような状態において、取りあげるのではなく、そのより発展した段階において、問題にするのである。一つの国民が自己発展を行なうためのまず第一の前提は、かれらが一つの確固たる領土的基礎、すなわち「祖国」を獲得することである。たしかに、放浪する民族や領土の散在している民族もいないわけではないが、しかし、比較的強固な団結と豊かな内容を獲得し維持することができたのは、普通はただ、長期間を通じて確実に一つの本国、一つの祖国を所有してきた民族に限られている。いまもしわれわれが、この比較的豊かな内容はどのような根から生ずるものであるかを問うならば、ただちに、二つの大きな集団を形づくらねばならないであろう。われわれは、ただちにつけなくてはならないあらゆる留保にもかかわらず、国民を文化国民と国家国民に[1]、すなわち、特に何かある共通に体験された文化財産にもとづくようなものと、特に共通の政治的な歴史および制度の統一力にもとづくようなものとに、分けることができよう。共通の言語、共通の文学および共通の宗教は、一つの文化国民を創造し統一するところのもっとも重要かつ有効な文化財である。古代ギリシア人の共通語について、その方面の最高権威の一人は「それは国家的な諸関係とはまったくなんのかかわりもなく、ただ文学にとって有効であるにすぎない[2]」と語っている。いま一つの例は、アイルランドの共通語であり、これも、同じく非政治的な仕方で、詩人や小説家の階級によって創造され維持されてきたのである[3]。とはいえやはり、政治的なもろもろの勢力や利害関係が共通語や共通文学の発生を――ひき起こすということはまったくなかったにしても――促進した場合のほうが、はるかに多い[4]。宗教、国家および国民性のあいだの関係も、またしばしば密接である。たぶん数百年前にすでにその国家を失っていながらしかもふたたびそれを得ようと努めるかつての国家国民において、特にわれわれは、かれらがいかにその国民的な宗教と教会に確固たるよりどころを見いだしえているかを、はっきりと知ることができる[5]。この場合はまた、文化国民は同時に国家国民でもありうるということ、したがって、かれらを強く締めくくっているものはなんであるか、それが政治的な紐帯であるかそれとも宗教的＝教会的な紐帯であるか、はしばしば不明であるということを、示している[6]。それゆえわれわれは、文化国民と国家国民とを内的に厳密かつ慎重にたがいに区別することはできないが、同様に外的にもそうすることは不可能である。なぜなら、一つの純粋な国家国民の内部に――スイスの例が示すように――さまざまな文化国民に属する人びとが生活することもありうるし、また、特定の文化国民の内部に――偉大なドイツ国民の例が示したように――多くの国家国民の成立することも可能であるから。これらの国家国民とは、その政治的な共同感情を強力な特色にまではっきりうちだし、それによって一つの国民となり、またそのことを意識しようとするが、しかしまた同時に――かれらがそのことを望んだり知っていたりすると否とにかかわらず――あのいっそう大きな、いっそう包括的な文化国民の所属者たりつづけることができるところの、諸国家の住民なのである。

それゆえここで問題になりうるのは、意欲の有無およびそれについての意識の強弱である。おそらくこれこそは、諸国民の生成におけるさまざまな傾向を少なくとも大体において分かつための、もっとも重要な契機であろう。国民とは一つの国民であろうとするところのものである、といわれているのは、たしかに正しい。「国民という存在は、毎日の人民投票なのだ。」[7](L'existence d'une nation est un plébiscite de tous les jours)〔エルネスト＝ルナン〕しかしながら、一八七〇年以前に国家的にも文化的にもフランス国民に属したいと願っていたアルサス人は、そのために、かれらの根ざしているドイツ文化国民の深い痕跡を失っていたのであろうか。かれらは、おそらくその望んだ以上にながく、文化的なドイツ国民性を保持し、歴史的にみればかれらがもはやそれに属しようと望まなかったときにも、なおドイツ文化国民に属していた。とはいえ、まさにアルサスを得ようとするドイツの要求をあてこすってもいるあのルナンの言葉は、それを正しく制限し、その歴史的な諸前提にみちびき返すならば、やはり真実を含んでいる。それは、一七八九年の精神、すなわち、国民の自治と主権、いいかえれば、その政治的制度をみずから形成し、その政治的運命をみずからみちびこうとする国家国民の思想から、生まれたものである。国民への意志は、当時はじめてフランス国民を、その後十九世紀にはドイツおよびイタリア国民をもとらえ、大陸における偉大な国家国民の新しい形成にみちびいた。しかしながら、国家国民への意志がかくも力強く爆発したこれらの新しい時代には、国民的意志がまだそれほど意識的にはっきりと発動せず、十分な意味での国民的自治についてはなんら語られえなかったような時代が、先行していたのである。もっともその時代にも、すでにフランス人とイギリス人は一つの国家国民であると同時に文化国民であり、ドイツ人とイタリア人は少なくとも一つの文化国民ではあったけれども。こうしてわれわれは、近世の偉大な諸国民の、国家国民ならびに文化国民の発展における、一つの主要な切れ目に遭遇する。われわれは、比較的早い時期とあとの時期とを区別することができるのであって、その前期には、国民は全体としてむしろ植物的・非人格的な存在と成長のうちにあるが、後期には、国民の意識的な意志が目ざめ、――かれらの指導者の機関を通じて行なわれるにすぎないにもせよ――自己を偉大な人格であり偉大な歴史的統一体であると感じ、発展した人格のしるしと権利である自治を、要求するに至るのである。(8) しかしその場合つねに大切なのは、両者のあいだのこのような変化は、徐々にあらわれるにすぎぬものであって、なんら急進的なものではない、ということである。国民がむしろ植物的・仮睡的な存在であった時代にも、かれらが目を見開き、個々の精神的指導者の機関を通して語り考え、共同の偉大な表明や意志表示を通じて行動した個々の時点が、欠けていたわけではない。また同様に、あの早い時期にみられたような静止的・無意識的な生活は、目ざめた国民的人格の時代にも、けっしてやむことはない。国民の意識的な意志によって、すなわち、国民的な感覚をもったその政府や政党や指導者たちによって行なわれるあらゆる改革は、それ以前にすでにかすかに芽ばえていたもの、徐々に下から上へしみとおっていったものを、拾いあげて継続したにすぎないのである。

ともあれ、この漸次的な推移は非常に大きいので、われわれは国家国民と文化国民とを、このような比較的ふるい時期と若々しい時期の特徴にしたがって、一応分けることができるのである。

そこでまず国家国民についていえば、たしかにそれは、国民の自治衝動によってだけではなく、静かに作用する国家のはたらきによって、また同じ国家的結合のなかでの政治的共同生活によって、それゆえ長期にわたる緩慢な成長を通じて、形づくられる。したがって、国家国民の生まれる時点をはっきりと示すことは不可能であり、内外にむかってはたらく活発な永続的な政治的共同感情の存在するところでは、その国家の全住民は国家国民になっており、その国家は国民国家になっている、ということができるだけである。アンシャン＝レジーム（旧制度）下のイギリスとフランスの例が示すように、ある国家が同時に一つの大きな文化国民に立脚しまたその大部分を包括することも可能であるが、しかしまた、同時代のプロイセンの例が少なくともその最初にはやくも示しているように、一つの特殊な国家国民がいっそう大きな文化国民のある部分から成っていることも、ありうるのである。決定的なことは、多くの場合心ならずもこのようなふるい特徴をもつ国家国民と国民国家をつくりだすのは、絶対主義的なものであれ貴族的＝議会制的なものであれ、上からの国家形成であるということである。たしかに、こういったふるい時代の国民国家は、このようなものとしてみれば、当然きわめて不完全な何物かである。まったく異常なまでにごちゃごちゃと入り組み四分五裂していたアンシャン＝レジームの全体世界、地方的、局地的、組合的な諸制度の組織全体が、上からの国民化を阻害する。もろもろの領主的権力や団体《コルポラチオン》が、大いに公共的精神を分割し吸収する。全体者の理念は、さまざまな屈折をうけて存在するにすぎない。なるほど強大な諸国家はそれ自身すでに強力な自主的人格になってはいるが、それらの背後にはやくも一つの国家国民が存在する場合、この国家国民は、自発的に突き進むよりも、喜んでついて行くことのほうが多いのである。

ところでこの比較的ふるい時期の文化国民についていえば、その植物的な性格は、かれらが、国家国民となりかれらを包括する一つの国民国家をつくりだそうとする衝動を、みずからもっていない、という点に、まさによくあらわれている。この時期の文化国民は、国民が一つの人格としてあるためのできるだけ強力な形態と活動様式をもとめた、のちの時期にくらべて、むしろたんなる文化国民としての存在に満足することができた。人格性とは、可能なかぎりの自治をさすばかりでなく、できるだけの自給自足《アウタルキー》、および、あらゆる内的な力と素質の調和的な統一と育成をも、意味するものである。しかし、われわれはまず第一に、たんに理想的な抽象化された国民的人格の観念から目を離して、それを構成しているもろもろの現実的な力のことを、すなわち、国民を形成するたくさんの個人のことを、また、個人の意志における共通なもののことを、もっぱら考えてみよう。かれらのうちにひとたび一大国民的共同体の十分な意識が目ざめ、それがこのような共同体をもとめるはげしいあこがれにまで高められるとき、このあこがれは、みたすことのできるすべてのもののなかに流れこみ、一般に国民化されうるすべてのものが国民化されるまでは満足しない、一つの洪水に似ている。けっきょくこの経過は、個人とその生活圏の大規模な拡大である。人間は、それによって自分をささえてもらうために、また自分のなかに生きているものをそのなかに運び入れるために、共同体を必要とする。そして、彼自身が自律的になり個性的になればなるほど、彼は、ますます広くそして勇敢に、自分に影響を及ぼしてほしいもの、またそのなかで自分の能力を発揮することを望むものの範囲を定め、この生活圏は、それだけいっそう豊かな内容とくっきりした輪郭とをあたえられることになるであろう。そして、人間がそのなかに身を置くことのできる比較的大きなあらゆる生活圏のなかで、国民ほど直接に全部の人間に話しかけ、全部の人間を強くささえ、その自然的＝精神的な実質全体を忠実に再現するものは、また、国民ほどに大人間《マクロアントロポス》であり強力な個体であるもの、もしくはそれになりうるものは、たぶんほかにはないであろう。

それゆえ、近代的な国民思想の時代に個人主義的な自由活動の時代が直接先行していることは、なんら偶然ではない。国民は、自分自身を人格にまで高めるために、いわば、もろもろの自由な人格の血をすすったのである。この近代的な個人主義がそれ自身のなかで分裂していたということ、すなわち、その一分派は自然法に端を発し、民主的な方向をとって万人の同権を獲得しようと努力し、他の一派は精神的な意味での貴族的感覚をもち、もっともよいものを解放し高めようと努めたということは、ここではまた大したことではない。(9) なぜなら、民主的個人主義は、社会的平等のあらゆる妨害と戦うための手段として、ただちに国民の理念を利用することができたし、また、貴族的個人主義は、国民の理念のなかで、大衆とともに感ずる機会をもち、大衆のうちに眠っているもろもろの力を感知し、民衆そのものとはいかぬまでも民衆の理想像を身につける可能性が、あったからである。そして、貴族的個人主義がこのことを実行したと否とにかかわらず、自由で独創的な人格のつくりだしたすべてのものは、いつでもただちに現実の国民にとって役に立った。なぜなら、それは、国民の全生活をいっそう豊富な、独特な、また個性的なものにしたからである。

それゆえ、個人主義の二つの方向は、ともに国民形成的なはたらきをすることができた。個人の活動が増大するのに正比例して、国民の活動も大きくなっていった。そして、もっとも活発な形態の近代的国民思想が、近代的国民国家思想になったのである。ふるい段階の国民国家であったフランスとイギリスは、若返り、前者は急速にそして激情的に、後者はゆるやかにそして慎重に、国民と国家のいっそう緊密な合一を従来妨げてきた中間勢力を、放逐してしまった。まったく新しい国民国家が、それまで数世紀のあいだ文化国民として栄えてきた国民のなかから、生じた。国家についてのわれわれのあらゆる思考と懸念を支持し正当化する高い認識、すなわち、国家は一つの理想的・超個人的な全体人格であるという認識は、個々の市民の共同体感情とエネルギーが国家の

なかに運び入れられ、国家を国民国家に変化させたときにはじめて、完全にかち得られたのである。(10)

ところで、近代国民国家の本質は、それを形づくっている国民が最高度の活動を行なう点にあるのだから、外面的に立て直され維持されるだけでは、まだまだ十分とはいえない。それによってつくられているのは、いわば外的な権力の城壁にすぎず、国家国民としての国民は、この外壁から自覚的に装備をととのえて世界に向かい、またこの城壁の内部で、かれらの内的・精神的な、また社会的な生活を、いまや高めると同時に調和させようと努力するのである。しかし、それとともに、文化国民としての国民のなかにも、一つの新しい特徴、いっそう大きな活動性、いっそう意識的な努力そのものが、あらわれてくる。こうした傾向は、なお文化国民の段階にとどまっているような諸国民にも刺戟をあたえ、ことに、政治的に統一されているかれらの主要集団から離され、それとは文化的共通性の点で関係をたもっているにすぎない国民の諸部分を、沸き立たせる。存在の本質的目標すべてにおいて打ち破られることのない国民的な生活共同体こそ、どんなところでも、理想なのだ。(11) この課題には、終わりがない。なぜなら、それを解くためのさまざまな手段にともなって、同時にまた幾多の困難が生ずるからである。国民が勢いをますと同時に、国民の内部のあらゆる生活圏も、力を加える。こうしていまやまた、すでに存在している国民内部の精神的・政治的・社会的なもろもろの対立は、ますます深く掘り下げられ、そのうえ新しいものまで、つけ加えられる。なぜなら、あらゆる党派や集団は、いまや国民のなかの生き生きした個性的な諸力を利用するようになるからである。たしかに、国民そのものの内部で、さまざまの国民概念が対立しあい、さまざまな傾向のいずれもが、自分こそ真に正しく国民を代表すると主張するのである。しかも、国民の一部が無邪気に善意をもって自分を全国民の核心であり真髄であるとみなすこの現象は、じつは、国民生活の本質そのもののなかに根拠をもっているのである。なぜなら、国民生活とは、なんといってもつねにまず比較的活発で力強い人びとによって定められるものであって、遅鈍な大衆全体によって一様に規定されるものではないし、[12] また国民の理想像とは、同時にまたつねに、個人の心のなかで動くものの反映だからである。それゆえ、国民とは、ある意味では本来つねに、全体を代表するその一部分(pars pro toto)なのである。もちろんその場合、頭が身体なしにすますことができないと同じように、全体なしにすますことはできないけれども。ふるい国民国家においては、だれが頭でありだれがそれに従う手足であるかは、たいていの場合、疑う余地がなかった。新しい国民国家では、これに反して、さまざまの個人や社会的集団が国民の理念をとらえ、そのなかに自己を投影するから、それについての疑いと戦いには、かぎりがない。この戦いをただながめているだけの人は、たぶん次のように考えるかもしれない。われわれは、完全な生活共同体の目標に近づいているのではなく、かえって遠ざかっているのであり、諸国民は、以前の植物的な時期においてのほうが、それ自身はるかに統一的にまた打ち破られずに生活していたのだ、と。けれども、近代的感覚にとって最高の価値と思われるのは、いかにも統一性そのものではなくて、生命と力に満ちた統一性であり、調和的和解そのものではなくて、できるだけ内容の豊かな調和的和解なのである。さらにまた、人びとは次のように問うこともできるであろう。それ自体としてはたぶんもっと内容の貧弱であったふるい時代の国民生活も、反省と文明によって傷けられた新しい時代の国民生活よりは、なんといってもいっそう大きな力をもっていたのではなかろうか、と。しかし、われわれは、同一の観察者でも気分がかわればしばしばちがった答え方をするであろうような、こうしたきわめて主観的な問題に、これ以上かかわることはやめよう。一般にわれわれは、ふるい時代の国民生活と近代的な国民生活の種々の性質を個々別々に比較しあうべきではなく、その場合つねに、あらゆる生活関係の全体的な非常に大きな変化を、眼中に置かなくてはならないのである。すでにみたように、ふるい国民国家は、その内的本質からいえば、疑いもなく未完成の不完全なものであった。新しい国民国家もまた不完全なものではあるが，しかしそれは，ふるい時代のそれとは本質的にちがった原因によるのである。ふるい国民国家には，国民の深い領域からあらわれる自発的な運動が欠けていたが，近代的な国民国家は，むしろそれを多すぎるほどもっており，国家から分離しようとしまた国家に干渉しようとする諸党派を結集するために，さんざん苦労するのである。しかし，このような活動の過多は個人と社会のいっそう豊かな分化から生ずるものであるから，近代的国民国家の課題は，もろもろの対立を絶滅し国民文化を水平化することではありえず，ただ，一定の根本的見解における共通性と，種々様々であってかまわないもの相互間の寛容と是認――いわば国民的年齢の一定の時期にとっての神の平和――を得ることができれば，それでよいのである。この課題がほんのいくらかでも解かれるならば，近代的国民国家は，ふるい国民国家が行なったよりもはるかに困難な，しかもたぶんまたいっそう高度の仕事をなしとげたのだと，誇ってもよいであろう。

しかしながら，ふるい国民国家と近代的国民国家の本質についてのこのような見解にたいして，一般にふるい段階の国民生活により以上の自然的な力と新鮮さを認めたと同じ考え方から，なお一つの重要な異議が起こりうるであろう。すなわち，人びとは次のようにいうかもしれない。一般にその構造のなかに独自の国民的特徴をもつ国家は，すべてこれ一つの国民国家ではなかろうか，と。この見解にあっては，国家が国民――その本質はとりもなおさず国家に反映するのであるが――を，全体として，もしくはその主要集団だけでも，自分のなかに統一しているということは，必ずしも重要な事柄ではなく，そこではまた，国家がその臣民を一つの国家国民に教育するということも，けっして不可欠の問題ではない。――ただ，国家の諸制度ができるだけ国外からの影響を受けずにいることだけが，肝要なのである。この意味では，ピョートル大帝以前のふるいロシアは，西欧的な諸制度の移植によって近代化されたロシアよりも，いっそう純粋な国民国家であることになり，われわれが近代国家とよんだものは、その制度が多くの場合外国の模範にならって形成されたものであるという理由で、まったく国民国家ではないという嫌疑をうけることになるであろう。この見解によれば、真の国民国家とは、むしろ一つの国民の特殊な地盤から固有の花のように咲き出るものであり、この特殊な地盤は、国民国家のほかにも、同様に強力で独自な特徴をもつさらに多くの国家的形成物を生みだすことができるから、国家が国民的でありまた国民的となるのは、統治者ないし国民の意図的な意志によるのではなく、言語や慣習や信仰がそうであるように、民族精神の静かな作用によるものであると考えられる。古代の都市国家やイタリアの都市国家やかつてのドイツの領邦国家などは、たぶんこのようなものであっただろう。それゆえ、この意味の国民国家を生みだすものは、文化国民、しかも特に、すぐれて植物的な時期における文化国民であり、この考え方においては、一般に国家は、他のものと並んで、国民文化の一所産とみなされるにすぎない。それゆえ、論理的な区分の原理が、ここでは、上に用いたものとはちがっているのである。後者は、国家から出発し、前者は、国民すなわち文化国民から出発した。後者は、国家にはさまざまな性質のものがあるが、そのうち一つの国家国民を、すなわち活発な政治的共同感情をもつ住民を含む国家こそ、国民国家である、という判断に達した。これに反して、前者は、国民はその民族精神から多くの子供を生む、国民国家もまたそれらの一つであり、それはある特殊な国民文化の固有の性格をになっている国家にほかならない、という判断において、頂点に達する。しかし、ここで大切なのは、よけいな区別ではなくて、ほかならぬドイツの国民国家的理想の発生史において重要な活動を行なったところの諸対立だということを、われわれはみるであろう。

われわれは、文化国民と国家国民とを区別し、政治的な意味での国民国家と国民文化的な意味での国民国家とを区別し、政治的な意味での国民国家のなかに、さらにまた、国家国民であるとともに文化国民でもあるもののなかに，ふるい特徴をもつものと新しい特徴をもつものとを区別した。われわれは，その場合つねに，歴史的現実においてはこれらさまざまの類型が相互に移行しあうことを，同時に明らかにした。しかし，われわれはこれまで，国民および国民国家を主としてそれ自身において，また，それ自身の内在的な性質と目的にしたがって，考察したのであった。けれども，このような考察の仕方だけでは，まだ十分とはいえない。なぜなら——われわれがすでにほのめかしたように——もろもろの国民や国民国家は，純粋に自己を保存したりたがいにまざりあったりする特定の諸種族の見本にすぎないのではなくて，あらゆる歴史的形成物と同じように，同時に一つの非常に特異な性格をもっているからである。もとよりそれは，ロマン主義の影響下にある歴史観がながいあいだ考えてきたように，一つの国民のあらゆる特殊性はもっぱらそれ自身の固有の民族精神からみちびきだされるという意味で，特異なのではなく，国民の本質も，個人のそれと同じように，隣人との摩擦や交換によって形成されるのである。それゆえ，もろもろの国民および国民国家相互間の接触は，かれらの個々の発展をきわめてふかく規定することができる。そしてたしかに，個々の歴史的時点，すなわち，諸民族相互間の生活のなかでおこる一つ一つの重大な事件は，それだけで個々の国民や個々の国民国家の独自の生活を，従来みられたかれらの発展傾向からは確実に予見さえもできなかった軌道に，むけることができるのである。ところでまた，国民の特性のなかには，外からやってくるこれらの作用がつきあたる一定の限界というものが，たぶんあるはずであり，おそらく，その国民の特性のなかにすでに眠っている萌芽につきあたるものだけが，その国民の特性をほんとうに結実させまた改造することができるのであろう。しかし，そこでもまた，この眠っている萌芽や可能性がすべての国民に本来備わっているものであるか，それともただ，これらの可能性を実際に展開させる国民だけに属しているものであるかを，すなわち，それが種族的な特性であるかそれとも個々の国民の独特な性質であるかを，われわれは疑うことができよう。しかしそれにもかかわらず、外からやってくる特異な諸要素が、個々の国民や個々の国民国家の発展過程を本質的に規定しうるという事実は、依然として疑うことができないのである。

ところでしかし、このような外的影響とは、もろもろの国民や国家が相互間につくりなす一つの共同体生活——それはまたそれ自身の因果関係をみずからのなかにもっている——の作用以外の何物であろうか。たしかに、多くの国民や国家を結びつけるこのようないっそう高度の共同体のあいだの境界は、そしてまたこれらの共同体それ自身も、きわめて流動的でありあいまいなものであるから、歴史的研究においては、国民的なものや個別国家的なものの世界にたいしてただちに普遍的なものの世界を対立させるために、特色ある用語がつくりだされており、そのことはまた、世界史全体は本来一つの大きな単独の過程であり、国民的発展と普遍的発展の強力な組みあわせであり交差である、という見解に、みちびいているのである。(13)

そこでわれわれは、たぶん次のようにいってもよいであろう。歴史研究がこの組みあわせに遭遇してそれを確証しようと努めるとき、歴史研究は総じて自己にあてがわれた領域の頂点を歩いており、もっともきれいな空気、もっとも明るい見晴らしを楽しんでいるのだ、と。すでにみたように、歴史研究が特に好んでなにか独特なものにむかったとき、そのとき歴史研究は、その独特なもの自体の最高の性格を、また、その他すべての独特なものを評価するためのもっとも捉われない立場を、見いだすのである。あるいは、もろもろの国民と民族圏のあいだに、また、国家ともろもろの国家体系とのあいだに、外的な境界領域や接触領域をつくりあげることは、なんといっても歴史研究の最高の任務ではありえない、という異議を、申し立てる人がいるかもしれない。なぜなら、——人びとは、こういってもたぶん理由のないことではないであろう——国民と民族圏のあいだにみられるこのような接触、ないしこのような衝撃と反動は、非常に重要であり、非常に包括的であり、また非常に遠くまで作用を及ぼすにしても、ここではやはり、いっそう深く遠い奥にあるいろんな力の成果だけが、問題なのであって、これらの力をその根源においてとらえようとする人は、個人を、歴史的変化の相において研究しなければならず、歴史的研究の他のあらゆる対象、すなわち、社会・文化・国家・国民・人類などは、個人の心象や感覚や行動のなかにだけ、またそれらをとおしてだけ存在するのであって、この個人こそ、歴史生活の原細胞なのだからである。われわれはこれにたいして、次のように答えなければならないであろう。だから、たしかにわれわれは、国民的発展と普遍的発展のあいだのあの境界＝接触領域を、もろもろの民族や国家相互間の接触ないし外的作用のうちにもとめるだけでなく、人間の内的生活のなかにももとめようとするのである。なぜなら、ここでもまた、一定の文化段階から、国民的傾向と普遍的傾向の作用と反作用のあの独特のすばらしい経過が生ずるのであるから、と。個人と環境のあいだの精神的な摩擦のうちには、すなわち、個人が国民の領域から自分だけに特有なものの領域へ高まろうとする努力のうちには、すでにしばしば、ある種の普遍的要素が存在する。なぜなら、個人の財宝は、それを獲得しようとするものには、同時にまったく人間的な財宝であるようにみえることも、可能だからである。とはいっても、それはもとよりただちに普遍的な財宝なのではなくて、彼がけっして完全にはすてさることのできない国民的領域の根元の土の一かけらを、伴っているのである。われわれはここで、事態を大局的に注視しさえすれば、重要な歴史的経過の一系列が、ただちに眼前に浮かびあがってくる。まず古代の文化を、そして国民的思想と世界市民的——われわれはこの無価値にされた言葉に、安心してふたたび名誉を付与することができる——思想の内的な対決を想起してほしい。古代の Humanitas すなわち純粋な人間性の理想像について、たとえば人びとは次のようにいうことができた。「二つの国民性の衝突こそ、はじめて概念と言葉を創造した」のであり、かつそれは、「個人にたいして国法の限界を定め、国民性と人間性とを区別しようとする、最初の、なお十分には意識されていない試みであった」[14]と。それからまた、国民的な宗教と普遍的な宗教とのはげしくかつ生産的な摩擦を伴ったキリスト教の成立のことを、考えてみてほしい。さらにまた、これはここで特にわれわれにとって明白でなくてはならない事柄なのだが、中世における現実的なドイツ国民意識の最初の徴候と、それが普遍的な皇帝政策と関連していたこととを、想起してほしい。「わが民族の名称として《Deutsche》という名前がはじめてあらわれたのが、ドイツ国民のローマ帝国建設とほとんど正確に一致しているということは、たんなる偶然ではない。」[15]普遍的な任務が、当時また、人間の内心に国民的な理念をもえたたせる手助けをしたのである。そして最後に、十分な意識をもって国民の自治権のうえにつくりあげられたヨーロッパ最初の偉大な国民国家、革命のフランスこそ、まさに十八世紀の胎内から、徹頭徹尾普遍的な、世界主義的な理念にみたされた地盤から、あらわれ出たのではなかったか。

このことは、ドイツにおいても、国民国家思想の発生は、普遍的理念と国民的理念のあいだのこのような緊張の結果おこったのではなかろうか、という問いを、提示する。普通の見解では、たしかに、わが民族においても世界主義的思考の時期が国民的・国民国家的理念の目ざめに先行した、ということになっている。われわれがこの研究においてこれ以上の何事をも立証すべきでないとすれば、ことはきわめて簡単である。しかし、上記の一般的見解は、世界市民主義と国民的感情とを、たがいに排除しあい、もっぱら相手を克服しようとし、またたがいに交代しあう、二つの考え方のように、対立させている。[16]歴史的感覚が事物のいっそう大きな諸関係に接してきたえられ、あらゆる理念の発展のなかにもっとも内面的な連続性の表明をもとめるものであるかぎり、この歴史的感覚にとって、以上のような考え方はなお十分ではありえない。ドイツ的教養をになう人びとによってつねに支持されているいっそう洗練された意見によれば、真のそして最上のドイツ国民感情とは、超国民的な人間性という世界主義的な理想をも含むものであり、「たんにドイツ的であるにすぎないということは、じつは非ドイツ的なことなのだ」とされている。[17] この意見はたしかに、いっそう真理に近づいている。しかし、こうした考え方は、従来必ずしも存在しなかった世界主義的理念と国民的理念のあいだの調和を要求し、両者の内的な対決と統一のむずかしくあいまいな経過を、見落としているのである。それゆえ、近代的なドイツ国民国家思想の発生にあたっての普遍的理想と国民的理想との真の関係をはっきり示すことが、われわれにとって一つの主要な課題となるのである。

問題の性質上、すぐれて専攻論文的《モノグラフイシュ》な集中的な取り扱い方が、要求される。政治思想の研究は、どうしても偉大な人格、独創的な思想家を離れることはできない。すなわち、政治思想をつかまえようとする場合には、まず第一に、高所の源泉ともいうべきこれらのすぐれた思想家を手がかりにすべきであって、いわゆる輿論の広い平野やその時代のとるにたらぬ政治文献などのうちに、これをもとめてはならない。しかもわれわれは、数多くの傑出した思想家のうち特に若干の人びとだけを精選し、さらにこうして選びだした人びとをも全体の政治的発展において取り扱うのではなく、かれらがドイツ国民国家思想の育成にたいして特殊な特徴的な貢献をした点だけを、取りあつかうことにしたい。その際、もろもろの特殊な思想やそもそも純粋に概念的なものを、思想や概念以上のものである直接の生活や人格のうえにできるかぎり復原してみることは、たしかに必要である。ここでは、みのり豊かな革命と解放戦争の時代、すなわち、フンボルト、フィヒテおよびロマン派の人びとに、重点がおかれるであろう。さらに、シュタインやグナイゼナウやフンボルトのドイツ政策の実例に即して、政治家たちの実践もまた、ここでわれわれの主要問題にもとづいて研究されるであろう。一般に以下の諸研究の理念は、われわれが一方でこれらの人びとについて、他方でフリードリヒ＝ヴィルヘルム四世のドイツ政策を手がかりにして行なった諸考察から、成り立っている。[18] これらの研究課題を究めつくそうとするならば、われわれはドイツの国民的理念の主要な分派のすべてに、ロマン的＝保守的な分派だけでなく自由主義的＝民主的なもののうえにも、研究を拡げなければならないであろうし、社会民主党や中央党などの近代的大衆政党のうえにも研究を拡げるならば、得るところがあるにちがいない。しかしながら、総じて一度道を開けば、われわれにはそれで十分である。そこでわれわれは、ロマン的＝保守的な発展の分派をとりあげたのであるが、この流れは、シュタインからフリードリヒ＝ヴィルヘルム四世、ヘーゲル、ランケをへてビスマルクに達するというすぐれた特徴を、みずからそなえている。そしてまたこの分派は、大体において自由主義的分派よりも知られることが少なく、その価値もそれほど認められていない。自由主義的分派こそ、たぶん往々にして、ビスマルクの時代に至るまで国民国家的理想の唯一のにない手であったとみられているのである。もとよりわれわれも、ここで自由主義的分派をまったく顧慮しないわけにはゆかないであろう。それゆえ、プロイセンとドイツの憲法問題の関係を取り扱う第二部の研究(本訳書には含まれていない。——訳者)において、これについて二三の新しい事柄を述べたいと思っている。

いまひとつ。われわれは特定の諸理念の歴史を個々の思想家の専攻論文的な取り扱いによって解明しようとするのであるから、幾多の考察が繰り返され、考察の対象は変化するにしても、いくつかの簡単な思想が再三再四語られなければならないのは、やむをえないことである。われわれは、これを恐れてはならないと考える。そして、「自然は、その諸原理においてはたしかに単純であるが、その応用においてははかりしれない豊富さをもっている」というライプニッツの言葉をたよりにしたいと思う。

(1) A. Kirchhoff, Zur Verständigung über die Begriffe Nation und Nationalität (1905), S. 52 ff. はこのような見方をしている。そしてまた本質的には Fr. J. Neumann, Volk und Nation (1888), S. 132, 149

も、すでに同様の見方をしている。——国民の自然的基礎(血の親近性と土地)については、Bauch, Vom Begriff der Nation, 1916 参照。

(2) Wackernagel, Die griech. und latein. Literatur und Sprache. (Die Kultur der Gegenwart, S. 300)

(3) Thurneysen, Die Kelten in ihrer Sprache und Literatur (1914), S. 15.

(4) これについては Mitscherlich, Der Nationalismus und seine Wurzeln, Schmollers Jahrbuch 36, 1925 および Herz, Wesen und Werden der Nation in »Nation und Nationalität« (Jahrb. f. Soziologie, Ergänzungsband 1, 1927), S. 29 参照。

(5) M. Lenz, Nationalität und Religion. Preuss. Jahrbücher 127; Kleine hist. Schriften, S. 234.

(6) 一つの文化国民が、何かある政治的要因の協力を得ることなしに、純粋にもっぱら共通の文化から発生するという場合は、いずれにせよ、まれである。「われわれは国家である以上に民族であるが、しかし、国家がなくては民族ではありえない」というダールマンの言葉は(Politik, 3. Auflage, S. 3)、あまりにも極端に形式化されているとはいえ、正しい核心を含んでいる。たとえば、イタリア文化国民の発生には、ローマ帝国の追憶があずかって力があり、さらにまた、ローマ教皇権およびローマ教会の政治的側面が協力した。しかし同じように、その反対に国家国民もまた、何かある文化的要因の協力なしには、ほとんど成立したことがなかった。しかし、こうした制限や留保のために、文化国民と国家国民という概念的区別を一般に無価値であると断言するのは、——そしてこの非難は、本書の初版があらわれて以来、繰り返しおこっているのであるが、——軽率である。なぜなら、すべてこの種の歴史的範疇は、けっきょくただ支配的な傾向を示しているにすぎず、しかも支配的傾向というものは、歴史的現実においては、完全に純粋かつ排他的にあらわれることは、まれだからである。少なくとも文化国民なり国家国民なりの概念は、以下の諸章が示すであろうように、個人の意識のなかで、非常にはっきりした、特徴的な存在をみちびくことができるのである。

(7) E. Renan, Qu'est-ce qu'une nation? (1882), S. 27.

（8） 民族性と国民性についてのエドゥアルト＝マイヤーの以下の見解は、その術語においてはわれわれとちがっているが、その内容においてはわれわれと一致している。「比較的緊密な共属の感情、民族の一体性という観念は、まったく徐々に……まず最初はなかば無意識的に、形づくられるにすぎない。そして、そのもっとも高まったもの、すなわち国民性の理念は、歴史的発展の創造しうるもっとも精妙・複雑な形成物であり、それは、事実上存在している一体性を、一つの意識的・活動的・創造的な意志におきかえるのである」等々。Die Anfänge des Staats. Sitzungsber. der Berliner Akademie, phil-hist. Klasse 1907, 6. Juni. また Meyer, Theorie und Methodik der Geschichte, S. 31 ff. 参照。もっとも彼は、ここではたしかに、一般に国民を歴史の単位と考える人びとにたいする反動に、いくらかおちいりすぎてはいるが。――Kattenbusch, Vaterlandsliebe und Weltbürgertum（一九一三年ハレ大学総長就任演説）が、「民族」と「国民」のあいだに行なっている区別も、われわれが文化国民と国家国民のあいだに行なう区別に、ほぼ対応するものである。「民族とは、自然における統一体であり、場合によっては、文化における統一体でもあるが、国民とは、つねに、一つの意志によって形成された有機体である。……国民はつねに国《ライヒ》としてあらわれる。……国民とは、つねに独自の国家である」と、彼は述べている。言語の慣用は、国民概念をこのようにせばめることとは、結びつかない。それゆえわれわれは、われわれの術語が実際的であると考える。おもに国民の問題ととりくんだ一九一二年の「第二回ドイツ社会学会の議事録」(Verhandlungen des zweiten deutschen Soziologentages, Tübingen 1913)のなかでは、実際には、Robert Michels の報告(»Zur histor. Analyse des Patriotismus«という題名で、内容を拡大して、Arch. f. Sozialwiss. 36 にはいっている)が比較的価値の大きい仕事であったにすぎないが、これは特に、フランスおよびイタリアにおける近代的国民理念の発展にとって、重要なものである。――価値哲学の立場からは、いささか一面的にすぎるきらいがあるが、最近 Bubnoff が、「国民の概念と国際共同体の理念」を興味深く取り扱っている。(Arch. f. Sozialwiss. 51, 1923)

（9） Troeltsch, Das Wesen des modernen Geistes, Preuss. Jahrbücher, April 1907, S. 10 ff. 彼は、合理

主義的個人主義と非合理主義的個人主義とを，区別している。

(10) Meisner, Lehre vom monarchischen Prinzip im Zeitalter der Restauration und des deutschen Bundes(1913), S. 290 参照。

(11) これについては，G. Rümelin, Über den Begriff des Volkes(Aufsätze 1, 103)が，非常に見事な説明をあたえている。「ある動機はわたしをこの領域に，また他の動機はあの領域に引きよせることができる。たとえば，地方自治体や国家や言語や血統が結びついて，わたしをある集団から引き離す場合にも，信仰はわたしを，その集団に差し向けることができる。しかし，われわれの心情は，このようにその気分を切断されこわされることを，一つの妨害と感じて，なげくであろう。われわれの心情はつねに，完全な統一的な生活共同体をもとめる静かなあこがれに，伴われるであろう。すべての生活目標を包括する中心的な集団こそ，理想的な目標として，その念頭に浮ぶであろう。」

(12) 国民的共同体のこのような「等級的性格」については，さらにまたO. Spann, Über den Begriff der Nation. Die Geisteswissenschaften, 1. Jahrgang, S. 561 および Binder, Logos 10, 294 参照。

(13) O. Hinze, Über individualistische und kollektivistische Geschichtsauffassung. Histor. Zeitschr. 78, 67(Histor. und politische Aufsätze 4, 12).

(14) Reitzenstein, Werden und Wesen der Humanität im Altertum(1907), S. 4 および 6.

(15) Dietr. Schäfer, Deutsches Nationalbewusstsein im Licht der Geschichte(1884), S. 10. 彼の Deutsche Geschichte^2 I, 167 および Dove, Ausgewählte Schriften, S. 302 参照。v. Below, Der deutsche Staat des Mittelalters I, 359 は，なるほど「ドイツ的全体意識」をオットー大帝の政治の前に認めうると考えてはいるが，しかしまた，この皇帝のイタリア政策がたしかに国民的意識の高揚に貢献したということを，承認している。

(16) その標題からわれわれのテーマを想起させる Wohlwill の著作 Weltbürgertum und Vaterlandsliebe der Schwaben(1875)も，適切にもすでに，世界主義的な運動と愛国的な運動との混合を認めているけれども、この関係の研究では、十分なところまで達していない。

(17) J.E. Erdmann, Das Nationalitätenprinzip (1862); Ernste Spiele (4. Auflage), S. 221. Zeller, Nationalität und Humanität (1873), Vorträge und Abhandlungen 2, 433 ff. も、類似のことを述べている。

(18) わたしはすでに、ドイツの決起時代にかんするわたしの研究論文《モノグラフィー》のなかで、いくつかのことを示した。(1906, 3. Aufl. 1924)

第二章　七年戦争以後の国民および国民国家

われわれはまず第一に、十八世紀の最後の数十年間における国民的なまた国民国家的な考え方の主要な諸傾向を、すばやくいちべつしておきたい。そしてその際、これらの諸傾向をもっともよく反映し、同時にまたこの種の理念の発展にたいして言語の不思議な力を示すであろうところの、国民という言葉の使い方から、話をはじめることにしよう。

すでに数世紀来、ドイツでは「国民《ナチオン》」について語られてきた。この言葉は、おそらく直接ラテン語から、すなわち、十五世紀の国家法および教会法の言葉から、取られたものであろう。(1)そして、この言葉の二重の使い方のうちに、ひとは二つの基礎から、文化共同体もしくは国家共同体から、一つの国民になることができるという感じが、無意識のうちにあらわれているということは、興味ある事実である。すなわちそれは、一つには種族的＝言語的統一体をあらわす言葉であり、また一つには、帝国に所属するものの全体をあらわす言葉でもあった。(2)十六世紀のドイツ帝国議会の決議条例の言葉のなかでは、そして、特にルターの言葉のなかでは、「ドイツ国民」(teutsche Nation)という用語はなお比較的ゆたかな響きを保っており、この響きは、カール七世の選挙協定のなかでも、なお余韻を残していた。こうして、国民という語はすでにながいあいだ人民(Volk)という言葉よりもいっそう高貴な意味をもち、人民という語はつまらないもの、卑しいもの、数の多いもの、すなわち、下級の住民、兵士などにたいして用いられたのである。フランス、イギリス、イタリアなどの近隣諸国でも事情は似ていて、そこでも、nation とか nazione とかいう言葉は、peuple, people, popolo などの言葉よりも、いっそう誇り高い表象を呼びおこしたのであった。(3) そこでわれわれは、たぶんこういってもよいであろう。「国民」というのは、光へ、高所へ、人格へと盛りあがってくる概念であったし、「人民」というのはむしろ、勤勉な服従を宣告された受動的・植物的な存在のための表現であった、と。(4) そしてわれわれはいまや、十八世紀の中ごろ以来まずフランスにおいて、それからまたドイツにおいても、国民という言葉がしだいに光輝あるもの、内容豊かなものになってきた状態を、認めることができる。モンテスキューは、一七四八年にその著書「法の精神」(Esprit des lois)のなかで、第十九編を、法律は「一国民の一般的精神や風習を形成する」(qui forment l'esprit général, les mœurs et les manières d'une nation)諸原理にたいしてどんな態度をとったか、という問いにささげ、一七六九年以後「諸国民の風俗と精神にかんする論文」(Essai sur les mœurs et l'esprit des nations)という表題のついているヴォルテールの作品も、同じ年に生まれたのである。両者はいずれも、国民という言葉を、特定の精神的もしくは道徳的な特性によって衆にぬきんでている民族共同体という意味に使っているが、しかしまたすでにかれらは、国家の国民形成的な力にたいしても、理解を示している。(5) その後まもなく、国民概念のいっそう力強い上昇運動がはじまったが、それはたしかに、「第三身分」(tiers état)の上昇運動と正確に相応ずるものであった。一七五八年、第三身分の一代弁者は、商人や学者や芸術家を peuple に数えるのは不当である、と明言した。これらの人びとはむしろ、「国民」のいっそう高い階層に属したのである。なぜなら、この見解にしたがえば、「国民」はなるほど peuple をも含みはしたが、やがていつしか国民の本来の核心にたいする表現となることができたからである。すでにのべたように、精神的もしくは政治的に一国民を指導する階層は、いかにも自分たち自身を国民と同一視する傾向を、つねにもっている。(6) こうして、当時第三身分の社会的・政治的・精神的なもろもろの理念や要求が国民の概念のなかに流れこみ、そしてまたそれらのものは、この概念を通じて、理想的な活動力を保持したのであった。(7) 国民という言葉の魅力と意義とを人びとがいかにつよく感じたかをよく示しているのは、一七八九年六月の有名な第三身分の討議であって、その際人びとは、自分たちを「国民議会」(assemblée nationale) と呼ぶべきか、それとも「フランス人民の代表者」(représentants du peuple français) と呼ぶべきかについて、ながいあいだ慎重に考慮したのであった。ミラボーは、謙虚であり不確定的であるという理由で、後者の名づけ方を推したが、会衆の気持は、もっと高いものにむかっていた。ミラボーの提案は、平和的協調への道を開いておこうとしたものであったが、——会衆の決議は、革命への道を切り開いたのであった。(8)

当時フランスでは、国民の思想は、第三身分の社会的運動にささえられてこのようにすくすくと生長し、国民的主権の、さらに近代的国民国家の思想にまで、発展した。ところで、ドイツ国民とフランス国民との全体的な大きなちがいは、ドイツがその発展にあたって無限に多くの枝にわかれ、かつその発展がきわめて緩慢であったという点に、あらわれている。この分裂は力の欠乏であるかのようにみえることが、時おりある。そして、人びとがフランス的な模範の作用を、しかもしばしばただ生気のない模倣において跡づける場合に、特にこのような見かけが生ずるであろう。だが、実際の事情は次のとおりである。ドイツの国民思想がこのように緩慢にかつ遅れて成熟したのは、それがつねに多くのものまた異質的なものを自己のなかに消化しなければならなかったからであり、かつまたこの思想の成長した歴史的地盤が、フランス国民のあらかじめよく準備された地盤にくらべて、はるかに多くの繁みをもたなくてはならなかったためである。

ところで、このような繁みのなかから、いまや「ドイツ国民精神」という言葉があらわれて、われわれを迎えるのであるが、それは、あのけなげなフリードリヒ＝カール＝フォン＝モーザー (Friedrich Karl von Moser) が一七六五年にこの表題のもとに世におくった小冊子において、みられるのである。この著作およびこの年代に書かれた彼のその他の著作のなかには、フリードリヒ大王の出現および七年戦争を通じてドイツ人のなかにきざしてきた新気運が感知されるし、さらにまたそれらのなかには、モンテスキューやヴォルテールが諸民族の生活や国家生活について述べた新思想の大きな影響が、認められる。(9) この二つのものが、モーザーに、ドイツ国民の状態について深く考えるための刺激をあたえたのだが、しかし、彼の思想の内容は、新しいものにではなく、ふるいものに結びついていた。なるほど彼は、国民精神という言葉を、たぶんモンテスキューの「国民の精神」(Esprit de la nation)やヴォルテールの「諸国民の精神」(Esprit des nations)にならって形づくったのであろう。(10) けれども、将来性のあるこの新しい言葉は、将来性のないふるい事態にも通用するものであった。彼がこの言葉を置いたふるくさい環境のさなかにあっては、この言葉のもつ近代的な輝きは、奇異にみえたのである。なぜなら、彼は、みずからも語っているように、一日の旅程のうちに二十もの領主を認めることができるあのドイツの諸地方のなかに、「国民精神の痕跡」をみいだしたからである。(11) 彼が賞賛したのは、比較的身分の低い、力のない人びとの帝国愛国心であって、それはなんといっても、大部分はかれらの無力感の表現にすぎず、その他の点では、身分的自己感情、保守的法意識、皇帝にたいする尊敬、そして最後にまた、りっぱではあるがしばしばただ漠然としたドイツ的共同意識、などの混合物であった。当時この著作を批評したユストゥス＝メーザー(12)(Justus Möser)が、ドイツ国民精神についてのこのような表象を幻影として拒否したのは、たしかに理由のあることであった。かつて、どのようなフランケン人ないしザクセン人も、自分の自由な世襲地を耕し、みずからそれを防御し、自分の屋敷から公共の地方会議へ出かけていった当時には、われわれに一つの国民を示すことのできた時代があったが、現代はわれわれに一つの国民を示すことはできないということを、彼は痛ましいあきらめをもって、認めた。しかも彼は、モーザーのいっそう深い意図を正しく評価してはいなかった。なぜなら、モーザーの国民精神はまた一つの政治的な国民精神であり、それゆえそれは、彼がそれを理解していたように、同時に独自の政治的信念および自由な政治的活動にたいする感覚でもあったからである。(13)それはすでに、いくらかシュタイン的な考え方に通ずる点を、内に含んでいた。というのは、シュタインもまたやはり、国民政治的な共同感情および身分的独立意識の生き生きした一片を、没落しつつある帝国および帝国騎士団の世界から、新しい時代へ移しかえたからである。

かように、このふるい帝国愛国心はたしかに一つの実を結ぶ種子を含んではいたが、それは、新しい地盤のうえで新しい空気に包まれてはじめて、ふたたび発芽することのできるものであり、ふるい帝国の地盤のうえでは、もはやなんの将来性ももたなかった。その後君主同盟時代*のさまざまな動きは、一時また、ドイツの国民政治的な状態に考えをつよくむけさせ、一人の支配者のもとに立つ統一的なドイツの将来の姿を心に描くような気運をあおることができた。——がしかし、それも一つの興味ある論題以上のものではなく、人びとが楽しむ多くの思考遊戯の手まりの一つにすぎなかった。(14)モーザーがドイツ人の政治的国民感情に呼びかけたその声は、人びとの望みに応じて、あるいはあまりにおそく、あるいはあまりに早く響いたのであった。しかしながら、ドイツ国民精神の理念一般はけっして没落することなく、まったく新しい内容をもってみたされた。フランスでは、新しい国民的理念をつくりだしたのは市民的フランスと文学的フランスの結合体であったが、ドイツでは、それはほとんどただ文学的ドイツだけであった。フランスでは、国民的理念は十分な意識とつよい意図をもってつくりだされたが、ドイツでは、新しい国民精神は、もとめられることなく付随的に、新しい偉大な詩人や思想家たちの精神的な仕事のなかから生まれた。すでにのべたように、フランスが意識的な活動性をその本質とする近代的国民思想にまで前進したのに、一方ドイツは、もう一度、しかしもっとも偉大なやり方で、国民の生成における無意識的なもの・植物的なものを呈示した。人びとは、旧来の社会の息苦しい存在全体からのがれ出ようとする若々しい圧倒的な生活衝動によって、活気づけられた。その場合、道がいずれの方向にむかってゆくかということを即座に知るものは、だれもなかったが、しかし人びとは、それを予期する以前に一つの高所に立っており、それが同時に国民の高所であるということを認めた。だから、この新しいドイツ国民精神を生みだしたものは、また文化国民であるにすぎず、しかも全体の文化国民ですらなく、ただ国民の文学的存在であり、知識階級の純粋に精神的な共同感情であるにすぎなかった。それゆえ、人びとは、この新しいドイツ国民精神をつくりだしながらも、精神的な意味で一つのドイツ国民について語ってもよいであろうかと、繰り返し疑ったのであった。(15)——しかし、いまを盛りと咲き誇る独自の内容ゆたかな国民文学の事実は、まもなくもはや疑うことができなくなった。そして、もっとも直接的なもっとも新鮮な体験から、ヘルダー(Herder)は九十年代のはじめに、次のように書くことができた。「一民族のもっともすぐれた文化は、一朝にして……美の頂点に達するものではない。そして、わたしはこういってもよいであろう。それは、もっぱら国民の独自な地盤のうえでのみさかえるものである、と。(16)」

* 一七八五年プロイセンのフリードリヒ二世の提案によって、プロイセン、ザクセンおよびハノーヴァーのあいだに結ばれた同盟で、皇帝ヨーゼフ二世の勢力に対抗することを目的とした。——訳者

この精神的な国民意識の発展をクロップシュトック、レッシングからヘルダー、シラーにいたるまで叙述し、その発展の糸が十年から次の十年へとしだいに緻密になってゆく状態を描写することは、それ自身一つの魅力的な課題である。(17)当時ユストゥス＝メーザーの独自の思想世界のなかにも、国民的な生活関係のいっそう深い歴史的地盤がすでにあらわれていたという事情を示すことも、同様に目下のわれわれの仕事の範囲外に属している。

われわれはここではむしろ、新しく目ざめた文化国民から国家へ、また国家国民へと進んでいったあの道筋の主要な方向だけを、はっきりさせたいのであって、そのため、ただちに九十年代にみちびきいれられるのである。なぜなら、九十年代には、フランス革命の力強い印象のもとに、いまやドイツの思想家たちにとっても、国家や国家にたいする国民の関係が、活動的な関与の対象にはならなかったにしても、ふたたびもっとも興味ある反省の対象となることができたからである。すでにヘルダーは、折にふれて政治的なものへの展望を行なうことができた。彼自身を無限につよく引きつけたのは、文化国民の仕事にたずさわり、「雑草のとりのぞかれていない国民の大庭園」から雑草をとりはらい、同時にまた国民的な出しゃばりの愚かさを除去することであった、とはいいながら[18]、しかも彼は、生活の全体性にたいするすぐれた感覚をもって、時おりまたはやくも、国民のいっそうたくましく男らしい任務について考えたのであった。そしてまた、彼の意見によれば、個々のドイツ人が勇敢であり誠実であるだけではなお不十分であって、さらに「光輝、啓蒙、公共心、他の諸国民が以前からそうしてきたように、他のものによって整えられることなく、みずから独立しようとする高貴な誇り、よく防衛された独自の土地と地盤のうえでドイツ的であること[19]」が、われわれの祖国には必要なのであった。こうして彼はまた、すでに国民の政治的自律を要求したのであるが、しかし、それはなお、近代の自主的国民国家の精神とはちがった精神に、根ざしていた。なぜなら、ヘルダーは、国家生活が国民化されれば、専制政府(Kabinette)のあいだに行なわれているような戦争はなくなってしまうであろうという、多くの革命崇拝者のもつ幻想を、共有したからである。「専制政府はたがいに欺きあうかもしれない。政治的機械は、一方が他方を粉砕するまで、たがいにぶつけあわされるかもしれない。しかし真の祖国は、このようにたがいに対抗しあうことはない。もろもろの祖国は、安らかに並存し、たがいに家族として助けあうものである。血の戦いで祖国が他の祖国にたいするということは、人間の言葉のもっともひどい破格《バルバリスムス》である。[20]」国民国家と世界市民主義とは、ここではまったくフランス革命初期の精神において、相互に制約し支持しあう二つの力として、きわめて密接に結びつけて考えられている。

ヘルダーの歴史的世界にたいする、したがってまた国民の本質にたいする感覚は、究極において、彼の人間性の理想から流れ出たものであり、けっきょくまたこの点に、その限界をもっていた。[21] 疾風怒濤時代《シュトルム・ウント・ドゥランク》、すなわち、ドイツ的気質やドイツ的芸術が茂りはじめた「ゲッツ」や「群盗」の時代には、人びとは、国民の政治的生活という大問題にたぶんいつかは到達することがありそうな道を、歩んでいた。しかしながら、疾風怒濤の興奮のなかから普遍的人間性の理想が純化されて高まってくるとともに、それは、国民の政治的生活という問題からふたたび離れ、政治的世界にたいする感覚をながいあいだ弱めてしまった。だから、歴史的な諸現象を生活の模範にしようとするヘルダーの気力は、その他の点ではまことに驚くべきものであったが、いま国家およびその権力衝動にたいしては、まったくなんのはたらきもしなかったのである。それゆえまた、彼の歴史的感覚は、当時フランスにおいてその典型をみることができたような新しい国民国家も、じつは旧来の国民的権力国家の継続的な発展を意味するにすぎなかった、ということを認識するには、なお不十分であった。一見新しくつくりだされたかにみえる国家にも、このような前史と基礎があったのだが、それらは、新しい国家の権利と要求が哲学的・普遍人間的に理由づけられたために、同時代の人びとの目からおおわれてしまった。一七八九年以後フランスにおこった事柄は、ドイツでは、歴史的に制約された完全に具体的な諸力のつくりだしたものとしてではなく、正であろうと不正であろうと自由に創造することができる人間精神の所産として、把握された。歴史的理解は、ほめたりけなしたりすることに、道を譲ったのである。しかし、国民的理念の発展にとっては、このような印象は、効果のないものではなかった。国民的理念は、この印象のために、一つの普遍的・合理的な意味を獲得し、まさにそれによって、なんといってもこのような理性による理由づけを熱望した同時代の人びとに、好まれたのである。ヴィーラントは、一七九一年に非常に特色のある詳論を行なっているが、それによれば、二千五百万人のうち二千四百万人が、いや二千万人だけでも、一致して強硬にかれらのふるい国制の改造を主張するならば、その場合には、この二千万人こそ国民を成すものであり、かれらは暴徒ではなく、はるかに数の多いこれらの人びとの意志に反抗する少数者こそ、暴徒なのであった。しかしまた、この「第一の根本的真理」から、どのようなヨーロッパの国家も、フランス国民に、かれら自身の望むものとはちがった憲法を力ずくで押しつける権利はない、という結論が、生まれる。(22) これは、国民の絶対的な自治権についての新しい示唆にとんだ見解であったが、しかしそれは、歴史的＝政治的な真理としてではなく、合理的＝政治的な真理として、伝えられていた。自治とともに、さらにまた国民の人格性も承認されてはいたが、もちろんそれはまだ、われわれの歴史的感覚が歴史的に成長した国民の人格性という言葉で理解しているものでは、なかった。国民とは、ここでは人類の一小区分、すなわち、抽象的な諸原則から組み立てられていて個性的な内容をもたない一つの枠以上のものではなく、しかも、この内容をつくりだすべきその時々の多数者の意志こそは、国民の真の歴史的な内容を脅かしたのであった。このまったく形式的に理解された国民主権の見解の、はなはだしい欠点と誤りは、明白である。しかしながら、この歴史的＝政治的な誤りは、同時に一つの歴史的＝政治的な力でもあり、このように合理主義的＝普遍的な思想がドイツへも流れこんできたということは、近代的な国民国家の発生にとって、欠くべからざる事柄であった。われわれは、その後の発展を理解するために、この思想から目をはなさぬようにしようと思う。なぜなら、さしあたりこの思想は、ドイツにとって一つの刺激的な理論以上の意味をもつものではなく、この理論を現実のなかへ移植しようと考えたものは、ほとんど皆無であり、現実そのものもまた、この理論にたいしてはまだまったく成熟していなかったからである。下からの権力衝動が欠けているかぎり、国家と国民とをたがいにいっそう密接な関係におこうとする要素も、なんら存在しなかったのである。

そのかわりに、いっそう広範囲なドイツ国民の内部に一つの現実的な国家国民の発端をつくりだそうとする権力衝動は、まさに上からはたらいてきた。フリードリヒ＝カール＝フォン＝モーザーは、彼のドイツ国民精神が北の方で一人の競争者に出くわしたことを、いやいやながら感じた。その競争者というのは、当時上・下ザクセン地方で——彼は、帝国法的に正確な、このようなはっきりしたいい方をした——盛んになってきた「軍国主義的＝愛国的政治形態の奇形児」のことであった。プロイセン国家のいたるところで、意識的な意図やするどい計算が支配するにつれて、フリードリヒ大王は、貴族である彼の士官たちに、どのような地方の出身であるかを問わず、プロイセン的公共心、「軍隊精神と国民精神」(esprit de corps et de nation)を吹きこもうとした。[23] かれらの国民精神を、大王はさっそくすぐに利用した。——こうしてかれらは、もっとも活動的なプロイセン国家の機関となり、またその若々しい国民思想の最初のにない手となったのである。一つの国家国民が発生する有様を、国家生活がもっともつよく脈うつところに国民化がはじまる様子を、これほどはっきりと看取することができる場合は、まれである。そして、はやくもこの国民化は、王が「軍隊精神や国民精神」をまだすこしも要求しなかったプロイセンの住民のいっそう深い層のなかまで、さらに進入していった。そして、この国民的なプロイセン愛国心は、ドイツ文学から咲き出た精神的な国民意識と同じ状態にあった。すなわちそれは、もとめられることもなく予期されることもなしに、突然そこに存在したのである。プロイセン国家がその臣民からもとめたものは、きわめて無味乾燥な平凡な任務にたいする義務感と緊張だけであった。しかし、プロイセン国家は、その場合全人間を要求したので、偉大な英雄的生活とか国家存立のための戦いとかいった詩的な時期から、国家の日常的な平時活動といった散文的な時期に移ったときにも、けっきょく全人間の感情は振動をおこすことができたのである。ところで、望まれたものと望まれないものとが合流してできたこの新しいプロイセン国民精神とは、なるほどその大部分は、国王にたいする個人的な熱狂であるか、または、国王が、そして人びとが国王とともに、体験し、耐えしのび、こうむってきた偉大な経験の感情であるにすぎなかった。しかし、その内外の生活が依然としてまず第一に支配者の人格に依存しているような国家において、もしこのような、まったく個人的な内容をもつ印象がなかったとしたら、比較的あたたかな国家感情は、たぶん生まれることができなかったであろう。いまや人びとは、プロイセン国家のためにはたらくことができ、プロイセン国王のために熱狂することができた。そして、活発な政治的国民精神のさらに必要な要素である自由な政治的批判さえも、わずかにはじまったばかりではあったが、すでに存在した。政治的な不平や知ったかぶりもいくらか存在して、ある種のなごやかな感じをあたえていた。そしてこれを、人びとは、当時のベルリンですでに見いだすことができたのである。出版物では、それはまだあえてあらわれることを許されていなかったが、しかし口頭の会話では、それだけいっそう大胆にあらわれていた。そして、外国人がそれについて驚嘆し、ベルリン人の思いきった会話をイギリスの習慣と比較したとき、かれらベルリン人は誇らしさを感じたのであった。そこで、ある著作家は証言した。「人びとは、宗教についても国家の欠陥についても同じく自由に語り、国王を自分の隣人同様に批判する。しかもなお、愛国心と国王への愛情とが、この国民の特徴をなしているのである」[24]と。

そしていまや、フリードリヒの晩年に、同時にまたドイツ文学の影響のもとに、ドイツの文化思想とプロイセンの国家思想とを融合しようと努める官吏の一世代が、成長した。そこで、これらの若いプロイセンの官僚や士官たちの一派がのちに公生活にはいったとき、かれらは、国家的な源泉と精神的な源泉とから同時に、近代的な性格をもつ政治的国民精神がドイツで発展することができる、という事情の、最初の重要な実例を示したのであった。その場合、この国民精神の個々の部分が、なおそれほどうまく調和していなかっただけのことである。これらの若い哲学的なプロイセン人たちがかれらの国家にあたえようとしたドイツ文化生活の思想は、プロイセン国家のやつれたからだにとっては、なおゆったりしすぎた衣服だったのである。かれらがフリードリヒ大王の軍人＝官僚国家のなかに人間性理念のにない手をみたとき、それは大体において、やはり幻想であった。フリードリヒ大王時代の成熟期がドイツの文学時代の最初の全盛期と同時におこり、そのために前者が後者にからみつかれたということは、いくらかはまた、たんなる偶然のめぐりあわせにすぎなかった。なぜなら、プロイセン国家の厳格な精神とカント哲学の厳格な精神とのあいだにはある種の内的親近性がなくはなかったにしても、カント哲学のまたドイツ人文主義運動の中心思想は、なおながいあいだ、プロイセン国家そのものの本質にしみこむことは、どうしてもできなかったからである。内面的自己規定という意味での自由――フリードリヒ自身はこれを大規模にはたらかせ、実践によって範を示したのであったが、しかし、彼の国家と臣民にこの自由の気持をおこさせることはできなかった。

それゆえアンシャン＝レジーム末期のこのプロイセン国民精神は、またいくらか、不確かで不安定な状態をもちつづけた。プロイセンの国民精神はその存在を本質的に国王(フリードリヒ大王――訳者)に負うていたのであるが、ほかならぬ王の統治の仕方そのものが、すでにこの国民精神を危険にさらし、比較的自由な頭脳の持主を、王のもとから突き放したのであった。そして、彼の後継者の統治の仕方は、ますますこのような方向にむかい、しかもそのかわりに、フリードリヒの提供していたものをあたえるということもなかった。年若い国王フリードリヒ＝ヴィルヘルム三世の最初の年代は、やがてあらたに、一種のプロイセン国民主義と蜜月的熱狂とを呼びおこしたけれども、しかしそれらは、全体としてみれば、高貴なことも多いが卑俗なことも多い幻想と、いっそうまじめな男らしい信念との混合物であったから、本物とそうでないものとをよりわけて、プロイセン国家国民の理念をかえがたい高い価値にまで高めるためには、まず徹底的な試練の火にかけられる必要があったのである。

われわれは、これまで述べてきたところから、すでに一つの基本的事実を引きだすことができるであろう。ドイツには、次のような特殊事情があった。すなわち、近代的国民国家にいたるための唯一の役立ちうる基礎は、ドイツ国民の地盤にではなく、プロイセンという個別国家の地盤にあったが、しかしこのプロイセン国家は、自己を国民化するために必要なもろもろの精神的な力を自分自身だけからくみだすことができず、ドイツ文化国民の広大な領域からも借りてこなければならなかったのである。この事実は、周知のまったくありふれた事柄であるが、しかし、この事実のもたらした独特の緊張と不調和とを個々の点においても明らかにするという仕事は、ほとんど行なわれていないのである。なぜなら、ドイツの国民文化は明らかに普遍的な特徴をもっていたから、プロイセン国家がこの文化のもろもろの力によって生き生きと立ち直ったとき、この文化の超国民的・普遍的な諸要素も入りこむことを許されるといった状態にあり、——それゆえ、一部は超国民的・普遍的な手段による国民化が行なわれ、一部はきわめて非政治的な諸理念の採用による国家組織の進歩が行なわれたからである。それはしばしば、水と火が混ざった場合のような状態であって、プロイセンの政治は、ビスマルクの時代にいたるまで、この矛盾に苦しまなくてはならなかったのである。われわれはこれから個々の思想家にむかう場合に、さしあたりまったく抽象的なわれわれの諸命題が、しだいに生命と色彩を獲得するであろうことを、期待する。

(1)　F. J. Neumann a. a. O. S. 139. Werminghoff, Der Begriff : Deutsche Nation in Urkunden des 15. Jahrhunderts. Histor. Vierteljahrschrift XI, 184 ff. (1908).

(２) F. J. Neumann a. a. O. S. 142.

(３) Neumann a. a. O. S. 125 ff. Herz in »Nation u. Nationalität«(1927), S. 10 ff.(上に述べたことの例外をも、示している。)

(４) ヴォルテールは「ルイ十四世の時代」(Siècle de Louis XIV)第三十七章で、次のように述べている。「国民のなかには、いつも、相当な身分の人びととはなんの交際もなく、時代から取りのこされ、理性の進歩に近づくことのできない大衆(peuple)が、存在する。」

(５) M. Ritter, Studien über die Entwicklung der Geschichtswissenschaft, 4. Artikel, Histor. Zeitschrift 112, 51 および 61 f. これは彼の Entwicklung der Geschichtswissenschaft (1919), S. 229 および 239 f. に再録されている。

(６) Neumann, S. 124 に引用されている J. de Maistre の「国民とは何か。それは、君主と貴族である」という命題は、興味深いものである。Hans von Gagern の »Über Deutschlands Zustand und Bundesverfassung« 1818 という著書のなかでは、なるほどまた、»Volk« という概念にも比較的高尚な意味があたえられているが、しかしまた、その二四ページには、次のように書かれている。「しかし、わたしが国民の意見や希望や判断や高い関心などについて語るとき、わたしは疑いもなく、あのこじきの子供を含めているのではなく……わたしは、なかんずく比較的経済状態のよい、思慮のある人びと……国民の核心のことをいっているのであって、それ以上進んで、年齢、性別、身分を顧慮することはしない。」——反対に Jahn が »Deutschen Volkstum« 1810 の序文のなかで Nation, Nationalität といった言葉にたいして、Volk, Volkstum といった言葉に名誉をあたえようとしたことは、有名である。

(７) 「国民、それは、学識のある、もしくは裕福なフランスのことだ」と、このように Aulard は、革命の前夜にもっとも急進的な考え方をした人びとの見解を、描写している。Hist. Politique de la Révolution français, S. 25.

(８) peuple と nation の対立が、いつでもここにおいてのように鋭く感じられたわけでは、もちろんなかった。peupleという言葉はまた、純粋に民主的＝平等的な立場から、スローガンとして選ばれることも可能であった。ルソーは、たとえば「社会契約」のなかで、主としてpeupleという言葉を用いたが、しかし時おりは、nationという言葉も混用した。たとえば、Buch 2, c. 8 Du peuple 参照。「人類にとってそうであるように、国民にとっても、一つの青年時代というものがある。……しかし、一つのpeupleの成熟は、必ずしも容易に知られるものではない」等々。Coyer神父は、そのDissertations pour être lues (Haag 1755)のなかで、有力者や金持に相対して、比較的下級な》peuple《に、「国民」のもっとも必要な部分としての名誉をあたえようとしている。――フランスにおける国民概念および国民理念のその後の発展について、もっとも興味があるのは、一八九三年のジャコバン党員とジロンド党員の対立である。前者は、国民の核心――すなわち、かれらジャコバン党員とパリの人民――こそ国民それ自体である、という原則にしたがって、行動している。コンドルセーの憲法草案は、国民の全体をつかってこれらの連中をやっつけ、国民の活動的・進取的な一部のものが指導権を奪いとろうとする一切の可能性を、妨げようとしたのである。もちろんそれは、大体において戦術的な理由からなされたものであった。なぜなら、ジロンド党員は、はじめから、ジャコバン党員とまったく同じように、自分たちを国民のなかの「一段とすぐれた、一段と分別のある部分」(melior et sanior pars)とみなし、また、「全体を代表する部分」(pars pro toto)とみなす傾向をもっていたからである。

(9)　モンテスキューは、彼にとっては、「その欠点や過失さえものっとられ、まねられるような高位の著作家」となっている。》Beherzigungen《1761, S. 224. 彼がその著》Reliquien《(2. Aufl. 1766)のなかで、「一国民の精神」という標題のもとに、次のように語るとき、それはただちに、モンテスキューの考察の仕方を想起させる。「どんな国民も、それぞれの偉大な動機というものをもっている。ドイツでは、それは従順であり、イギリスでは自由であり、オランダでは商業であり、フランスでは国王の名誉である」等々。――ヴォルテールは、》Beherzigungen《S. 362では、「諸国民の精神」(Esprit des nations)の著者として、引用されている。そこではむろん、「諸国民の風俗と精神にかんする論文」(Essai sur les mœurs et l'esprit des nations) のことが、考えられているのである。なぜなら、この論文がその確定的な標題をつけられたのは、ようやく一七六九年のことではあったが、しかし、すでにそれより先の一七五六年の版において、「諸国民の精神」という流行語を、表題のうちに含んでいたからである。(Oeuvres compl. de Voltaire, 1878, Bd. II, S. XI および Kantorowicz, Histor. Zeitschr. 108, 297 f. 参照。——モーザーについては、ここでは Bruno Renner, Die nationalen Einigungsbestrebungen F. K. v. Mosers, Königsberger Diss. 1919 参照。

(10) 》Beherzigungen《S. 362 では、「フランス人は諸国民の esprit と génie とを区別するが、われわれは、両者にたいしてただ一つの言葉しかもっていない」と、述べられている。同じ書物のなかで、「国民精神」(Nationalgeist) という言葉も、すでに折にふれて (S. 492) 使われている。

(11) S. 51.

(12) Allg. deutsche Bibliothek, Bd. 6 のなかの Mösers Werke 9, 240 ff.

(13) 彼の》Beherzigungen《S. 341 には、次のように記されている。「国民的利害という概念全体は、一つの Volk を前提とする。そしてこの Volk は、すべての共和国および制限された君主国ではこうしたことによく出くわすのだが、自己の安寧と福祉に関係するこのような重大な事柄には、口をはさまなければならないのだ。支配者の意志と命令だけが決定権をもつ専制君主国では、Volk とは、大衆の前にさし出される、たんなる一つの形象にすぎない。」——ドイツ国民精神にかんするモーザーの書物にたいしての興味ある応答については、Bülau (?) の》Noch etwas zum deutschen Nationalgeist《1766 という書物がある。Kantorowicz a. a. O. S. 298 f. 参照。この著者は、おそらくモーザーと同様に、モンテスキューやヴォルテールの提議にしたがいながら、国民精神という概念をモーザーよりもいっそう拡げて、私生活、法生活、経済生活等々の独自性にまでも押し及ぼそうとしている。しかし、彼の合理主義にとって特徴的なことは、Kantorowicz も認めているように、彼が、芸術や文学や言語における民族精神の効力発揮にたいして、なんら目をもっていない、ということである。ただ「博識」(Gelehrsamkeit) が、民族精神の作用を及ぼす一つの領域として、なお顧慮されているにすぎない。国民精神についての主題は、その他の点では、ただ反語的に取り扱われているにすぎない。主要な内容は、ドイツ諸侯たちの専制政治にたいする辛辣な諷刺である。ユストゥス＝メーザーはまた、この書物に特徴的な批判をよせた(a. a. O.)。メーザーの著作が呼びおこした論争については、M. Sommerfeld, Aufklärung und Nationalgedanke im Literar. Echo vom 15. Aug. 1915 および Renner a. a. O. S. 44 ff. 参照。

(14)　Joh. v. Müller, Teutschlands Erwartungen von Fürstenbunde. Sämtl. Werke 9, 332; Wenck, Deutschland vor 100 Jahren 1, 117 ff.; 2, 248 参照。

(15)　レッシングは、戯曲論の終わりのところで、次のように述べている。「ドイツ人に国民劇場をあたえるという良案があるんだって、ばかな、われわれはまだ国民になっていないじゃないか！　わたしは、政治的な制度のことをいっているのではなくて、倫理的な性格のことをいっているだけなんだよ。」シラー(Schaubühne als moralische Anstalt)「国民的な舞台を一つもってみたら、われわれも一つの国民になることだろう。」ヘルダー(Briefe zur Beförderung der Humanität, 4. Sammlung. n. 53)「先生方が、単位のために(pro gradu)なおこんにちまで、ドイツはどんな統治制度をもっているのか、または、ドイツ人は一つの国民なのかどうか、といったテーマについて議論していても、われわれは、それをわるく取ることはできないだろう。」

(16)　Briefe zur Beförderung der Humanität, 1. Sammlung. n. 10.

(17)　レッシングについては、たとえば、Baumgarten, War Lessing ein eifriger Patriot? (Hist. und pol. Aufsätze und Reden, 217 ff.) さらに、もちろん非常に内容の貧弱な著作ではあるが、Behren, Deutsches Ehr- und Nationalgefühl in seiner Entwicklung durch Philosophen und Dichter (1600–1815), Leipziger Dissert. 1891 さらに Jastrow, Gesch. d. deutschen Einheitstraumes, 3. Aufl.; Joachimsen, Vom deutschen Volk zum deutschen Staat, 1916; M. Lenz, Deutsches Nationalempfinden im Zeitalter unserer Klassiker, Jahrbuch der Goethegesellschaft, 1915 および Kleine Historische Schriften II 参

照。

(18) Briefe zur Beförderung der Humanität, 4. Samml. n. 42.

(19) Briefe usw. 5. Sammlung. n. 57.「もっとも自然な国家とは，それゆえまた，一つの国民性をもつ民族のことなのだ」という言葉が，すでに Ideen zur Philosophie der Geschichte der Menschheit のなかにみえている(9. Buch, Kap. IV)。

(20) Briefe a. a. O. am Schlusse.

(21) Kühnemann, Herders Persönlichkeit in seiner Weltanschauung, S. 128 ff.

(22) Wenck a. a. O. 2, 209.

(23) Polit. Testament von 1752; Acta Borussica Behördenorganisation 9, 362.

(24) Wenck I, 158. また Hay, Staat, Volk und Weltbürgertum in der Berliner Monatschrift (1913), S. 46 ff. 参照。

第三章　十八世紀九十年代のヴィルヘルム＝フォン＝フンボルト

ヴィルヘルム＝フォン＝フンボルト(Wilhelm von Humboldt)は、初期の二つの政治的著作、すなわち、一七九一年の「最近のフランス革命の結果生まれた憲法にかんする所見」(Ideen über Staatsverfassung, durch die neue französische Revolution veranlasst)および一七九一年と九二年の「国家活動の限界を定めようとする試みのための考察」(Ideen zu einem Versuch, die Grenzen der Wirksamkeit des Staates zu bestimmen)において、はやくも、国民および国家にたいする国民の関係というテーマを、取りあげている。これら二つの著作の最初のもののなかで、彼は、高い自由な立場に立って、当時フランス国民が取りかかった仕事を、冷静にしかも哲学的な関心をもって考察しているので、読者はただちにひきつけられてしまう。彼の考えによれば、フランス国民が純粋に理性の原則にしたがって一つの憲法をつくりだそうとしたとき、かれらは不可能なことをはじめたのであった。なぜなら、理性とは、あらゆる力の調和を要求するものだからである。だが、人類の目標は、調和ではなくて一面性である。「個々の人間の場合も、国民全体の場合も、同じだ。かれらは、同時にただ一つの進み方をするにすぎない。それゆえ、かれらは相互に異なっているし、時代が異なれば、かれら自身さえも異なっているのである。[1]」その結果、もろもろの国民はいずれも一面的な力をもった偉大な歴史的個性であり、かれらすべてがたんに合理的な一筋の発展をなしうるのではないという、示唆にとんだ認識が生まれた。ところがしかし、彼は、調整的要素としての理性を諸国民の生活から完全に排除しようとするような、いま一つの極端には、陥らなかった。前もってはたらかねばならない「時間と自然」と並んで、彼は「賢明な立法者」にも活動を許したのであったが、この立法者というのは、個性的な現在についてのもっとも正確な知識にもとづいて、現在の諸傾向を促進したり妨げたりしながら、現在をできるかぎり完全性の目標に近づけようと努力し、そしてまたそれに満足するようなものであった。フンボルトはこれによって、国民の生成における無意識なものと意識的なものとを、自然的要因と精神的要因とを、正しく評価したといってもよいであろう。さらにわれわれは、次のように考えてもよいであろう。立法者と国民生活の関係についての彼のこのような見解は、近代的国民国家の理念とそれほど遠く隔たってはいない、なぜなら、近代的国民国家の理念は、よく理解された国民の利益について政府もまたまったく親身になって考えることを、もとめるものだからである、と。ところがしかし、彼の心のなかでは、彼自身の体験した啓蒙的絶対主義の重圧の陰気な思い出が、ただちにまた国民と国家のあいだに入りこんできた。「政府は、国民の物質的・精神的な幸福と福祉について心配しなければならない、という原則が生まれた。ほんとうになんというひどく重苦しい専制政治だろう。(2)」この経験は、彼に、国家一般にたいする不信の念を、またしてもきわめて深く植えつけた。彼にとって、国家とは、その魅惑的な抑圧の手くだによって人間のもっとも高貴なもろもろの力をまひさせてしまうもの、と思われたのである。そして一般に、一面性が個人および国民の運命であり、かれらの力の前提であるという彼の認識全体は、悲痛なそしてまたけっきょく不徹底なあきらめの告白であった。彼が一面性の力を本来の理想としたのであったら、彼は国家をいっそう深く理解しまたいっそう正しく評価することができたであろうが、そうではなくて、人格のあらゆる力の多面的な活動と調和にむかう教養(Bildung)こそ、彼の本来の理想であった。力と教養とはしかし「永遠に反対の関係に立つ」ということを、彼は、はっきり認めねばならなかった。もちろんフンボルトは、賢者はなにものをも完全に追求することはしない、そして彼にとってはすべてのものが非常に好ましいので、どんなものもそれを他のものの犠牲に供することはできない、とただちにつけ加えた。彼は、自分自身のためのまた個人一般のための生活原理として、たぶん率直にそう考えたのであったが、それにもかかわらず、国民生活の総括によって国家のなかにつくりだされる力にたいしては、彼は冷静な理解力をもってはいたが、いっそうあたたかい人間的な感情を残してはいなかった。そして、彼が、青年時代の第二の著作でこの問題についてさらに立ちいって深く考えたとき、国家と国民は従来よりもなおいっそう彼から遠ざかってゆき、同時に彼の心のなかでは、個人がますます強くかつ誇らしいものと思われはじめたので、第一の著作ですでにあれほどはっきりした歴史的性格をもっていた国民像さえも、彼にとっては、いまやふたたび色あせた浅薄なものになってしまったのである。

国家活動の限界にかんする彼の著作は、国家と国民の関係を次のように規定している。「国家の憲法と国民的結合とは、両者がどんなに密接に織りあわされることがあろうとも、たがいに混同さるべきではない。強大な権力によってであれ、習慣と法律によってであれ、国家の憲法が市民たちにある特定の関係を割りあてるとき、そのほかにもう一つの、市民たちが自発的に選んだ、無限に多様な、しばしば変化する関係が存在する。そしてこの後者、すなわち国民相互間の自由な活動こそ、実際にあらゆる財産を守るものであり、この財産へのあこがれが、人びとを一つの社会《ゲゼルシャフト》にみちびくのである。」(3)

彼は、なおしばしば国民という言葉を使っているが、この概念をどこでもはっきりと定義してはいない。彼は、国民精神や国民性について語り(4)、戦争が「全国民に通ずる精神や性格のうえに」有益な影響をおよぼすことを望み、また、「祖国のために戦う用意がいつもできている真の戦士あるいはむしろ高貴な市民の精神」が、国民のなかに存在することを望んではいるが、しかし彼は、国家が国民に直接戦争教育を施すことを望んではいない。(5) 彼はまた、国家と国民とを、あるいは彼自身の――かなり迎合的な――表現をかりれば、「国民の支配する部分と支配される部分」とをたがいに結びつけるためには、一つの手段が必要であることを見あやまってはいない。彼は、特に古代において美しい形態を示したこのような手段の一つとして、「好都合な精神をふくんだ一つの憲法を国民のあいだに行きわたらせること」を考えているが、しかしそれは、現在においてはすすめがたいものであるとみている。なぜなら、それは、市民たちがかれらの個性を形成するうえに、有害になりやすいからである。(6) もちろん、もっとよく注意してみれば、彼は、国民がその憲法にたいしていだく愛情一般を否認しているのではなく、こうした愛情をつくりだすための故意の手段を否認しているにすぎない。しかし、憲法はなんといっても、できるだけその存在を感じられないようにすべきであり、国家の活動は、できるかぎり、強められ倍化された市民の私的利益によっておきかえられなくてはならない。国家は、できるだけ強くあるべきではなく、できるだけよわくあらねばならない。彼は人間の心情に精通していたから、もちろんまた、人間は自由よりもむしろ支配に傾きやすいことを、当時すでに知っていたし、またプロイセンの臣民として、彼はさらに、支配の組織は支配者を喜ばせるだけでなく、一世代という期間をこえてゆく全体の一員であるという意識によって、仕える側の人びとをも喜ばせるものだ、ということを知っていた。(7) しかし、彼の理想は、このような支配の組織ではなかった。彼は、いっそう高度な文化を、支配する活動のなかにみないで、自由な活動のなかにみたのであった。

こうして、ふるい絶対主義的権力国家だけでなく、国民の国家にたいする支配＝奉仕的な協力にもとづくとともに、支配者と被支配者を結びつける強力な憲法生活に基礎をおく近代的国民国家もまた、彼の希望からは遠く隔ったものであったことが、知られる。いたるところに彼は、純粋に内心の命ずるところにしたがって行動する自発的な個人にたいする束縛を感知しているのであって、精神生活の自由をくもらすかもしれないものは、どんなにかすかなものでも、彼の鋭い目をのがれることはできない。しかしまた、その場合われわれは、彼が「国民」とか「国民精神と国民性」とかいった言葉で考えているものを、できるだけ軽快なもの、形のないものとして思い浮べさえすればよいのである。——すなわちそれは、指導したり希望を実現したりする単一の生命力をさすのではなく、むしろ、多くの個人のいぶきの合流から自然に発展してくる活力を意味しているのだ。この活力は、やがてまたその希望にしたがって、ふたたび個人に反作用をおよぼすことがあるにしても、それはしかし、つねに、まず第一につくりだされたものであって、みずからつくりだすものではないのである。

われわれは彼の国民概念を、人民主権の教説およびフランス革命の諸理念がつくりあげた国民概念、さらにまた、のちにロマン主義や歴史法学派がとなえた国民概念と一度比較してみれば、たぶんその特色をなおいっそう明らかにすることができるであろう。諸国民の構成にあたっていっしょにはたらいているもろもろの歴史的な力を彼が無視している点(8)、また「国民的結合」を現在いっしょに生活している多数の個人の結合として自然法的に理解している点などは、フランス革命の人権思想を思いおこさせるものがある。——しかし、他面彼は、一般意志(volonté générale)、すなわち、多数者もしくはその代表者によって表現される国民の全体意志のことは、何もしらない。そればかりか、彼はこれも拒否さえもしている。彼はこういっている(9)。「国家的結合はもっともうまく理解すれば国民的結合であるにしても、それにもかかわらず、個々人の意志は代表者を通じて表明されうるにすぎないし、多数者を代表するものは、代表された個々人の意見の非常に忠実な機関であることは不可能である。」周知のように、ルソーもまた代表の原則を好まなかったが、フンボルトが多数決による決定をもしりぞけて、あらゆる個人の同意が必要であると断言するとき、それはルソーをも越えたものである。彼がここでまず第一に注目しているのは、国家は内外の安全という目的をこえた措置をとってもよいかどうかという問題にすぎないが、しかし彼がそれと同時に、あるいは反抗するかもしれない個人の意志を圧倒するような統一的な国民意志の可能性を一般に拒否していることは、明らかである。彼はまた他の箇所で、「市民たちの自発的な一致した努力にとって、最大多数とはつねに問題として残るものである」と述べている。(10)

ルソーとフランス革命は、フンボルトが承認しようとしなかった、個人の生活にたいする支配権を、ある程度国民の意志にあたえたが、のちの、歴史的なものを重視するロマン主義は、無意識に作用する民族精神（Volksgeist）によって、個人の生活を規定させた。いずれの場合にも、個人の生活は従属的地位に立ったのであり、ただ後者においては、従属させる国民精神が前者とはちがったものであったにすぎない。フンボルトはしかし、一般にどのような従属をしいる国民精神をも、自然法的＝民主的に定立されたものも歴史的＝保守的に理解されたものも、意識的・計画的に支配する国民精神も無意識のうちに創造する国民精神も、どちらも承認しないのである。彼はつねに、国民という言葉を国家という言葉よりもいっそうあたたかい感情をこめて使ったにもかかわらず、しかも彼が国民精神を否認したのは、そうすることが、彼にとってより多く個人のための自由を意味したからであった。(11) 近代的な国民を形づくるさまざまな要因のなかで、国民を形成する個人の自発性がこれほど強く、これほど排他的に重視されたことは、たぶんけっしてなかった、といわねばならないであろう。

しかし、この純粋な熱烈な個人主義者がとにかくすでに国民について何事かを知っていたということ、彼がたんなる人格の自己享楽に満足しなかったということ、彼にとって、個人相互間の自由な活動がただちに国民相互間の自由な活動になったということ、これらは、なんといっても大した事柄であった。なるほど彼の国民概念は、彼の手中で、同様にあいまいな広義の「社会《ゲゼルシャフト》」(12)という概念と合流することができたために、また、彼にとって、

「国民」と「社会」とはけっきょく自然的な共同生活のための呼び名にすぎなくなってしまうおそれがあったために、彼の国民概念はいまやはなはだ普遍的なものになったのである。しかしそのかわりに、彼は、この自然的な共同生活および人間の自由な連続的活動について、非常にゆたかな一つの表象をもっていた。これらの生活や活動は、たんに可能であるにすぎないくらい多様に、内容ゆたかに、そして力強く、彼の目先にちらついたのであった。これらのものにたいする彼の観察と感覚は、非常に生き生きした深いものだったので、人間のいろんな力のこのような調和的活動のなかから真の国民精神のざわめきを聞きとるためには、彼にとって、いますこし広範な人生経験が必要なだけであった。彼が当時なお真の国民精神に耳を貸さなかったことで、彼を非難しようとするものがあるなら、われわれは、彼自身の次の言葉をもって答えることができよう。「ほんとうに彼の手の跡を示すような建物をたてるとき、彼はむしろ、みずから発展してゆく種をまいているのだ。」そして、フンボルトの非形体的な国民概念を、それにもかかわらず、九十年代に盛んにあらわれた善意のドイツ的愛国心の幾多のものよりもなおいっそう興味があると考える人びとは、すぐそれにつづく次の言葉でみずからを慰めることができよう。「いろんな力をつくりだすだけで、結果の産出はそれらの力そのものにゆだねてしまうような仕事に喜びを感ずることは、直接結果の産出そのものをめざす仕事に喜びを感ずることにくらべて、当然いっそう高度の文化である[13]。」

ほんとうにフンボルトの精神のもろもろの力は、国民への道を見いだすためには、ただうっちゃっておかれればよかった。彼のように純粋かつ熱心に、やさしく同時にまた精力的に、個性の秘密に探りいろうとした人には、個人のなかにも国民精神が、——個人の自由な社交的活動から発展するだけでなく、個人に先だちまた個人をこえて、確固たる歴史的生命力としても広がってゆく真の現実的な国民精神が——生きてはたらいているのだという考えが、いつかはあらわれるにちがいなかった。国民性がすぐれた個性にとってどんな意味をもつかということを、また、国民性は一般に個人の性格の発展にとって貴重な不可欠の前提をなすものだということを、彼は特に、彼にとって偉大な個性の典型であったギリシア人の研究を手がかりにして、はっきり悟るようになった。ギリシア人を注視しながら、彼は、「ところがしかし、集団としての人間の育成は、つねに個人の育成に先行する」と告白せざるをえなかった。(14) そのうえ彼は、彼の本来の思想傾向のなかに存在していたいま一つの考慮によっても、国民のいっそう明白な理解といっそう高い評価に達することができた。彼の個人主義は、人間生活の均一性を目ざすものではなく、その多様性と独自性を目ざすものであった。彼の考えによれば、(15) 人類の理想は一つの形であらわれるものではなく、非常に多くの形で、ただ、いつもたがいに調和しあって、あらわれるものであり、しかもそれは、多くの個体のあつまった全体のなかにしか、けっして姿をあらわさない。ところでしかし、個性が個人に固有であるばかりでなく、個人の大きな結合体である国民にも固有であるならば、世界のおびただしい個性は、どのようにして生じたのであろうか。そこで彼は語った。(16) 人類が多くのものの結合を必要とするのは、主としてまた、「素質の豊富な多様性を通じて、人間性の真のゆたかさと全体の広がりとを示すため」である、と。彼は、この関連において尋ねた。もしかりに、小さなスイス国民だけがヨーロッパ諸国民の系列から抹殺されたとしても、それはすでに、貴重な独自性の一つの損失ではないであろうか、と。

一七九三年以後の年代には、彼が解決しようとしたいろんな課題のなかで、国民の問題は彼にとって第一位をしめていたと、われわれは率直にいうことができる。このことは、すでに彼の手紙、特にゲーテとヤコビにあてた手紙から知られたのであったが、彼の関心の深さ全体は、この年代の歴史的なまた歴史哲学的な諸計画から推論されるのである。これらの計画の大部分は、彼の著作のアカデミー版によって明るみに出たものであり、フンボルトの思想の世界についてのわれわれの知識を、すばらしくゆたかにしてくれたのである。[17] そこでは、「一つの国民の研究は、歴史が一般に提供するあらゆる利益を、端的にあたえてくれる[18]」と述べられている。彼は、いくらか実利的な合理主義の立場で、歴史が人間の知識と判断力と性格に好都合な影響をおよぼすという点にのみ、歴史の利益をみているように思われるが、しかしその際彼は、人間の知識という概念をできるだけ広くかつ深く、「人間一般の知識」として、また、人間の生活において内外から作用するあらゆる力と法則についての知識として、理解した。そして、国民の研究は特に、その国民の状態やほんとうの立場を探究しようとつとめることによって、いわばその国民の一つの伝記を生みだすべきであるが、この伝記は、その国民の性格をあらゆる方向へ、またその全関連のなかで、発展させ、個々の特徴のあいだの相互関係だけでなく、外的事情のなかでのそれらの関係をも、原因もしくは結果としてくわしく調べるものでなければならなかった。一国民の生活全体を因果的にできるだけ鋭く描こうとするこのような要求をかかげることによって、フンボルトははやくも、十九世紀の歴史学が提出した一つの主要な課題を、先取したのである。われわれは、国民の本質にたいする彼の関心の強さを推測するために、さらに別の彼の言葉に耳を傾けよう。一七九三年の同じ著作のなかで、彼は、「人間の研究は、あらゆる地域と時代のあらゆる国民を研究し比較することによって、もっとも多くの収穫をあげるであろう」と述べている。[19] そこで、これにつづく年代において、彼の心のなかには、一般に一つの新しい学問である比較人間学を樹立しようとする考えがきざしたのであったが、その課題は、「あらゆる部門の人間の性格、特に、いろんな国民と時代の性格」を探求することであった。[20] なぜなら、この広大な計画の出発点になった根本思想は、次のようなものだったからである。「人間は、ただひとりだけを取りあげてみれば、弱いものであり、短時間の自分の力をもってしては、ほんのわずかのことしかできない。彼は、身をおくことのできる一つの高地を、自分に適合する一つの集団を、自分が仲間入りすることのできる一つの系列を、必要とする。しかも彼は、自分の属する国民・種族・時代の精神を自分にたくさん移植すればするほど、この利益をまちがいなく手にいれるのである。[21]」この比較人間学の計画は、その後一七九六年には、彼にとって背景にしりぞき、歴史的基礎にもとづいて人類の精神一般をとらえようとする、なおいっそう広大な仕事の計画が、あらたに前面にあらわれたが、この仕事の個々の部分は、統一的な理念にしたがって、いろんな人びとの手で仕上げらるべきものであった。[22]彼自身は、十八世紀の精神と性格を描きだそうとする任務を、みずからに課した。このための最初の見取図は、一七九六年および九七年に書きおろされたが、[23]それは本質的には方法的原則の定立、すなわち、自分の仕事に使おうとするナイフをきわめて鋭くといだという以上には出なかったのであって、このことは、たぶん彼の能力の限界を示している、といってもよかろう。彼の諸概念は、あまりにもしばしば精神的な幻想にとどまっており、なんの具体性ももたなかったが、しかしそれらは、あたかも生きているかのようにわれわれに話しかけ、われわれの疑問にはっきりと答えてくれる。だから、彼が十八世紀の精神を理解しようとした場合にも、この時代に固有の合理的・普遍的性格にもかかわらず、国民史的考察のしっかりした基礎からこれをやろうとしたことは、まったく明瞭である。すべてのものにたいしてだんぜんただ一つの形式と規則しか知らなかったルイ十四世時代のフランス人とは反対に、彼は次のように断言する。[24]「これに反して、いまやわれわれは、あらゆる時代およびあらゆる国民の独自性を学び、できるだけ多くこれを研究し、この知識をわれわれの判断の中心点とすることに、慣れている。」自分自身にたいして誠実・厳格な個人主義が、まったく自分の力と自覚によって、生活の超個人的な力――それは個人の生活をとりまきかつ制限するが、しかしまたそれをささえかつ豊かにする――を承認するにいたりえた様子を、われわれは、彼の例を手がかりにして知ることができる。この新しい重大な事柄の発見には、美的な喜びが大きな関係をもっていたとはいいながら、それはフンボルトにおいては、周知のように、指導的なものではなかった。それは、少なくとも彼においては、心の底で彼を支配したもの、すなわち、自分と世界とを同時につねに包括しようとする意向と、わかちがたく融合していた。彼のなかの、自由を熱望する強烈な個体は、自己の弱さ、母なる国民への依存を自覚し、感謝の気持をもって国民を回顧したのであった。一七九九年三月十八日に、彼はパリからゲーテにあてて、感動深くこのことを告白した。[25]「あなたは、わたしの天性が限られたものであることさえも知っておられるのですから、ドイツ以外のところでわたしを取りまくことのできるすべてのものは、わたしにとってなんといっても異質的であるということを、お感じになるにちがいありません。……哲学や芸術にたずさわるものは、他のものよりもいっそう独特な仕方で、祖国に属しています。……哲学や芸術は、自分の言葉をより多く必要とします。自分の言葉というのは、感情や意向が自分自身のためにつくったものですが、同時にまた、この言葉が感情や意向を形づくるはたらきもしてきたのです。」そして彼は、これと関連させて、言葉・哲学・芸術がしだいに精巧につくりあげられてゆくというまさにそのことによって、個々の国民の個性と差異は増加し、さまざまな国民を心から深く理解することはいっそう困難になるであろうが、それをもとめる気持もいっそう広まるであろうという、きわめて重要な、正しい意見を述べている。こうして彼は、人類の最高の活動のなかに、国民の生命の根源を認めた。世界主義的な融合のなかにではなく、国民的な分化のなかに——しかしこの分化は、ただちにまた相互理解のための新しい努力にむかうのであるが——、彼は、高まる文化の傾向をみた。彼のパリの日記は、彼が当時ただちに自分でこの課題にとりかかったことを、示している。[26]激動したフランスの生活のただなかで、ちょうどそのとき、彼は、落ちついた誇りをもって、フランス文化にたいするドイツ文化の独自性と優越とを、感じたのであった。

こうしてフンボルトは、この年代には、十九世紀の歴史的・国民的な考え方に完全に近づいているように思われる。しかし、彼はどこまでも個人主義的・世界主義的な十八世紀のおとし子であったから、その達しえたところには、一定の限界があり、彼もまた、ことさらにこの限界を踏みこえようとはしなかったのであって、いまここで、その限界をはっきりさせておくことは、大切である。新しい国民的思想は、才気あふれたその唱道者たちにおいても、なお在来の文化の普遍的・人間的な理想にからみつかれていたという事実の、最初の偉大な実例を示すことは、この場合大切である。すでに注意をはらったように、フンボルトは、一七九三年にみずから提出した諸国民の比較研究の要求に、すぐまた制限を加えた。この研究のはかりしれなさは別にしても、多数の国民が研究される広さの程度よりも、一つの国民が研究される強さの程度のほうが、なんといってもいっそう重大である、と彼は考えている。そして彼は、人類の特性にもっとも近づいているような国民性を、特に研究の価値があるものと考えているのである。[27] それは、彼にとっては、ギリシア人の性格であった。「人間をできるだけ多面的かつ統一的につくりあげること」が、ギリシア人の目的だったのであって、ギリシア人の性格のなかには、「人類一般の本来の性格がたいてい」あらわれている。[28] それゆえ国民の研究とは、彼にとっては、自分の人間的な理想を歴史を通じて裏書きさせようとする目的のための、手段なのである。国民の独自な生活についての最近の研究も、たしかに、けっきょくは歴史から最高の人間的価値を引き出そうとするものであるが、しかしそれは、国民から人類にいたる道を、また経験から理想にいたる道を、フンボルトが考えているよりもいっそう遠く、かつ困難なものと考えている。それは、フンボルトがまだなくてもすむと考えていた、国民研究における広さを、彼が要求した強さと結びつけようとする。最近の研究はその際、フンボルトが性急にも一飛びで達しようとした人間性の理想そのものを、現実的なものにたいする認識の目がその輝きで弱められないように、研究の行なわれる仕事場から追いだすのである。だから、最近の研究は、人類の理想を放棄するわけではないが、それを他のいっそう高い場所へ追放し、自分自身では、個性的・歴史的な人間が実際にはいかにさまざまであるかを、できるだけ正確に、包括的に、かつ無前提に、決定しようとするにとどめるのである。ところが、フンボルトは、比較人間学にどのような任務を課したのであろうか。たしかにこの学問は、諸国民の持続的な性格を、自然研究者の慎重さをもって研究すべきではあるが、しかし、「この学問にとっては、理想的な人間がいかにさまざまでありうるかを知ることだけが、本来絶対の問題なのだけれども、この学問は、個性的な人間が実際にはいかにさまざまであるかを決定することが自己の問題であるかのような、外観をとらねばならない。」最近の学問的気分にくらべてのこの微妙なちがいは、純論理的にみれば、たぶんそれほど大きくはないが、心理的にみれば、まったく重大である。

現代人は、まさに次のことを確信している。すなわち、人間精神のさまざまな活動や要求のあいだの境界線は、フンボルトが考えた以上に鋭くかつ厳格に守られなくてはならないということ、——さらに、できるだけよい経験をするためには、ひとはまず第一にこれをあくまでも自己目的として定立しなければならず、しかも、たんにそのような外観を呈するだけでなく、ほんとうに断然そうしなければならない、ということを。これは、利益と損失とを同時に示している。現代人は、内面的な幸福の多くを、また、フンボルトがそれによっていつでも現実の人間から理想の人間へ飛びあがることのできた翼力の多くを、失っている。そのかわりに彼は、合理的分業によってはじめてどうにか獲得できるものを、手にいれている。わたしのこの研究が本来まず第一に目ざしているのも、国民思想が、本来これと結びついていた普遍主義的な、また普遍的＝倫理的な理想からしだいに離れ、それによってはじめて国家の目的に完全に役立つようになったからこそ、十九世紀の国民思想の発展のなかで分業の作用が完成されたのだという事情を、示すことなのである。しかしながら、いまここで、国民的理念の活動範囲の内部におこったもう一つの分業が、注目されねばならない。この活動範囲は、理論的領域と実際的領域に分かれているといってよい。国民的なものにたいする感覚は、一方では、きわめて実りの多い学問上の認識手段となり、他方では、国家・社会にとっての重大な道徳的原動力となった。内面的には、これら二つの傾向は依然つながっており、もしまたむりに両者を分ければ、双方を根本的にそこなう結果になるであろう。しかし、外にあらわれる場合には、両者は別々の動きを示すのであって、はげしい国民政治的利己主義《エゴイスムス》が、同じ個性のなかで、あらゆる他国民の特性にたいする愛情深い理解とならんで、なかよく歩いてゆけるのである。フンボルトはしかし、この点ではなお分離していない全体であって、観察と意欲の緊密な織りあわせであった。なぜなら、――すでにみたように――彼が諸国民の研究を志したのは、観照的な気持からであるとともに倫理的な気持からでもあったからである。――そもそも、彼の理想的人間の探求は、最高の倫理であると同時に最高の精神的観照でなくてなんであろうか。国民的なものの研究の途上で、彼は、超国民的なもの、すなわち、自分の到達しうる最高の精神的・倫理的な財宝をもとめたのである。ところでしかし、現代人にもっとも近くまたもっとも自明であると思われるところの、彼の国民研究の倫理的効果は、いったいどんな具合だったのか。――彼の国民研究は、彼のドイツ人的感情にどんな影響をおよぼしたのか、という問いが生ずるであろう。

すでにみたように、彼はパリにおいて、自分が祖国からうけているものを、感謝をもって意識し、自分にとって異質的な他国民のただなかで、自分自身をいままでよりもいっそうドイツ的であると感じた。しかし、なによりもまず、彼が結びついていると感じたドイツ国民とは、もちろん、その存在の深みにまでゆきわたる全体の国民ではなく、そのなかから選びぬかれた少数の、ごく少数の人びとにすぎなかった。彼は、ヤコビにあてて、(29)「ドイツでは、二三の個人のそばに立ちつづけるために、人びとは、ともすれば大衆を忘れがちです」と書いている。

また、ゲーテにあてていっそうはっきりと、[30]「わたしをドイツに結びつけるもの、それは、わたしがあなたたちとの、すなわち、もうすでにほとんど二年このかた引きはなされている仲間との生活から汲みとったものでなくて、なんでしょう」と書いている。ゲーテとその世界、これがフンボルトにとってのドイツであった。たしかに彼の感じでは、ゲーテのドイツは、自由な創造的人間の仲間であるにとどまらず、そのなかには、あらゆる人間にとってだけでなくあらゆる国民にとっても不可欠のものであると思われるあの「内的な動機」、あの「生き生きした、つねに活発な力」がはたらいていたのである。[31]たしかに彼は、国民的なものにたいする感覚をもってはいたが、それはまた、すでに国民的感覚でもあったであろうか。

ほかならぬドイツ国民性において、彼はすばらしいもの、偉大なものを見いだしたので、他の国民性のもつ固有の限界に気がつかずに、純粋かつ自由に、普遍人間的なものに自己を高めていったのである。十八世紀にかんする小論のなかで、彼は次のように述べている。[32]「ドイツ人は、自己の内的独創性を否認して、他の諸国民をあまりにも奴隷的に模倣し、また、戦いを故意に自己の不案内な領域に移すことによって、他の諸国民の手に楽勝をあたえる、と人びとは一般に非難している。目下のところ、この非難にたいしていうべきことは、なにもない。しかし、もっと遠大な目でみれば、この模倣は一時的な現象であり、他の場合には驚嘆し見ならうに値する性質の一つの極端であることが、明らかになる。そしてこの模倣は、力の欠乏から生じているのではなく、悟性の判断と意志の強さに有益な優位をみとめるところの、決定的な性格規定の欠乏から生じているにすぎないから、それはむしろ、理想的な多面性をもとめる高貴な努力としてあらわれているのである。」

このような信念は、まだけっして国民政治的なエトスに転化されるものではなかったし、国民と国家がたがいにどんな意味をもちあえるか、また、この問題にたいする純粋に学問的な、冷静な関心にとって、国民と国家がどんな意味をもちうるか、ということを認識するためにさえも、この信念はなおじゅうぶんではなかった。革命がおこっただけでなく、国民化も行なわれたフランス国家が、彼に示したかずかずの大事件のただなかで、そればかりか、フランスの国民性をそのもっともすぐれた特徴においてとらえようとする熱心な気持をいだきながら、彼はゲーテにあてて、「御承知のように、わたしは、政治的なものを気にかけません」と書いている。[33] 彼は、政治的なものを、一つの国民の不変の本質を認識しようとする場合に無視しなければならないあの「一時的事情」ないし「外面的な出来事」に、数えた。また一七九八年十月二十六日には、パリからヤコビにあてて、次のように書いている。[34]「わたしは一般に、政治的な気分については語りません。わたしは、本来国民的であるものに、すなわち、意見や精神の歩みとか性格の形成とか風習などに、わたしの仕事を制限します。」

　このように彼を政治的なものから依然遠ざけていたものは、かつてギリシア人がそうであったように、ドイツ人はちょうどいま、本来の人間性民族、すなわち、人類のもっとも純粋な模範を形づくるべき使命をあたえられているという、高い名誉心であった。周知のように、この思想は、もっともありふれたものからもっとも高尚なものにいたるまで、きわめて多様なあらわれ方で、当時の教養あるドイツを支配したのである。シラーは、たぶんリュネヴィルの講和後の時代に書かれたと思われる一つの詩の断片のなかで、この思想を、おそらくだれよりも崇高に、表現した。そして、のちの出版者は、なんの無理もなく、これに「ドイツの偉大さ」という表題をつけることができた。[35] そこでは、思想の変遷を散文的にスケッチして、次のように述べている。「ドイツ人は、悲惨な戦いを不名誉に終わるこの瞬間に、二つの傲慢な民族がドイツ人を完全に抑圧し、勝利者がドイツ人の運命をさだめるこの瞬間に、――ドイツ人は、自負心をもつ権利があるだろうか。そうだ、その権利はあるのだ。ドイツ人は戦いを不幸に終わったが、ドイツ人の価値を形づくっているものを、失ってはいない。ドイツ帝国とドイツ国民とは、別のものである。ドイツ人の尊厳は、ドイツの諸侯の首長のうえにとどまっているのではない。政治的なものから離れて、ドイツ人は自分の価値をつくりだした。そして、もしかりに帝権《インペリウム》が没落しても、ドイツの威厳は確実に存続する。それは、倫理的な偉大さであり、国民の文化と性格のなかに宿っているのであって、国民の政治的運命とは無関係である。……政治的帝国は動揺しても、精神的帝国はますますかたく、ますます完全に形成される。」

　スケッチは、さらにつづけている。もし世界が別に一つの計画をもつならば、最後には、精神を形成し、支配するものに、主権があたえられるにちがいない。他の諸民族は、その場合には、しおれ落ちる花のようなものだが、金色の木の実は、依然のこっているのである。イギリス人が富を、そしてフランス人が栄光をほしがりうかがうあいだに、ドイツ人には最高のものが予定されている。「ドイツ人は、いろんな世界の精神とまじわる。」――「あらゆる民族は、歴史のなかにその全盛時代をもっているが、しかし、ドイツ人の全盛時代とは、あらゆる時代の収穫物なのだ。」

　これらの言葉には一種独特の魅力がまつわっているが、このような魅力が生ずるのは、たぶん、のちになってはじめて人びとはシラーの書類鞄をこうしてのぞきこむことができたということ、また、シラーはのちの人びとに、いわばもっとも親しい対話で、かれら自身にとっては知識の問題であるばかりか心の問題でもあるような事柄について、ここで答弁をあたえているということのためである。だから人びとは、もしシラーが当時すでにこのような思想をきらきら輝く詩で表わしたにしても、シラーの精神のいぶきをこれほど強く感ずることはなかったであろう。なぜなら、シラーにおいては、詩は直接のものをおおいやすいからである。しかし、彼の言葉の効果は、なおいっそう深いものに、すなわち、ここで問題なのはドイツ国民の歴史の純潔な秘密であり、われわれの偉大な祖先の考え方のうちのあるものなのだ、という予感に、もとづいている。そしてこのあるものとは、あらさがしをする人には、ごまかしないし精神的高慢とみえるかもしれないが、しかし敏感な理解力のある人には、きわめて純粋な信念であると同時に歴史的に必要なそして有益な信念であることが、明らかになる。ドイツ帝国とドイツ国民とは別物であり、ドイツ国民の文化と性格とは、その政治的運命とは無関係である、という主張は、こんにちの多くの人びとには、大胆な言葉だと思われるであろう。しかし、こんにちの人びとにとっては一つの誤りと思われるこの思想も、当時の多くのドイツ人にとっては一つの生きた真理であり、かれらのうちのもっともまじめな人びとにとっては、宗教的な力をもった真理であった。(36) この世に精神の帝国を建設しようとするものは、まず第一に、自分の帝国はこの世のものでないということから、はじめなくてはならない。のちにこの世を、もっと強い、もっと内面的な力で支配するためには、彼はひとまずこの世を避けなくてはならない。ひとは、まず第一に現実的なものを脱することによって、最高の精神的・倫理的価値を創造するのである。このように、あらゆる政治的なもの——そしてそのなかには、当時いかに多くの腐ったもの、しなびたものがあったことか——がまず一度国民思想から掃き出され、そのかわり、これまでに獲得されたあらゆる精神的財宝が国民思想のなかに取り入れられたことによって、ここにドイツの国民思想は、一つの新しい、いっそう深い内容を得たのである。それによって、国民思想は永遠なものの、また宗教の範囲に引きあげられた。それによって、これまでの普遍的教養は国民化され、普遍的なものがどこで終わり、国民的なものがどこではじまるかを、人びとは告げることもできなければ、告げたいとも思わないほどになった。こうして、一方から他方へ橋がかけられた。そして、このように精神化された国民的理念が、その後ふたたび国家のところへやってきたとき、この国民理念は国家に一つの持参物をもたらしたが、この持参物に整理されてはじめて、国家は、自己の最高の使命をはたすことができ、偉大な人間的財宝の系列のなかで、人類の発展が国家に割りあてる席につくことができたのである。なぜなら、近代的国民国家もまた、若返る力をあくまでもつべきであるならば、一つの普遍的な生命の動脈を必要とし、最高の人間的理想の審判の前にたえず申し開きをする必要があるからである。

人類から国民をこえて国家にいたるこの発展過程は、こんにちわれわれの前に、はっきりしたわかりやすい特徴をおびて存在している。すなわち、そこでは、まず第一に普遍的なものが国民的になり、国民的なものが普遍的になり、さらに国家が国民化され、国民が政治化されるが、それにもかかわらず、普遍的な思想もなおながくいっしょに振動する、といった具合であった。しかし、大体において直線的なこの発展も、さらに詳しく観察すると、奇妙な入り乱れたジグザグに、また、さまざまにみえる迷路・岐路に、解けこんでしまう。真の歴史的感覚は、一方にかかりきって他方を忘れてはならず、個々の旅人が苦労を重ねながら道をもとめる場所へ、ある時は高地にのぼり、ある時は下におりてゆかねばならない。なぜなら、われわれが知りたいと思う現実生活の多くの色彩は、純粋な光線の屈折によってはじめて生ずるものだからである。そして、普遍的な諸関係を立てる人は、それらの諸関係を個々の現象に即して示そうとするならば、控え目に次のことを承認するであろう。すなわち、個性はつねにまたなお別のかくれた諸法則にしたがうものであり、これらの諸法則は、単純な最後の結果を妨げるようにみえる場合にも、たぶんこのような結果をもたらすために協力しているのだ、ということを。シラーもまた一八〇六年後の年代を経験していたら、ドイツ国民に語りかけるようになっていただろうと、いかに多くの人びとが考えていることであろう。そしてかれらは、シラーの人格を、また、彼がつくった最後の劇の精神を、最後にまた、「ドイツの偉大さ」にかんする彼の数行をつらぬいて響いてくるものを、証拠として引き合いに出すであろう。なぜなら、政治的思想のあらゆる否定を通じて、われわれはやはり、ドイツの実際の政治状態についての彼のせつない憂慮と、彼をかりたてる一つの刺激物とを、感知するからである。こうして彼は、なるほどフィヒテの例にしたがったかもしれない。しかし、彼はほかのことはまったくできなかったであろうし、また、ゲーテの寂静主義をはるかにしのいだであろう、と主張するのは、浅薄な見解にすぎないであろう。なぜなら、十八世紀の普遍的な世界から十九世紀の国民的なまた国民政治的な世界にみちびいていった道は、必ずしもただ一つではなかったし、またこの時代のすぐれた人びとは、ただ一つの道を示されるにはあまりに独自的であり、独立的であったからである。これらすべての人びとの出発点となった普遍的人間性の理念の豊富さと力とは、この理念から非常にさまざまな道がとられたという点にも、まことによくあらわれている。——なぜなら、この普遍主義は、同時にきわめて強力な個体主義だったからである。

（1） W. v. Humboldts Werke, herausg. von Leitzmann 1, 81.
（2） 1, 83.
（3） 1, 236, また 1, 131 参照。「国民的施設と国家組織のあいだには、つねに、拒否することのできない重要な差別が、あくまでも存在する。前者は、間接的な権力であるにすぎないが、後者は、直接的な権力である。それゆえ、前者にあっては、加入、離脱、結びつきの変更についての自由が、より多く存在する。はじめは、あらゆる国家的結合も、このような国民的団体以外のものではなかった、ということは、きわめてありそうなことである。」——これは、契約理論を独自の形で変更すると同時にゆるくしたものに、帰着する思想である。
（4） 1, 162.
（5） 1, 140.
（6） 1, 234.
（7） 1, 240.

(8) それゆえ、彼の国家活動の限界についての試みにみられる国民概念は、一七九一年の憲法にかんする所見にくらべて、一つの退歩を意味する。

(9) 1, 131.

(10) 1, 157 f.

(11) 「国民が国家より以上に彼の興味をさそったと同じように、人間のほうが国民よりもさらに彼の興味をさそった。」Haym, Humboldt, S. 51.

(12) 特に1, 113における彼の詳論参照。Haym は S. 55 において、非常に適切に、次のように述べている。「一つの高貴な社会の像のもとに、彼は、一国家のなかに生活している国民全体を思い浮べているのだ。」

(13) たぶん、その当時彼は、のちに言語学上の著作で行なっているように、まだ Kultur と Bildung とを区別していない。

(14) Über das Studium des Altertums und des griechischen insbesondere (1793). Ges. Schriften 1, 276.

(15) Plan einer vergleichenden Anthropologie (1795). Ges. Schriften 1, 379.

(16) a. a. O.

(17) 功績はあるが、あまりに図式的な、W・v・フンボルトの歴史的世界観にかんする Kittel の研究(1901)は、まだこれらの資料を利用することができなかった。だがしかし、Eduard Spranger の見事な書物 W. v. Humboldt und die Humanitätsidee (1909)は、これらの資料のみならず、その後あらたに公刊された、フンボルトがそのいいなずけでありのちに妻になった人にあてた書簡をも基礎にしたものであって、この書物は、うれしいことに、わたしの展開した、フンボルトの国民意識についての見解に、同意している。

(18) Über das Studium des Altertums (1793). Ges. Schriften 1, 256 f.

(19) a. a. O. 1, 264.

(20) Plan einer vergleichenden Anthropologie (1795). Ges. Schriften 1, 384.

(21) a. a. O. 1, 385.
(22) Ges. Schriften 2, 401 における Leitzmann の所見参照。
(23) a. a. O. 2, 1-112.
(24) a. a. O. 2, 72.
(25) Bratranek, Goethes Briefwechsel mit den Gebrüdern v. Humboldt, S. 58. ヤコビにあてて、彼は一七九八年十月二十六日に、次のように書いている。「わたしは、フランスのさなかで、以前よりもさらにいっそうしんからのドイツ人になったにすぎない。」Leitzmann, Briefe Humboldts an Jacobi, S. 60. また同書一二〇ページ参照。F. A. Wolf にあてても、一七九八年十月二十二日に、同様のことを書き送っている(Ges. Werke 5, 208)。
(26) Bd. 14 der Ges. Schriften (1916).
(27) a. a. O. 1, 264.
(28) 1, 270 および 275.
(29) Leitzmann, S. 64.
(30) Bratranek, S. 58.
(31) Leitzmann, S. 61.
(32) a. a. O. 2, 43. それについてはまた、フンボルトのA・ヴォルフにあてた一七九七年八月二十日の手紙参照。Gesammelte Werke 5, 194.
(33) Bratranek, S. 49.(一七九八年春)
(34) Leitzmann, Briefe Humboldts an F. H. Jacobi, S. 61.
(35) 「ドイツの偉大さ。これは、一八〇一年に書かれたシラーの未完成の詩である。」まず最初 Goedeke によって出版され、その後 B. Suphan が、一九〇二年にヴァイマルで(Schriften der Goethegesellschaft) シラー全集の Cottasche Säkularausgabe 2, 386 に収録し、また Lienhard によって Schillers Gedicht-

entwurf Deutsche Grösse, 1916として出版された。Leitzmannは、このスケッケの書かれた年を一七九七年としているが(Euphorion, Bd. 12および17)、彼の論証は、わたしを納得させない。Leobenの講和を、シラーはほっと息をついて、迎えている。ところが彼は、Lunévilleの講和を、まったくそれとはちがって、苦々しく迎えたのであった。このスケッチの反映している国際情勢(なかんずくイギリス勢力の発展)もまた、一七九七年よりも一八〇一年にいっそうよく適合する。ある人は、最近また、フンボルトが一七九七年および九八年の手紙のなかでシラーにあてているさらに二つの言葉を、「ドイツの偉大さ」という詩と関係づけている(Ebrard, Neue Briefe W. v. Humboldts an Schiller, S. 161および235)。しかし、これらの言葉からは、シラーが当時計画していた「歌謡」の主題については、まったく何も知ることができない。――Kuberka, Der Idealismus Schillers als Erlebnis und Lehre (1913), S. 35は、その後に書かれたシラーの戯曲のよく知られている若干の箇所からして、この詩人は、政治的な国家理念を「近代的な国民国家の理想のなかにつなぎとめた」のだ、ということを、証明しようとする。その際彼は、シラーがすべての政治的な問題と素材を取りあげ、取り扱うにあたって保持していた、詩人的・人間的な自由というものを、誤解している。Toennies, Schiller als Zeitbürger und Politiker (1905)のほうが、これをいっそう正しく評価している。

(36)　わたしはここで、たぶんまた、わたしの》Zeitalter der deutschen Erhebung《3. Aufl. S. 27 f. における、この研究に相応じ、またそれを補足する諸考察を、示してもよいであろう。

第四章　ノヴァーリスおよび初期ロマン主義の年代における フリードリヒ＝シュレーゲル

前章の結語は、ノヴァーリスのある言葉を思い出させるかもしれない。それとともにわれわれは、フンボルトやシラーからロマン派の人びとの仲間に目をうつし、ここでもまた、かれらがもっとも実りゆたかな思想活動を行なった年代、すなわち、十八世紀も終わろうとする九十年代に、国民の本質および国民の国家生活にたいする関係のあり方を、かれらがどのように理解していたかを、問うことにしたい、フンボルトの思想の歩みは、繊細なしかしよくまとまったものであったが、ロマン派の人びとに目をうつすとき、われわれは、警句と断片の世界へ、ひとを困惑させる刺激と思いつきの充満のなかへ、はいりこむのである。フンボルトにあっては、彼がそこから国民や国家をながめた道は、つねにはっきりとそしてまっすぐに、燈火をもって彼の先に立っていた「理想的人間」の目標に通じていた。ロマン派の人びとにあっては、無数の道や小道が開かれており、かれらは、それらの一つに身を委ねるということは、ほとんどなかった。それゆえわれわれは、自分がそのあとをおっていると思っている先導者が、足ばやに他の方向に逃げ去るのを見かけることがあるし、もしわれわれが、一度歩んだ道を終わりまで行こうとしたり、明らかにしばしば揺れうごく想像力が活動しているにすぎないところに、体系的な厳密さをもとめようとしたりするならば、われわれ自身融通のきかない人間にみえることであろう。だが、それにもかかわらず、できるだけしっかりした論点を定めようとする試みは、あえて行なわれねばならない。なぜなら、特に初期ロマン派の人びとにおいて、われわれの研究がやがて問題にするはずののちの政治的ロマン主義[1]の最初の徴候が、推定されるからである。政治的ロマン主義の諸理念がフリードリヒ＝ヴィルヘルム四世のサークルのあいだでみせるような真剣さや純理的厳格さは、もちろん初期ロマン主義の思いあがった混乱のなかには、どこにもはっきりとはみられないであろう。だがしかし、どのような関連のなかで、またどのような近い理念と結びついて、政治的ロマン主義の諸理念がここではじめて浮びあがるかを、認識することは、たぶん可能であろう。そしてさらに、この年代の偉大な現代史的背景から、すなわち、フランス革命とナポレオン時代がドイツの精神生活におよぼした影響から、われわれはいくらかの説明的要素を引きだすことができるであろう。この研究は、国民思想や国家思想をもっとも豊かに発展させた初期ロマン主義の代表者だけに、仕事を限ろうと思う。それは、まず第一にノヴァーリス(Novalis)であり、第二にフリードリヒ＝シュレーゲル(Friedrich Schlegel)である。

かれらの思いつきは、なによりもまず変幻自在な動きを示しているが、しかし、それらを締めくくっている中心理念は、存在しているのであって、まさにこの理念の内容をかえりみることによって、かれらの思いつきが多彩多様な動きをみせる理由も、明らかになるのである。宇宙はそれ自身のなかにかぎりなく豊富な個性を蔵しているが、宇宙の統一はそのために解き散らされるということはなく、かえってまさに強められるのであり、したがって、宇宙それ自身が個性であり人格である[2]、という思想が、これである。「自然のなかの個性は、まったく無限である。この光景は、宇宙の人格性にかんするわれわれの希望を、なんと活気づけてくれることであろう。[3]」それゆえ、神とは、フリードリヒ＝シュレーゲルにとっても、一方では「個性の深淵[4]」であるとともに、他方では「最高の力をもった個体そのもの[5]」なのである。

神秘宗教的もしくは敬虔宗教的な、ふるい汎神論的傾向と、ゲーテやフンボルトとも近い関係にある新しい個体主義的傾向とが、これらの思想のなかで、たがいに融合している。当時の哲学の動き全体が、カント以後、かれらのうえに押しよせてきたが、特にここで大きな影響をおよぼしたのは、シェリングであった。こうして、宇宙のあらゆる関係への寂静主義的＝憧憬的な没頭が、自分および他人の個性を強く楽しむ気持と結びつくことによって、魅惑的な、まったく新しい一つの生活感情が生まれた。しかし、ここでわれわれがしなければならない仕事は、これらの理念の精神史的な由来を尋ねることではなく、また、それらが個人の生活にどんな影響をおよぼしたかを問うことでもなくて、それらが国民生活、国家生活にいかに適用されたかを明らかにすることである。まず第一に、初期ロマン主義者たちの諸理念は、全体として無限に流動的であったということ、また、「個性の深淵」を見おろすとき、かれらは神と世界に酔うことができたということは、明瞭である。かれらは、あらゆる生命の動きを個性として把握しようと、まじめに考えたのであった。「あらゆる思想、われわれの心情のあらゆる現象は、まったく独自的な一つの全体のきわめて個性的な部分であるといってよい(6)」と、ノヴァーリスは考える。すべてのものは個性に解消されるという立場から、ロマン主義者の目は、歴史的・国家的な生活においても、あらゆる特殊な個別現象にたいして鋭く輝き、それをただちにその特殊権利において承認する、という傾向があった。――しかし、すべてを承認しようとする人は、そのいずれをもほんとうにしっかり肯定しないという危険に立つ。かれらは包装してしっかりもっているだけの力がなかったために、かれらの才気あふれる観察の対象が、どれほどかれらの手からなお逃げさったことであろうか。もちろんしかし、かれらはまた、その強い拡張欲をもって、古典的理想主義がなお無関心であった領域へ進出し、いまや迅速かつ簡単にこれを占取していった。すでにしばしばノヴァーリスは、国家について、また個人の国家にたいする関係について、非常な感動をこめて、また深みのある言葉で、語っている。「その成員が賢明であり活気があればあるほど、ますます、国家は生き生きした、人格的なものであるのだ。宗教団体において、一つの人格的な神があたかもたくさんの形態であらわれるように、国家の精神は、真の国民のおのおのから輝き出るのである。国家・神ならびにあらゆる精神的存在は、単一であらわれるものではなく、たくさんのさまざまな形であらわれるのである。(7)」一つの生き生きした国家人格の姿をわれわれの前に描きだすために、ちょうどいまここで協力しているいろんな要素は、すぐまたふたたび四散して、新しい無限の手品と化してしまうかもしれないが、このことはすでに感知されるところである。しかしとにかくノヴァーリスは、実際すでに、国家をまとまった個性であると認めた。――「国家はつねに一つの大人間《マクロアントロポス》であった。(8)」――しかも、完全な模範国家を望む人びとの合理主義的な意味においてではなく、歴史的意味における一つの個性であると認めたのであった。なぜなら、彼は「人間がさまざまであるかぎり、国家もさまざまでありつづけるだろう(9)」と述べているし、また、新しいフランスのやり(10)方以外の方法で幸福を確立することができない人びとを、あわれむべき俗物とののしっているからである。彼は、国家と家族の密接な関係と、国家の本質における家族的なものとを、具体的な生活感情をもってながめた。(11)そこで、年若い君主夫妻、フリードリヒ＝ヴィルヘルム三世とルイーゼがそこに一つの新しい、幸福を約束する時代を開くようにみえた瞬間に、ほかならぬプロイセンが、彼の目をひきつけたのである。彼は、このような君主夫妻から発せられた、ひとをはげますような力に沈潜し、そのまわりに、象徴化的な考察の蔓《つる》を張りめぐらした。そしてこの蔓のなかには、すでにプロイセン決起時代の気分が認められるが、しかしまた、それにつづく王政復古時代の気分もあらわれていた。(12)一方の素朴な家長的王権主義と他方の神秘な家長的王権主義とが、ここですでに、しかしなおまったく自由な、流動的な、詩的な仕方で、響きはじめている。なぜなら、彼は人民主権の思想からはっきりと遠のいてはいるけれども、個体の主権はなおいたるところにあらわれているからである。[13] だからそこでは、同時に真の共和国であるような理想的な君主国について夢みることが、たしかに可能であった。——なぜなら、彼にとって真の共和国とは、「あらゆる国家の成員が全体の国家に一般的に関与し、親しく接触しあい、調和をたもつ[14]」ような状態を、意味するものだったからである。彼は、従来とはまったくちがって、国家が個人の生活のなかまで伸びてゆくことを、要求することができた。「国家は、われわれのところでは、あまりにも知らされていなさすぎる。国家を知らせる人、愛国心の説教者が存在しなくてはならない。現在、たいていの国民は、国家にたいして非常に平凡な、むしろ敵対関係にはなはだ近い関係に立っている。[15]」このような考察のあいだに、国家の価値と、国家の生活創造力とは、ノヴァーリスにとって、ますます増大していった。「あらゆる文化は、一人の人間の国家にたいする関係から生ずる[16]」と彼は、はやくもあえて主張した。国家のなかには、これまで軽視され、無視されてきたところの、個人の生活を高め強めるための力の源泉が存在する、という彼の確信も、同時にますます明瞭になってきた。「人間は、国家を怠惰のしとねにしようとしたが、しかし国家は、まさにその反対物でなければならない。——国家は、活動全体の装備であり、国家の目的は、人間を絶対に強くすることであって、絶対に弱くすることではなく、それをもっとも怠惰な存在にすることではなくて、もっとも活動的な存在にすることである。国家は、人間を苦労から解放するのではなく、むしろ人間の困難を無限に増大するのであり、もちろんまたそれによって、人間の力を無限に増大するのである。[17]」

こうして、この夢みがちの詩人であり哲学者であったノヴァーリスもまた、すぐれた同時代人たちの純粋な理想主義に満足せず、それをさらに魔術的なものに高めようと企てたのであったが、同時にまた彼は、当時のドイツの精神生活のなかにおこりつつあったあの静かな変化を、すなわち、それまで完全に非政治的な地盤から、この年代に驚くべくかつ独自的にあらわれてきたあの倫理的＝政治的要求の芽ばえを、みずから雄弁に示しているのである。この国家布告はまだそれほど大したものではなく、愛国心と国家主義のこの説教者は、じつはまだ説教者ではなくて、一詩人であり、国家や国家における生活もまた美しいものだということを発見した、非常に敏感な、芸術家的精神の持ち主なのだ、という異議が出るかもしれない。われわれは、この異議を認めよう。そして、短所と思われるかもしれないもののなかに、むしろまた長所を発見するようにつとめよう。われわれはここでたぶんまた、ドイツ精神がドイツ国家に到達するまでに歩んだ隠れた道の一つを、――美的教育にかんするシラーの原則の意味深い適用を、目の前にしているのではなかろうか。うるわしいものの朝の門《モルゲントア》は、たしかに、認識の国だけでなく、倫理的行動の国にも通ずべきものであった。ところで、当時の詩人に、みずから認めたこの国へ実際に足を踏み入れて、その賞賛した国家をほんとうにとらえるだけの力と意志があったかどうかを、人びとは疑わしく思うかもしれない。――けれども、彼が国家を輝かしいという点で注目したばかりでなく、武装の強さという点でも注目したことは、すでに大したことであった。彼の要求がどんなに美的な色彩をおびていようとも、彼の要求する新しい生き生きした国家は、彼のように比較的倫理的な性格をもっていた人びとも、シュライエルマッハー、アルント、フィヒテらもまた、当時およびそれにつづく年代に要求したところのものである。

さらに、ノヴァーリスの国家理想には、すでに述べたように、それが古来の家長的王権主義の意向と結びついていたかぎりでは、はなはだ具体的な根も欠けてはいないのである。こうしてわれわれは、当時の人びとがこのような歴史的基礎からして、また、すべてを美化しロマン化する時代の特性にしたがうことによって、一つの現実的な真の国民国家に達することができた次第を、ここにみるのである。なぜなら、ノヴァーリスの国家というのは、市民が共同体に活発に参加し、市民生活と政治生活とが意識的に相互に滲透しあう関係にもとづくべきものだったからである。彼はまた、フリードリヒ大王の王国が機械的な国家であることに反抗した点でも、国民国家的な考え方をしたのであった。「フリードリヒ＝ヴィルヘルム一世死後のプロイセン以上に、工場のように管理された国家は、かつてなかった」と、彼は語った。[18] これは、ミラボー以来多くの人びとによって、フランスの自由理念を好む人びとによっても、古来の身分的・家長的秩序を好む人びとによっても、あげられた非難であり、ノヴァーリスがこの非難を取りあげたとき、彼はたぶん双方の影響をうけていたのであろう。この非難は、完全に正しくはなかったが、しかしそれは、人びとがみずから歴史的に前進するためには犯さなくてはならない歴史的な不正の一つであった。ともあれ、彼がこの最大のドイツ個別国家を批判したばかりでなく、理想化もしたということ、彼がこの国家のなかに、真の国民国家に至るべき使命と能力を認めたということは、重大な、示唆に富む事柄であった。

　この一面をさらに強く掘り下げていったら、ノヴァーリスはたぶん政治思想家としても、彼がすでに達したよりもいっそう遠くまで進んだことであろう。しかし、ちょうどまたこの能力は彼に欠けていたので、国家についての彼の考察はたんなる哲学的思索にとどまり、重要な諸原則のたんなる刻印以上に出ることはなかった。彼自身の青年時代の革命的気分を、彼はいまや克服されたものとして回顧した。「このような年代は、たいていの人間にあっては、過ぎ去ってしまうものである。そしてわれわれは、いっそう平穏な世界に引きつけられるのを感ずる。そこでは、中心の太陽が輪舞をリードし、人びとは、戦いの模範を示すために破壊的な舞踏をいっしょにやるよりも、むしろ遊星となるのである。[19]」こうして彼のなかでは、宇宙の諸力によって陶然としずかにゆすぶれようとする真にロマン的な傾向が、ふたたび勝利をしめ、そこで彼は、政治的には、寛大な相対主義的な気持をいだくようになり、こうして彼は、「成熟した精神の持ち主が、自分にとってたんに必要な道具であるにすぎない一切の個性的な形式から自由であること」[20]を好んだ。このようにして彼は――まさしくまた、国家生活の個性的な形態にたいするこのような崇高な無関心の結果として、――国民国家の理論にむかう彼の豊かな素質を、それ以上発展させることはなかった。彼は、その他の場合にはいたるところに人格と個性を認め、感知しているにもかかわらず、じっさい、全体としての国民の人格性については、奇妙にも僅かのことしか語りえないのである。彼が国家に生気をあたえ、国家を賛美することをもとめているのは、全国民的な要求からというよりは、むしろ個人主義的な要求からである。そして特に彼は、ドイツの国民性という要素を国家のために利用することは、まだなかった。国民とは、政治的な点では、プロイセン王国についての彼の警句からはっきりうかがわれるように、彼にとっては、比較的せまい意味での国家国民を、それゆえここではプロイセンの人民を、意味している。[21]しかし、ドイツ国民とは、フンボルトをはじめこの年代のあらゆる偉大な思想家たちにとってと同じように、彼にとっても、もっぱら文化国民のことなのである。

そして、このようなものとしてのドイツ国民は、彼においては、ただちに普遍的なもの、一般人間的なものと融けあうのである。「ドイツ的なものは、いたるところに存在する。ドイツ的性格とは、ローマ的性格、ギリシア的性格もしくはイギリス的性格と同じように、一つの特殊な国家に制限されているものではない。それは、普遍的な人間性である。――それは、ここかしこで、特に普遍的になっているにすぎない。ドイツ的特性とは真の通俗性であり、それゆえ一つの理想である。」[22]――A・W・シュレーゲルにあてても、同様のことを述べている。[23]「ドイツ的特性とは、もっとも強力な個性と混合した世界主義である。」「ローマ人の本能的な普遍的政策と傾向とは、ドイツ民族のなかにも存在する。フランス人が革命のさいに獲得したもっともよいものも、ドイツ的特性の一部なのだ。」[24]――「力強い普遍性という点で、どんな国民もわれわれに反対することはできない。[25]」ドイツ国民の普遍的使命についての、また、ドイツ国民は真の人間性国民であるという、このような確信は、このロマン主義者がシラーやフンボルトの仲間と分けあったものであったが、彼はいまやこの確信に、さらに一つの特にロマン的な色彩をつけ加えた。特にロマン的であったのは、普遍的なものと個性的なものとを、いつも混じていっしょに思い浮べている点、また、二つの要素のいずれをも他方のなかにつねに強くかぎつけるという点で、一種の美食家ぶりを発揮している点である。「あらゆる国民的なもの、一時的なもの、地方的なもの、個性的なものは、普遍化される。……普遍的なもののこのような個性的彩色こそ、そのロマン化的要素である。[26]」ノヴァーリスはまた別の時に、ロマン化について、さらにちがった定義をあたえている。すなわち「世界はロマン化されねばならない。……ありふれたものに高い意味を、平凡なものに神秘な外観を、既知のものに未知のものの威厳を、有限のものに無限のみせかけをあたえることによって、わたしはそれをロマン化するのである。[27]」この要求は、まことに輝かしい偉大なものであったし、近代精神科学に強い刺激をあたえることができたけれども、それはまた気のきいた遊戯に堕し、「無限の外見」がけっきょく有限のものに、普遍的なものが個性的なもの、具体的に規定されたものに、人間性の思想が国民の思想に勝利をしめえたことが、理解されるのである。

やがて、国家生活にかんする彼の見解のなかにも、一つの普遍主義的な特徴が突然あらわれたが、この特徴は、個々の国家の無条件の自律を、それとともにまた個々の国家の絶対的な個性を、もはや正しく承認することのできぬものであったことを、われわれはさらに理解するのである。彼の語るところによれば、「諸国家は、自己のあらゆる目的の達成が全体的方策によってのみ可能であることを、けっきょく認めなければならない。全体的方策とは、同盟組織のことであり、普遍的王国に近づくことである。[28]」これについての自分の考えを、彼は、一七九九年の「キリスト教世界すなわちヨーロッパ[29]」にかんする注目すべき論文のなかで、関連をつけて詳しく述べている。そのなかでわれわれは、いままた、従来よりもいっそうはっきりと、主観主義的な初期ロマン主義とのちの王政復古時代の政治的ロマン主義のあいだの連鎖を、みることができるのである。

ノヴァーリスはここで、歴史観と将来の理想とを同時にあたえている。彼は、中世のキリスト教的ヨーロッパ文化の姿を輝かしいものに描き、宗教改革およびそれにつづく精神的・政治的発展にくらい影を投げかけているが、しかし彼は、いまやヨーロッパのすばらしい新時代のために夜が明けはじめ、カトリック教的中世の美しい時代が、若返った新しい形で復活するであろうと、信じている。しかし、彼の思想を簡単明瞭な一つの公式に表わすことは、はなはだためらわれる。なぜなら、その思想の輪郭は、いっそう接近して観察すれば、かすみと輝きのなかに融けこんでしまうからである。言葉は、ここでは、いいあらわしがたいものに奉仕し、思想は、考えることはできず、ただ感じたりながめたりすることができるにすぎないものに、奉仕している。彼は熱狂的な口調で、中世のカトリック教会およびその礼拝について、「神聖な非常に美しいキリスト教世界の女主人」について、またイェズス会の永遠の価値についてさえも、語っている。しかし、彼が最後に、シュライエルマッハーを新時代の先駆者の一人として賞賛するとき、また彼が、「この世のあらゆるものは、永遠の生命をになうぶどう酒とパンであることができるという信仰」にほかならない、完全な価値をもつキリスト教の一形態、に耳を傾けるとき、上記の言葉を窮屈に解釈して、彼のカトリック化する意向をまじめに信じようとするものは、だれもあるまい。それゆえ彼にとっては、あらゆるこの世のもの、歴史的なものも、目にみえない無限のもの、理解しがたい不思議なものへの、また、人類と宇宙とが合流する深淵への、比喩もしくは接近手段であるにすぎない。彼は、真の歴史を超えた高いところに自己の立場をおいているために、この世と天国とが合流しているようにみえるのであって、まさにこの崇高な光景こそ、やがてまた彼を、個々の歴史的現象にたいして、寛容な、平和な、思いちがいをするような気分に、させるものなのである。こうして、けっきょくまた、プロテスタンティズムおよびそれがもたらした宗教上・政治上のわるい結果にたいする彼の判定も、全世界にたいする和睦の接吻のなかに、ふたたび溶けこむのである。

しかしそれにもかかわらず、この判定は、そこから生ずるもろもろの結果とともに、どこまでも存続し、真価を認められようとするのである。そこで、中世にたいする彼の共感が、なかんずく、その普遍主義的な根本性格にたいする共感であることをみてとることは、たしかにわれわれにとって、非常に教訓的である。彼は、近代の国家世界の分裂にたいして、この時代の「普遍的・キリスト教的結合」を対立させ、世俗的・現世的なものに優位をあたえた宗教改革を、この分裂の責任者であるとしている。「近代的な政治は、この時期にはじめて生じた。そして、個々の強国たちは、あいている世界の座を——それは統治権に姿を変えていたが——占取しようとしたのである。(30)」近代の強大な権力国家の出現、その拡張欲と自治衝動など、要するに政治の世俗化は、彼には、転落であり簒奪《さんだつ》であるように思われる。彼は、国家がそのきわめて固有な利害の基盤にしっかりと力強く身をおくことを、認めようとはしない。「君たちの国家が現世への傾向をもちつづけるとき、君たちのあらゆる支柱は、あまりにも脆弱《ぜいじゃく》である。しかし、いっそう高いあこがれによって国家を天国の高みに結びつけ、国家を宇宙と関係づけるならば、そのとき君たちは、国家のなかに倦ますことをしらぬ一つのばねをもっているのであり、君たちの努力がゆたかに報いられるのをみるであろう。(31)」なるほど彼は、きわめて高い立場から、もろもろの国家や国民相互間の比較的近しいさまざまな接触は、とりもなおさず一つの新しいヨーロッパ共同体および「諸国家からなる一つの国家」を生みだすための前段階であるにすぎないから、かれら相互間のおそろしい戦いも、いっそう高い歴史的目的をもつものだ、ということを理解している。しかし、このような共同体をつくりだすという任務は、諸国家それ自体にではなく、現世的であると同時にこの世のものでない、諸国家のうえに立つ普遍的権力、すなわち、教権制度《ヒエラルヒー》と教会にのみあたえられるのである。なぜなら、「現世的な諸勢力が自分たちを均衡させることは、不可能だからである。……宗教だけが、ヨーロッパをふたたび生き返らせ、諸民族を和解させることができるのである。[32]」

これは、大ざっぱではあるがまぎれもなく描きだされた宗教的＝教会的世界主義のプログラムであり[33]、政治的な領域でもそれの優位を主張するものである。中世的なキリスト教団(corpus Christianum)の思想、それは、ルターに変形された形で旧プロテスタンティズムの考え方をも支配したのであったが、この思想がふたたび彼のなかによみがえったのである。それは、ド＝メーストルやボナールの理論の、さらにまた――ディルタイがすでに認めているように、――神聖同盟の理論の序曲となり、側面部となった[34]。カトリック教に傾いてはいるが根本においては汎神論的なプロテスタントのノヴァーリスが、教会と教権制度《ヒエラルヒー》について、またこれらのもののキリスト教的国家世界を指導すべき使命について語るとき、なるほどそれはつねに、カトリック教徒であるボナールやド＝メーストルの語るところとは、なおいくらかちがった響きをもっている。なぜなら、ノヴァーリスもプロテスタンティズムや啓蒙主義を非常にきらってはいたが、しかし、それらが獲得した最上のもの、すなわち内面的・精神的な自由を、けっして放棄しようとはしなかったからである。彼は、個性的自由と普遍的統一の調和を夢みたのであった[35]。しかし、このような、きわめて緊張した、極端に精神化された理想は、かくも純粋な高さにおいて維持されるということは、めったにない。人びとは、まもなくまた、具体的なもの、知覚できるものをほしがるのである。ノヴァーリスもまた、将来の目にみえない教会に満足せず、キリスト教徒が「国境を顧慮しないで、一つの目にみえる教会をもう一度組織」することを希望し、彼の夢を実現するために、「神聖なヨーロッパの宗教会議」を要求した。そこではけっきょく、ローマへの帰還の道はもはやそれほど遠すぎることはなく、疲れた精神の持主を誘惑することができたのである。このことを示したのが、フリードリヒ＝シュレーゲルであった。

ここでもまたわれわれは、彼の発展のなかから、われわれの問題にとって考慮に値するものを、取りだすことにしよう[36]。彼の思想的生産活動のもっとも興味ある、またもっとも豊かな年代をとってみても――それは、またしても、十八世紀の終ろうとする九十年代である――、その産出量は、もちろんフンボルトやノヴァーリスほど豊富ではない。しかし、初期ロマン主義における彼の支配的な立場からみて、また、彼自身のその後の発展が王政復古時代の政治的ロマン主義にただちにつながるという点からみても、彼の青年時代の政治思想と国民思想をみておくことは、必要である。疑いもなく、この普遍的な頭脳の持主は、政治的な事柄にたいしても、熱烈な関心をいだいていた。「わたしは、政治に熱中することができるときにはじめて、幸福であるだろう」と、彼は一七九六年にその兄にあてて書いている[37]。しかし、この政治的関心も、やはりあるがままの国家にむけられたものではなく、この思想家の理念にしたがってあるべき国家にむけられたものであった。彼の「共和主義の概念にかんする試論」(Versuch über den Begriff des Republikanismus)(一七九六[38])は、なお大体において、彼がここで自己の態度をはっきりさせているカントの永久平和にかんする論文と同じような、合理主義的・非歴史的な地盤のうえに立っている。そしてこの試論は、たぶん、カントの論文よりもなおいっそう理論的で、世間離れしたものであり、しかもカントの論文においては、国家改革者の神聖なまじめさがつねに気持よく感知されるのであるが、シュレーゲルの政治論は、はやくもフィヒテの思考の影響をこうむっており、むしろ、この領域をも彼の精神的な世界像に合体しようとする試みなのである。こうして彼は、フランス革命の諸理念を、彼よりももっと慎重でかつ経験にとんだカント以上に承認することさえ、できたのである[39]。

彼がその点でカントにふれ、さらにカントを越えるところの諸理念の一つは、われわれの心をとらえずにはおかない。カントは永久平和に到達せんがために、自由な諸国家の連邦組織、一つの国際的平和連盟を要求した。カントはこれに満足しようとし、世界共和国の理念を、実行不可能なものとしてしりぞけた。これに反してシュレーゲルは、諸民族からなる国家をも、十分に考えうるものと思い、また可能であるとも思っていたようである。「世界共和国の理念は、実際的な妥当性と固有の重要性とをもっている。」[40] この諸民族からなる国家の内部では、彼もまたカントのように、個々の民族を政治的に独立なもの、自主的なものであると考えた。しかし、このような自律は、われわれがわれわれの問題を考える際に注目しているものではなかった。それは、具体的・歴史的な国家人格の自律ではなくて、ルソーや自然法の意味における人民主権としての自律であり、このような自律は、普遍人間的な理性の要請にもとづくものであり、[41] 個々の諸国家を人類の細目にすぎないと考えるものである。そこにはたしかに、諸国家をいま一度一つの世界共和国に統一しようとする思想が、明らかに存在した。われわれは、ノヴァーリスにおいて一つの宗教的＝教会的世界主義を確認したように、このシュレーゲルにおいては、自然法的＝民主主義的世界主義がもう一度浮かびあがるのを、みるのである。

それゆえ当時彼は、政治思想家としては、奇妙なことになおロマン主義の世界に属していなかったが、しかし、詩人ないし美学者としては、「国民の」、しかも真の歴史的な国民の「心と声」[42] を、すでにずっと前から聞き知っていた。青年詩人として、彼はすでに一七九一年に、「われわれの国民のはかりしれない独自性からあらゆるものを受け取ろう」とする希望をいだき、また当時、「われわれの民族が非常にすぐれた性格をもっていることを発見した」[43] と信じていた。これは奇妙な感じをあたえるが、しかし、彼が一七九三年に一方では「ドイツの価値と精神」に、また他方では「フランスの自由」に感激するとき、それはともに、この年代の空気を呼吸しているのである。[44] 彼はしかしまた、国民的なものの理解のために、もう一つの特殊な学校を、フンボルトも、そしてその前にヘルダーもすでにはいっていた学校を、卒業していた。――それは、熱狂的なギリシア文化の考察であった。なかんずくギリシアの詩について、それが実際にはもっぱら国民の地盤からその力を得ているということが、彼に明らかになった。[45] ところが近代の詩は、彼の考えによれば、この地盤から遠ざかって普遍ヨーロッパ的な性格を取りいれたことによって、不自然な詩に堕してしまったのである。[46] 彼はついに、ギリシア文化の諸現象を全体としてながめることによって、文化国民のそばに立ちつづけることはできず、それを政治的な国民としても評価するとともに、その精神生活と国家生活との関係をもみなければならなかった。ギリシアは彼に、国民的な全体国家の光景を示すことはなかったが、しかしそれは、彼のみるところでは、たぶんなおいっそう大規模な国民的国家生活の光景を、すなわち、もっとも深いところで似通いかつたがいに結びつきながら、しかもそれ自身自主的である自由な多数の国家の光景を、示すものであった。あらゆる国民が、言葉の高級な意味において、一つの様式または性格をもつとはかぎらない、と彼は、一七九八年に書かれた、ギリシア人およびローマ人の詩の歴史のなかで、詳しく説いている。[47]「一つの民族がこれを獲得するためには、倫理的・精神的な素質と外的な環境との一定の好都合な調和が、ぜひとも必要であり、また、公共団体が独立の能力をもっている場合には、そもそもの形成の最初にあたって本源的な構成要素が同質である必要があり、自分自身を発展させ規定してゆくにあたって無制限に自由である必要があり、また、相反する気質の民族とのはげしい戦いが必要である。さらに、あらゆる個人の社交性と協力が必要であり、また、自由な諸国家の結合と親睦が必要であり」、……そして最後に、「世界市民的な感覚をもって普遍的で完全な形成を目ざして努力し、外国のものをも改造してとりいれることをこばまぬことが、必要である。」

彼がここに描いたギリシア民族の理想像を通じて、自国民にたいする彼の希望と理想をうかがうことができる。そのうえ、彼はここで、特殊国民的なものにたいする感覚と、諸民族からなる国家および世界共和国についての彼の夢のなごりとを、無理なく融合しえており、個々の自由国家および国民の自律は、一般にここではまた、彼が一七九六年の政治的試論のなかで考えたものよりも、はるかに具体的・歴史的な色彩をおびている。このようにして彼は、それぞれ独立し特性をもちながらしかもたがいに似通い親しみあっている多数の国家組織をその地盤のうえにのせているところの、独立し特性をもった一つの大きな文化国民の姿を、描いたのである。われわれは、この思想がいかに重大な発達をとげえたかを、のちにみるであろう。しかし彼自身は、この思想をここではなおそれ以上に詳しく述べることをしなかった。それにもかかわらず、それは、あらゆる国民的なもの・政治的なものを越えて、彼を再三再四純粋に精神的なものへとかりたてていった。「政治的な世界へ、おまえは信仰と愛情を浪費してはならない。しかし、学問や芸術の崇高な世界では、永遠の形成の神聖な火流のなかへ、おまえの魂を捧げるがよい」と彼は、一七九九年に書いている。[48] そして、彼のいうドイツ的特性とは、ノヴァーリスやフンボルトのそれとまったく同様であった。それは、他の諸民族よりもいっそう純粋に人類の最高目的に奉仕するという、崇高な意識であった。「芸術や学問をただ芸術や学問のためにだけ神のように崇拝するのは、ドイツ人だけにみられる国民的特性である。[49]……ドイツ人の国民的な神々は、ヘルマン(戦士の意味。紀元一世紀頃の古代ゲルマン民族の王 Arminius が誤って Hermann と呼ばれた。彼は Teutoburg の森でローマ軍を撃破したことで有名——訳者)とヴォーダン(古代ドイツ神話の最高神——訳者)ではなくて、芸術と学問である」。[50]

それとともにわれわれは、これまで考察してきた諸理念のもっとも強力な源泉に、ふたたび接近するのである。われわれはノヴァーリスとシュレーゲルにおいて、国民生活の充実した個々の国家をいっそう深く評価する傾向を見いだすとともに、個々の国家の自律をふたたび制限せずにはおかない政治的普遍主義への傾向を見いだした。ノヴァーリスにおいては、この普遍主義は、中世の神政的普遍主義と結びついていたし、フリードリヒ＝シュレーゲルにおいては、革命の世界市民的理念と結びついていた。――しかしそれは、まさに結びついていただけであって、それらのものを通じて決定的な影響をうけたわけではなかった。ここではやはり、当時のドイツ文化の基本的性格が、すなわち、その非常に緊張した精神性や、人生の理想的な財宝をもっぱら尊重する態度や、人間精神の内部に力強くたちむかう性質や、内的存在をもっともよくまたもっとも容易に養うものだけを、外界から取りいれようとする傾向などが、中世やルソーよりもいっそう深くまたいっそう強く、作用していた。この点で、これらの初期ロマン派の人びとは、やはり、人間性の理想をつくりだしたヘルダーやゲーテやシラーやカントの世代の嫡出子であった。かれらはまたすでに、国家生活についての新しい、いっそう豊富な理解の萌芽と、現実へのいっそう力強い転向への萌芽とを、自分のなかにもっていたにしても、精神的な傾向がなおくりかえしあらわれていた。人びとは、ある瞬間には、人間を力強い行動的存在にしてくれる国家に感激することができたが、また他の瞬間には、諸国家相互間の生活が示す光景によって、すなわち、内面的な人間性の価値がまったく発見されない政治的エゴイズム相互間の、このようなはげしい争いによって、ふたたび突きもどされるのを感ずることがありえたのである。他のヨーロッパ諸国が、戦争や投機や党派心にわずらわされているあいだに、ドイツ人は全力をつくして自己を育成し、文化のいっそう高い時期の人びとの域に達するのだ、とノヴァーリスは考えた。(51)しかしまた、後世の人びとが容易に認めるように、まさにこれらの戦いにおいてはやくも争われた精神的未開地は、なお闘争のちりにおおわれていた。しかし、自分の祖国の政治的地盤は、人びとの奉仕する高い理想には、なおあまりにも適しなかった。そこで、ノヴァーリスとシュレーゲルがヨーロッパの人間の望ましい政治的状態について熟慮したとき、かれらの精神的な普遍主義を政治的な普遍主義に転化し、国際平和や国際連盟や諸民族からなる国家や世界共和国を夢みたということは、理解できる事柄であった。

(1)　近頃しばしばけちをつけられている「政治的ロマン主義」という概念は、りっぱな意味を保有しているのであって、まったくそれなしにすますわけにはゆかない。この概念は、特にロマン的な詩人や著作家たちの政治的な理念や意志行為を含むだけでなく、これらの人びととともにはじまってはいるが、しかし特定の政治的なサークルに伝わり、さらに形成されて、十九世紀の中葉をこえるにいたるところの、政治的な思想世界および方向の全体をも、含むものである。

(2)　われわれはここでただ、われわれの問題を理解するために必要なかぎりでのみ、これらの中心理念にふれるのであって、それゆえ、そのいっそう広い哲学的関連や、当時の哲学的諸体系、なかんずくシェリングの体系にたいするそれの関係は、取り扱わない。ロマン的世界観一般を理解するために豊かな刺激をあたえるものとしては、Ricarda Huch, Marie Joachimi, Kircher, Poetzsch の、有名な最近の諸論文(Studien zur frühromantischen Politik und Geschichtsauffassung, 1907); Walzel, Deutsche Romantik, 5. Aufl. 1923; Elkuß, Zur Beurteilung der Romantik und Kritik ihrer Erforschung, 1918; Schmitt-Dorotić, Politische Romantik, 1919, 2. Aufl. 1925; Nadler, Berliner Romantik 1800–1814 (1921) などがある。Mehlis (1922), Stefansky (1923), Kluckhohn (1924) のロマン主義にかんする最近の書物は、われわれの問題にたいしては、本質的に何も新しいものを生みだしていない。Borries, Die Romantik u. d. Geschichte (1925) は、その点で、いくらか多くのものを提供している。A. Weise の著作 Die Entwicklung des Fühlens und Denkens der Romantik, 1912 は、ロマン派の雑誌類から集められた、かれらの政治にかんする多くの興味ある言葉を、提供している。そこではたしかに、ランプレヒトの影響が彼を誤らせて、ロマン的》Psyche(精神)《の研究に際して、個々の雑誌類の背後にある具体的な人格やサークルを、無視させている。その際彼は、一八一三年の》Musen《に再録されたフィヒテの一八〇七年のマキアヴェリ論

（あとの本書一〇六ページをみよ）を、一八一三年の北ドイツ＝プロイセン的ロマン主義の証拠として、取り扱っている。――最近さらにまた Metzger, Gesellschaft, Recht und Staat in der Ethik des deutschen Idealismus (1917), S. 224 ff. が、ノヴァーリスおよびフリードリヒ＝シュレーゲルの政治的見解を取り扱っているが、しかし、功績のある彼の書物のちょうどこの部分は、なお一つの抜粋的な性格をもっている。これに反して、Samuel の迫力のある書物 Die poetische Staats- und Geschichtsauffassung Fr. v. Hardenberg (Novalis), 1925 は、大体において十分に成功している。

（3） Novalis, Schriften (herausgeg. v. Heilborn) 2, 371 および 653.

（4） Minor, Prosaische Jugendschriften Fr. Schlegels 2, 289.

（5） Marie Joachimi, Weltanschauung der Romantik, S. 39.

（6） Schriften 2, 343.

（7） Schriften 2, 543.

（8） a. a. O. 2, 217; 2, 291 参照。

（9） 2, 291; 2, 526 参照。

（10） 2, 42. 彼は、最初の青年時代にはフランス革命に熱中したのであったが〔Heilborn, Novalis, S. 45; Friedrich v. Hardenberg (Novalis): Eine Nachlese, S. 58; Andr. Müller, Stellung der deutschen Romantik zu den Ideen der franz. Revol., Diss. Münster 1924 (Maschinenschrift), S. 30 ff. (ミュラーは、それにしても、わたしの書物をよくない読み方をしており、国民国家の理念およびカトリック主義にたいするノヴァーリスの態度にかんしては、わたしが述べているとは反対のことを、わたしの書物からみいだしている)〕、この革命にたいする彼の関係は、なおかつ、のちになっても、けっして絶対的な嫌悪ではない。これが、彼を、バークやのちの政治的ロマン主義からわかつ点である。バークについて、彼は適切にも、「革命反対の革命的な書物を書いた」と述べ(2, 31)、たぶん彼を、「去勢をせまった」あの「もっとも天才的な革命反対者」に数えている。「かれらはたぶん、この表面上の病気は、はじまりつつある思春期の危機にほかならないことを、認めたのである。」(a. a. O. また2, 660およびキリスト教世界にかんする彼の論文2, 418参照。そこでは、彼は、革命的激情にたいして、注目すべき同感的理解を示している。）これは、Samuelが(a. a. O. 76 ff.)最近はっきりさせているように、その他の点では、彼がバークからも学ぶことができた、ということを、排除するものではない。

(11) Samuel, S. 99; Kluckhohn, Persönlichkeit u. Gemeinschaft, S. 48.

(12) Haym が Romant. Schule, S. 344において、「のちの復旧的＝ロマン的国家理論のあらゆる主要な視点が、これらの……警句《アフォリスメン》のなかに、すでにひそんでいる」と述べるとき、彼は、後者だけをいくらか一面的に強調しているのである。

(13) たとえば、Schriften 2, 40参照。「人びとが国王を国家の第一の官吏と呼ぶのは、非常にまちがっている。国王はなんら国民ではなく、したがってまた、なんら官吏ではない。君主国が、一段高い身分の一人の人間にたいする信頼に、また一人の理想的な人間の自発的な受諾にもとづくということこそ、まさに、君主国を他のものと区別する点である。……国王とは、この世の運命にまで高められた人間である。この詩は、不可避的にその人の心に浮ぶのである。……この詩は、彼の本性の比較的高度のあこがれだけを満足させる。あらゆる人間は、王位につく能力をもたなくてはならない。この遠い目標への教育手段は、国王である。彼は、その臣民の多数を、徐々に自己に同化する。各人は、一つのきわめてふるい国王の基幹から出ているのである。しかし、このような素性の明白なしるしを今なおもっているものは、なんと数少ないことであろうか。」また2, 659 f. 参照。

(14) 2, 49. 一般に2, 35 ff. 参照。

(15) 2, 393.

(16) 2, 543.

(17) 2, 528.

(18) 2, 47.

(19) 2, 660.
(20) a. a. O.
(21) そこで彼は、2, 49 において、「自己の国民および自己の時代の真の改革者および修復者になろうとする」プロイセン国王の希望について、語っている。
(22) 2, 16.
(23) 30. November 1797. Friedr. v. Hardenberg (Novalis) : Eine Nachlese, S. 169 ; Raich, Novalis' Briefwechsel mit F. u. A. W. Charl. u. Carol. Schlegel, S. 41.
(24) 2, 15.
(25) 2, 70.
(26) 2, 129.
(27) 2, 304.
(28) 2, 285.
(29) 2, 399. この論文は、「Athenäum」誌のために予定されていたが、彼自身によってふたたび撤回され、特別な形で出版することに決められた。ゲーテが、「Athenäum」誌に掲載することにたいして反対を表明したことは、よく知られている。Samuel a. a. O. 230 ; Dilthey, Das Erlebnis und die Dichtung, S. 231 ; 3. Aufl. S. 298 ; Haym, Romant. Schule, S. 462 ff. ; Raich, Novalis' Briefwechsel, S. 133 および 145 ff. ; Spenlé, Novalis (Paris 1903), S. 274 ff.
(30) 2, 406.
(31) 2, 412.
(32) 2, 417 ff.
(33) 彼は直接一度「宗教的な世界主義的関心」について語っている。S. 405.
(34) この非歴史的な見方、それが、神聖同盟にキリスト教的な見せかけをあたえたのである。Das Erleb-

nis und die Dichtung, S. 230; 3. Aufl. S. 298.

(35) 「そこではもはや、なにびともキリスト教的・世俗的強制に抗議することはないであろう。なぜなら、教会の本質は真の自由であるだろうから。」2, 420.

(36) R. Volpers, Fr. Schlegel als politischer Denker und deutscher Patriot (1917)は、念入りな資料の収集を示しているが、しかし、十分な滲透と融合がなされていない。H. Finke の内容豊かな、一九一八年のフライブルク大学総長代理就任演説(特にS. 55 ff. 参照)は、フリードリヒ＝シュレーゲル一般の、それゆえにまた彼の国民的感情の、いっそう高い評価への、新しい視点を示してはいるが、それにもかかわらず、わたしは、われわれの問題に関係するシュレーゲルの諸特徴だけをつかみだしたわたし自身の叙述を、固執しなければならない、と考えている。彼の兄の August Wilhelm のこれにかんする思想については、Haym, Romant. Schule, S. 804 ff., 824, 850 ff. および、ここではなかんずく O. Brandt, A. W. Schlegel, Der Romantiker u. die Politik, 1919 参照。

(37) Walzel, F. Schlegels Briefe an seinen Bruder August Wilhelm, S. 278.

(38) »Deutschland« 誌上に公表された。Minor, F. Schlegel, seine prosaischen Jugendschriften 2, 57 ff. 彼については、フランス人 Rouge の特色ある賛成意見 Fr. Schlegel et la génèse du romantisme allemand (1904), S. 169 ff. を参照せよ。――シュレーゲルの歴史的・政治的関心にむかう傾向については、一般にまた、Haym, Romant. Schule, S. 881 ff. 参照。

(39) しかし、シュレーゲルの論文のなかには、政治を歴史的＝経験的に取り扱おうとするいくらかの傾向もまた、見いだされる(a. a. O. S. 69 f.)。また Baxa, Einführung in die romant. Staatswissenschaft (1923), S. 23 f. 参照。フィヒテの影響については、Andr. Müller, a. a. O. 42 ff. 参照。

(40) a. a. O. S. 59.

(41) 前掲の本書三三ページをみよ。

(42) Über das Studium der griechischen Poesie (1795/96), Minor 1, 175 f.

(43) 彼の兄にあてたもの、Walzel a. a. O. S. 26.

(44) Walzel, S. 132 および 145.

(45) 「ギリシア文化は、一般にまったく独創的でありかつ国民的であり、それ自身で完結した一つの全体であって、それは、たんなる内的発展によって、最高のいただきに達し、完全に一回転して、またふたたび自分自身のなかへもどった。……その詩は、最初の発端で国民的だったのではなく、また全体の進行においても、つねに国民的であった。」Minor 1, 143.

(46) Minor 1, 94.

(47) a. a. O. 1, 358. また同書 361 参照。「似てはいるが同一ではない起源をもつ移住人種と土着人種のこのような混合物が、ひとたび一つの国民にまで、あるいはそれどころか、もろもろの共和国から成る一つの体系にまで組織されてしまったとき、しかしその性格は、どんなに消しがたく持続したことであったか」等々。

(48) Ideen (Athenäum), Minor 2, 300.

(49) a. a. O. 2, 302.

(50) a. a. O. 2, 304. また Finke a. a. O. 57 にある、彼のその後の時代の、同様の告白参照。

(51) Dilthey, Das Erlebnis und die Dichtung, S. 224, 3. Aufl. S. 291.

第五章　政治的ロマン主義に移行しつつある

フリードリヒ＝シュレーゲル

ノヴァーリスの生活、創作および思索は、それ自身で完結した、一つのすばらしい夢のようなものであって、彼の若死には、この夢の、美的にみて必然の終結であるように思われる。これに反してフリードリヒ＝シュレーゲルは、その血気さかんな天才的活動ののち、かれこれ三十年も生きのびるという運命を、もっていた。ここでは、彼の精神の衰退した理由を論究することは不適当であり、ただ、彼がみずからカトリック教会に改宗し（一八〇八）オーストリアと関係をもつことによって、個人主義的な自由なロマン主義を、政治的・教会的に拘束されたロマン主義にまで発展させた時期において、国民および国民国家についての彼の思想がどのような進展をとげたか、という問題だけが、ここでわれわれの興味をそそるのである。内的・精神的な、個性的なもろもろの原因が、そこへ流れていったのではあるが、しかしまた、疑いもなく、時代の政治的な変化が協力していた。このことは、国民的なまた国際的な諸問題にたいする彼の態度の変化をみれば、知られるのである。あふれるばかりの勝手気ままな初期ロマン主義が自由に活動したのは、北ドイツが動乱の区域からしりぞいたバーゼル講和後の年代のことであり、初期ロマン主義のいだいた国際平和や国際連盟の夢は、この年代の楽天的な——しかし、世間から遠ざかることによってのみ楽天的な——気分とも、関係をもっていた。しかし、新しい世紀のはじめに旧帝国（神聖ローマ帝国——訳者）が崩壊したとき、この楽天主義の生命は終わった。もろもろの国家や国民の政治的独立が脅かされたいま、これまで思うままに楽しんできた自国民の精神的な自由と独立はどうなるのだろうか、という不安な問いが、おこってきた。それゆえ、一八〇一年以後の年代の状態は、国民的理念がさらに発展をとげるためのもっとも強い外的誘因であったが、フリードリヒ＝シュレーゲルは、その次第に衰えつつある精神のために材料のあらたな供給を必要としたので、たぶんそれだけいっそう喜んで、このような時代の影響を身にうけたのであった。なぜなら、彼がいまや――なかんずく一八〇四年から一八〇六年にかけての哲学および政治の講義において(1)、さらに一八一〇年の近世史にかんするヴィーンの講義において(2)――自由な国民性のために、フランスの優勢にたいして戦いをはじめたとき、なるほどそのいたるところに、生き生きした関心をもった一つの頭脳は感じられるし、時にはまた、あたたかい志操のいぶきも感じられるが、本来の戦士的精神、フィヒテやアルントにみられるようなあのはげしい衝動は、感じられない。彼がそのとき述べなければならなかった新しいものの内的必然性を、われわれに納得させる力のある、あのエトスのいくらかが、彼には欠けていた。この新しいもののなかで、納得のゆくようにそしてまったく純粋にひとの心に触れるものは、本来ただ、彼の初期の思想傾向に直接由来するものだけであり、そしてそれは、独特の自由な国民的発展のもつ比較できない精神的価値にたいする決定的な感覚であり、また、ヨーロッパ文化の豊富さと活気とはまさにこの独自の国民的発展にもとづくものだ、という意見であった(3)。いまやしかし、彼は、さらに進んで、国民生活の政治的側面をも以前よりいっそう精密に考察することによって、不安げにあちこちを手探りし、そして最後に、カトリック組織の教会的束縛ともっともよく調和した形の政治制度に、自己のよりどころをもとめていることが、まもなく認められるのである。

　彼はまず第一に、次のような非常に極端な思想を述べている。それによれば、諸国家をわかつためのもっとも重要な原理は、言語であり、その理由は、言語が、たんに精神的な結合の手段であるばかりでなく、起源が似ていることを証明してもいるからである。言語が一つであることは、血統が共通であることを示しており、「種族がふるく、純粋で、まじりけがなければないほど、ますます多くの風習が存在し、また、風習がたくさん存在して、これへの真の固執と依存がつよければつよいほど、それだけいっそう、それは一つの国民であるだろう。(4)」この国民概念は、きわめて歴史的なものであるはずだったが、それにもかかわらず、国民はつねにまず血の親近性にもとづくものであり、言語が一つであることは血統が共通であることによってのみ説明されるという、歴史的誤謬におちいっていた。それでは、彼がかつて非常に高く賞賛した国民生活の自由と独自性は、その際どうなったのであろうか。自由は、先天的に粗くされて、あらゆる外来の血を遠ざけることを意味するようになり、独自性は、ここでは、旧来のものをできるだけ保存すること、すなわち、国民性の停滞と古風に帰着した。ここでわれわれは、たぶんドイツではじめて、国民性原理の特に保守的な説明に遭遇するのである。一つの国民が保守的であればあるほど、それだけいっそうそれは国民であると、われわれに告げられるのであり、そして、実際またシュレーゲルが関心をよせている度合は、国民的な言語共同体をたまたま国民的な国家に高めることよりも、ふるい社会的な秩序や風習を是認し賞賛することのほうが、ずっと大きいのである。それゆえ、真に国民的な国家とは、彼にとっては、もっとも由緒正しい国民のところでまさに見いだされるような身分的国家であると考えられ、(5)そして彼は、この国家の原動力を、同時にまたすぐれて(κατ' ἐξοχήν)(6)国民的な身分であり「国民の最高の力と精鋭」でなくてはならない貴族のなかに、みているのである。貴族政治とは、彼にとっては、事実上ほとんど国民性と同じ意味をもっている。このことは、彼が、国民の防衛をまず第一に引きうけて主宰しなければならない貴族を軍人階級にみたてている点に、(7)また、国民の一般兵役義務を緊急の場合にかぎって認めようとはするが、一般的原則としては徹底的に非難している点に、もっともはっきりとあらわれている。それゆえ、いまやシュレーゲルの国民国家は、政治的な意味での国民国家としてみれば、まったくふるい国民国家の型をになっているが、しかしわれわれはそのなかに、同時にまた、以前国民＝文化的な意味で国民国家とよんだものを、ふたたびもつのである。なぜなら、彼は、国家が純粋な、混ぜもののない、本源的な国民の地盤から生ずることを、国家について要求しているからである。もちろん彼は、その際、すでにみたように、身分的な制度を保存してきた国家だけを、純粋に本来国民的なものであると説明した。それによって彼は、国民的な独自性と本源性の概念をただちに抑圧した。なぜなら、彼は、それらの本質が何であるべきかを規定し、それからすこしでも離れることは腐敗堕落であると宣言したからである。そして彼は、それによってさらに、個々の国民に特有なわけではなく、ローマ的＝ゲルマン的民族圏全体に特有であった政治生活の一定の発展段階だけを、聖列に加え、ドグマ化したのであった。われわれはむしろ、個々の国民の独自性すなわち個性的独創力とは、かれらが、あるものは割にはやく、またあるものは割におそく、あるものは革命的に、またあるものは改革的に、本源的な共通の封建的身分制度を克服し、改造したその仕方のなかに、端的にあらわれているという主張を、あえてしてもよいであろう。そして、身分制度を国民の模範的制度に高めたシュレーゲルは、民主的な立憲政体を模範的制度と考えたかつての彼と、根本においてはちがった行動をとったわけではなかった。すなわち彼は、その際それを意識したと否とにかかわらず、個々の国民の政治的生活にたいして、一つの超国民的な普遍的規範を立てたのである。われわれの研究の根本問題に属するこの非常に重要な現象を、われわれは、もうすこし先まで追ってみよう。たしかに、個々のローマ的＝ゲルマン的諸国民にたいしてこのように一般的な制度の理想を立てたことは、たんなる空理空論ではなかった。これらの諸国民がたがいにまったくよく似ており、同質であったということは、歴史的にも、同時にまた国民的にも、正しいことであり、このような普遍主義的思想があらわれ、かつ述べられたということは、それ自身すでに、個々の諸国民のあいだのこのような文化的共通性と親近性の一つの兆候であり、作用であって、ふるいもろもろの伝統の復活を意味するものであった。しかしそれでは、このヨーロッパ的——といいたいような——共有財産と国民の各個財産とのあいだの境界は、すなわち、個々の国民の特殊な性格および特殊な発展段階に対応するものと、かれらが他の諸国民ともわけあうことができるもの、もしくは他の諸国民からも受けいれることができるものとのあいだの境界は、どこにあったのか。フリードリヒ＝シュレーゲルは、一国民の制度形態を、このようにまったく経験的に、真の意味ではじめて歴史的＝政治的に、吟味する気にはならなかったし、彼の時代およびそれにつづく時代の人びとも、たいていはまだその気にならなかった。なぜなら、かれらにとっては、普遍的な区域と国民的な区域とがごちゃごちゃに溶けあっていたからである。そこでかれらは、あまりにもしばしば、まったく誠実に、じつは普遍主義的な考え方をしていながら、国民的な思想に奉仕しているとばかり考えていたのである。

そして、フリードリヒ＝シュレーゲルは、無意識の普遍主義だけでなく、意識的な普遍主義にもみたされていた。そのことは、彼が個々の国家相互間の関係を規定したやり方のなかに、あらわれていた。われわれは、彼が最初に諸民族からなる国家や世界共和国について夢みたとき、自然法的＝民主的な世界主義に服していたことを、みた。ところで、いままた彼は、ノヴァーリスが主張したような、あの宗教的＝教会的な、ロマン的普遍主義に、沈潜しているのである。あらゆる近代の普遍主義は、啓蒙主義のそれも、人間性の理想のそれも、フランス革命のそれも、いわば世俗化された普遍主義として、歴史的な連続性において中世のキリスト教的普遍主義と関係をもっていた。(8) いまや二人のロマン主義者はともに、時代の騒乱のうちにしっかりしたよりどころを見いださんがために、世俗の子のところから聖なる母のところへ後もどりしたのである。かれらは同時にまた、国民国家の地盤をも手さぐりしたが、しかしそれは、近代の世俗化された国家の地盤ではなくて、キリスト教的普遍主義に包まれ、支配された国家の地盤であった。なるほどシュレーゲルは、そこでまず第一に、一見あらゆる疑いを排除する確実さをもって、国家人格の自律を要求した。「あらゆる国家は、自主的な独立の個体であって、無条件に彼自身の主人であり、独自の性格をもち、独自の法律・風俗・習慣にしたがって、自己を統治する。[9]」彼はここでまた明らかに、以前に彼自身が主張した、合理主義的な国際連合の理念をしりぞけた。しかし、そのかわりに、ロマン的な普遍的帝国の理念を推薦する結果になったにすぎなかった。「特に王国とはちがうものと考えられた、もろもろの王国を支配する王国としての帝国。この帝国を通じて近隣の諸民族のうえに一定の主権を行使する国民は、最強のものではないまでも強者であることが、この際前提される。次にまたこの国民は、自己の政治的・道徳的な状態を通じて、自己をそれに適するようにしなくてはならない。帝国の理念は、諸国民のあいだに一つの倫理的な関係をみちびき入れるためには、国際連合の理念よりもはるかに強力である。このことは、中世と近世とを比較してみれば、すでに明らかである。この組織はまた、諸国民の文化が非常に多様であるために諸国民がむすんでいる自然の関係にも、はるかによく適合する。[10]」もちろんわれわれは、このような思想のなかには、ナポレオン帝国の建設という当時の大事件が反映していると考えてさしつかえないが、しかしまたこの思想は、まさにナポレオンのいつわりの帝国に反対して真の帝国を、利己的な支配欲と生命のない機構にもとづいているナポレオンの普遍的組織に反対して、宗教的・倫理的な理念にもとづく普遍的組織をもちだそうとした[11]ものであったことは、一八一〇年の講義がその後敷衍《ふえん》するところである。[12]その際、神聖同盟および王政復古時代の精神的基礎と前提とが、われわれにはますます明らかになってくる。まったくこれらの意味において、はやくもまた、身分的な制度形態がそれを所有しているすべての国民のあいだの一つの紐帯を形づくらねばならない、と考えられており、そして、カトリック教徒となったこのロマン主義者は、やがて容易に、諸国民のあいだのなおいっそう進んだ普遍的紐帯を教権制度のうちにみいだし、かつこれを賛美するようになったのである。こうして彼は、いまや国民主義と普遍主義とがもっとも美しい調和のうちにあることを、信じたのであった。「あまねき身分制度と教権制度とをもつ帝国によって、諸国民の分離と結合の要求は、双方ともに満足させられる。」(13)

しかしこの解決は、もろもろの国家や国民の真の政治的自律を犠牲にしてのみ、可能であった。われわれはすでにノヴァーリスにおいてみたように、彼はキリスト教的普遍主義をいだいていたために、最近数世紀のはげしい権力闘争、すなわち近代諸国家の成立を、理解できなかったのである。彼とまったく同じように、シュレーゲルもまたこれらの事実を悪評した。彼の考えによれば、諸国家の支配欲がキリスト教諸国民のあいだの紐帯を引き裂き、国内では国民的な身分制度を破壊したのであった。彼は、その際すでに、このような近代的政治の発端がルネサンスのイタリアにもとめられることを、非常によく知っていた。なるほど彼は、ルネサンスの文化をヨーロッパのための財宝として賞賛はしたが、しかしルネサンスの政治は、万人の万人にたいする闘争をひきおこしたことによって、ヨーロッパの諸宮廷にたいして一つのわるい模範となったのである。(14)(15) こうして、このロマン的＝普遍主義的歴史観においては、近代史の政治的な側面はすべて、影のなかに沈んだのであった。そしてそこでは、諸国民の統一と自由をもとめる衝動さえも、制限の指令にしたがわねばならなかった。名誉と正義を愛する一人の強力な皇帝をひたすら望んだダンテ時代のふるいイタリアの愛国者たちは、彼の考えるところでは、「いつもイタリアの解放だけを口にするその後のフロレンス人たちのあやまった愛国心よりも、いっそう正しい道にのっていたのである。」(16)

このロマン主義者が、国民的自由のためにフランスの普遍的専制にたいして行なった戦いというのは、このような性質のものであった。国民および国民の自治の思想は、ここでは、それを抑圧するおそれのある諸理念にからみつかれていた。この時代の人びとの普遍的・世界主義的な思考は、血のなかに非常に深く潜んでいたので、世界市民的な啓蒙主義が、国民的なものにたいするロマン的感覚によって克服されたかにみえた場合にも、世界主義的な思考はまたしても効果をあらわしたのである。われわれは、その内容からみて倫理的であると同時に宗教的であるような理念を、世界主義的・普遍的理念と呼ぶ。世界市民的啓蒙主義は、すでに、倫理的なそして——控え目に(cum grano salis)——宗教的な内容をもつものであったが、ロマン的普遍主義もまた、倫理的であるとともにすぐれて(par excellence)宗教的であった。本質的特性《エトス》そのものは、ここかしことでは根本的にちがっていたけれども、しかし啓蒙主義者とロマン主義者とは、かれらの意見によれば非倫理的な、アンシャン＝レジームの国家において——じつはしかし権力国家一般において——一つの共通な敵をもっていた。国家そのものの本質にもとづいているもの、国家の自己保存と自己規定の発露であるものを、両者はともに、盲目的な支配欲として、非難した。かれらは、国家の本質を内部から明らかにしないで、外部から道徳を説いた。倫理的なものは、一般に、その普遍的な側面とならんで、個性的に規定された一つの側面をももっているということ、そして、この側面から、一見非道徳的な国家の権力的利己主義も、倫理的に是認されうるということを、かれらは了解しなかった。なぜなら、一つの存在のもっとも深い個性的性格から出ているものは、非倫理的ではありえないからである。

この考察は、たぶんそう思われるかもしれないほど、われわれの主題から遠く離れてはいない。完全な真の国民国家の理念は、あらかじめ国家の自律一般がふたたび獲得され、是認されたとき、すなわち、普遍的・倫理的理念から生まれた攀縁《はんえん》植物や纏繞《てんじょう》植物——それは、茂って国家を圧倒しようとした——が引き裂かれ、国家の独自の力が、思想家たちの前に、その力強い根をもってふたたび姿をあらわしたとき、そのときはじめて獲得されることができたのである。

（1）　Philosoph. Vorlesungen aus den Jahren 1804 bis 1806, herausgegeben von Windischmann, 1836/37, 2 Bände, 特に 2, 385 参照。
（2）　Über die neuere Geschichte. Vorlesungen, gehalten i. J. 1810, Wien 1811.
（3）　彼の Vorlesungen von 1810, S. 11 参照。「もしドイツの諸民族がローマの束縛を解くことに成功せず、それどころか、なおその他の北ヨーロッパまでもローマに同化され、ここでもまた諸国民の自由と独自性が根絶されたとしたら、……近世の諸国民のあいだにみられるあの見事な競争、人間精神のあの豊かな発展は、けっしておこらなかったであろう。そして、ヨーロッパをこんにちのヨーロッパたらしめ、人類の生活と文化のもっともすぐれた中心地であるという特権をヨーロッパにあたえているのは、なんといっても、まさにこの豊富さと多様性なのだ。」S. 116 にも、同様のことがみえる。また Vorlesungen von 1804/6, 2, 358 参照。
（4）　Vorlesungen von 1804/6, 2, 357, 259.
（5）　「国民が忠実にその風習と制度に執着しているところでは、身分的諸関係もまた、容易には乱されないであろう。そして、もしこのような混乱がおこるならば、それはまた、つねに疑いもなく、腐敗と堕落の一つの証拠なのだ。」O. Brandt, A. W. Schlegel, S. 48 は、フリードリヒ＝シュレーゲルがここでその兄アウグスト＝ヴィルヘルムの影響をうけているということは、ありそうなことだとしている。
（6）　Vorlesungen von 1810, S. 561, 563.
（7）　Vorlesungen von 1804/6, 2, 360 ff.
（8）　Kaerst, Das geschichtl. Wesen und Recht der deutschen nationalen Idee (1916), S. 8 参照。「国民主義およびキリスト教的普遍主義」についての、こんにちのカトリック的見解を、J. Mausbach が Hoch-

land 9 (1912) のなかで、有益な形で展開している。
（9） Vorlesungen von 1804/6, 2, 382.
（10） a. a. O. 2, 383.
（11） S. 350.
（12） すでに Gervinus, Gesch. des 19. Jahrhunderts 1, 358 は、正当にも次のように述べている。「それゆえシュレーゲルは、一方の普遍的王国、集団支配および王朝をもって、もう一方のそれらを克服しようとしたのである。」
（13） Vorlesungen von 1804/6, 2, 387. われわれは、彼の理念のさらに進んだ空想的詳述（学者階級と教権制度との結合、宗門騎士団によって教権制度と貴族のあいだに一つの中間項をつくり出し、さらに、最高の世俗的・宗教的権力を一つにするために、教皇＝皇帝をこの騎士団から選ぶことができるようにする、等々）には、立ち入る必要がない。
（14） その後数十年たってはじめてフランスに生まれる Renaissance という通り言葉を、彼は当然まだ知らない。
（15） Vorlesungen von 1810, S. 235. カール五世とオーストリアの君主とは、これに反して、「はるかに高度なキリスト教共和国の概念に、すなわち、自由で平和的なヨーロッパの諸国家および諸民族の連合という概念に、みちびかれて」いる。S. 272 および 337.
（16） a. a. O. S. 275 ff. 彼の判断が、ここで同時に、特にオーストリア的な色彩を帯びていたということは、たぶん、ほとんどいう必要がないであろう。

第六章　一八〇六―一八一三年代におけるフィヒテとドイツ国民国家の理念

フリードリヒ＝シュレーゲルの実例をみれば明らかなように、ナポレオンの体制に対抗しておこってきた普遍的にして国民的な思想には、はやくもすでに非常に制限された特殊な利害が――なぜならそれは、なんといっても封建的な身分国家の利害であったから――つけ加わっていた。フリードリヒ＝ヴィルヘルム四世のサークルに通ずるこの発展のそのごの経過をいっそう深く理解するために、われわれはしかし、なおかさねて、ドイツにおける新しい国民的思考の主だった有力な流れに話を戻さなくてはならない。そして、これらの流れは、なるほどあの特殊利害を免れてはいるが、同様に普遍的な思想と国民的な思想の混合を示しているのである。ここで十八世紀の世界主義的世界から十九世紀の国民国家的世界に通ずるさまざまな道筋のうち、われわれにも関心をもたせずにおかぬものは、最短の道ではなくて、むしろ複雑な錯綜した道なのである。もし最短の道をみようとするならば、われわれはエルンスト＝モリッツ＝アルント(Ernst Moritz Arndt)のような愛国者に依らなくてはならない。彼ははやくも一八〇二年に、その著書「古代ドイツ《ゲルマニエン》国とヨーロッパ」のなかで、「民族と国家の統一」を少なくとも観念的に要求しているが、それはたしかに、ドイツはまったく途方もない出来事を通じてのみ「民族の統一」に達しうるであろうということを、同時に悲しい気持で語らんがためであった(1)。青年時代彼の心を動かしたさまざまな教育的影響のただなかで、彼をこの道にみちびいたものは、自然な農民的本能とあたたかい充満した心とであった。十八世紀末の個人主義的な人間性の理想は、彼の心をもとらえはしたが、しかし彼は、それを現世的な困難や厄介物から解きはなそうとする同時代人の傾向にたいしては、力強く抗議した。純粋思惟の天空のなかにではなく下界の大地に、諸民族の生活や人間生活の多様な現実のなかに、彼はもろもろの人間的な力を行使する場所をもとめ、こうして、漠然とした未来への予想にすぎなかったとはいえ、国民国家を、しかも、国家国民だけでなく文化国民にも国家が内的に滲透するといった関係をもとにするような国民国家を、見いだしたのであった。(2) それゆえ、彼はまた、フリードリヒ二世の国家機構の冷たい実利性に寒気をおぼえたけれども、しかし彼は、それにたいして、空虚な、抽象的に案出された、自由な民族国家のたんなる理想像を対立させることは、けっしてしなかった。たとえあいまいな一般的なものにすぎなかったとはいえ、彼が国家生活のたくましい現実にたいする感受性をもっていたことは、彼の高い功績に帰せられなくてはならない。国家は現世的な必要、現世的な諸要素から組み立てられており、ただこれらのものによってのみ維持されることができ、単純な現世的諸法則が国家にあてはまるのだ、と彼は語った。しかし、「もしこの現世的諸法則が永遠のものであるとすれば、いかにして、世界や諸国家を形成し維持するに足るのであろうか」と、彼は異議をさしはさんだ。この考えはたしかに、ただ一つの予感のように、夜中の閃光のように、彼の心に浮んだのだ、と彼はつけ加えた。(3) こうして彼は、ランケがのちに到達したところの、永遠なものを現世的＝経験的なもののなかにもとめ、歴史や国家の支配的な力を、それらを超えたところにではなくそれら自身のなかにもとめる道の前に、立ったのである。人びとはここに、十九世紀のつくりあげた歴史的＝政治的現実主義の時ならぬひらめきを認めて、感動を禁じえないであろう。

アルントはたしかに、精神的な集中を十分にもってはいなかったし、総じてこの示唆に富んだ予感をさらに追求するに足る思想家ではなかった。それゆえ、国民国家の理念の発展にたいする彼の不朽の功績は、理論的な領域よりもむしろ実際的な領域に存した。——ところがフィヒテ(Fichte)は、双方の領域において、しかも、彼はあらかじめまずそのためにアルントよりもはるかに困難な道を進まねばならなかったにもかかわらず、あるいはむしろまさにそのために、理論的な領域においてもっとも偉大なはたらきをする力をあたえられていた。国民国家の理念に近づくために彼がはじめて行なわねばならなかったいっそう偉大なまたいっそう豊かな思想活動、彼が克服しなければならなかったもろもろの障害、これらのものこそ、国民国家にかんする彼の思想を非常に興味あるものにしているのである。

アルントは、フィヒテのもたなかったもの、あるいはいっそう正確にいえば、もとうとしなかったものの多くを、すなわち、「土くれや河や山」に密着する土地的愛国心を所有していたために、非常に速くそして確実に、国民国家の理念に達することができた。フィヒテはまだ一八〇四年には、その著「現代の諸特徴」(Grundzüge des gegenwärtigen Zeitalters)のなかで、この郷土愛国心を見くだし、「太陽に似た精神の持主」に、自分の国家が弱くなってしまえばそれに背を向け、「光と正義の存在するところ」にむかうべき任務を、あてがっている。(4) 一八〇四年のこの世界主義者は、そのご一八〇七年には、ドイツ国民に語りかけるようになった。しばしば人びとはこの大きな精神的変化を驚いてみつめ、それを、危急の圧迫と経験の試練とから説明している。(5) しかしフィヒテは、すでに一八〇〇年に、ベルリンのフリーメイスン団員たちに彼の哲学の目標をかれらの団体の目標たらしめようとしたとき、(6) 不活発な冷たい世界主義について何も知ろうとはせず、完全な教養を備えた人間の範囲では祖国愛と世界主義とが「きわめて密接に結合している」のをみてとり、そして、祖国愛は彼の行為であり、世界主義は彼の思想であって、第一のものは現象であり、第二のものはこの現象の内的精神、すなわち「目にみえるもののなかにある目にみえぬもの」であると、宣言したのであった。はやくもこれらの言葉は、国民的であるよりはむしろ世界主義的な感じをもっているにもかかわらず、あるいはむしろそのために、内的な連鎖であることを証しているし、またフィヒテにいっそう深く精通している人は、ほとんど注目されなかったこれらの言葉を知らなくても、その飛躍はそんなに大きくはなかったこと、一八〇四年の世界市民主義と一八〇七年の国民主義とは完全に密接な関係をもっていることを、やはりけっしてみのがしてはいないのである。クノー＝フィッシャーは、「知識学の世界主義と演説《レーデン》の愛国心とは同一の概念である」と語っているし[7]、またヴィンデルバントは、「ドイツ国民への演説のこのような愛国心と、世界主義との関係は、ふたごの兄弟の一方と他方の関係に似ている」という意見を述べている[8]。一八〇四年の理想と一八〇七―八年の理想のあいだの連鎖は、さらに、一八〇六年夏のエルランゲン大学草案[9]および、同じくすでに一八〇六年の夏にその最初の部分がつくられた愛国心にかんする対話のなかに、みとめられるのである[10]。

エルランゲン大学草案のなかで、彼は、スパルタ風と呼んでもいいような陰うつ鈍重な愛国心にたいして、アッチカ風と呼んでもいいようなそれ自体透明な愛国心を対立させた。後者は、世界主義ともドイツ国民感情とも非常によく結合されうるものであり、実際にも、力ある人間においては、つねにそれらと結合しているのである。同時に彼は、「最近のいろんな出来事から判断すれば、一つのドイツ国民といったものは、たぶんまだ学者社会のなかに存在を許されるにすぎないであろう」という苦悩をほのめかした。しかし、彼がドイツ国民に演説を行なったときには、ドイツ国民とその西方の隣人とのあいだの精神的な懸隔は、まだ彼には、その後の年代におけるほど深いものとは思われなかった。なぜなら彼は、ドイツのいろんな種族の特殊な性格と一般的なドイツ国民性との関係は、さらにまた後者と近代ヨーロッパの一般的性格との関係と同じようなもので、いずれの場合にも、特殊的なものはつねに一般的なものから生ずる、という方程式を立てることができたからである。イェナの破局の前夜における彼の気分は、このようなものであった。悲しいあきらめ、きざしつつある国民的感情、しかし、もっとも危険な国民の敵との精神的共同にたいしては、まだなんの抗議もみられないのである。そして相変わらず彼には、一般的なものは特殊的なものにたいして本来一段高いものと思われ、彼はたしかに、特殊的なものを一般的なものからみちびきだしているにすぎないのである。

彼の見解は、対話においては、われわれにとってなおいっそう明白になってくる。ここで彼は、「世界主義一般が実際に存在するということはまったくありえないことであって、現実には、世界主義は必然的に愛国心とならなくてはならない」という意見を述べている。しかし、これはまさに、彼において二つの意向が融合していたことを暗示するものであり、彼がここで真の愛国心とよんだものの本質的な構成要素に注目するならば、このこととはまた完全に理解されるのである。なぜなら、彼のいう真の愛国心とはまったく普遍的なものであり、その目的は、フィヒテの知識学が理解したような人類一般の目的だからである。この目標にむけられた意志は、当然のことながら、ただちに直接の周囲にのみ作用すべきであり、またそうすることができるのであって、この意志の作用する範囲がすなわち国民なのだ、と彼は教えている。こうして彼は愛国者になるのであるが、しかし、「あらゆる国民的教養の最後の目的は、やはりつねに、この教養が人類のうえに拡がることなのだから」[11]、彼はあくまでも世界主義者である。それゆえこの国民的教養とは、なおまったく非個性的なものであり、なお歴史的な意味での国民的教養ではなくて、最高の人間的教養一般にほかならない[12]。ドイツ国民は、たしかにそれを生みだす力をもつものではあるが、しかしその点では、いわば選ばれた民族であるにすぎず、かれらの子供は人類の子供なのだ、とこのようにわれわれは、フィヒテの当時の見解を解釈してさしつかえない。

この見方からすれば、ドイツの個々の国家は、大体において、その内部で個々のドイツ人が国民的教養の、したがってまた人類的教養の普及のためにはたらかねばならない、あたえられた活動範囲にほかならないことは、当然の帰結であった。[13] この意味で彼は、いまやたしかにドイツ＝プロイセン的愛国者であろうとする要求をおこしはしたが、しかし、プロイセン国家に、また一般にドイツの個別国家に、いっそう深い根を承認することはなかった。「プロイセン人とその他のドイツ人との区別は、勝手な制度や偶然によってつくりあげられた制度をもとにする人為的なものであるのに、ドイツ人と他のヨーロッパ諸国民との区別は、自然すなわち共通の言葉と国民性によって基礎づけられている。[14]」この意見の基盤からすれば、彼は容易に統一的なドイツ国民国家の要求に達することができたはずだが、しかし彼は、みたところこれにたいするなんの要求ももっていないのである。個別国家において新しい教養が勢力を占めるようになれば、彼はそれで満足であり、その他の点では、しかし二次的な利益として、プロイセン人がプロイセン国家の保全と優越化と幸福のためにもはたらくことを、たしかに承認しようとする。[15]「真正のドイツ人だけが正当なプロイセン人であるように」、どんな場合にも、ドイツ人はただドイツ的特性につらぬかれてのみプロイセン人になるのだ、と彼は強調する。この言葉は、「ドイツ人の愛国心は、活動的で効果的なものになるためには、普通王朝的忠誠の媒介を必要とする[16]」という、あの冷静なビスマルクの言葉とは、ほとんど正反対のものである。フィヒテはこの種の愛国心を前にしたら、おそらくしりごみしたことであろう。「しかしそのかわりに、彼が真の愛国心とよんでいるものは、実際のところたしかに、土の味をすこしももっていない。彼のドイツはユートピアのなかにあるのだ」と、ヴィンデルバントは語っている。[17]

もしわれわれが、これら二つの対話のなかに述べられている国民思想をこやかましく解釈しようとするならば、この思想がまず第一にフィヒテの哲学を広めるための一つの媒介物たるべき運命にあったこと、またその国民像は、根本において拡大された哲学者フィヒテ自身にほかならないことを、語ることになるだろう。もっと高尚な言い方を許されるならば、フィヒテは彼自身の肉と血とを国民像にあたえたのであって、彼は自己の哲学のもっとも深遠な思想にあくまでも忠実であろうとしたとき、それ以外のことができなかったのである。なぜなら、この哲学は最初から、この世のなかで、倫理的自由――最高のもっとも精神的な意味において理解された倫理的自由――の国以外のいかなるものにも道を開くことを望まなかったからである。そして、しばしば非常に奇妙な感じをあたえるところの、国家と国民にたいする関係でみられるフィヒテの変化のすべては、人類を感性の束縛から救いだして、人類の神的な本源であるいっそう高い自由の世界に高めようとする、彼の理想的な究極目的を達成するために、なにがもっとも有用な手段であるかについての彼の考慮が変化したことを、示すものにほかならなかった。彼が当時語ったように[18]、彼はこの世のなかに、唯一の真に現実的なもの、そこに生きている直接の生そのものをみた。そして、まさにそれゆえに、ドイツ国民の本質のなかで彼自身のなかに生きているものだけが、いまやまた、彼に近づくことができたのである。彼が国民の本質として要求した、人類的教養の思想は、国民の本質全体を包括するものではなかったが、しかしそれは、当時のドイツ国民からはじめて生まれた嫡出子であった。そして最後に、フィヒテにあっては、フンボルトやシラーの場合とどのようにちがっていたのであろうか。彼にあっても、世界主義的な国民思想のあいだに、彼がみずから認めようとしたよりもはるかに多く、現実的・現世的な祖国感情が動いていた[19]。彼自身に意識されていない大きな力として、それは深いところで彼の新しい思想を養ったが、しかし、この新しい思想そのものはあまりにもすばらしくかつ取りすましたものだったので、このことを承認することはできなかった。「理論が本能的現実にこれほどおくれていることは、おそらくめったにないことだ[20]。」

しかも彼はそのごまもなく、政治的な生活の、さらに国民政治的な生活さえもの現実に、非常に接近しているが、これは、高度の実際的経験によるか、もしくは、経験のある人を偏見なしに精神的に理解することによってのみ、なしえられることなのである。このことは、彼が一八〇七年にケーニヒスベルクで書きそして出版したところの、マキアヴェリにかんする論文のなかで、行なわれた。[21]

これは、まことに注目すべき、そして、少なくとも一見したところでは彼の発展の連関から完全に逸脱しているような、論文である。なぜなら、われわれはさらに、たったいま考察したばかりの愛国心にかんするフィヒテの対話の思想が直接ドイツ国民への演説に通じ、これがまた彼の晩年の政治的理念に通じていることを、そして、これらすべての段階において、非政治的なもの・超経験的なものが政治的なもの・経験的なものよりも優位を主張しているということを、みるであろうから。ところがこの論文では、マキアヴェリの現実政治に深い理解をもち、そのなかに、きびしくはあるが健康な核心をみいだし、自分の時代にそれをふたたび植えつけようとする一人の男が、語っているのである。しかし、われわれはこのことを、一方ではフィヒテの性格から、他方では彼がマキアヴェリに目を向けた時機から、十分に理解することができる。一人の偉大な意志の人がここでもう一人の偉大な意志の人に注目し、一人の徹底的な真理探求者がもう一人のそれに注目したのであった。マキアヴェリが自分の思想の道を歩きつづけて、一切の妨害物をその名前を呼ぶことさえもしないでつきのけた、仮借のない自明な態度——それこそ、フィヒテにきわめて親密な気持をおこさせたのであった。「彼は、現にそこに起こっている事柄について語るとともに、また四方八方をみまわして、そこにさらに起こるであろう事柄をさがし、それらすべてについて語っている。もっぱら自分の結論の正しさだけを気づかって、それ以外のことをまったく顧慮しない。」さらにまた——フィヒテは、彼の理想的な究極目的のためにもっとも有効な手段を、たえずさがしもとめていたので、自由に至る手段としての強制をけっしてしりぞけることなく、「演説」においては強制的な国民教育を、一八一三年の政治的諸論文においてはドイツ的気質のための専制君主を、要求している。——マキアヴェリの立案した合理的専制政治の組織は、フィヒテのなかの専制君主に感嘆の念をおこさせることができた。さらに彼は、すでに一八〇四年に「現代の諸特徴」のなかで、諸国家相互間の一般的な闘争を、たんに因果的に説明したばかりでなく、ヨーロッパという諸民族からなる共和国のなかでもっとも文化の高い国家は、あらゆる時代に例外なく、もっとも努力する国家でもあるのだ、という命題によって、[22]倫理的にも是認したのであった。そして、フィヒテがいまマキアヴェリから学ぼうとする気になった時機が、たぶんまた、ランケがマキアヴェリのせいにした思想、すなわち、祖国の絶望的な状態にとってはやはり毒だけが薬剤として可能であるという思想を、吹きこむことができたのである。なぜなら、フィヒテの論文は同時に、いまや非常な重罰を課されたプロイセンの政治の弱々しさと活気のなさにたいする、きびしい非難なのだからである。彼のエルランゲン大学草案は、すでに述べたように、プロイセンの破局前夜の、あきらめたとはいえまだ極端ではない気分を反映していたが、いまや彼は、破局の深い感銘のもとに、極端論に走り、もっとも鋭い武器をもとめて、これをマキアヴェリにみいだしたのであった。

しかし、マキアヴェリにたいする彼の愛着のもっとも深い理由、および、なぜそれが完全な永続的愛着でなかったかという理由は、それによってはなお依然明らかにされてはいない。われわれは、フィヒテの生活の理想と現実のあいだに存在した巨大な緊張のなかに、その理由があると考える。彼の目標は、人類の徹底的な精神化であり倫理化であったが、しかし、彼が——彼の国民政治的な思想があらわれるすこし前に——みいだすと思った人類の状態は——彼は、一八〇四年の「現代の諸特徴」のなかでこのように説明している——完全な有罪の状態であった。最終目標が彼の眼前に輝かしくちらつけばちらつくほど、彼をとりまく人類の姿は、彼にとっていとわしいものであった。彼は、非常に熱心な未来楽天家であったからこそ、彼の時代にたいする非常にはげしい厭世家だったのである。理想主義者は「人間性《メンシュハイト》を非常に尊敬するので、そのために人間《メンシェン》を軽蔑する危険におちいる」と、シラーは述べている。(23) それはおそらく、中世の教会が一方で超感覚的な理想を立て、他方現実の人間活動については厭世的な評価をくだしたのと類似した、一つの対比現象であって、そこで、中世の教会のように、彼もまた、人びとは人間を悪しきものとして取り扱い、人間を統御し強制してゆかねばならないという結論を、そこから引きだすことができた。「みずから一つの共和国もしくは一般に国家を建設して、それに法律をあたえるものはだれでも、あらゆる人間は悪意あるものだということを、前提しなければならない」というマキアヴェリの命題を、彼ははっきりと是認した。しかし、この味気ない公理を人類の使命にたいする彼の信念と結びつくようにするために、彼はさらに次のような構想をめぐらした。人間が実際にそういう性質をもっているか否かは、その際まったくどうでもよいことであり、むしろ国家は、一つの強制組織として、人間を必然的にそのように前提し、この前提のみが国家の存在を根拠づける、といったぐあいなのだ。そして、この同じ前提を、われわれはいまや諸国家相互間の関係の基礎ともしなければならないのであって、ここでもまた、だれでも自分の利益をそこにみいだすと考える場合には、他のものをそこなうためにあらゆる機会をとらえるであろうということを、仮定しなければならない。なぜなら、そういう事態はつねに、少なくともたしかに可能だからである、と。しかしフィヒテは、時代のいろんな出来事から感銘をうけてひとたびこうした思想の歩みを立ちいって考えたのちに、彼の精神の全力をあげてびくともせずに、その道を先へ進んでいった。彼はさらにつづけて、国家の安全は、それ自身の領土にもとづくばかりでなく、「一般に、おまえがおまえの影響を及ぼすことのできるすべてのもの、またおまえが今後それによっておまえ自身を拡大することのできるすべてのものに、もとづいている」と述べたのである。

こうして彼は、とつぜん偉大な炯眼《けいがん》をもって、ヨーロッパ諸国家の生活を、生き生きと活動し伸びてゆくもろもろの国家や国民の姿を、その真の形態においてながめた。彼はこの瞬間に、自分の出発した厭世的な諸前提を忘れ、一見利己的にすぎない諸力のこのような活動の意味と道理をみいだし、かつそれを彼の最高の人間的理想と調和させようとする、いっそう強い衝動にしたがった。「そのうえあらゆる国民は、自己に特有のよいものを、できるだけ広く、また自己の力の及ぶかぎり、拡げようとし、諸民族の連合や諸民族相互間の不和や諸民族の教化の継続などの基礎になっているところの、神によって人間に植えつけられた衝動にしたがって、全人類を自己に合体しようとする。」

これは、この時代のもっとも重要なそしてもっとも深遠な言葉の一つであり、旧来の国家的な権力闘争および新しい国民的な大衆衝動の本質を、それまでのドイツ精神の世界主義的・普遍主義的なもろもろの理想と、調和させているのである。そしてここでは、国民の個性的な特色も、彼の従来の思想においてよりもはるかにはっきりと強く、その真価を認められている。それはもはや、たんにいっそう高い一般者の産物や限定と思われているだけではなく、逆にここでは、諸国民の根源的・個性的な衝動こそ、じつは一般的なもの・超国民的なものを生みだす力である、と考えられている。[24] ここからただちに、ランケの歴史解釈への見通しが開かれる。決定的な処置がここで講ぜられ、国家の権力衝動は自然の有益な生活衝動として是認され、倫理的な世界観と関連づけられた。マキアヴェリの教えたことと、マキアヴェリ反対者がかつてそれに反対して語ったこととは、ここでは、一部は克服され一部は高められて、たがいに和解させられた。このことが可能であったのは、いまや国家と人類に国民というあらたな概念がつけ加えられ、そこでまた国家のうえにも一つの新しい光を行き渡らせたために、ほかならなかった。国家がたんに君主の意志や、また君主自身の自己保存の冷たい利害によって動かされるだけでなく、生き生きした民族共同体によってもささえられ、そしてこの民族共同体が、まさにその特質によって人類のために価値あるものとなったとき、そのときその国家のより多き獲得(Pleonexie)もまた、高尚なものとなり倫理化されたのである。われわれは、フィヒテの主文章そのものに語らせよう。「民族はむろん君主の財産ではなく、したがって彼は、民族の幸福、民族の独立、民族の尊厳、人類全体のなかにおける民族の使命を、自分の私事とみなすことはできない。……国民が君主に属すると同じように、君主は完全にその国民に属する。永遠の神の協議における国民の運命全体は、君主の手中におかれており、したがって彼は、それにたいする責任があるのである。」君主は、その私生活においては一般的な道徳律に拘束され、その人民にたいする関係においては法規にしばられているが、しかし、他の諸国家にたいする関係においては、「いっそう強いものの法以外には、いかなる法規も存在しない。そしてこの関係は、運命と世界統治の神聖な大権を、君主の責任で彼の手中におき、君主を、個人道徳のおきてをこえていっそう高い倫理的秩序にまで、高める。そして、この倫理的秩序の実質的な内容は、人民の安寧と誉れこそ至高の法たるべし(Salus et decus populi suprema lex esto)という言葉のなかに、含まれているのである。」それはまだ、新しくおこりつつある国民国家の本質についていわれうることのすべてではなかったけれども、この国民国家の本質の一大特色は、確立された。すなわち、他を顧慮しない、力にみちた自己保存の権利と義務が、そしてまた、その自己保存に奉仕するものの自己決定の権利と義務が、うちたてられたのである。

「統治技術についてのこのいっそうまじめで力強い見解」によって、当時フィヒテの精神は、その生涯において、彼に可能であった最大の現実近接点に達したのであった。マキアヴェリにかんするこの論文ののちに「ドイツ国民への演説(Reden an die deutsche Nation)」を読む人は、たぶん幾多の点で、なお引きつづき同じ方向に連れてゆかれることを感ずるであろうが、しかし最後にとつぜん、まったく別の世界にいることを発見するにちがいない。

われわれはまず、「演説」の思想のなかで彼のマキアヴェリ考察と同一線上にあるもの、それゆえ、「対話」にたいして彼の国民的・政治的な思考の一進歩を意味するものを、いちべつしよう。そこではまず第一に、フィヒテが国民と国家の――ドイツ国民とドイツの個別国家の――あいだの糸をいっそうしっかりと結んでいる、といったようなことが、感知される。「対話」において彼は、ドイツ個別国家すなわちプロイセン内での活動について、二つの等級を、ドイツ＝プロイセン的な意味での、すなわち、けっきょく人間的な意味での活動と、従属的な目標にむかう純プロイセン的意味での活動とを、区別したのであった。国家内での活動についての、それとともにまた、国家の目的についてのこのような価値の等級分けは、「演説」のなかでは、なおほんのわずかしか認められない。(25) 個別国家の領域と国民の領域とは、いまや集中的に接近させられている。国家が武装した権力をもつのは、「ただ祖国愛が国家にあたえる目的のためであり、他のどんな意図によるものでもない」と、彼はここで語っている。(26) こうして彼は、実際のところ、マキアヴェリ論のなかでとらえられた、その権力がもっぱら国民に奉仕するような国民国家の理念を、堅持しているようにみえる。そしてわれわれは、「合理的国家は人為的な準備によってどんなあり合わせの材料からでもつくりあげられる、といったものではなく、国民がまず合理的国家に形成され、引きあげられなくてはならない」という言葉を読むとき、(27) 啓蒙主義の非歴史的・合理的な国家理想は克服されているように思われる。ヴィンデルバントは、フィヒテの「演説」の根本思想を、次のように明確に表現している。(28)「将来の国家は、国民国家、特にドイツ国民国家でしかありえない。――哲学がそれを定式化することができたかぎりでは、このことは、十九世紀の政治史のプログラムである。なぜなら、十九世紀の政治史においては、国民的な国家組織を強固にすることが主要な利害をなし、しかもその実際上の中心点、その支配的な出来事は、疑もなくドイツ帝国の建設だからである」と。われわれはなおいくらかいっそう厳密に、フィヒテの哲学がそれを定式化することができたかぎりで、それはこのプログラムであった、といっておこう。そしてわれわれは、はやくもここで、国民国家のこうした構想のなかになお付着しているふるいものの残滓に、注意したいと思う。

さきに引用したあの言葉をいっそう綿密に吟味するならば、彼は「完全な国家」「合理的国家」自体をなおけっして放棄していないことが、認められる。彼はただ、啓蒙主義者たちがまさにそれに適する国民という必要な基礎なしに建設を行なおうとしたことを、非難したにすぎない。彼がそこで国民という新しい中間物を挿入したことは、それ自体、非常に大きな思考の進歩であった。しかし彼は、理性国家というふるい目標を放棄することはなかったので、国民という新しい中間物も現実の国民ではありえず、一種の理性国民でありえたにすぎなかった。「まず第一に完全な人間への教育という課題を、実行によって解決したであろう国民だけが、つづいてまた、完全な国家という課題をも解決するであろう。」(29)

こうして彼は、たったいまとらえたばかりの新しいものを、すぐにまた、ふるいものにつくりかえした。彼は、マキアヴェリ論のなかでうち立てた国家と国民の自律の原則を、「演説」のなかでさらに発展させているが、そのやり方についても、われわれは同じ事柄を看取することができる。すなわち、国家は、現実の国家としては、「独創的・自主的に動かなくてはならず、また重要な事柄を決定しえなくてはならない」と、ここでは、誇らしく、かつもったいぶって述べられている。(30) また他の箇所では、(31) 次のように述べられている。一つの特殊な国語がみいだされるところには、つねにまた一つの特殊な国民が存在するのであって、「かれらは、自主的に自己の問題を処理し、自分自身を統治する権利をもっている」と。同じ関連で、一民族の言語と文学は政治的独立の喪失によって退化する、と説明される。このように彼が国民文化と政治的独立の関係を認識したことを、人びとは喜んで確認するであろう。ただ人びとは、そのための主要な動機が独自のものであることも、顧慮しなくてはならない。(32)「政治的独立のない民族の文学とは、いったいどんな文学でありうるのか。理性的な著作家は、いったい何を欲するのか。また何を欲することができるのか。つまりは、一般の公共生活に関与し、それを自分の姿にしたがって形づくったり、つくり直したりすることでしかないのだ。」彼は統治者のために考えようとし、「そのために彼は、それによって統治されるような言葉でのみ、すなわち、一つの独立国家をなしている民族の言葉でのみ、書くことができるのである。」なるほどこの叙述は、近代国民国家的な響きももってはいる。なぜなら、偉大にして自由な国民政治的文学なしには、われわれは、真の近代的国民国家を考えてみることはまったくできないからである。しかし、フィヒテが注目しているのは、じつはわれわれが国民政治的文学のもとに理解しているものではなくて、十八世紀の哲学者たちが国家を取り扱ったときに行なったこと、すなわち、統治者のための規範の設定、フィヒテ自身にふたたび語らせるならば、「一般的な生活および事物の人間的な秩序全体を形づくらんがための」、哲学者による統治者の制御、なのである。(33)だから、そのために彼は、国民の政治的独立を必要とし、また要求するのである。国民とは、彼にとっては、国家において学問が——国民的学問が支配するための前提なのだが、しかしこういう言い方は、フィヒテが本来学問のもとに理解したもののいっそう深い意味をほとんどいい当てていない、という人が、たぶんいるであろう。それは、国民的なものの範囲を越え、また学問一般の比較的せまい範囲をも越えたものであった。それは、彼にとって、「知識と理性と知恵が生活そのものに、また、生活の最高の源泉と原動力に変化することを」[34]、意味したのである。

それゆえ彼は、きわめて高貴な、しかしまったく非政治的・超国民的な観点から、政治的独立の要求を根拠づけたのである。権力国家の本質は、ながく彼の心をひきつけることはできなかったので、すなわち、彼は権力国家を、いっそう高い目的のための手段とみなしたにすぎず、けっして自己目的と考えることはできなかったので、マキアヴェリ論においてすでに理解していたその真に政治的な側面を、さらに発展させることはなかったのである。権力国家の本質をなすものは、さきに述べたように、生き生きした対外的活動であり、友好もしくは敵対関係における近隣諸国との接触であり、またある種のより多き獲得(Pleonexie)である。このために権力国家は、まず第一に独立と自主を必要とする。フィヒテによれば、権力国家はいまやまさに正反対に、その他の諸国の権力闘争から隔絶せんがために、独立と自主を用いるべきである[35]。彼の「封鎖的商業国家」は、依然として彼の頭にあるのである。なんのためにドイツ人は海洋の自由を必要とするのか。「ああ、封鎖的商業国家の好運にめぐまれて、どうかドイツ人だけは、他の世界の戦利品に直接関与しないですむとともに、間接にも関与しないですみたいものだ[36]。」そして、彼が最後に次のような偉大な要求を出しているとき、彼は、あらゆる現実政治の根を切りとっているのである。「感覚的動因と精神的動因の入りみだれた混合物には、世界支配をゆだねておいてはならないのであって、純粋な、あらゆる感覚的動因を脱ぎすてた精神だけが、人間的なもろもろの出来事の支配権を握るべきである[37]。」ただ一つ、ドイツ民族の倫理的理想の炎だけが、本源的民族であり選び出された民族であるドイツ国民に守られて燃えつづけるために、世界の他のすべての火は、いわば消されるべきである。彼がドイツ民族に政治的な独立と権力を望んだのは、この理想を実現するという目的のためであった。彼の哲学がすでにいつも、個人を精神人に変えることを要求していたと同じように、彼はいまや、もろもろの国家や民族の生活を根本的に変化させ精神化することを、要求しているのである。

彼がドイツ国家にさし示した機能とは、このようなものであった。すべてを貫くこの根本思想が一度はっきりとわかれば、人びとはもはや、彼の「演説」の国民国家を政治的形成物と考えようとは思わないであろうし、そしておそらく、彼の政治的理念をこれ以上詮索するのは余計なことだと、考えるであろう。しかしまた、フィヒテの理想と幻想とは、どんな事情があっても、そのさまざまな分枝と帰結について考察し研究する価値のあることに変りはないし、非政治的理念がドイツの政治生活のなかに侵入した事情を明らかにしようとするわれわれの意図にとって、純粋な思想家のあいだで、フィヒテのそれほど重要な実例は存しないのである。それゆえ、われわれはさらに進んで、彼がドイツ国家の形態と組織についてどのように考えていたかを、尋ねたいと思う。そこで彼は、まず第一に、統一国家か連邦国家か国家連合かという問題にたいして、どのような態度をとったであろうか。

彼は第九番目の演説において、ドイツの個別国家の一つがドイツ国民全体をその指導下に統一し、在来の諸民族からなる共和国のかわりに独裁政治をみちびき入れようともくろむことができる場合を、考慮した。「高貴なものはだれでも、共通の地盤の一切の浅薄なものをのりこえて、それに抵抗しなければならないだろう。[38]」――それは、およそなんらかの王朝的ないし分立主義的な躊躇からではなくて、われわれが多邦分立・小邦分立とよび、彼が「共和主義的状態」とよんだもののなかに、彼がドイツ的教養のもっともすぐれた源泉を認めるとともに、ドイツ的教養の独自性を保証する第一の手段を認めたためであり、また彼は、一権力者の独裁政治がその生命のつづくあいだにドイツにおける本源的教養のなんらかの芽生えを押しつぶすかもしれぬということを、恐れたためであった。とにかくつねにドイツ人がドイツ人を統治してきたのだし、またドイツ国民はいつまでも存在しつづけるであろうから、このような独裁政治は、なるほど彼にとって絶望的なもの、まったくたえがたいものとは思われなかったが、しかしやはり、彼には、君主的統一国家がドイツにとって望ましいものであるとは、まったく考えられなかった。彼の言葉からはっきり推定されるように、なるほど彼は、共和主義的な形態の統一国家をはやくも承認しようとはしたが[39]、しかし彼は、統一国家の形態には一般になんら決定的な価値をおいていなかったのであって、このことは、特に強調しておかなくてはならない。彼はむしろ、「ドイツ国家」について率直に次のように語っている。「それがいまや一つの国家として姿をあらわすか、それとも多くの国家として姿をあらわすかは、大したことではない。実際には、それはいずれにせよ一つのものなのだから」と。彼がここで、国家生活の外的現象とその内的本質とを原則的に区別していることは、明らかである。ただ一つのドイツ国家は、統一国家の形であらわれることができるが、しかし多邦分立の形であらわれることもできる。重要なのはむしろ、「ドイツの国民愛そのものがドイツ国家の支配権を握っているか、あるいは、とにかく国民愛の影響をうけてそれに達することができるか、そのいずれかだということである[40]」と、すぐそれに先だつ彼の言葉は、語っている。この場合またドイツの個々の国家は、その存在条件という点であまりうまくいっていないことが、認められる。なるほど彼は、ドイツの多邦分立をドイツ的教養の源泉として賞賛してはいるが、しかしまたそのさい、個別国家への愛着や領土的＝王朝的愛国心を承認してはいない。個別国家はもちろん存在してもさしつかえないが、しかし彼は、個別国家がそれに属する人びとの心のなかにいっそう深い根をもつことを、喜ばないのである。

われわれは、彼自身の諸前提から次のように推論することができる。必要なただ一つのものが存在しさえすれば、すなわち、国民的精神がドイツの国家生活のなかで支配しているか、あるいは支配するようになりうるか、そのいずれかでありさえすれば、国家連合的なものであれ、連邦国家的なものであれ、もろもろの個別国家のあいだの外的・連邦的な紐帯がそのうえさらに存在する必要は、まったくないのである。それゆえ彼は、一八〇六年以前のドイツの状態をも、じゅうぶん我慢のできるものと考えることができた。なぜなら、そこでは、「ほかにはは古代のギリシア人においてしかみられないことだが、」国家と国民とは外面的には分離していたけれども、たがいに調和し和合しあって生活していた、と、少なくとも彼は考えたからである。分別ある人ならだれでも、従来の状態の継続を望むにちがいないと、彼は判断することができた。[41] 人びとはこれにたいして、彼はここでは望ましいもののことを考えているのではなくて、当時の状態の耐えがたさにたいして、我慢のできるもののことを考えているのであり、ここではただ、ドイツの国家生活のために最小限の要求を出しているにすぎない、という異議をとなえるかもしれない。さらに人びとはたぶん、当時それ以上のことを要求するのはむずかしかった、というであろう。しかしフィヒテは、非常に大胆不敵な思想家であったから、その原則的な見解を少なくとももれうかがわせないということは、ありえなかった。それゆえ、彼がこのような最小限にくだることができたということは、とにかく、どこまでも特徴的である。彼がそうすることができたのは、彼にとって政治組織の形態は比較的どうでもよいことだったからであり、彼にとっては、ドイツの国家生活における精神の統一こそ、何よりも重大な事柄だったからである。国家と国民のこうした精神的統一は、それ自身できるだけつよく引きしめられてはいたが、しかしまた、「理想郷《ユートピア》のなかにあったのであって」、ただ予定調和だけが、この精神的統一を実現し、この統一が現実のものとなり、あらゆる個別国家が一つの精神をもつようにすることができたであろう。彼の国家一般がそうであるように、彼のドイツ国家は、自己に特有の生活条件にしたがうものではなくて、国民的精神から自己のおきてをあたえられる、というのが、いまやフィヒテの希望であるが、しかしこの国民的精神は、「演説」の見解にしたがっても、真に人間的な精神、最高至純の文化理想にすぎないし、またそれ以外のものであってはならないのである。国家と国民とは、ここではもちろん、きわめて密接に結びつけられてはいるが、それはただ、普遍的理念の支配的優位のもとでのことにすぎないのである。

すでに述べたように、この普遍主義のなかでは、啓蒙主義と古典的理想主義とロマン主義とが、めぐりあっている。われわれがこれまですでにみてきたように、またさらに進んでみるであろうように、ロマン派の人びとは、国民的なものの世界に比較的深く沈潜したときにも普遍的なものへの傾向をしっかりもっていたのであり、フィヒテは国民の方をむいて国民の個性的な固有の価値をみとめた際、たぶんすでにロマン派の影響下にあったのだから、彼はたしかにまた、ここで直接の影響を思わぬのが困難なほど、ロマン派特有の普遍主義に近づいているのである。ノヴァーリスやフリードリヒ＝シュレーゲルが、個々の強大な国家が出現する以前のヨーロッパの国家生活の状態について、どのような感激をもって語ったかを、またかれらが、中世におけるキリスト教世界の統一をいかに賞賛し、近代数世紀の権力闘争によってそれが分裂したことをいかに嘆いたかを、われわれは記憶している。ここでフィヒテ自身の言葉を聞こう。彼はヨーロッパの勢力均衡の見解を排撃しながら、次のようにつづけている。「キリスト教のヨーロッパが、そうあるべきであったように、またもともとそうであったように、一体でありつづけたならば、人びとはけっしてこうした思想を生みだす機会をもたなかったであろう。一体者は、自分自身を基礎とし、自分自身をささえるものであって、たがいに均衡させられなくてはならないような相争うもろもろの勢力に分かれることはない。不法化し分裂したヨーロッパにとってのみ、あの思想は必要な意味をもつのである。[42]」ヨーロッパの分化にたいしては、彼はこのように普遍主義者の役割を演ずるのであるが、しかし、当時恐ろしい勢いで近づいてきた普遍的王国*の思想にたいしては、たしかに彼は、すぐそのあとでふたたび国民の理念をもち出している。普遍的王国の幻想は、彼にとっては、憎むべきもの、不合理なものであった。「精神的自然は、人間性の本質を、個人についての、また全体としての個物すなわち民族についての、きわめて多様な等級分けという形でのみ、表現することを好んだ。この最後のもの(民族――訳者)のおのおのが、みずからに頼り、自己の特性にしたがって……自己を発展させ、形成する場合にのみ、神の幻像はその本来の鏡のなかにあらわれ出るのである。」[43]それゆえ彼は、やはりまた、もろもろの民族を「放任」しようとした。すでにみたように、国民的なものの評価にさいして彼をみちびいていた二つの原理、すなわち、一般的なもののなかにいっそう高いものをみようとする傾向と、特殊なものの固有の価値にたいする理解力の目ざめとが、ぶっきらぼうにかつ無媒介的に、ここに並んであらわれている。[44]彼にとっては、つねに精神だけが問題であり、諸民族の生活の外的な国家形態などはどうでもよいことだ、ということをもう一度はっきりと了解しないならば、この矛盾は耐えがたいものであるだろう。望ましい理想として彼の念頭に浮んだものは、明らかに、全体としての統一と親密さが個々の国民の自主的な発展と一致するような、ヨーロッパの状態であった。[45]しかしその際、彼の諸前提からすれば、もろもろの国民や国民国家の独立と自主は、もちろん真に政治的なものであることはできなかった。それらは、共通の人間的な課題によって制限され、規定されていたからである。

＊　一国家が世界を統一することによって成立する国家。ここではナポレオン帝国をさす。――訳者

「ドイツ国民への演説」は、周知のように、フィヒテが国民および国民国家について語っている最後の言葉を、なお含んではいない。それにつづく年代の生活体験は、彼がほとんどコロンブスのように、それがまったく新しい世界であると予想しないで発見していたこの新しい世界へ、彼をいっそう深くみちびきいれることができた、という期待を、人びとはもつであろう。われわれは、偉大な年一八一三年とともにおわりをつげた彼の晩年のも

のとして、彼の国家学および、なかんずく一八一三年春の政治論の草案を、もっている。後者は、彼の国民政治的遺言といってもさしつかえないものである。一八六二年にハインリヒ＝フォン＝トライチュケは、一種の歓声をあげて、次のように叫んだ。ここでフィヒテは、「こんにちドイツの国民的政党を動かしているあの諸理念の最初の重要な告知者として」、われわれを迎える。……「ここではじめて、一人の重要な人物が、プロイセンの王を《ドイツ気質のための専制君主》として全祖国の頂点におこうとする計画を、いくらかはっきり伝えているのだ」と。そして彼は、トライチュケが認めているように、相変らず、最高の目標として「君主と世襲貴族のいないドイツ人の共和国」を念頭においていたとはいえ、しかし同時に、この目標がずっと遠くに横たわるものであることを、理解していたのである。(46)

われわれがここでみずからに問いかける質問にとって、フィヒテが当時ドイツの共和制的統一に賛成したかそれとも君主制的統一に賛成したかは、元来二次的な重要性しかもちえないであろう。なぜならわれわれは、いうまでもなく、フィヒテが近代的国民国家の理念に総じてどのように近づいているかを知ろうとするものであり、そしてこれは、共和制的にも君主制的にも考えられることができたからである。つねにしかし、フィヒテにとっては、国民国家にむかって一歩前進することは、現実の政治的世界へ一歩踏みこむと同時に純粋な理性的構成の世界から一歩しりぞくことを、意味した。それゆえ、もし彼が当時ほんとうにその共和制的理想を延期して、プロイセン＝ドイツ的帝国を現在の目標として告知したのであったら、それは、彼の政治的感覚の成長をはっきり証明するものといってよいだろう。もちろんわれわれは、この断片的な記録を、なおいくらか矛盾しあっている一連の思想のこの試論的スケッチを、フィヒテの最終的な確信についての史料として利用するためには、じゅうぶん慎重でなくてはならないであろう。彼の思想は、まず最初は、ドイツ人の将来について、はなはだ悲観的にそして疑い深く語りはじめるが、記述が進むにつれて、たえず確実さと重みを増し、また最初彼は、プロイセンからドイツ国民のために何物も期待していないようにみえるのに[47]、彼の目はまもなく明るくなり、プロイセンのうちにはすでに「本来ドイツ的な一つの国家」が存在し、これは、その在来の歴史の精神によって、「自由の点で、また帝国への歩みという点で、前進するように」強いられており、こうしてのみこの国家は存続することができるが、さもなければ滅亡する」という認識に達している[48]。これは、絶対者を要求するフィヒテの在来の傾向が、好運にもたしかにまた深い現実的洞察と結びついている、重大な言葉である。だがしかし、われわれは、彼の先天的要求のほうがやはり依然として彼の経験的洞察よりも強かったことを、みのがしてはならない。プロイセン＝ドイツ的帝国は、彼にとっては、もしわれわれがそのあとにつづく彼の詳論をこれと比較するならば、やはりまた、国家についてのそれ以前の彼のあらゆるプログラムのように、目的のための一時的な手段であるにすぎず、彼が一度ずっと遠い先のことと考えた[49]共和国の目標は、彼の思想がさらに進んでゆくうちに、そして、注意すべきことに彼の希望的気分がさらに増大したために、ふたたび彼に近づいてきたので、彼はドイツ帝国の世襲制を、あるいは彼自身の表現をかりれば、ドイツ専制政治の世襲制を、まったくしりぞけているのである。「それでは、ドイツ気質のための専制君主よ、やってきたまえ！　それがだれであろうと、われわれの王よ、この功績をわがものとしたまえ！　この王の死後は、元老院が生まれてほしい。――そこで、それはただちに行なわれることができるのだ。」しかしこの「それ」とは、彼が専制君主の第一の義務として指定しているところの、自由への教育なのである。それゆえわれわれは、共和国への道は、プロイセン＝ドイツ的皇帝もしくは専制君主の死んだ直後に歩まるべきもの、と解釈して、さしつかえないのである[50]。

ところでしかし、彼の欲するドイツ共和国とは、われわれの意味での現実的なドイツ国民国家と考えられているのであるか。すなわち、具体的な国民はそのなかに自己固有の特性の政治的表現をみいだすのであるか、と、このように、われわれはなおいっそう正確に尋ねたいと思う。この問いのなかには、本来すでに否定的な答が存在している。なぜなら、ドイツ国民の特性とは、まさに種族精神および領土的精神が全国民的理念と一致し、また一致しなければならぬ、ということにほかならなかったからである。国民性一般の、特にドイツ国民性の現実的諸要素にたいするフィヒテの洞察が、著しく成長していることを、われわれはともかくも承認しなければならない。すでに「演説」のなかでみられたと同じように、「民族とは、そのための特殊な天賦と役割をもった個性である」と、彼は語っている。[51] しかし、彼はさらにそれを越えて、もろもろの国民および国民性の歴史的起源にたいしても、理解力のある言葉をみつけている。「歴史が共通であるか分離しているかということが、国民の形成にとっては決定的である。……それゆえ、歴史が共通であるということは、行動もしくは苦難を共にしてきたということであり、……具体的に統一を表現する王朝を共にしてきたということである。祖国愛と君主愛とは、非常にしばしば一致する。いっそう豊かな、いっそう輝かしい歴史は、いっそう確実な国民性をあたえる。（このことが、プロイセン人をザクセン人の上位におくのである。）民族がいっそう多く政治に関与する機会をあたえられ、自由な共同判断を行なうことが許される場合にも、すなわち、民族が無言の機械としてではなく、自覚のある賞賛された協力者として用いられる場合にも、まったく同様である。（このことが、プロイセンをオーストリアの上位におくのである。）それゆえ、国民的な誇りや名誉や虚栄は、個人の場合のように、すべてのものにくっついて、つながりを固くするのに役立つのである。[52]」ところで彼は、その断片の結びの箇所で、国民的なものの認識にむかって、さらに本質的な一歩を進めた。われわれは、さきに述べたことを思いおこさせるために、一国民の本質を構成する諸要素のあいだで、政治的な性格をもつものと共通の文化にもとづくものとを区別する。フィヒテもまたすでに、ちょうどこの区別を行なっている。在来のドイツ人の国民性にみられる注目すべき特徴は、「まさにかれらが国家なしにまた国家を越えて存在し、純粋に精神的に形成されてきた」点にあることを確認しながら、彼はさらにつづけていう。「国家を通じてのみ形成され、（かつその市民をそのなかにからみ合わす）国民的なものと、国家を越えて存在する国民的なものとは、いまやいっそう深く区別さるべきであろう」[53]と。

もしフィヒテが、ドイツ国民のあの偉大な修業時代に彼自身の見習期間をも終えるように生まれついていたならば、彼はなおいっそう深く国民の本質を洞察したことであろうといいたがるものが、だれかあるだろうか。フィヒテは、彼の感情をひたした、国民というあらたな驚異の内容をとらえるには、自分の範疇では不十分であるということを、時々みずから感じているようにみえるが、しかも彼がそれを強いて行なおうとする様子は、一つの偉大な光景である。全力をつくして彼は、「いかにして理性の国に達するか」という彼の以前からの意志の問いを、いかにして一つのドイツ民族に達するかという彼の新しい感情の問いと融合させようとした。しかし彼の意志は、感情にたいする支配権を他のものに奪いとられることを許さなかったので、けっきょく彼の思想の根底をなしていた世界主義的・合理主義的な地盤を、彼はけっして完全に放棄したのではなかったと、われわれは推測したいのである。一八一三年の政治的断片や国家学においても、この地盤は、たしかになおいたるところに、透いてみえるのである。

何よりもまず彼は、現実のドイツ国民感情が歴史的な、領邦的＝王朝的な制約をうけていることをあのように洞察しながら、そこから、われわれの期待しうる結論を引きだされなかった。プロイセン人、ザクセン人、オーストリア人の国民的なうぬぼれは、彼にとっては、「有頂天になっているばかの高慢」であり、他のどんな事情よりも多く、ドイツ人の心をさびれさせたものである、と、考えられている[54]。なるほど彼は、このような非合理的な締め金が民族意識にとって欠くべからざるものであるという洞察に、目をつぶるわけにはいかない。そこで、「しかし、一つの民族はつねにそれを望み、それをまったく放棄することはできない。それがなくては、民族における概念の統一は、まったく活気を失ってしまう」という。しかしそれにもかかわらず、彼はのちにふたたび、それを否認しようとする。このような領邦根性のうえに共通のドイツ国民意識の上屋をたてるだけでは、彼には不十分であり、歴史的に成長した国民意識のこのような基礎は、一般に地面から築かれなくてはならない。ドイツ民族という統一概念はむしろ、「何かある特別の民族的特性を主張するものではなく、自由な市民を実現するものであろう」と、結末のところで述べられている。[55] 彼は、それゆえまた、たんなる連邦が一つの民族を真の民族にまで組織することができるということを、認めようとはしない。[56] むしろ、序論のなかで、それからまた国家学のなかで述べられているように、目下のところドイツを構成しているもろもろの個別国家は、いっそう高い目的へのたんなる手段として、いつかはなくならねばならない。[57] しかし何よりまず、彼の説いたドイツ国民精神とは、なんら歴史的生活の産物ではなく、理性の要求したものであった。われわれはこの点を、さらに詳しく注目したいと思う。

ドイツ人はこれまでまだどのような国民性、どのような国民的自負をももっていないことを、彼は確認する。他の諸民族は、それぞれ自己の歴史を通じて、国民性や国民的自負をもっている、と彼は詳論した。ドイツ人自身は、最近数百年間、どのような歴史ももたなかった。「われわれはいったいどのようなつながりをもち、またどのような共通の歴史をもったか。[58]」なるほどわれわれは、若干の箇所では、このことについての嘆声を聞きとることができるが、しかしそれと並んでまた、まさにこれについてのある種の満足も、ひらめいているのである。こうした感情のあいだの抗争は、同時に十八世紀と十九世紀の考え方の抗争であった。両者のどちらが彼においていっそう強かったかについては、なんら疑いの余地はない。時間的なもののなかにつねに永遠なものを得ようとつとめたこの偉大な理想主義者は、なおまったくなんの歴史も自分の背後にもたない国民精神を発見した嬉しさに、また、完全に意識的な理性と自由の所産であるはずの国民精神に協力する任務の嬉しさに、心をおどらせたのであった。ほかならぬ彼の超歴史性こそ、この任務を彼にとって容易にするものと思われる。とにかくそれは、彼にとって、ドイツ的性格一般で生活してきたもののなかに、なにか「まったく本源的なもの」、超歴史的なものが存在することの、証拠である。[59] まさにこの「本源性」を、彼はすでに「演説」において、ドイツ語のために、また唯一の「本源民族」「純粋民族」であるドイツ国民のために、要求したのであった。彼の「本源性」の概念は、われわれが一つの国民をとくに本源的なものとして賞賛するときたぶん頭に描くものとはまったくちがった何物かを意味していることは、明らかである。われわれが「本源的なもの」というのは、単純な文化的諸関係のうちに生存を維持してきた、自然のままの、力強い、新鮮なもの、しかしつねに歴史的に制約されたもののことである。フィヒテが「本源的なもの」と考えたのは、まさに歴史的に制約されないもののことであった。[60] そこからは当然、歴史的に生長した国民性は一般に下等なものであり、非自由の世界に属する、という結論が生まれなくてはならない。フィヒテもまた、このような結論をひき出したのであった。フランス人は「特別に形づくられた自分自身というものをまったくもたず、ただ、一般的な調和によって、純粋に歴史的なものをもっているにすぎない。これにたいしてドイツ人は、形而上的なものをもっている」と、彼は語っている。[61]

もちろんこれらの記録のなかには、なおそれとはちがった一つの言葉がみいだされるのであって、それによれば、フィヒテは少なくとも、ドイツ国民の将来の発展を、歴史の流れに委ねようとしているかのようにみえる。[62] 彼は、次のように語っている。ドイツ人の性格は「将来にある。——いまやそれは、新しい光栄ある歴史を希望することである。このような歴史のはじまりは、――ドイツ人が意識して自分自身を創造することである。それは、もっとも光栄ある使命であるだろう。ドイツ人の根本的性格とは、それゆえ、(1)新しい歴史をはじめること、(2)自由をもってかれら自身を完成すること、であり……(3)それゆえ、ドイツ人はまた、けっしてふるい歴史の継続であってはならない。ふるい歴史はほんとうに、ドイツ人のためにまったくなんの成果をもあたえてはいないのである。」しかし、ドイツ国民に留保されているこの「新しい歴史」とは、われわれの意味での歴史なのだろうか。彼がここで、国民のふるい歴史と新しい歴史のあいだにおいている深い切れ目は、われわれの考えとは矛盾するように思われる。われわれは、このような発展の飛躍をなんら是認することはできない。一つの民族が、このように区別されたふるい歴史と新しい歴史をもちうるということ、一方がまったく成果なくすぎ去り、他方が過去となんの関連ももたないということを、われわれは承認することができない。フィヒテの新しい歴史がまさに真の歴史でなかったからこそ、彼は、深淵をこのようにとびこえることができると信じえたのである。彼の説く新しい歴史のはじまりとは、いかにも、ドイツ人が「意識して自分自身を創造し」「自由をもって自分自身を完成する」ことでなければならない。この歴史には、現に真の歴史の本質をなしているもの、すなわち非自由と非合理的なものという要素が、欠けている。それゆえ彼はここで、二つのまったくちがった歴史概念を念頭においているのであって、その一方は、ドイツ人のふるい歴史のなかで、また他の諸民族の歴史のなかで、作用しているものであり、われわれの歴史概念に近づいてはいるが、それがいわば不純な、いやしい要素をふくんでいるというまさにその理由で、フィヒテには軽視され、押しのけられる。これにたいして、他方は、意識的な自由な創造という要素をもっぱらその基礎とするものであって、真に歴史的なものの範囲のかなたに、横たわっているのである。(63)

それゆえ、彼の国家が理性国家であり彼の国民が理性国民であるように、この「新しい歴史」は、理性史であり理想史である。彼の偉大な約束のうちに聞きとることができるのは、依然として人権の言葉であり、革命(フランス革命――訳者)初期の言葉である。「こうして、かれら(ドイツ人)のところからはじめて、これまで一度も世界に出現したことのないような真の正義の国が、あらわれるであろう。古代の世界にみられるような市民の自由に心から感激しながら、しかも、多数の人びとを、古代の諸国がそれなしには存立できなかった奴隷として、犠牲に供することなしに。すなわち、人間の顔をもつすべてのものの平等を基礎とした自由に、心から感激して。(64)」なるほどこのような言葉は、これを思いおこさせるジャコバン党員やジロンド党員の語法にくらべれば、かぎりなく内容豊かな影響をわれわれに及ぼしはするが、しかしそれはただ、これらの言葉がフィヒテの口にかかるといっそう深い意味をもつためであり、自由と正義についての非常に抽象的な彼の思想は、ことごとく、一つの偉大な精神の、一人の非凡な人間の熱烈な体験であるためであり、彼の自由の要求は、あらゆる偉大な文化のもっとももしっかりした基礎である倫理的自律の要求にほかならぬためであるにすぎない。国民および国民国家についてのフィヒテの思想が、実際以上に近代的であり歴史的であるようにわれわれにみえるのは、フィヒテ自身の生活の内容がいっそう偉大であり、歴史を前進させる力の分量がいっそう大きいためである。

そこでわれわれは、われわれの留保や制限が、ドイツにおける国民理念や国民国家理念の発展にたいするフィヒテのはかり知れない功績を減らすことはないであろうと、考える。おそらくその反対である。この新しい理念の発展の姿は、それを生みだしたふるいものがなお強く生きていたことを認める場合にのみ、いっそう重要なものになるのである。人びとがしばしば安易に事態を想像するように、世界主義が気がぬけたように活気を失って地面に横たわり、若々しい国民思想がいまや容易に勝利をおさめて登場した、というのではなく、世界主義と国民性とは、なおかなり長いあいだ、密接な血縁的＝生活共同体的関係にあったのである。そして、真の国民国家の理念は、こうした関係のなかではなお十分に成長することができなかったとはいえ、この関係はやはり、国民的理念そのものにとって、非生産的なものではなかった。総じて一定の力強い活気のある内容が国民理念のなかへ流れこんだこと、国民理念がたんに興味をもって静観的にあれこれと考慮されたばかりでなく、はっきりとまたしっかりと肯定され、大きな熱情《パトス》をあたえられたことが、たしかに何よりも重大なことであった。当時の国民的現実の引きさかれた地盤からこのようなパトスを得ることは、フィヒテのような精神の人にとっては、あまりにも困難であった。——そこで彼は、普遍的な倫理的理想の高みから、それを行なったのである。

（1） S. 420, 426.

（2） その際、純理的なものと実際的なものとが彼のなかでいかに混ざりあっていたかを示しているのは、彼の要求した国民国家の言語の境界と地理的境界の関係についての、彼の見解である。「第一の自然の境界は、おのおのの国が自分の海をもつということであり、第二は、言語である」(S. 385)。そこからしかし、彼は次のような結論を下している。もし万一ポーランド人がなお国家であるなら、かれらは、プロイセンおよびクールランド(ラトヴィア南部の地域——訳者)のドイツ人を支配しなければならない。「なぜなら、ポーランド人はその海の境界をそこに所有しなければならないからである」(S. 355)。しかし、他方「いまドイツと呼ばれている国は、ライン河を自分ひとりで所有し、ライン河の両側の海を、自己の自然の境界として所有しなければならない。」アルントの青年時代の思想については、さしあたり、まず第一に Müsebeck, Arndt 1, 50, 54, 61 ff., 102 ff. 参照。

（3） S. 260, 263.

（4） Sämtl. Werke 7, 212.

（5） Zeller, Vorträge und Abhandlungen I^2, 184 ; Lasson, Fichte im Verhältnis zu Kirche und Staat

(1863), S. 200.

(6) Briefe an Konstant. これは、»Eleusinien des 19. Jahrhunderts« Bd. 2 (1803), S. 37 に、印刷されてはいっている。新版は、»J. G. Fichtes Philosophie der Maurerei« herausg. von W. Flitner 1923. Medicus, Fichte, 2. Aufl. (1922), S. 189 ff. および L. Keller, Fichte u. d. Grossloge Royal York in Berlin, Schriften d. Ver. f. d. Gesch. Berlins, Heft 50. ——一八〇〇年の「封鎖的商業国家」»Geschlossener Handelsstaat« の結語のなかにも、Metzger, Gesellschaft, Recht und Staat in der Ethik d. deutschen Idealismus (1917), S. 189 が認めているように、すでに国民にたいする言及はあるが(「もしわれわれが民族や国民でありさえすれば」)、しかしそれは、歴史的な国民ではなくて、あらたに人為的につくられるべき国民をさしている。Haymann, Weltbürgertum und Vaterlandsliebe in der Staatslehre Rousseaus und Fichtes (1924), S. 57 は、この箇所の考察にあたって、このことをみのがしている。

(7) Fichte, 3. Aufl. (1900), S. 627.

(8) Fichtes Idee des deutschen Staates, S. 11.

(9) Nachgelassene Werke 3, 275 ff. および W. Erben, Fichtes Universitätspläne (1914), S. 50 ff.

(10) Nachgelassene Werke 3, 223 ff. Hans Schulz の手稿による新版は、»Der Patriotismus und sein Gegenteil« (1918).

(11) a. a. O. S. 229, Ausgabe Schulz, S. 11. 同様のことは、S. 233, Ausgabe Schulz, S. 16 にもみられる。

(12) Wundt, Fichte (1927), S. 186 の見解は、しりぞけられるべきものである。

(13) 「プロイセンという国家統一体のなかで生きてはたらくドイツ人は、いまや、ドイツの国民性はまず第一にそしてもっとも完全にこの国家統一体のうちにあらわれ、それがここから親近的なドイツ諸種族のうえにひろがり、これらのものからはじめて、……徐々に全人類のうえに拡がることを、望みかつ果たすであろう。」a. a. O. S. 233, Ausgabe Schulz, S. 15.

(14) a. a. O. S. 232, Ausgabe Schulz, S. 14.

(15) a. a. O. S. 233, Ausgabe Schulz, S. 15.

(16) Gedanken und Erinnerungen 1, 290.

(17) a. a. O. S. 12.

(18) a. a. O. 257. さきに述べたことの証明は、Nico Wallner, Fichte als politischer Denker, 1926 によって、すぐれた仕方で、行なわれている。

(19) エルランゲン大学草案におけるこのようなものの痕跡を、W. Erben a. a. O. 18 ff. は、たぶんすでにいくらか強すぎるくらいに、指示している。そして同時に、フィヒテの国民的感情の出発点が彼のイェナ時代の感銘にあるということを、ありそうなことだとしている。なぜなら、そのころ彼は、あらゆるドイツ種族の青年たちが「力強くいっしょに生活し」、かれらの素朴な種族的特性をたがいに磨きあっているのを、みたからである。エルランゲン大学草案については、また M. Lenz, Gesch. der Universität Berlin 1, 112 ff. 参照。

(20) Windelband a. a. O. S. 12.

(21) Nachgelassene Werke 3, 401 ff. これは一八一三年の》Musen《の要約新版によっている。一九一八年の Hans Schulz による新版は、一八〇七年の》Vesta《のオリジナル版によっている。

(22) Sämtl. Werke 7, 210 f.

(23) Über naive und sentiment. Dichtung.

(24) ここで行なわれている国家の権力＝膨脹政策の是認は、そのために、「現代の諸特徴」》Grundzüge des gegenwärtigen Zeitalters《で行なわれている(さきの一〇七ページをみよ)是認とは、区別される。なぜなら、後者においては、征服的な国家がキリスト教のヨーロッパにひろめてもよく、またひろめなくてはならない文化とは、なお純粋に普遍的に考えられており、個性的＝国民的には考えられていないからである。

(25) 彼が(Sämtl. Werke 7, 384 および 386)、国家の「もっとも手近かな、普通の目的」(すべてのものの内的平和、財産、人格的自由、生命および健康の維持)を、そのいっそう高い目的から区別している点に、どうやらみられるにすぎない。
(26) 7, 386.
(27) 7, 353.
(28) a. a. O. S. 8.
(29) 7, 354. Binder, Fichte u. die Nation (Logos, Bd. 10, 1922) は、フィヒテの国民概念のこうした性格を、抹殺している。
(30) 7, 432.
(31) 7, 453.
(32) 7, 452.
(33) また7, 492参照。
(34) 一八一三年二月十九日の、聴衆に向けて行なわれた演説。Sämtl. Werke 4, 604.
(35) 彼が第十三講で行なっている、自然な征服と不自然な征服のあいだの区別に、われわれは同意する必要はない。なぜなら、それは、現実の政治にたいしてなんらかの意味をもつためには、あまりにも極端でありすぎるからである。ただまったくの推測としてなら、マキアヴェリ論(そこでは、とにかく、まさに力強い権力政治が要求された)に比しての気分の変化は、政治状況の変化に帰着する、といってもよい。すなわち、そのころは戦争のなまなましい印象があったのに、この時には打ち破られたもののあきらめがあるのである。
(36) 7, 466.
(37) 7, 496.
(38) 7, 397.
(39) 7, 397.「……それゆえ、もし前提された統治単位自体が、万一にも、共和主義的形態ではなしに、君主制的形態をもっていたならば、……それはもちろん、大きな不幸であっただろう。」

（40） 7, 397. また7, 384, 396, 428参照。Wallner a. a. O. 205が次のように述べているのは、正しい。「完全に文化的・個性的な価値の全体である国民は、なるほど、国民に奉仕する国家と密接に接触しているし、国家に自分の『生命』を吹きこまなくてはならないが、しかし、国民がそのまま国家なのではない。」――彼が第一講(7, 266)および第十三講のあらすじ(7, 464)のなかで、ドイツの多邦分立を悲しみ、それらの各邦が隔離された存在であることについて、それは「まったく自然と理性にもとるものであった」と語っている、と主張することは、おそらく可能であろう。しかし、われわれは、第九講の詳論にしたがって、彼が外的形態の統一をもとめているのではないこと、それゆえ彼は、多邦分立すなわち「隔離された存在」の形態ではなく精神に反対したこと、を認めても、さしつかえない。また、第十一講参照(7, 437)。「たしかに、ここわれわれのところには、なおさまざまの、たがいに引き離されたドイツ諸国が、存在している。非常にしばしばわれわれの不利益になってきた事柄は、（教育という）この重要な国民的問題においては、たぶん、われわれの利益に役だつことができるのである。」

（41） 7, 392, 396 f.

（42） 7, 464. 同様のことは、すでに一八〇四年の「現代の諸特徴」のなかにも、みることができる(7, 197および200)。そこで彼は、他の諸時代の精神に思いを潜めることのできない人びとにたいして、まったくロマン的な攻撃を加え、十字軍を、「キリスト教的全体の永遠に記憶すべき力の表示であり、それがくずれて分解するにいたった諸国家の個別性から完全に独立したもの」であるとして、賞賛している。Fester (Rousseau u. d. deutsche Geschichtsphilosophie, S. 141)は、フィヒテが中世をふたたび正しく評価した最初のドイツの哲学者であるということ、しかもこのことは、まさに彼が、ロマン派の人びとの反動的・カトリック化的努力にまったく無関係であっただけに、いっそう重要であるということを、正当にも強調している。しかしこのことは、ロマン派の人びとが上述の諸点で彼に影響を及ぼしたということを、当然排除するものではない。また、Kluckhohn, Persönlichkeit und Gemeinschaft, S. 45参照。

(43)　7, 467.

(44)　フィヒテのドイツ国民にかんする考察のなかに二つの原理が並存していることを、最近 Bubnoff, Der Begriff der Nation und die Idee einer Völkergemeinschaft (Archiv f. Sozialwiss. 51, 123 および 153 f.) も、わたしの書物のことを知らずに、みごとに認識している。そして、神性の鏡であるもろもろの個性的な国民精神の充満という思想が――これは、演説のなかで、ほとんどもっとも感銘の深い、かつもっとも輝かしい思想である――実際、不思議にもいきなり演説のなかに存在する、ということを、さらにまた Troeltsch も（Über Masstäbe zur Beurteilung historischer Dinge, Hist. Zeitschr. 116, 14. で、》Historismus u. seine Probleme《S. 125 でも繰り返して）、強調している。Wallner a. a. O. 196 は、国民の個性的なものにたいする新しい感覚を、フィヒテの「宗教的神秘主義」に由来するものとしている。この「宗教的神秘主義」は、たぶん一八〇〇年以来、いつも持続し、支配していた彼の自然法的な考え方に、つけ加わったものである。フィヒテが、たぶん一八〇〇年以来、ヘーゲル風の客観的観念論に近づき、それによって、たしかにまた、個性的なものを、絶対者の永遠の光の多彩な屈折として理解する可能性を獲得した、といったほうが、いっそう適切である。

(45)　一八一二年の》Rechtslehre《にみられる、終極目標としての国際連盟については、Wallner 236 参照。

(46)　Hist. u. polit. Aufsätze 1, 136.

(47)　7, 549.

(48)　7, 554.

(49)　7, 553.

(50)　プロイセンの帝権ないし専制君主権にかんする箇所は、7, 554 および 7, 565 である。これらの箇所と矛盾し、ドイツ民族のためにプロイセンから何物をも期待しない言葉が、それにつづいている。7, 570 f.（「ところで、たとえばオーストリアもしくはプロイセンがドイツを征服する場合に、このことは、なぜオーストリア人またはプロイセン人を生みだすだけであって、ドイツ人をつくりださないのであろうか。」

……「どんな現存の君主も、ドイツ人をつくることはできない。オーストリア人、プロイセン人等々が生ずるのである。」）それゆえ、フィヒテは、のちになってふたたびプロイセンについて疑いをもつようになったのか、さもなければ、このほうがいっそうありそうなことだが、（専制君主にかんする箇所につづくS. 565の最初の章は、それより前の仕事の時期に起因するものであるのか、いずれかである。印刷された章の順序が、またどこまで時間的な成立に対応しているか、という問いは、手稿を検討することなしには、ほとんど決定されないであろう。なぜなら、個々の章の内部にもまた、思想の相違が存在するからである。たとえば、ドイツ文学の国民的意義についての、たがいに矛盾するもろもろの言葉S. 565, 568および572参照。それらのうち、S. 568は、いずれにせよ、もっとも早い段階を表現しているが、（印刷の方でも括弧にはいっている）S. 565の箇所は、S. 572の詳論が書かれたのちにつけ加えられたもののように、思われる。——A. Streckerによるこの著作の新版（Fichte, Polit. Fragmente, Philosoph. Bibl. Bd. 163 f., 1925）は、単純な増補版である。

（51） 7, 563. 7, 467参照。

（52） 7, 567.

（53） 7, 572. 彼は、断片のはじめのところで（7, 549）、国民的なものの本質を、ただ政治的な領域において、「代表されるものと代表するもののあいだの相互理解およびそれにもとづく相互信頼」としてもとめたにすぎなかった。

（54） 7, 568.

（55） 7, 573.

（56） 7. 565, 569. それゆえ、一八一三年の記録は、いまや彼にとっては、統一の形態はもはやどうでもよいことではなくなっているので、演説（さきの本書一一五—一一六ページをみよ）よりもいっそう中央集権主義《ウニターリッシュ》的である。

（57） 7, 547, 573; 4, 423. Lask, Fichtes Idealismus und die Geschichte (1902)は、S. 267で次のように述

べている。人びとは、フィヒテの領邦国家排斥のうちに、「郷土的愛国心に反対する盲目的憤激をみるべきではなく、」むしろそこから、「政治組織や『民族精神』がはっきりその姿をあらわすようなもっとも深い根底で、どの国家も病んでいる」、という奥深い洞察を認識しなければならない、と。これは正しい。ただわれわれは、その際ただちに、彼の「民族精神」とは、まさに、歴史的＝具体的なドイツ民族精神ではなかった、とつけ加えなくてはならない。

(58)　7, 565, 568.

(59)　「ドイツ人は……歴史なしに成長してきた。」7, 565. また 7, 571 参照。

(60)　「演説」7, 374 は、もっとも明瞭にこのことを示している。「(ドイツ人の本質にとっての)真の区別の根拠は、人びとが、人間自身における絶対に最初の根源的なものを、すなわち、自由とか、無限の改良の可能性とかを、信ずるか、それとも、これらすべてのものを信じないか、という点にある。……いまやついに、それ自身で明らかになった哲学によって、この国民の前に鏡がさし出され、この鏡のなかで、この国民は、かれらがそれまではっきりと意識しないで自然にそうなったものを、はっきりした概念をもって認識するのである。」Kuno Fischer a. a. O. 718 参照。「フィヒテは、文化史の起源と始まりを、発展の諸法則と矛盾する一つの本源民族＝標準民族の仮定のうえに、基礎づけている。……すなわち、彼は発展のかわりに啓示をおき、それによって、歴史を謎めいたものにしているのである。」標準民族の理念とルソーとの関係については、Fester a. a. O. S. 133 ff., 146, 153 参照。――Lask a. a. O. 257 は、フィヒテ自身が(7, 565)「本源的なもの」と「歴史的なもの」のあいだに設定している原理上の対立を、誤解している。

(61)　7, 566.

(62)　7, 571.

(63)　それゆえわれわれは、Lask, S. 269 の意見に賛成することはできない。なぜなら、彼は、さきに引用されたフィヒテの言葉のうちに、「十八世紀にとってはまったく理解しがたい、過去と未来とを包括する『歴史』の概念を、彼が実際にも主張している」という「たしかな証拠」を、みているからである。

(64) Staatslehre 4, 423 ; 7, 573.

第七章　一八〇八―一八一三年代におけるアダム＝ミュラー

フィヒテは、すでに一度獲得した権力国家の本質にかんする彼の認識を、ふたたび放棄してしまったが、それは、彼自身のなかで倫理的理念の力があまりにも強かったので、そのそばに、いま一つの力の自主性を長期にわたって承認することができなかったためであった。彼を国家および国民の世界にみちびきいれた彼の倫理的意志は、同時にさまざまの制限を設けて、あの諸列強の活動全体の光景を、ふたたび彼から奪いとったのである。それゆえ、フィヒテよりもいっそう深く国民国家の認識にはいりこむことは、彼よりもはるかに力の乏しい、しかしいっそう大きな感受性をもつ人にしてはじめて、可能だったのである。フィヒテの演説の一年あと、一八〇八―〇九年の冬にドレスデンで国家学綱要(Elemente der Staatskunst)について講義(1)を行なったアダム＝ミュラーは、このような人物であった。フィヒテはドイツ国民にむかって演説を行なったのであり、彼のもった偶然の聴衆は、彼にとっては、ドイツ国民を代表するものであった。当時ヴァイマルの宮中顧問官であったアダム＝ミュラーは、政治家や外交官たちの集まりを前にして、しかもヴァイマルの一王子の面前で、語った。彼はまた、このような貴族的聴衆にむかって、かれらの気に入りそうな事柄を話したのであった。彼の友人であるゲンツの意見と忠告にしたがえば、彼は当時世襲貴族を弁護するための一冊の書物を書くことによって、きわめて気持のよい生活を建設することができたはずである。(2)アダム＝ミュラーが当時このような物質的動機に近づくことができたかどうかは、ここではそれほど大した問題ではない。確実なのは、フィヒテからミュラーに移ると、われわれは無制限な倫理的意図の純粋な空気のなかから特定の社会的性格をもった環境のなかへはいっていく、ということであり、著者《ミュラー》自身もたぶんこのような環境のなかにあることを感じていたであろうし、この環境は、彼の理論のなかにも明らかにあらわれているのである。

アダム＝ミュラーは、かつてゲッティンゲンでヘーレンの講義を聞いたことがあり、彼はかつての自分の師に「綱要《エレメンテ》」を捧げて、この人から、自分の書物にたいする非常にあたたかい感謝の言葉を受けた。(3) 明らかにミュラーがヘーレンに刺激されて自分の比較的深い歴史的研究をやるようになったかどうかは、彼の著作物だけからは確実に知ることができない。彼の歴史的感覚は、実社会で活動している政治的著述家の獲得しうるような性質のものでもなかった。なるほど彼は一時まったく熱心に政治にたずさわり、また新聞記者として政治家たちと接触したこともあったが、(4) しかし彼の精神は、ゲンツが油ののりきった時期になしえたように、その当時のもろもろの政治的運動に順応することはけっしてできなかった。たしかに彼は、現実的なものにむかう非常に強い傾向をもってはいたが、夢想的・思索的な傾向もそなえており、両者がたがいに密接に結合していたので、きわめて現実的な彼の洞察も、同時にまたつねに、空想にとんだ観照のつくりなしたものであった。このような性質の人が、ハインリヒ＝フォン＝クライストに感激したことは、容易に理解できる。なぜなら、クライストの詩についても似たことがいえるからであり、ただクライストは、アダム＝ミュラーにくらべてはるかに力強くかつ独創的であったばかりでなく、いっそう厳密に自分の仕事に従事したにすぎない。ミュラーの油ののりきった時代は、いずれにしてもクライストと親しく交際していた時代であり、したがって、ティルジットの講和後のもっとも重大な時代と一致していた。(5) しかし、ミュラーの思考全体がこのことによって非常に強い刺激をうけているにしても、本来の政治的領域においては、はじめからミュラーのほうが二人のうちでいっそう強い関心をもっていたのであって、すでに祖国の危急を感じはじめていた詩人クライストを、ミュラーが完全に祖国の事柄のなかへ引きいれたということは、(6) ありえないことではない。そればかりでなく、「ホンブルクの王子」の国家理念は、たぶんミュラーの思想に刺激をあたえられたものであろう。(7) 繊細な感情の持主であったミュラーには、クライストの示したような偉大な愛国的情熱を発揮する力はもちろんなかったが、しかし彼は、周囲に目ざめつつある国民的衝動の光景を受けいれ、新生活へのさい先のよい最初の接触を――しかし、ほんのはじめての、それゆえまったく不十分な接触を――意味する国民的国家生活の理論を試みるにたるだけの、豊かさと鋭さはもっていた。

ミュラーが芸術的＝美的なまた哲学的な関心を政治的関心と結びつけたのは、偶然でもなければ、勝手気ままにしたことでもなかった。わたしは、いわゆる明朗な芸術と厳粛な人生とを徹底的に切り離そうとしたことはなかった、と彼は、一八〇八年二月六日にゲンツにあてて書いている。(8)「世界についてのわたしの見解は、全きもの、完全なものである。」彼はまた、人生についての理想的な見方と現実的な見方とがたがいに無関係だということについても、何も知ろうとはしなかったし、その点で彼は、クライストの真の友人であった。「わたしの見解のなかでは、そして――同じことだが――わたしのなかでは、すべてのものが君のいわゆる理想的であり、しかも完全に理想的であるのだ。……ところでもし、なんらかのちがった立場にある非常に分別のある他の人びとが、わたしが完全に現実的であることを認めて、わたしの現実主義を悲しみ嘆くならば、それはわたしが正しいことの一つの証拠だ、と考えることを、君はわたしに許すだろう。もっともわたしは、わたし自身にたいしてこのような証拠をほとんど必要としないけれども。」その際彼は、まず第一に芸術にかんする彼の見解のことを考えているのだが、しかし政治学においても、「理想的」とも「現実的」とも呼ばれることができるような、また、哲学者にも政治家にも同時に国家の核心にいたる道を示すであろうような学説をうちたてようとする、同じ野心をもっていた。「全体《トタリテート》」とは、彼が好んで使う言葉の一つであり、じっさい彼のなかには、市民的・国家的な生活を普遍的にながめようとする強い傾向が、なかんずく生活の運動や生活のもろもろの振動のあいだの関係にたいする感覚が、一つの全体のあらゆる部分のあいだの相互作用にたいする感覚が、そしてまた、歴史的生活の外的な諸現象の背後にさらに目にみえないいろんな力がはたらいているということにたいする生き生きした感情が、存していた。(9) 彼は、自分が理念と概念を区別していることを、大いに誇った。この点では、すでにこの年代の他の思想家が彼に先行していたが、(10) しかし彼は、いまやいっそう歴史的な意味において、この区別をさらに進めたのであった。理念とは、彼にとっては、歴史的な諸現象のなかに生きているものであり、ひとは、死んだ概念をもって歴史的諸現象に達することはできない。われわれはここに、カントの認識論のもっとも大きな影響の一つをみることができる。この万物粉砕者は、概念にたいする、また、概念の事物の本質を表現する能力にたいする信頼を粉砕したのであり、それによって、みずから欲することなしに、天才的な直観と思索という新しい方法に、事物の本質をとらえようとする試みへの道を、開いたのであった。概念とは、一般諸科学が国家や生活や人間についてひきずりまわすところの、かたくるしい形式である、とミュラーは述べている。(11)「しかし国家については、どのような概念も存在しない。」けれども、「われわれがこのような高貴な対象について把握した思想が、自己を拡大する場合には、すなわち、対象が成長し運動するにつれて、思想が運動し成長する場合には、われわれはこの思想を、事物についての概念とはよばずに、事物・国家・生活の理念とよぶのである。」こうして彼は、国家学およびあらゆる高等な学問一般に、それらがたんに認識され習得されるだけでなく、体験されることを要求したのである。(12)

クライストが芸術の分野でそうすることに成功したと同じように、もしミュラーが政治の分野で「理想的なもの」と「現実的なもの」とを融合することに成功し、自分のいだいた国家についてのすぐれた一般的見解を、豊富な具体的経験で基礎づけることができ(13)、また、彼が「理念」とよんだものだけでなく、「概念」とよんだものをも、彼の立場で正しく評価し、鋭く明晰な思考を時おり行なっていたならば、彼は上述のような意図をもっていたのだから、たぶん最大の政治思想家の一人になることができたであろう。彼はこんにちでもなお、並々ならぬ刺激をあたえることができるし、個々の天才的な着想によって、また一般に彼の思想のもつ活気によって、最高の期待をよびおこすことができるが、しかし彼は、同じ程度に満足をあたえることがなく、彼にみられる飛ぶようなものは、時おりとらえがたいもののなかへ飛び去ってゆくのである。

われわれは、彼に十分な精神的独創性のあることを認めず、また、彼が語っているもっとも独創的なもの、もっともすぐれたもののなかにも、むしろ、彼が一つの偉大な時代のなかで(14)彼よりも偉大な人びとから学びとった(15)もののうまい適用と展開をみるにしても、彼を不当に扱うことにはならないであろう。われわれは、彼が没頭した諸勢力、すなわちエドモンド＝バーク(Edmund Burke)、初期ロマン派およびフィヒテから、なかんずくわれわれの問題に関係のある点をとりだすことにしたい(16)。

バークの名をあげるならば、たしかにわれわれは、彼に先だってまず第一に、ドイツにおける最初のバーク解釈者であると同時に、アダム＝ミュラーのもっとも近い政治上の友人であり師でもあった人物、すなわちフリードリヒ＝ゲンツ(Friedrich Gentz)の影響をあげなくてはならない。ミュラー自身の言によれば(17)、彼は、現実の具体的な社会生活や政治的事件や国家にむかう傾向、それゆえ純粋な思弁を克服しようとする傾向については、ゲンツに負うていた。ゲンツの政治思想の世界でも、ここでわれわれの注意をひいているあらゆる問題が、優位を占めている。彼は、国民文化と国民国家の関係にたいするきわめて鋭い感覚を示し、この関係をイギリスにおいてまのあたりみたとき、それを印象深く生き生きと描写することができた。彼は、もろもろの国民や国家の独自の生活と権利のために戦い、この独自の権利が、ヨーロッパの国家社会全体の権利によってどのようにふたたび制限されるか、という問題を、真剣に考慮している。彼は、その全盛時代には、フランスにたいする普遍的な戦いこそ、ドイツが将来国民的な偉大さを獲得するための方策であると考え[18]、そのさい同時にまた、「世界を解放する世界史的な計画」のにない手であることを自覚し、心のなかでは、一定の国家への奉仕者であるよりはむしろある事柄のために戦う世界主義者であるという自覚をもっていた[19]。彼が生気と力をこめて主張した諸理念は、その内容からみれば、あらゆる点で、われわれが研究している発展の連関に属している。――しかし、これらの理念の背後に立っているミュラーという人間は、完全にこの連関に属しているというわけではない。彼は、現実政治家に発展したことによって、「ドイツの政治生活がビスマルクの出現にいたるまで走り過ぎてきた発展過程から、離れてしまった[20]」といわれているのは、正しい。彼は同時にまた、あまりにも享楽主義の人物(Genuß-mensch)であって、自分の生活のいっそう深い内容をも、また政治的情熱すらをも、体験するよりはむしろ楽しんだ、とつけ加えてもさしつかえない。宗教にたいする彼の関係についていわれている一つの言葉を変えるならば、彼は自分自身のなかに、諸理念そのものよりもむしろ諸理念の価値にたいする感受性をもっていたのだ。それゆえ彼の主張する諸理念には、彼の諸理念をはじめて同時代の人びとの諸理念とまったく同質なものにするであろうところの何物かが、欠けていた。そしてそれゆえに、諸国民の自由のための彼の戦いにも、真に国民的な酵素と心底の熱情《パトス》が欠けていたのである[21]。

ところで、ミュラーとゲンツとは、他方がもっていないのに尊重しているものを一方がつねにもっていたかぎりで、たぶんきわめて好都合に補いあったのであろう。その本性上、一方は現実を理想的にながめるようになり、他方はそれを現実的にながめるようになった。しかし、ミュラーがゲンツから引きだすことのできた諸理念は、バークから発するいっそう強い光の反射であるにすぎなかったのであって、ミュラーはただちに、この光への直接の通路をみいだしたのである。

バークのフランス革命にかんする考察は、ミュラーにとっては、一つの天啓であった。ミュラーはバークを、魔法から解放されたこの世にやってきた最後の予言者、とよんだ。[22] ここには、実際的な生活があり、ここには、精神と理論があり、ここでは、政治家と国家学者とが一人の人間のうちにあらわれている、と彼は歓声をあげた。[23]「彼の著作類は蒸留されることがない。どんな概念をも、彼の著作から引きはなすことはできないし、またそれらを、密封されたびんのなかに保存しておくこともできない。……同様に、実際的な術策を彼から学ぶこともできない。しかし、彼が語っている実際の歴史的事件を理解するならば、われわれは同時に彼の精神を理解したことになるし、彼を動かしている思想を理解するならば、われわれは、同じ思想が同時に現実の生活のなかに正しくそして力強く表現されていることを知るのである。」ところでバークは、アダム＝ミュラーにこのような深い影響をあたえただけではない。彼は革命の反対者たちにもっとも強力な精神的武器を供給しただけではなく、あまつさえ、十八世紀の自然法的国家観に最初の決定的な打撃をあたえ、国家についてのあらゆる思考に、二度とふたたび除去することのできない要素をつけ加えたのである。彼は国家生活の非合理的な構成要素、すなわち伝統や風習や本能や衝動的感情の力を、いっそう深く評価し理解することを、教えた。もちろんわれわれは、彼こそまさにこれらのものを発見したのだ、ということはできない。なぜなら、マキアヴェリこのかた近世数百年間のあらゆる現実政治家は、すでにこれらについて知っており、またこれらを利用してきたからである。しかしこれらのものは、実際家からみれば、なんといっても存在している人間の弱点であって、事情に応じて利用したり大切にしたりすべきものと思われたにすぎなかったし、合理主義的な理論家からみれば、従来はむしろ恥ずべきもの(Pudendum)と思われたのであった。思想家がこれらのものを承認したとき、彼は、理性という本来の理想をあきらめて、そうしたのであった。モンテスキューがそうであったし、すでにみたように、ヴィルヘルム＝フォン＝フンボルトもやはりそうであった。しかし、きわめて眼識があり教養もあった——とひとはいうかもしれない——十八世紀の啓蒙主義者たちがはやくも到達した、このたんに消極的な歴史的な考え方には、(24)歴史についての真の喜びや歴史にたいする衷心からの関係が欠けていた。このようなものをかちえた人にしてはじめて、歴史の真の価値を発見したものといえよう。国家や社会の制度という領域でこの新しい喜びの泉を発見したのは、たぶんまず第一にメーザーであった。しかし、政治的な理解の深さや影響の広さという点で、バークはメーザーを凌駕した。なぜなら、フランスにおける純粋理性の挫折の光景という当時の好都合な事情が、たいへんバークに役立ったからである。こうして彼は、従来はただ弱点もしくは道理にもとることとしか思われていなかった多くの事柄のいっそう高い合目的性を理解し、偏見のヴェールのなかに真理の核心を認識することを、教えた。彼は、自然のままに半ば野生的に成長したもののこの全組織を尊敬することを教え、またそれを愛することさえも教えた。なぜなら、この全組織は、大きくは社会や国家を、同様にまた個人の私生活を、目にみえる形でもしくは目にみえない形で貫いているし、また快いヴェールとひそかなよりどころとをいっしょに、すべてのもののために形づくるからである。いまや人びとは、それにたいする目をもちさえすれば、大した事柄のなかにもささいな事柄のなかにもいたるところに、「心にいだかれるとともに悟性によってさえも是認される——なぜなら、悟性は、われわれのありのままの弱い性質の欠陥をかくすためにりっぱな衣装を必要とするから——見事な付随理念の全衣装」を認めることができたのである。[25]　こうして、従来看過されていたかもしくは軽視されていた諸事実の世界全体のうえに、バークによって一つのあらたな暖かい光が、投げかけられた。社会的・政治的な生活は、それが若干の少数な概念で理解されがちだった従来よりも、はるかに複雑な、しかしまたはるかに豊富な、そしてその豊富さのためにはるかに美しいものにみえた。「人間の性質はこみいったものであり、社会生活の諸問題はかぎりなく複雑なものである」[26]と、バークは述べている。この洞察の最初の成果は、バークにおいても、その弟子であるアダム＝ミュラーにおいても、現代の人びとが過去の遺産として受けとっているもののかくれた知恵にたいする深い尊敬であり、それゆえ、過去とのつながりを断ち切ろうとするものの知恵にたいする深い不信であった。自然法と理性法は実定法の陰にかくれ、実定法が真の自然法の地位にのぼった。ミュラーは次のように述べている。[27]「われわれは実定法の外で、あるいは実定法の上で、あるいは実定法の前で、自信をもってあらゆる自然法を否定してもさしつかえない。われわれは、あらゆる実定法を自然なものと認めてもさしつかえない。なぜなら、実定法を生みだす無限の場所はすべて、たしかに自然に由来するものだからである。」

複雑な、深く根をはった国家の本質にたいする新しい感覚がもたらしたさらに進んだはたらきは、公的な範囲と私的な範囲のあいだの関係をも、ちがった目でながめたことであった。両者をそれぞれ別の概念と目的にしたがって念入りにかつ厳密にたがいに分けることは、もはや不可能であった。きのうきょう生まれたものではない精神のはたらきを、現代の人びとをたがいに結びつけ、またかれらを祖先たちと結びつけるとともに、人生のきわめてささいな財宝からもきわめてすぐれた財宝からも語りかけている精神とまったく同一の精神のはたらきを、ひとはここかしこに感知した。こうしてバークは、国家を、目的社会としてではなく、一般にまったく合理的な組織としてではなく、短い個々の時代を遠く越えてゆく一つの生活共同体として理解することを、教えた。「国家的結合を、人びとが営む気があるあいだは営むが、もはやその利益がないことをさとると放棄してしまうところのありふれた商人組合のようなものと考えることは、……けしからぬことである。国家とは、まったくちがった性質の、そしてまったくちがった重要性をもつ、団体である。……国家は、知る価値のあるすべての点において、美しいすべての点において、貴重なもの、よきもの、人間に宿る神的なもののすべてにおいて、一つの共同体である。」[28]ミュラーがみずからくだした国家の定義をそのあとで読むならば、[29]ミュラーがいかに多くをバークに負うているかが、知られるのである。「国家は、たんなる工場や農場や保険会社ないしは商人組合ではない。それは、一国民の物質的・精神的な要求全体を、物質的・精神的な財産全体を、内外の生活全体を、力強い、かぎりなく波瀾にとむ、一つの大きな生き生きした全体者に、しっかりと結びつけるものである。」[30]「国家は、先に立って行くもろもろの世代とあとにつづくもろもろの世代との連合であり、またその逆である」。たぶんバークよりもなおいっそう意識的に、彼もまた、私生活と公生活のあいだの境界線を廃棄した。国家と市民が二人の主人に仕えているあいだは、心も深いところで断ち切られている、と彼は述べている。[31]「私生活とは、下から見あげられた国民生活にほかならないし、公生活とは、けっきょく、上から見おろされた同一の国民生活にほかならない」というようにならなくてはならない。[32]

ここですでにわれわれは、九十年代のフンボルトの諸理念から、いかに遠ざかっていることであろう。そのころは、個人が国家と国民にたいして優位をしめるか、さもなければ、あとの見地がそうであったように、国民は個人のための基礎であり教養の道具だったのであって、個人にたいするその関係によって興味をもたれたにすぎなかった。――いまやしかし、ミュラーにおいては、個人的存在は、過去のものと現在のものとから組み立てられている一つの大きな、力強い全体の、部分であり一員であるにすぎず、この全体のなかでは、個人生活は超個人的なものによって、また、現在は過ぎ去ったものによって、制限されるのである。それゆえ人間とは、「多くの腕をもった、あらゆる方面にむかって自然と紡ぎ合わされた存在であり、たくさんの物的・道徳的な糸で前代および後世とつながっている存在である。[33]」民族とはしかし、「過ぎ去った人びと、いま生きている人びとおよびさらにこれからやってくる人びと――それらすべては、一つの大きな生死のための緊密な結合をなして、つながっている――の長い隊列からなる、崇高な共同体である。[34]」世俗的な生活単位のこのような光景が、もろもろの世代相互間の関係の推移のなかにおける持続が、このように彼の注意をひき、彼をはげましているのである。そのさいさらに彼は、個々の人間はまたつねに、自分だけでなく周囲の自然全体も行動するのだという前提で行動しなければならない、と考えている。

ミュラーのなかには、バークとならんで、初期ロマン派の諸理念が、ますますはっきりと感知される。バークは、なかんずく世俗的なものにたいする洞察を、すなわち、もろもろの世代のあいだの連続にたいする洞察を、彼に教えたが、初期ロマン派は、森羅万象の無限の動揺にたいする洞察を、また、森羅万象のなかでたがいに入りみだれたりいっしょになったりしてはたらいているもろもろの力にたいする洞察を、さらに、これらの力のおのおのの個性にたいする洞察を、教えた。これら二つの影響は、正確には分けられない。事実また、初期ロマン派はすでにバークからいろんな影響をこうむっていたから、なおさらのことである。[35]すでにみたように、ノヴァーリスもまたすでに、失われてしまった中世との連続性を回復しようとし、さらにまたはやくも、国家を、人間の「全活動の武装」として賞賛したのであった。そしていま一度人びとは、初期ロマン派の好みの思想であったもの、すなわち、個性の本質は人間の個体にかぎられるものではないこと、個性は歴史と自然のなかにも至るところにみいだされるということを、バークからも学ぶことができた。「財産や人間の法律や国家や全自然のもつ個性の秘密に感づいたのは、バークと若干のドイツ人であった」と、ミュラーは語っている。[36] その際しかし、ミュラーはすでに、初期ロマン派にたいして一つの重大な変化を示している。ノヴァーリスは森羅万象の諸関係に没頭したにもかかわらず、彼においては、やはり依然として個人の主権が——これは、初期ロマン派を古典的理想主義と結びつけた思想であるが——一貫して輝いていた。しかしミュラーにおいては、個人的主権の輝きはすでに色あせ、もしこういってもよいならば、超個人的な諸力の個性が個人にたいしてすでに勝利を得ており、個人は、自己をとりまくもろもろの歴史的生命力に自己の主権をゆずりわたしてしまっているのである。そのさいロマン的主観主義は、もちろん彼のなかに依然としてじゅうぶん残っていた。

いずれにしても、ミュラーとフィヒテのあいだの溝は、フィヒテと初期ロマン派のあいだの溝よりもずっと深いものであり、そのために、フィヒテのミュラーに及ぼした影響も、われわれの意見によれば、もはやけっして主要なものではありえない。しかしわれわれはそれでもやはり、フィヒテの影響をいくつかの点で認めることができる。ちがった出発点をもつちがった精神がより集まり、そこでまた両者の道が最後にある程度まで解きがたく組み合うことができたということは、この時代全体のなかでは、やはり大切なことである。そしてその際、総じてかれらの根本的な要求の一つは、それまで分離していた生活領域を結合することであった。ミュラーの見解によれば、なによりもまず学問は、国家生活や国民生活の共同体から、もはや離れるべきではなかった。「学問が国家との結合から歩み出て、自分自身で支配し命令しようとするやいなや、それは腐敗し蒸発するということ、学問が必要とする一切の生命は、またあらゆる暖かみ、あらゆる核心、あらゆる力は、学問から脱落する」ということを、示そうとした。社会生活に関与することなしには、どのような個々の学問も、存続することはできないだろう。[37]

学問の国家・社会にたいする関係についてのこのような見解は、当時のドイツでは、なおかなり新しいものであった。もちろん十八世紀の国家生活も、すでに学識ある法学者や財政学者《カメラリスト》のなかに、自己の学問上の助力者をもってはいたが、しかしそれは、むしろ学問の中心から派遣された援軍としてであった。そして、そのころあたに目ざめた精神生活のなかから生まれ出た若い学問は、国家のために発達するよりはむしろ、まず国家から離れて発達していた。世紀の変り目以来こうした事情は変ってきていたが、それは、一つには当時の重大な出来事の影響によるものであり、一つには学問それ自身の、あるいはいっそう正確にいえば、学問をやっている人間の内在的要求からおこったものであった。そこでフィヒテは、アダム＝ミュラーのすこし前に、はやくも次のようにいうことができたのである。「思考という高等な領域における活動さえも、その時代を理解するという一般的義務を解除するものではない。高等なものもすべて、自分のやり方で、直接の現在に関与しようとしなければならない。そして、真に前者のなかに生きている人は、同時に後者のなかにも生きているのである。」ゲンツは、ドイツ国民によびかけた演説のこの箇所[38]を読んだとき、自己の友人アダム＝ミュラーの考え方と一致していることに驚いた。「人間性の真の深みにおいては、けっきょくやはりすべてのものは、一つの結果に至らなくてはならない。そうでなければ、あなたとフィヒテのようにまったくちがった起点から出発している二人の人物が、最後にまた、個々の決定的な表現や言葉においてさえもたがいに一致するということが、どうしておこりえようか[39]。」

もちろんこの出会いに細かい注意をはらうならば、われわれはそこにまたやはり、両者の特徴的な相違をみるのである。フィヒテはたぶんまた学問をその孤立から救い出し、国家や国民ときわめて緊密に結びつけようとしたのであった。「きわめて抽象的なもろもろの学問を得ようとするわれわれのあらゆる努力自体は、けっきょくはいったい何を欲するのであろうか。」「適当なときに普遍的な生活を形成し、事物の完全な人間的秩序を形成する」[40]ことこそ、明らかにその究極の目的である。このような絶対的な支配者の地位を、アダム＝ミュラーは学問のための努力に認めることはできなかった。フィヒテにおいては、学問と国家のあいだの関係は、あたえるものの受け取るものにたいする関係に似ている。ミュラーにおいては、あたえることと受け取ることとは双方の側にあり、しかもあたえることと受け取ることとは、根本において不可分の一体をなしている。「学問と国家は、両者が一体であるときに、——ちょうど精神と肉体が同一の生命において一つであるように——、それらのあるべき姿で存在するのである。」[41]もちろんフィヒテもまたそういうことができたであろうが、しかしそれは、ちがった意味において、すなわち学問の絶対的な優位の意味においてであった。[42]

他方、ミュラーが死んだ「概念」を相手にして、国家思想の生きた「理念」のために行なった戦いは、すでにはやくフィヒテが、概念の形式主義を克服して、「概念のそと」にある、[43]国家全体を結びつけている紐帯を示そうとした努力を、思いおこさせる。もちろんここでも、この結合紐帯およびこのような国家の生命とは何であるべきか、という点で、道はすぐにふたたび別れてしまう。フィヒテにおいては、それはつねに、彼の知識学の純粋な倫理的意志であり、自由すなわち道徳律の生動化であるにすぎなかったし、それゆえ、それが規律であることをやめることこそ、フィヒテにとっては、あらゆる目標中の目標なのである。このように純粋に自己の内心の深みから汲み出された自由思想を、われわれはミュラーにもとめても、無駄である。なるほどミュラーも、市民社会のけっして衰えることのない大きな力としてはたらかなくてはならない自由の理念を、承認はする。[44]しかし彼は、この自由の理念を、「自己の特性を主張したいという欲求、すなわち、自分の見解、自分の行動様式、自分のペース、自分の生活形式全体を他の人びとにも貫徹したいという欲求」として定義しているにすぎない。この遠心的な自由の理念をはばむものは、また、たえず反抗する求心力として法の理念であり、そしてミュラーがこの法理念の生き生きしていること、活発なことをどんなに強調しても、それがまず第一に歴史法を、すなわちすぎ去った多くの世代によってつくられた存在形式を、個人の自由にたいする熱望から守るべきものであることについては、やはりなんの疑いも存しない。なぜなら彼は、このような数千年の成果のなかには、はじめから隠れた理性が、おぼろげな法の本能が存在していたことを、確信しているからである。フィヒテは、一八〇四年の現代にかんする講義のなかで、人類の発展を、無意識にはたらく理性本能の時代、罪を負った時代、および意識的な合理性の時代に分けた。この三つの時代のうちで、ロマン主義者ミュラーは、いわば第一のものだけを、すなわち、無意識に創造する理性本能の時代だけを承認しているが、現にまた彼のなかには、このような理性本能が徹頭徹尾生動している。フィヒテの国民国家にかんする理念は、まったく前方に向けられており、まったく新しい歴史的生成の観念にもとづいて、在来のもののたんなる固守と保存を軽蔑した。(45)フィヒテの未来にたいする楽天主義がそうであったと同じように、ミュラーの過去にたいする楽天主義も深い信仰にねざすものであったが、この過去への楽天主義は、その後、王政復古時代においてますます強くなり、生成したものをただちに寂静主義的に是認し、理性を信仰のもとに従属させるにいたった。(46)

その際彼はまた、フィヒテと自分とのあいだにある非常な懸隔を、十分に意識することができた。しかし当時、すなわち一八〇七年後の年代においては、彼の保守主義と歴史主義はまだそれほど封鎖的なものではなかったので、当時のフィヒテからも学ぶことができたし、そのうえおそらく、血の一滴をフィヒテから受け入れることもできたのである。「演説」がどんなに強い影響を彼にあたえたかは、彼がゲンツとのあいだに行なった文通から知ることができる。(47)当時ミュラーがベルリンで行なったフリードリヒ二世にかんする講義のなかでは、次のように述べられている。(48)「フィヒテにおける魅力あるものとは、彼の弟子たちにとって当然のことながら逆らうことのできないものとは、なんであろうか。それはたしかに、主題の首尾一貫とか学説の客観的価値とかではなくて、かぎりない軍人的気性、もはや何人も攻撃を行なわないようにみえるまでの、さらにそれを遠く越えての、自衛である。」フィヒテにあっては、あらゆる思想が生命と活力と運動に転化されたということ、これこそ、ミュラーに影響をおよぼし、その他の点では敵対関係にある二つの精神的世界[49]のあいだに、重大な接触を可能にしたものであった。フィヒテの業績は、合理主義を動的なものに高め、理性と自由な倫理的意志の動力学を国家の領域にみちびきいれたことであって、なるほど彼はそれによって国家の領域を征服し変化させることはできなかったけれども、国家がそれまでまだもっていなかったような内的生気で、それをみたすことができたのである。ミュラーがわれわれに説明しようとする国家＝社会生活の動力学は、それとはちがった性質のものではあるが、しかしまた、最高度の内的生気にみちている。生命は生命を生みだすのであり、そこでひとはたぶん、ミュラーの目に浮かんでいた、力強く活動する国家＝国民生活の像のうちで、強烈な色合いのいくらかはフィヒテの国家理想から来ているという推測を、あえてすることができるであろう。

　フィヒテの国家理想がわれわれにとってまったく非歴史的・超経験的なものにみえるのに反して、ミュラーの国家は歴史的＝具体的であると思われる。しかしそれにもかかわらず、この対立はそれほど簡単ではない。フィヒテは一般に、国家が理性と倫理的な力を通じて一段と発展し上昇する可能性を教えたことによって、倫理的＝合理的な出発点から近代的な発展の思想に路を開いた人びとの、一人であった。これに反してアダム＝ミュラーは、国家生活の領域では、倫理的な発展の思想も近代的＝歴史的な発展の思想も知ってはいない。彼は本質的には、近代的＝歴史的な印象をあたえる個々のとらわれない諸判断を別にすれば、真の国家生活と堕落した国家生活の、有機的＝自然的な国家生活と機械的＝人為的な国家生活の固定した対立と二元論だけしか知らないのであって、この機械的＝人為的な国家生活とは、じつは彼にとって、明らかになんら真実の生活ではなく、生活の見せかけであるにすぎない。しかも一方、深いところでは、事物の本性が強制的な政治を無視してはたらきつづけているのである。しかしまた、真の国家生活とにせの国家生活のこのような二元的対比は、いま一度完全にフィヒテのことを、またフィヒテにおける根源的なものと堕落したもののあいだの、ふるい歴史と新しい歴史のあいだの、真の存在と見せかけの存在のあいだの、一切のきびしい切れ目を、思いおこさせないであろうか。それゆえ、ロマン主義者ミュラーと啓蒙主義の子であるフィヒテとは、ともに、十八世紀と十九世紀のあいだの、歴史的な考え方と絶対化する考え方のあいだの境界領域に立っており、両者はともに、国家生活の諸現象の二元論的分割を固守し、両者はともに、自分たちの性に合わないあの歴史的な諸現象に歴史的な理解力をしみこませることは、まだできないのである。ミュラーは、一般に歴史的なもろもろの力を非歴史的な合理主義にたいして主張しながらも、後者のなかにも潜んでいた歴史的な力を見あやまり、そのために、彼の歴史的思考をきわめて非歴史的な行為をもってはじめるのである。

すでにみたように、ノヴァーリスやシュレーゲルもまた同じようなやり方をした。新しく開かれた歴史的生活は、かれらにとっては、それ自体活力と調和にみちた一つの音楽であり、かれらはそれに没頭したのであったが、しかしかれらは、この歴史的生活のうちまず第一に調和だけを承認しようとし、不調和はこれを承認しようとはしなかった。しかしまた、それはすでに一つの偉大な、示唆に富む事柄であって、宇宙がかぎりなく個性に富むというロマン的な思想は、時とともにまた、十九世紀の歴史的＝政治的現実主義への道を開かねばならなかったし、ついには、当時ロマン的な人びとのなかにもロマン的でない人びとのなかにもなお生きていた規範国家・理想国家の観念を、克服しなければならなかった。なぜなら、個性の原理は、それが国家のうえに移されたとき、なんといっても、あらゆる個別国家のなかに一つの人格をみるに至ったからであり、人格とは、それ自身の地盤からそれ自身の内的諸法則にしたがって理解されねばならぬものだからである。しかし、それへの第一歩は、国家を一般に個性として、まとまった、生気にみちた、独自の統一体として考察することであった。ノヴァーリスがその点で先んじていたことを、われわれはすでにみた。いまやわれわれは、これについてのミュラーの重要な見解を評価しなければならない。

政治にかんする著作のそもそものはじめに、彼はこの主題をとりあげ[50]、アダム＝スミスの教えについて、「諸国家のまとまった人格性、諸国家の完結した性格」を顧慮することがあまりにも少ない、と非難している。彼は次のように語っている。[51]「国家を、すべての小個体を包括する一大個体とみなすとき、人びとは、一般に人間社会が、まったく一人の卓越した完全な人間としかみえないことを、さとるのである。――そこで、人びとは、国家の内的・本質的な特性を、その憲法の形式を、勝手な思弁にゆだねようなどとは、けっして思わないであろう。」また他の箇所では、次のように述べられている。[52]国家は「一人の人間の、フリードリヒのような人の手中にあるおもちゃないし道具であるばかりではなく、それは一人の人間そのもの、すなわち、無限の相互作用を通じて争いあいまた慰めあう諸理念を本質とする、一つの自由な、成長しつつある全体である。」この種の国家人格は、さきに少数の自然法的思想家たちが、法律的ないし道徳的に国家もしくは民族の人格を構成したときにはやくも考えたかもしれないものとは、まったくちがった何物かである。[53]――それは一つの生物というべきものであって、その全身と全機能は生命力と精神にみちあふれ、そしてまた、この生物は、ただもう一度、人格にみたされた宇宙全体とつながりをもっているのである。国家のなかのすべてのもの、もろもろの法律、制度、事物などは、国家にふさわしい生命を獲得する。これこそまさに、「財産、法律、人間、国家、全自然の人格の大きな秘密」である。[54]

このように政治的生活に魂を吹きこみそれを真に人格化した結果、このようにあらゆる政治的な概念や範疇を生き生きした具体的な力に変えた結果、ミュラーはきわめて重要なかずかずの推論をくだした。まず第一に、国家相互間の交際や争いについて、一つの新しい、いっそう深い見解が生まれた。国際法および勢力均衡の観念は、普通の意味で使われる場合には、彼にとって、あまりにも形式的・外面的であり、あまりにも生気のない概念であって、現実的なものの予感をあたえることはできないものと思われた。むしろそれを、「諸国家のつりあった成長、相互的な上昇と向上」[55]の意味に使う場合にのみ、勢力均衡という言葉は承認されてもよいのである。諸国家がたがいに戦争をはじめるとき、「この訴訟はあまりにも大きいので、個々の人間がさらにその裁き手になることは不可能であろう。なぜなら、個々の人間はどのようにしてこれらの強力な個体の生活にしみ通ることができるであろうか。」もろもろの国家は、まさにそれらが個体であるからこそ、たがいに衝突するのである。「これらすべての国家を、われわれは大きな人間として、体格や性情や考え方の点で、また活動や生活の点で、人間的に描き出したのであるが、これらの国家は、個人が個々の国家のなかでそうであるように、自主的であり自由でなくてはならない。……かれらは、それぞれ特有の国民的な形式とやり方で、成長し、生活し、たがいに勢力を得、たがいに認知されるようにならねばならない。」[56]そして、さらにまたかれらは、このような相互間の摩擦を通じて、自分自身をも発展させるのである。

それとともに、戦争もまた一つの特殊な光に照らされることになる。戦争が国家の本質に属するものであり、国家の性格と特色の大きな鍛練の場であることが、こうしていまや明らかになる。「国家に、その輪郭、その強固さ、個性および人格性をあたえるものは[57]」、戦争である。そこではまた、諸国家相互間の政治的な利害の争いも、道徳家ぶる公衆がそれまで当てがうのに慣れていたものとはちがう尺度で、批判されることを必要とした。「戦争を決定したものは、政府の意見ではなかった。それは、柔弱な、堕落した賤民が事態をそう考えたがるように、けっして統治者のむら気ではなかった。むしろそれはつねに、諸国家間の関係全体の必然的な構成のうちに存在する、いっそう深いもろもろの理由であった。現代をまったく意識しない、以前の諸時代の刺激に起因する、生き生きした成長をもとめるいっそう内的な衝動こそ、過去数世紀のあいだに個々の国家がその拡大のために企てた戦争の、本来の原動力でもあったのだ」(58)。これらすべては、すでになんとランケ的な印象をあたえることであろうか。——歴史的にでき上がった個性としての国家、国家の本質と生命は個人の短い生存をこえて不変であり連続するものであること、諸国家相互間の権力や利害をめぐる争いを、いっそう深い内的必然性に由来する生活機能として評価する新しい態度、要するに、重大な政治というものをいっそう深く基礎づけ評価するやり方、がこれである。もちろんランケにおいては、これらはすべて、なおはるかに明確で透徹しているし、いっそうしっかりした経験的基礎づけをもち、またとにかくはじめて真に学問的な形をそなえている。しかし、ランケの主要な、そして彼の愛好した思想のいくらかが、まさにロマン派に由来するということは、ここでまったく明らかになり、そして、ランケが特にアダム＝ミュラーから、これまで知られている以上に深い刺激をうけていたということも、ありえないことではないのである(59)。

これらすべての示唆に富んだミュラーの理念は、いまやしかし、諸国家の本来の生活原理は「国民性」である、という思想において、頂点に達する。この言葉は、当時はまだまったく新しいものであって(60)、当時はなお、後年のように確固たる明白な意味をもってはいなかったので、それについて何か特殊な事柄を語ろうとする人は、まずその意味を確定すべき十分な理由をもっていた。ミュラーはこのことを行なった。国民性とは、「私的な利害と公的な利害のあいだのあのすばらしい調和、相関および相互作用のこと」である、と彼は語っている(61)。彼がまた別の箇所で、[62] 国民性を「市民的共同体の形成・確立」と呼ぶとき、また「国民性へのあこがれ」を「人間のあいだに結合と相互作用をもちたいというあこがれ」[63] と同一視するとき、彼は明らかに同じことを考えているのである。フリードリヒ二世にかんする講義のなかで、[64] 彼はなるほど「本来の国民性」を「真の自由と独立」と同一視してはいるが、しかし「国家と市民が二人の主人に兼ね仕えるかぎり、……心が内部で二つの要求に——一方は、国家内の市民的秩序のなかに生きようとする要求であり、……他方は、市民的秩序全体から自分自身をもう一度除外し、自分の世帯や自分の私生活全体やもっとも神聖な感情といっしょに、それどころか自分の宗教とさえもいっしょに、自分自身をもう一度同じ国家から除外しようとする要求である——切断されているかぎり」、自由も独立も生ずることはできないであろう。

それゆえ、彼の国民性概念が完全に政治的なものであり、国家と民族と個人の、また公的な存在と私的存在の緊密な結合と浸透を意味することは、まったく明らかである。だから、この国民性概念は、ノヴァーリスのきびした国民国家思想とは一脈相通ずるところがあるが、フィヒテの国民概念とは根本的に相違している。なぜなら、後者は、いうまでもなく文化国民から、すなわち、フィヒテ自身が人類の代表者にまで高めた、言語＝文化共同体としてのドイツ民族から出発したものであり、一方彼は、ドイツの個別国家を軽視し、国家を一般に文化国家としてのみ、——この言葉も、おそらくフィヒテがはじめてつくったものである[65]——すなわち、理性の国に達するための手段としてのみ、価値ありと認めているからである。これに反してアダム＝ミュラーは、ノヴァーリスやそして最後にはフリードリヒ＝シュレーゲルもそうであったように、歴史的にあたえられた国家共同体から出発する。フィヒテの国民においては、普遍的要素が幅をきかしているが、ミュラーの国民においては、歴史的＝政治的な特殊性の要素が、優位を占めている。[66] 彼は明らかに、一つの「プロイセン」国民について、また一つの「オーストリア」国民について、語っている。[67] 特に教訓的なのは、彼がプロイセンの国民および国民性について語っている事柄である。それは、彼にとっては、歴史的＝政治的な成行の結果として生まれたものである。「プロイセンの国民性は、大部分は七年間の努力の成果にすぎなかった」[68]、それはあまりにも弱い基礎のうえに立っているので、意識的な作業がこれを補わねばならなかった。そして彼は、彼の前後に同じような意見を述べた非常に多くの他の人びとのように、その点にただちに一つの欠陥をみたのではなく、欠陥は同時に一つの大きな課題を意味したのであった。「プロイセン王国は、その使命がどんなにちがったものにみえようとも、あらゆる他のヨーロッパ諸国に先だってまず第一に、自然がこばもうとする国民性を真に人為的かつ意識的につくりだすという使命を、本来あたえられているのだ。」[69] それゆえやはりこのロマン主義者も、意識的・計画的な行為が歴史的生活のうちに権利をもつことを、たしかに認めることができたのであって、この点でフィヒテと内面的に触れあうことができたのである。

国民の本質についてこのような見解をもったミュラーが、ドイツ国民の問題にたいしてどのような態度をとるかを、人びとは注目しているかもしれない。ドイツ人はなんら国家的な統一を形づくっていなかったので、彼はそれを彼の意味での一つの国民として、すなわち緊密な政治的個性として承認することは、ほとんどできなかった。それにもかかわらず、彼がドイツの経済生活の観察にもとづいて、国家学綱要のなかで、ドイツはその経済的生存のために政治的統一を必要とするという主張をあえて行なっていることは、注目に値する。この点にはまた、一八〇九年のオーストリア戦争直前の大ドイツ的な気分が反映していた。その後また、一八〇九年の意気沮喪させる諸経験が、ふたたび彼の理想を奪いとったので、彼はフリードリヒ二世にかんする講義のなかで、次のように宣言した。「枝が幹に属するようにわれわれがそれに属しているあのいっそう大きな民族という団体について、わたしもまた多くのことを夢みてきたし、革命や英雄があらわれ、また諸民族の考え方にさまざまの変化があらわれて、その夢を引き立ててくれることを、期待してきた。[70]」それにもかかわらず、目下の問題は、もっとも近いもののために配慮し、特殊な祖国、特殊な君主およびその百年の王冠に熱狂することだ、と、このように彼は結論している。

しかしながら、その同じ関連のなかで、しかもそのまっただなかで、彼はドイツ的存在とヨーロッパ的存在の関係についての見解を展開したのであるが、それはすぐわれわれに、既知のものという気持をおこさせ、さきに取り扱ったすべての思想家のことを、思いおこさせるであろう。「他日到来するであろうヨーロッパ諸民族の偉大な連邦制は、たしかにまたドイツ的色彩をおびるであろう。なぜなら、あらゆるヨーロッパ的な制度のなかで、偉大なもの、根本的なもの、永遠なものは、すべてこれドイツ的なものだからである。——これは、あのあらゆる希望のなかでわたしに残っているただ一つの確実な事柄である。だれが、ドイツ的なものをヨーロッパ的なものからさらに切り離すことができようか！　ドイツ的生命の種子は、こうした最近の国際的動乱のなかにあってさえ、われわれの大陸の地盤のうえにますます広くひろがってゆくばかりである。この種子は繁茂しつづけ、まったく目にみえない端緒から徐々に前進して、強力な作用をいとなむに至るであろう。この種子の成長を、われわれは永遠の天性にゆだねるのである。[71]」それゆえ彼もまた、われわれがフンボルトのうちに、シラーのうちに、ノヴァーリスとシュレーゲルのうちに、そして最後にフィヒテのうちに、さまざまな特徴においてみいだしたところの、ドイツ民族の高い普遍的任務というあの観念を、共有していたのである。ここにわれわれは、従来のドイツ文化の世界主義的な理想が、ロマン的な、歴史的＝政治的なミュラーの思想世界のなかへも突き出しているのを、みるのである。そしてミュラーは、ノヴァーリスと関連をもち、フィヒテとは反対に、ドイツの個別国家を政治的な意味での国民国家として評価するという前進を示したのであったが、全体としてのドイツ国民の問題が肝要であるここでは、それどころか、ふたたびフィヒテのうしろに一歩の後退をさえ行なったのである。なぜなら、なるほどフィヒテはドイツ国民を人間性国民(Menschheitsnation)として理解したけれども、それにもかかわらず、ドイツ国民をまず第一にまとまったものとして、純粋にそれ自体として保存しようとしたが、一方ミュラーはこれに反して、ドイツ精神の使命を、全ヨーロッパのうえに分流し、ヨーロッパを豊かにするためにヨーロッパに没頭するという点に、それゆえ、ドイツの生活とヨーロッパの生活とが不可分の精神的統一を形づくる点に、みているからである。

しかも、この世界主義的な文化綱領は、世界主義的理念が残した唯一のものだったわけではない。なるほどミュラーの歴史的現実主義は、彼がヨーロッパの権力闘争の価値を認めた点に、すなわち、彼がヨーロッパのもろもろの強大な国家人格を生き生きと思い浮べた点に、顕著にあらわれることができたし、また彼は——あるとき、このように語っている。——「全地球上に融解している活気のない世界主義にはじめて調和をあたえる国民的・公民的性格の本質を是認することによって(72)」、ドイツ人の世界主義的感覚に打ち勝とうとつとめることを、みずからの任務としたのであった。彼はたしかに、旧来の普遍的・絶対的な国家理想から個性的な国民国家の地盤へ移ることが、彼と同時代の人びとにとっていかに困難な問題になるかを、じゅうぶんはっきりと知っていた。「このような特殊国家ないし国民性の理念にたいして、われわれの時代は、以前のどんな時代もまだ行なったことのないような反抗をしている(73)」が、しかも彼は、別々の諸国家が人類の発展のために必要であることを、他の何人にもまして根本的に立証したということを、いささか誇ることができたが、それは不当なことではなかった(74)。しかし、彼自身の政治的な思考と努力とは、それにもかかわらず、別々の国民国家にすっかり没頭するということはなかった。彼自身もいっしょになって発見したもろもろの新しい真理は、なお彼を満足させず、彼は新しい国民的な食料品とともに、なおいくらか旧来の普遍的な養分をも必要とした。「個々の人間が市民としてどんなに幸福な諸関係のうちに生活するにしても、また祖国が彼のあらゆる性癖をどんなに強くしばるにしても……それにもかかわらず、彼の心のなかには、一つのなおみたされていない箇所が残っている。あらゆる国民的な満足の下に、なおあこがれへの余地がひそんでいる。[75]」このあこがれから、われわれが世界主義的な政治の所有物権であることを知るに至った、あの将来のヨーロッパ連邦制という理念が、発生したのであり、しかもこの理念は、彼にとっては、その国民国家と同様に重大なものであった。「君たちが自分のものとよぶすべてのものを犠牲にして、二つの事柄を信ずる決心を固めよ！　まず第一に国家を、すなわち、祖先から継承した……市民的共同体の国民的形態を、一定の地方的・国民的な国家の理念のための、生死を賭しての団結の形態を、……第二に、これは第一の信条の結論として生ずる事柄だが、真実の諸国家から成る一つの正しい共同体を信じよ。たとえそれが、さしあたりは二三の国家相互間のものであるにすぎなくても。[76]」また他の箇所では、次のように述べられている。[77]「われわれの感じでは、昔の人たちが胸にいだいたような、あらわな純粋な愛国心はもはや存在せず、ある種の世界主義が愛国心を助けているが、それは正当なことである。なぜなら、問題になるのは二つの事柄、すなわち祖国と国家連合なのであって、その一方は、それだけ引きはなされては、すなわち他方なしには、もはや望ましいものではありえないからである。」

われわれがさきにすでに詳論したように、[78]人びとはたしかに、純粋に歴史的・経験的な観察からも、ローマ的＝ゲルマン的諸民族の世界の国家生活は、個々の国家人格の自己保存欲や生存競争のみに熱中するものではなく、かれらの歴史的基礎のうちにもまたかれらの自然の利害と目標のうちにも、大きな共通性が存在する、という確信に達することができた。人びとは、とりわけ当時の国際情勢のうちに共通性を認めることができたし、彼の友人ゲンツの例が示すように、(79) この共通性の助けによって個々の国家の脅かされた自律を守ることが、大切であったからこそ、この共通性を力をいれて強調することができたのである。さらにまた近代的な諸経験の立場からも、個々の強国の個性的な差別が増大し、かれらの特性が内面的にいっそう強くきわだってきても、この共通性の要素はけっして減少することなく、むしろ増加していると、さらにつけ加えることができる。しかしアダム＝ミュラーは、国際的なまた国民的なこの財宝を、このように純粋に現実主義的に評価する能力は、まだもちあわせていなかった。彼のヨーロッパ国家共同体の理想は、純粋に歴史的＝政治的な世界観察から生じたものではなく、同時にまた宗教的でもある世界観察から生じたものであった。彼の意見によれば、(80) 法律や条約だけでは、この崇高な共同体を成立させることはできない。かつてこのような共同体を成立させたものは、教会であり、教会だけがそれを再建することができるのである。「個性的な国家の自己保存よりもなおいっそう高い法則が、すなわち、個性的な諸国家のあいだの相互的保障のための同盟が、存在しなければならない。そしてこの法則は、必然的に、あらゆる個々の国家のもっとも秘められた箇所までもしみ通らねばならない。いいかえれば、あらゆる個々の市民にしみ渡らねばならないのである。この精神は、さまざまな言葉や風習をもつ幾多の民族をすでに一度緊密に結び合わせた相互の宗教以外のどこから得られることができるであろうか。(81)」

アダム＝ミュラーは、すでに一八〇五年にカトリック教に改宗していたが、この歩みは、彼にとっては、他の多くのロマン派の改宗者たちにとってとは何かちがった意味をもっていたということを、われわれは承認しなければならない。なるほど彼は、それとともに束縛のない主観主義をすてはしたが、しかしこれは、精神の疲弊からおこったことではなかったし、また従来の不安な自由と無理に絶縁したためにおこったことでもなかった。彼は、自己のもっとも生産的な、もっとも興味ある思想活動を、むしろほかならぬその改宗後の年代に行なったのであり、そしてまた彼は、みずから選んだ束縛のなかにあっても、「譲渡することのできない神聖な自由の原理を、それゆえに宗教の遍在の原理を」、いったん放棄したプロテスタンティズムのなかに断固として認めるほどの自由を、もちつづけていた。(82) しかしこれによって、彼のカトリック教もなおきわめてロマン的・主観的な性格をもっていたことが、知られるのであり、そしてまた、彼がただちに政治の領域へ流れこんで、宗教界と政界の内面的な統一をもたらそうと努力したことも、彼における真にロマン的な点であった。キリスト教の政治的諸関係が忘れられていることを、彼はまさしくその時代の大きな欠陥であると考え、宗教といわゆる世俗的な事柄とはなんの関係もないという意見に異論をとなえ、目にはみえないが非常に力強く非常にきびきびした「宗教のおきて」が、ヨーロッパの列強相互間の交際を調整しなくてはならないことを、要求した。(83) そして、聖職者たちは特に、——われわれは、フリードリヒ＝シュレーゲルのまったくよく似た思想を思い出す——諸国家を相互に結びつけ、また国家内の個人を社会と結びつけるという大きな使命をもち、「あらゆる常軌を逸した権力を理念の力によってふたたび正しい軌道に引きもどし、そして最後に、一種の倫理的平等およびキリスト教的相関の精神をあらゆる市民的関係のなかに保持するという」(84) 大きな使命をもっている。もし万一このような意見がなんらかの方法で具体的な政治的意味をもつようになるとしたら、それはただローマ教皇全権論的権勢欲を復活させる結果になるほかないであろう。ミュラー自身が、自分のかすんだ思想のこのようなローマ教皇全権論的帰結を、当時はっきり引きだしていたとは、信じられない。むしろ彼の思想は、やはり、宇宙の全体性と統一性をもとめるロマン主義者の要求から生じたものであった。しかしそれゆえ彼は、いまやついに、彼自身の現実主義の貫徹にそむくようになった。なぜなら彼は、あまり広範囲に現実主義に譲歩するならば、キリスト教的人生観と異教的人生観のあいだの解きがたい衝突、耐えがたい分裂に立ち至りはしないかと気づかったからである。それゆえ彼は、最後にはやはり、絶対的な自己保存が国家の第一の義務であるということを、認めようとはしなかった[85]。国家の自己保存以外に何も知らぬ人は、歴史の諸経験や諸国家の運命の盛衰に思いをいたすとき、一国家の運命について十分な心の落ち着きにいたることができず、一種の政治的な死の恐怖を感じなくてはならないであろう。しかしながら、いったいキリストがこの世に姿をあらわしたのは、国家たちをもその死から救わんがためではなかったのか、もろもろの国家人格もまた、仲介者キリストを必要とするのではなかろうか、とこのように、彼は半ば才子ぶって、また半ばはまじめに、考えたのであった。

われわれは、すべてをロマン化するこのような神秘説を、そのままにしておこう。ここで大切なのは、われわれがミュラーにおいて認めた、ランケの意味での歴史的＝政治的現実主義へのきわめて重要な素質は、それが展開されるうちに、普遍主義的な夢想によって抑制されたということ、そしてその夢想のなかには、ロマン的＝神秘的要素とカトリック的＝教会政治的要素とが入りみだれて動いていたということを、確めることだったのである[86]。

(1) 一八〇九年に、三巻になって出版された。Baxa による新版(一九二二)は、注釈つきで二巻になっている。
(2) Gentz an Müller 1808. Briefwechsel zwischen Gentz und Müller, S. 140.
(3) Heeren an Müller, 1. Jan. 1810. Baxa による Elemente の新版 2, 439 にある。
(4) それゆえ、一八〇三年のことである。Briefwechsel Gentz-Müller, S. 18 および Wittichen, Briefe von und an Gentz 2, 410.
(5) Steig, H. v. Kleists Berliner Kämpfe; Kayka, Kleist und die Romantik, S. 120 ff.; Rahmer,

Kleist, 174 f. 参照。Rahmer は、ミュラーの意義を正しく評価していない。なぜなら、彼は、ほとんどただ、性格の弱さだけを強調しているからである。この書物の初版が出版されて以後、アダム＝ミュラーにたいする活発な関心があらわれ、ここかしこで過大評価されるようになったが、これにたいして、さらにまた Schmitt-Dorotič, Politische Romantik (1919, 2. Aufl. 1925) は、ミュラーの決定的な過小評価をもって答えている。わたしは、Histor. Zeitschrift 121, 292 ff. で Schmitt-Dorotič と論争を行なった。アダム＝ミュラーにかんする最近の文献のうち、わたしはここで、Baxa の、ミュラーをほめすぎた、それほど鋭くはない書物》Einführung in die romant. Staatswissenschaft《(1923) のほかに、もっと行きとどいた、ただいくらかわざとらしいところのある Reinkemeyer の研究 Ad. Müllers eth. u. philos. Anschauungen im Lichte der Romantik (1926), さらに A. v. Martin, D. polit. Ideenwelt Ad. Müllers in》Kultur- u. Universalgeschichte《1927 (Festschrift f. W. Goetz) および、まったく促進的な Georg Strauss の Berliner Dissertation, Die Methode Ad. Müllers in der Kritik des 19. u. 20. Jahrh's. (1922) を、あげておく。

(6) Kayka a. a. O. および S. 178. Rahmer a. a. O. S. 34 および 218 は、いっそう懐疑的な判断をくだしている。

(7) B. Luther, H. v. Kleists Patriotismus und Staatsidee (Neue Jahrb. f. d. klass. Altertum, Bd. 37, 1916). 刺激をあたえることは、もちろん、問題を解決するよりも、むしろ問題に当面することである。アダム＝ミュラーとH・v・クライストのあいだのいっそう微妙な親近性を、いまや Nadler, Die Berliner Romantik 1800–1814, S. 179 ff. が、明らかにしている。

(8) Briefwechsel, S. 126.

(9) 非常にいんぎんに、しかし同時に、初期ロマン主義がかつてみずから呼びよせた精神にたいして、いくらか抗議しながら、フリードリヒ＝シュレーゲルは、ミュラーのやり方を、「大喜びで、できるだけすべてのものを調和させようとする、一種の感情の汎神論」であると批評した。Besprechung von Müllers Vorlesungen über die deutsche Wissenschaft und Literatur 1807. Deutsche Nationalliteratur, Bd.

143 (A. W. und F. Schlegel, hg. von Walzel), S. 415.

(10) Grundzüge des gegenw. Zeitalters (Werke 7, 69) における Fichte, (Friedrichs, Klass. Philosophie u. Wirtschaftswissensch. S. 202 における) Schelling (Schmitt-Dorotič, Histor. Zeitschr. 123, 382 参照), Kluckhohn, Persönlichkeit und Gemeinschaft, S. 69 における Fr. Schlegel, (Baxa の Neuausgabe der Elemente d. Staatskunst 2, 294 における) Görres, (Kluckhohn, S. 83 における) J. J. Wagner. また Metzger, Gesellschaft, Recht und Staat in der Ethik des deutschen Idealismus, S. 260.

(11) Elemente 1, 27 f.

(12) Elemente 1, 22.

(13) ちょうどそのころ、政治思想家レーベルクは、——この人は、保守的な基本傾向の点ではミュラーに近かったが、しかし、ミュラーとはまったくちがった経験に根ざしていた——ミュラーにそれのないことを嘆いた。ミュラーの Elemente にかんするレーベルクの批評のなかでは、次のように述べられている (Sämtl. Schriften 4, 245)。「人間のあいだの法的・倫理的諸関係にかんする問題についての学問的成果は、それらがその生いたった土壌から非常にはっきりした風味を得ている場合には、たしかにそれほどわるいものではない。」これらの言葉は、その直接の関連のなかでは、まだただちにミュラーに向けられたものではないが、しかしなんといっても、S. 249 f. のさらに進んだ判断が示しているように、ミュラーを指していたのである。「個性的な人間やその諸関係を実感するかわりに、(実際の世界)のなかの至るところに理念だけをもとめる人は、ひとを迷わす光を追いかけているのだ。この講義の著者は、それをやっている。」ところでまた、レーベルクは、もちろんミュラーの理念的な考察方法の価値をとらえることは、できなかった。——彼が、ミュラーと並べたヘルダーを正しく評価することができなかったと同じように。

(14) Elemente 1, 9 の、彼自身の言葉を参照してほしい。「それゆえ、われわれの生きている時代は、国家の知恵を教える一つの大きな学校である。」

(15) ミュラーがその同時代の人びとにはやくもあたえた分裂した印象の特徴を、非常によく示しているのは、ヴィルヘルム＝グリムの一八一一年の次の言葉である。「不思議なことだが、彼の著作物のなかのすぐれた点が、わたしの気をわるくさせる。なぜなら、それは借物のように、わたしには思われるからである。」Steig, S. 526 および、同書 S. 296 に引用されている、フンボルトのミュラーにかんする意見(Bratranek, S. 236)。また Baxa の新版 2, 442 ff. にある、》Elemente《 にかんする同時代の人びとの意見参照。

(16)　ミュラーの哲学的基礎については、なかんずくシェリングの影響が、問題になる(Wittichen, Brief von und an Gentz 2, 347, Anm. 2; Stahl, Gesch. der Rechtsphilosophie, 3. Aufl., S. 569; Metzger a. a. O. S. 260 および 267 f.; Friedrichs, Klassische Philosophie u. Wirtschaftswissenschaft, S. 164 ff. 参照)。わたしがシラーの影響に重きをおかなかったことは、批評でくりかえし非難されてきた。しかし、その際人びとは、わたしが、本書の構想にしたがって、アダム＝ミュラーについての専攻論文《モノグラフィー》を提供しようとしたのではなく、一定の問題の発展のなかでのアダム＝ミュラーの地位を明示しようとしたこと、そしてそれゆえに、この問題に比較的密接な関係がある影響だけを取り扱わねばならなかったことを、誤解しているのである。――ミュラーが当時またすでに、シェリングとゲンツに仲介されてヘーゲルの影響をこうむっており、特に、権力国家的国民性についての彼の教説は、ヘーゲルにさかのぼる、という Heller, Hegel und der nationale Machtstaatsgedanke in Deutschland (1921), S. 139 ff. の推測は、やはり、いっそう精密な再検査を大いに必要とする。これに反して、なかんずくバークがミュラーに及ぼした強い影響は、そのあいだに、ここでなしえたよりもなおいっそう詳細に、Frieda Braune, Edmund Burke in Deutschland (1917, S. 182 ff.) によって証明されている。彼が、反革命のフランスの著作家たちによってすでにどの程度まで心を動かされていたか、という問題は、この研究から除外してもよいと思う。なぜなら、これらの人びとにあっては、国民性の問題は、なんら決定的な役割を演じてはいないからである。フリードリヒ二世にかんする講義のなかで(S. 109)、彼は Bonald の Traité sur le divorce を賞賛している。雑録(Vermischte Schriften 1, 312 ff.) のなかで、彼は Bonald をいっそう詳しく取り扱っているが、しかし彼は、Bonald の Législation primitive を一八一〇年の春にはじめて知ったと、はっきり述べている。ここでまた Schmitt-Dorotič, Politische Romantik, 2. Aufl. S. 88 ff. および Kluckhohn, Persönlichkeit u. Gemeinschaft, S. 50 参照。

(17) Wittichen, Briefe von und an Gentz 2, 348.——A. Gerhardt の研究 Romant. Elemente in d. Politik u. Staatsanschauung Fr. Gentz', Leipziger Dissertation 1907 は、その課題にじゅうぶん耐える力があるとはいえない。

(18) 1804, Wittichen, Briefe 2, 251.

(19) Das. 2, 244 (1804).

(20) F. C. Wittichen, Gentz' Stellung zum deutschen Geistesleben vor 1806. Histor. Vierteljahrsschr. 14, 35.

(21) 一八〇九年の秋に書かれたといわれているアダム＝ミュラーあての注目すべき手紙では、言語と国民性とが「個々の国家領土の真の唯一の境界」であると、明言されているが、この手紙は、批判的な疑いをひき起こしている。なぜなら、この手紙は原本の形で存在してはいないからである。Wittichen, Briefe etc. 2, 418 参照。彼に反対して、Dombrowsky, Aus einer Biographie A. Müllers (Göttinger Diss. 1911), S. 58 f. は、幾多の注目すべき根拠をあげて、それが本物であることを保証している。本物である場合にも、いっそう深い根をもったゲンツの見解は、ここでは問題となりえない。

(22) Über König Friedrich II. (1810), S. 52.

(23) Elemente 1, 26; バークにかんする箇所は、そのほかにも、》Lehre vom Gegensatze《 (1804), S. XII f.; 》Vorlesungen über die deutsche Wissenschaft und Literatur《 (2. Aufl. 1807), S. 27 および 149; 》Elemente《 1, 86 さらに Vermischte Schriften (1812) 1, 120, 252 ff. のなかにある。

(24) 「消極的に歴史的な傾向」といううまい表現は、Gunnar Rexius, Zur Staatslehre der historischen Schule (Hist. Zeitschr. 107, 500) によってつくられたものである。

(25) Burkes Betrachtungen, übersetzt v. Gentz (Neue Aufl. 1794) 1, 108. ドイツにおけるバークの作用

は、なかんずくこの翻訳にもとづいているので、これは原文をここかしこでいくらか着色しているけれども、われわれは、ここではこの翻訳に語らせることにする。

(26) a. a. O. 1, 84.

(27) Elemente 1, 75.

(28) Betrachtungen 1, 139 f.「けしからぬ」とか「神的なもの」とかいう強い言葉は、ゲンツに由来するものである。バークは次のように述べている。「国家は、商業等々における一つの組合契約にすぎないと考えらるべきではない。……それは……あらゆる美徳をそなえた、まったく完全な組合である。」

(29) Elemente 1, 51. 同じような定義は、彼の Vermischte Schriften 1, 221 にある。

(30) Elemente 1, 84.

(31) Über Friedrich II. S. 37.

(32) a. a. O. S. 45.

(33) Vermischte Schriften 1, 145.

(34) Elemente 1, 204.

(35) 上の本書八四ページ注(10)をみよ。

(36) Vermischte Schriften 1, 120. またノヴァーリスについては、»Lehre vom Gegensatz« S. 27 および 77, »Vorlesungen über deutsche Wissenschaft und Literatur« S. 73 参照。

(37) Elemente 1, 63 ff.

(38) 7, 447.

(39) 27. Juni 1808. Briefwechsel, S. 148. この一致は、もちろん、上の»Elemente der Staatskunst«から抜き出された引用文に関連するということは、ありえない。なぜなら、この講義は、実際、一八〇八―九年の冬にはじめて行なわれたものだからである。そうではなくて、それより以前の、»Vorlesungen über deutsche Wissenschaft und Literatur«(1807), S. 116 および 136 のうちにある、同じような内容の言葉に、関連させてみることができる。――フィヒテにたいするミュラーの関係については、また Schmitt-Dorotič, Polit. Romantik, S. 124 参照。

(40) 7, 453.

(41) Elemente 1, 64.

(42) もしも、学問的代表団体についての、ベルリンタ刊新聞の匿名論文が、アダム＝ミュラーの手になるものだ、という Köpke と Rahmer の (Rahmer, Kleist, S. 189 および 429) 推測が当たっているならば、ミュラーはここで、まさしくすでに、学問にたいする国家の優位を要求しているのである。

(43) Lask, S. 250 および 256. »Reden« 7, 386.

(44) Elemente 1, 209.

(45) 「在来の制度や法律や市民的福祉の維持のうちには、どのような真の本来的生活も、また、どのような本源的決心も、けっして存在しない。」7, 386.

(46) 一八一九年五月二日のゲンツあての手紙参照 (Briefwechsel, S. 279)。ここで彼は、フィヒテの合理主義や主知主義とも、対決している。「従順の信仰をもつ人、神のおきてを信じ、神の積極的な世界秩序を、それが理性的であるためではなく、それが神にもとづくことをあらゆる時代が彼に語っているために、信ずる人は、……正統な信仰者であり、その人は、キリスト者である」など。

(47) a. a. O. S. 148.

(48) S. 317.

(49) ミュラーはすでに一八〇一年に (Berliner Monatsschrift, Dez. 1801. Vermischte Schriften 1, 324 参照)、フィヒテの封鎖的商業国家を攻撃している。

(50) Elemente 1, 18.

(51) 1, 256.

(52) Vermischte Schriften 1, 221.

(53)　Gierke, Althusius, 2. Aufl. S. 158 ff. および 189 ff.; E. Kaufmann, Über den Begriff des Organismus in der Staatslehre des 19. Jahrhunderts(1908), S. 5.

(54)　Vermischte Schriften 1, 120.

(55)　Elemente 1, 283.

(56)　a. a. O. 283, 285.

(57)　3, 6; また 1, 15 および 107 参照。

(58)　Elemente 1, 287 f.; 同様のことは 1, 107 にもみられる。それゆえ、「専制政府《カビネッテ》の政治にたいして……彼は、世界観の敵意をいだいていた等々」という Dombrowsky の判断は、まったくまちがっている。(Ad. Müller, Die histor. Weltanschauung u. die polit. Romantik; Zeitschr. f. d. gesamte Staatswissenschaft 1909, S. 389.)

(59)　ランケの往復書簡選集のなかで(Zur eigenen Lebensgeschichte, S. 173)、ただ一度だけ(1827)、ミュラーの名前が、まったく個人的な事柄で、あらわれている。

(60)　F. J. Neumann, Volk und Nation(1888), S. 152 ff. および Kirchhoff, Zur Verständigung über die Nation und Nationalität(1905), S. 59 ff. 参照。後者が「国民性という言葉は……十九世紀のはじめ以前には及ばぬように思われる」と述べているのは、おそらく正しい。わたしは、この研究の機会に、この言葉が、もっとも早くノヴァーリスによって一七九八年に使われているのを、発見した(Athenäum I, 1, 87; Schriften, hg. von Heilborn 2, 15)。「われわれのふるい時代の国民性は、真にローマ風であったと、わたしには思われる。われわれは、まさにローマ人のような仕方で発生したのだから、それは当然のことである、等々」――つづいて一八〇〇年には、ヴィルヘルム＝フォン＝フンボルトにもみられる(Briefwechsel mit Goethe, S. 168)。そこで彼は、スタール夫人について、次のように語った。「一国民のまっただなかに、こうした国民性のきずなのなかで一つの異質的な精神をもっている人びとを往々みいだすということは、驚くべき現象である。」同年には(一八〇〇年)ゲルレスにもみられ(Polit. Schriften, 57 および

201)、またこのころ、わたしがFr. Rosenzweigから聞き知るところでは、ヘーゲルにもみられる。フリードリヒ＝シュレーゲルは、一八〇四—六年の哲学講義のなかで(2, 358, 386)この言葉を繰り返し使っており、アダム＝ミュラーは、一八〇五年にMaurer-Constant, Briefe an Joh. v. Müller 3, 103において、ゲンツは一八〇六年にFragmente aus der neuesten Geschichte des politischen Gleichgewichts in Europa (Ausgew. Schriften, hg. v. Weick 4, 19)の序言において、フィヒテは》Reden《(7, 485)および一八一三年の国家学のなかで(4, 429)、この言葉を使っている。この時期には、この言葉はすでに非常に普及していた。一八一〇年のHeerenの論文》Über die Mittel der Erhaltung der Nationalität besiegter Völker《(Histor. Werke II); Heinichen, Die Staatsweisheitslehre oder die Politik von Johann v. Müller (1810), S. 172 ff.「何によって、一国民の国民性は保持されるか。」; 一八〇七年(Pertz 1, 437)および一八一一年(次の第八章をみよ)のシュタイン、Römische Geschichte (1, 7その他しばしば)のなかの一八一一年のニーブールなど参照。

(61) Elemente 2, 166.

(62) Daselbst 2, 240.

(63) Daselbst 3, 253.

(64) S. 37.

(65) 彼は、この言葉を、一八〇四年に現代の諸特徴のなかで(Werke 7, 200)、また一八〇六年に愛国心についての対話のなかで(Nachgel. Werke 3, 230)、使用している。

(66) さきに一五二ページで示唆した、Dombrowsky a. a. O. S. 390 ff. が指摘しているミュラーの近代的＝歴史的な印象をあたえる個々の判断も、またここから説明される。ここで特に大切なのは、ミュラー自身イギリスを非常に嘆美しながら、そのイギリスを模倣する人びとを、彼が嘲笑していることである。Dombrowskyの考えているように、彼は、なおただちに近代的＝歴史的な感受性をもっていたのではなくて、彼の政治的傾向を別にすれば、歴史的な個々の現象の譲渡できない個性にたいするロマン的感覚から出発しているのであって、この感覚は、ある国民の諸制度の他国民への譲渡可能性を、一般に彼が否認したとき、まさに非歴史的なものになりえたのである。

(67) Vermischte Schriften 1, 268.
(68) Elemente 3, 193.
(69) Über König Friedrich II. S. 16.
(70) S. 58.
(71) 同様のことは、すでに》Vorlesungen über deutsche Wissenschaft und Literatur《S. 54 にみられる。
(72) Elemente 3, 171; Rahmer, Kleist, S. 35 参照。
(73) Daselbst 3, 223.
(74) Daselbst 3, 212.
(75) Daselbst 3, 234.
(76) Daselbst 3, 234.
(77) Daselbst 3, 296.
(78) 上の本書九二ページをみよ。
(79) Gentz, Über den Ursprung und den Charakter des Krieges gegen die französische Revolution (1801), Ausgew. Schriften, hg. von Weick, 2, 195 ff. および彼の Fragmente aus der neuesten Geschichte des politischen Gleichgewichts in Europa (1805 bzw. 1806), daselbst 4, 18 および 66 ff. 参照。ロマン主義にたいするゲンツの関係については、また Varrentrapp, Histor. Zeitschr. 99, 50, Anm. 2; F. W. Wittichen, Gentz' Stellung zum deutschen Geistesleben vor 1806, Histor. Vierteljahrsschrift 14, 44 ff. および Groba, Gentz in》Schlesische Lebensbilder《2, 147 参照。
(80) Elemente 3, 224 f.

(81) Daselbst 3, 226.
(82) Daselbst 3, 323. 彼は、たとえばまた、シュライエルマッハーの宗教にかんする談話の思慮深さを、賞賛している。
(83) Daselbst 1, 297.
(84) Daselbst 2, 106.
(85) Daselbst 3, 233 ff. および 226.
(86) メーストルの意味でのヨーロッパ連合およびその際のローマ教会の役割についての彼の思想が、その後どのように発展したか、を示しているのは、一八二〇—二一年の彼とゲンツとの文通である。

第八章　一八一二―一八一五年代のシュタイン、グナイゼナウおよびヴィルヘルム＝フォン＝フンボルト

これまで詳論したところから、次のことが明らかになったであろう――われわれの取り扱った諸理念は、二大源泉から流れ出ており、それらの諸理念における国民的要素と普遍的要素の、また政治的要素と非政治的要素の独特の結合は、二つの主要な原因から、すなわち、一方では精神生活の内的諸傾向から、他方では国際情勢の強烈な印象と刺激から、理解されねばならない。ドイツの精神は、現実のなかにも生き生きした個性として理念を再発見し、現実をその理念にしたがって形成しようとするあらたな要求から、国民の思想をなお高度に普遍的な気分においてとらえ、前者に後者をしみこませたのであった。ドイツの精神は、リューネヴィルの講和および旧帝国の滅亡後のドイツの悲愴な運命による高まる興奮のなかで、そうしたのである。そしていまやまた、ナポレオンの普遍的支配によってつくられた新しい国際情勢も、もろもろの国民や国家に、かれらがたがいにかたく結束することによって自分自身の身を保つことを、要求した。国民的自律と世界的連合とは、二つのかみあう車輪のようにたがいに動かしあった。それゆえ、このような協力におしやった諸体験の巨大な重みが、当時の人びとの思考と感情を、それらがすでに向かっていた方向へなおいっそう深くみちびきいれたということは、明白である。そこで、ひとは尋ねるであろう。それでは、実際に行動する政治家たち自身の思想や決心はどんな状態にあったのか、と。かれらもまた、そこに国民的利害とヨーロッパ的利害を同時に認めたとき、当時の精神的理想と

政治的必然のあの二重の圧迫のもとに行動したのであったか。われわれはただちに、後者をかれらにおいて予想しなければならないであろう。しかし、まさにそのために、前者を確認しうるためには、それだけいっそう困難を感ずるであろう。そして、現実政治的な合目的性によって事態をいっそう簡単にかつ自然に説明することができるのに、なんのためにまた理念史的な動機づけを必要とするのか、と抗議するであろう。ここで方法的な認識を試みるにあたって生ずる困難は、それゆえ、次の点に存している。すなわち、個々の国家や個々の国民の純粋に政治的な任務が、ヨーロッパを一致させ解放しようとする普遍的任務と大部分一致したという点に、いいかえれば、健全な国家的利己主義と普遍主義とは、政治的ロマン派の意味では、大部分同じことを望んでいたという点に。そこでわれわれは、ここでもまたあの精神的理想の影響の痕跡に遭遇すると推量するにしても、できるかぎり慎重に作業を進めねばならないであろう。なかんずくこれら政治家たちの人柄を、いっそう厳密に区別しなければならないであろう。比較的実質の乏しい人びと、政治的折衷主義者、さらにまた純然たる国家理性＝権力理性の政治家たちは、政治家であるとともに人間としてのまた精神的人格としての面を比較的強くもっている人びととは、ちがった標準で取り扱われねばならないであろう。前者においては、理念の支配は後者の場合よりもいっそうせまく限られており、一見したところたぶん理念が支配しているように思われる場合にも、それはしばしば、現実的なもろもろの利害を偽装させる役に立っているにすぎないのである。外交官の通牒や条約の前文(préambules)から、心底の理想的な動機や衝動を、だれがあえて読みとろうとしたであろうか。

しかしながら、ここに取りあげる三人の人びとについては、事情がちがっているのであって、かれらが一八一二年から一八一五年にかけての危機的な年代にドイツの将来の形態について展開した思想を、われわれはこれから研究したいと思うのである。かれらにとっては、当時の精神的理想は、たんなる言葉のあやとか、純然たる政治家でも影響をうけることがありうるような教材であるばかりでなく、実際的活動に忙殺されているあいだにもまったくそれなしにはすますことのできない不断の生活のかてであった。そこで、かれらのなかには精神的理想が非常に深くしみこんでいたので、それは、意識的な道徳的確信となりえたばかりでなく、かれらの行為と思考の無意識の前提ともなることができた。かれらについてほんのわずかでも知っている人ならだれでも、かれらの国民的理想について、このことを承認するであろう。もちろんそれには、かれらが国民的理想によって世界主義的精神に対抗したということを、たいていの場合つけ加えねばならないにしても。そして特にこのことは、在来の見解がシュタイン男爵について取りざたするところである。いまやわれわれは、この対立が実際にどんな性質のものであったかをすべて知っており、さらにまた、ロマン主義が――そのシュタインに及ぼした影響は、最新のかつもっとも重要な彼の伝記作者によって、納得のゆくように立証されている――国民主義であるばかりでなく、新しい兆候をもった世界主義でもあったということを、知っている。そこでいまやわれわれは、シュタイン男爵がドイツ国民の将来のためにもっとも強く努力し思考した、まさにその年代において、彼が同時にまた、のちに神聖同盟の組織とよばれた、あの政治的ロマン主義の組織の発展に寄与したという主張を、あえて行なうのである。彼はすでに心のなかでドイツ国民国家をみていたと、レーマンは述べているが(1)、しかしわれわれは、それがまだ自主的な国民国家ではなくて、普遍的原理によって縛られた国民国家であったということを、つけ加えねばならない(2)。

われわれはそのかわりに、シュタインがドイツの政治的解放をまったくのドイツ的事件としてではなく、同時にまたヨーロッパ的な、ヨーロッパの援助によって遂行されるべき事件として取り扱っているという観察から、出発しなければならない。もちろんわれわれは、「ドイツはドイツによってのみ救われることができる」(3)という、一八〇九年の彼のりっぱな力強い言葉をもってはいるが、しかし、意気揚々たる瞬間にたしかに彼の内心をみたすことのできた、この純粋な国民的自足の理想を、彼は一八一二年には固持していないのである。彼はこの年の九月に、ミュンスター伯に向かって、[4]ドイツはいまやグスタフ＝アドルフの時代と同様な状態にある、と述べた。彼は外国からの解放者を、なかんずく当時はイギリスを、当てにして待っていた。なぜなら、イギリスは、ロシアとスウェーデンの援助を受ける自信があったし、また、イギリスとドイツの真の利益は一致するということが確信されていたので、喜んでドイツに大きな信頼をよせていたからである。この思想は、すでにまったく当時の政治的状況から、ドイツの一愛国者になお許されていた唯一の救済策として理解すべきであるという異議が、唱えられることであろう。ドイツはみずからナポレオンのために武器をとり、ロシア皇帝アレクサンダーはちょうどそのころポーランドの復旧計画を進めていたが、シュタインはこれをばかげたことであり危険なことであると考えた。なぜなら、これはヨーロッパを不安にし、特にドイツ最大の強国オーストリアをおじけさせて、ナポレオンの敵の側に立たせるおそれがあったからである。まさにそのために、イギリスがいまや指導的勢力《リーディング・パワー》にならなくてはならない、と彼は一八一二年十一月十二日に、ポッツォ＝ディ＝ボルゴに語った。[5]この同じ手紙の文脈のなかで、彼はまた、ドイツとイタリアは大きな集団に改造されなければならない、という有名な要求を提出したが、これは、フランスの狂暴に反対してヨーロッパの平穏を維持するための第一条件の一つだったのである。中欧の細分された諸国民を、ともに独立の生活にむかってはげますことは、一つの偉大な理念であったが、しかしこの理念は、彼にあっては、しっかりした永続的基礎のうえに立つものではなかった。パリにおける商議のさいに、彼がそれをふたたび放棄しえたことを、レーマンはのちになって、遺憾ながら確認せざるをえないのである。[6]「いまや彼は、自民族の名においてはげしく拒否した事柄を、不当にもイタリア人から要求した。」彼はそれを、耐えがたい矛盾と呼んでいる。われわれは、もしシュタインを、なお必ずしも特に近代的な国民思想の主張者とみないならば、この矛盾に耐えることができると考える。彼は、たんなる一員としてこの思想を形づくる手伝いをしたが、しかし彼自身は、この思想をなお純粋な形で把握してはいなかった。すでに、彼がドイツとイタリアの国民的な組織化をいっしょに要求した瞬間に、彼は、同時に普遍的な傾向からそれを要求したのであった。ヨーロッパとは、彼からみれば、平和の攪乱者フランスにたいしてもろもろの国民的有機体に組織された、もしくは組織さるべき、一つの共同体であって、この時機におけるこの共同体の支配的勢力は、イギリスなのである。普通の外交官の場合には、人びとはほとんどこのような言葉に注意をはらうことはないであろうし、それを、外交用語のありきたりの豊富な美辞麗句から出ているものと考えるであろう。しかし、このような美辞麗句を軽蔑したシュタインの口にかかると、それは、一つのちがった響きをもつのである。彼がこのような文句でイギリスを手に入れようとしたのは、一独立国の代表者が他国の同盟を得ようとする気持からにすぎなかったとしたら、彼は、解放されるはずのドイツの諸地方で——レーマンの言葉を借りるならば——独裁政治を意味するような諸権利をイギリスに認めることは、なかったであろう。彼は、一八一二年九月十日のミュンスターにあてた手紙のなかで、イギリスは、その上陸軍が占領しているドイツの諸地方においても、イギリスが独裁政治を行なっているポルトガルの場合と同じやり方をすべきである、と主張している。一つの管理委員会が設置さるべきであり、この委員会には、ミュンスター伯がイギリスの摂政殿下の全権として、またシュタインがロシア皇帝アレクサンダーの全権として、そのほかにたぶんなおいくらかのすぐれたドイツ人が、またロシアの一大臣とイギリスの一大臣が、列席すべきであった。イギリスは、解放されたドイツの住民から編成さるべき軍隊の指導者をも、任命しなくてはならない。

これは、イギリスの政治的無私にたいする信頼を証明するものであって、このことは、フランスの相手方の一時的な同盟を信ずるだけでなく、それら諸国の永続的なヨーロッパ的団結をも信ずる見解をみれば、明らかである。(7)

一八一二年九月十八日のドイツ憲法にかんする彼の覚書も、同一の精神にみたされている。「ヨーロッパの平和のために必要なことは、ドイツがフランスに抵抗して自己の独立を維持し、イギリスがドイツの港にはいることを許し、フランスがロシアに侵入する可能性を未然に防ぐことができるほどに、ドイツが整備されていることである。」将来における国民的独立の維持は、ここでは、国民的独立がイギリスおよびロシアとの緊急な同盟によってはじめて守られうるであろうという観念と、密接に結びついている。ドイツがこれらの国々とはちがった同盟国をもち、フランスとはちがった敵をもつこともありうるということを、彼は想像していないようにみえるのである。

もちろんこの覚書は、ロシア皇帝にあたえるように予定されたものであった。「シュタインは、ドイツのためだけでなく西洋の諸国民一般の独立のために戦争を行なう一人の非ドイツ人と、語っているのだ」と、レーマンは述べている。(8) このことをわれわれは、たしかに顧慮しなければならないし、それゆえここでは、上に述べたように、個々の証言の証明力を疑うことができる。しかしわれわれは、ドイツの国民的利益はイギリスとロシアで手厚い取り扱いをうけている、という楽天的な幻想に幾度も遭遇するとき、注意深くならざるをえない。一八一二年十一月一日に彼がウォルポール卿にヴィーンへもたせてやった、ドイツの将来にかんするさらに進んだ覚書のなかにも、同じように、よく考えてみなくてはならない言葉がみいだされる。「ドイツの諸事件は、イギリス・オーストリア・ロシアによって解決さるべきであって、プロイセンは引き離されなくてはならない。(9)」それゆえ、反フランス的なヨーロッパが、ドイツの憲法はなんであるべきかを、ドイツ人に告げなければならないのである。

これらすべての言葉が、たんに受取人をねらっただけのものではなく、シュタインの真の確信から出たものでもあった、ということをわれわれに認めるような人も、たぶんまた次のような異論を唱えるであろう。それはまさしく、当時のきびしい困難のなかから不可抗的に生み出された確信ではあったが、それにもかかわらず、すでに一つの確固たる理論《ドクトリン》になっていたのではけっしてなく、のちにゲルラッハ兄弟が神聖同盟の思想を理論《ドクトリン》に高めたのとは、比較しうべくもない、と。しかし、このような理論の源泉を調査する人は、それを何よりもまず一時的経験の表現にすぎないと考える覚悟ができていなくてはならない。——なぜなら、もちろんこの経験は、すでに存在する一定の思考範疇のなかに流れこんで、この範疇の理論的・先天的な成分によって規定される、と推測されるからである。われわれは、ますますしっかりした地盤に徐々に到達することを期待しながら、さらにわれわれの道を歩きつづけたいと思う。

一八一二年十一月一日のシュタインの同じ覚書のなかで、われわれはまた、ドイツ以外のヨーロッパの政治的構成についての諸理念をみいだすのであるが、それはほんとうに、彼の精神のなかにこのような理論的先天性《アプリオリ》の存在することを、はっきりと示している。すなわち、それらの諸理念は、ドイツの国民的利益に役立つものであるにしても、しかもなお、まったく非国民的な思想世界に由来しており、いずれにせよ、他国の国民性や歴史的な国家人格の尊重に反するものであった。デンマークはナポレオンにしがみついた罰として、完全に解体さるべきであり、ノルウェーとその島々はスウェーデンに、ユトラントはイギリスにあたえらるべきであり、シュレスヴィヒとホルシュタインはドイツに合併さるべきものであった。オランダはしかしイギリスに併合されねばならなかったが、イギリスは、ラインとマースの河口の自由については、ドイツと了解をとげなくてはならなかった。

レーマンは、ヨーロッパの地図のこのような修正をいささか古くさいものと考え、デンマークの運命にかんしては、スウェーデンのカール十世とその友クロムウェルの計画を想起している。しかし、その意味を歴史的に解明すれば、たぶんもうすこし深い効果があるはずである。ここには、まず第一に古くさい思い出があるだけでなく、絶対主義の思想世界の純正な残りものがみられるのであって、この残りものというのは、ヨーロッパを構成する諸地方を、その歴史的＝政治的諸関係や住民の希望を無視して、一定の目的にもとづいてあらたにまとめることが可能であり、実行することもできるという、あのよく知られた意見であり、ヨーロッパの国家体系を人為的に形成することができるという、あの機械的＝目的論的な見解のことであって、この見解は、侵略的で強欲な権力国家の素朴な実践に端を発して、自然法的＝合理主義的な考え方にもよく当てはまったのである。「理念と事実の論理的発展を通じて、一国家の細分は、はりあう諸要求のあいだの一つの取引であったり、王位継承戦争の不自然な結果であったりするだけでなく、外交の「常套手段《じょうとう》」(ressource normale)、すなわち、次々にとびだすおそれのあるもろもろの野心をはじめから満足させるための、戦争予防のための方策でもあると、考えられるにいたった」と、ソレルは語っている。(10) ヴィーン会議の政治家たちが諸国民をこのように勝手気ままに取り扱ったことは、しばしば非難されており、そしてこの非難はまったく正当である。国民的再生と自国内の自発的生活の先頭に立って戦った、プロイセン改革時代の政治家や思想家たちも、諸外国に小細工をしてまわったり小知を弄したりせずにはいられなかった、ということを確かめるのは、きわめて重要なことである。新しくネーデルランド王国を人為的かつ計画的につくることは、グナイゼナウやボイエンによって、またある程度まではニーブールによってすら、望まれ、もとめられているのである。(11) ボイエンは、種々の雑種国家や中間国家をつくりだすという、きわめて風変りな計画を考えている。(12) ところでグナイゼナウについては、一八一二年秋の着想をわれわれはもっているが、それは、同じ時機に生まれたシュタインの諸理念の精神的解釈に、直接役立ちうるものである。彼は、一八一二年十一月二日のミュンスターにあてた書簡のなかで、[13] ドイツのなかに多人数の管理委員会を組織しようとする、あの上述のシュタインの提案を拒否してはいるが、しかしそれは、彼がドイツにおよぼすイギリスの影響を危険なものと思ったためではなくて、イギリスの影響をおよぼす仕方が、彼には非実際的なもの、不可能なものと思われたからであった。「いまや事態は、われわれが何か別のことを工夫しなければならないようなふうに、変ってきました。イギリスは自分だけで征服を行ない、あらゆる占領地に自分の憲法をあたえ、それらの征服地をイギリス帝国の一つの不可欠の部分としてみずからに併合しなければなりません。こうしてイギリスに併合された諸民族は、自由な憲法のもとに、みずからきわめて幸福であると感ずるでしょう。だがわたしは、このような合併によってイギリス政府が行政権をさえも獲得するであろうとは、前もって閣下に申しあげることはできません。」

プロイセン的でもなくドイツ的でもない感じをわれわれにあたえるこの注目すべき着想の意味を、この着想があらわれた当時の状態を指摘し、まだこの着想があたえられることになっていた受取人を指し示すことによって、弱めようとする人が、おそらくまたいるであろう。グナイゼナウが当時プロイセン＝フランス同盟に直面して、プロイセンの将来に絶望したかもしれないこと、モスクワの火災の通知をうけたにもかかわらず、彼がなおはなはだ懐疑的に将来を見通し、ロシアの抵抗力とロシア皇帝の気力に期待をかけない覚悟をきめたことを、主張する人が、あるいはいるかもしれない。[14] しかしながら、ロシアにおける大惨事の全貌が彼に知れわたり、プロイセンもふたたび立ちあがるであろうという希望をもちえたときにも、彼は自分の着想をほとんど変わりなくもちつづけた。ただそこに生じたわずかの変化というのは、彼が北西ドイツとイギリスの直接の合併を勧めないで、北西ドイツに一大ハノーヴァー王国を建設するように勧めた、という点にあり、そしてこの王国は、――当時それは、まったくありえないこととは思われなかったが、――ハノーヴァー王朝がイギリスの王位を失うような場合にも、いぜんこの王朝の手にとどまるべきものであった。[15] この考えは、すでに一八〇九年にイギリス王族の心を奪ったはずであり、すでに当時グナイゼナウも、この考えを助成することが好都合であると考えていた。[16] そして、なかんずくミュンスター伯が、当時この考えをいだいていたことは、周知の事実である。[17] もちろんこの北西ドイツのハノーヴァー王国は、その後たしかにイギリスから分離し、人びとが主張するであろうように、もう一度純粋なドイツの国家になることができた。しかしこのことは、なんといっても確実には期待されなかったし、なかんずくグナイゼナウ自身、このハノーヴァー国が他日イギリスから完全に解放されうるという意見を、もってはいなかった。彼は一八一三年一月六日に、ロンドンから首相のハルデンベルクに次のような手紙を書きおくった。[18]「わたしはここで、この計画のために努力してきた。なぜなら、このような計画は、一つには、われわれの大陸の諸事件にたいするイギリスの活発な協力を確実にするための有力な動機をあたえるからであり、また一つには、イギリスに保護されたこのような国家は、それ自身プロイセンにとって一つの防壁であり、フランスがわれわれを攻撃するかもしれない危険を、永遠に阻止するであろうから。」それどころか、最後に彼はもう一度、一八一三年一月末イギリスを出発する二三日前に、カッスルリーあての請願書のなかで、この思想の本来の明確な表現をふたたび取り入れ、フランスの旧国境とエルベ河口のあいだの征服さるべき地方は、「現在統治している王家の次男の所有領に決めようと、自由に併合してそれから利益を得ようと」、イギリスの勝手にさせようとしたのである。[19]

グナイゼナウがこの第二の二者択一について話しかけたのは、ただイギリス人もしくはイギリス＝ハノーヴァー人にむかってであって、プロイセン人にむかってでなかったことは、明白である。それにもかかわらずそれは、ここではまったく副次的な事柄であって、もしだれかが、グナイゼナウはこの北西ドイツのハノーヴァー王国の幻想によってイギリスの兵力をドイツへおびきよせようとしたのだ、という異議を申し立てようとするならば、同様に彼はまた、まったく自明の副次的事項を強調しているにすぎないであろう。すでにペルツが認めているように[20]、たしかにグナイゼナウにとってこの計画は手段であったにすぎず、イギリスの王族やミュンスターにとってのように、目的や目標ではなかった。しかし、プロイセン国民国家の擁護者であり、その翌年にはドイツとプロイセンの国民的合一について夢みることのできた彼が、総じてこのような手段に訴えることができたということは、驚くべき事柄であり、従来あたえられているよりもいっそう精密な歴史的解釈が、ぜひとも必要である。グナイゼナウのプロイセン国民感情もドイツ国民感情も、こんにちのそれとはちがった構造をもっていたこと、歴史的・政治的に成長した一定の共同体といっそう緊密に結びついているわれわれの国民感情よりも、もっと動きやすくいろんな形になりやすかったことが、わかるのである。ここではわれわれは、個体がなおいっそう大きな自由をもって、彼の本源をなす国家や国民に対立しているのをみるのである。――国家や国民はむしろ、ほとんど、人間が自分の心像や欲求にしたがってみずからつくり出し、もしくはもとめることができるあるもの、と思われている。人びとはもう一度、一八〇四年のフィヒテのあの有名な言葉を、非常にはっきりと思いおこすであろう。「落ちぶれた国家の土着の市民たちよ、そのままでいておくれ。太陽に似た精神は、いやおうなしに光と正義のあるところへ引きよせられ、またそちらに向かざるをえないであろう。」

われわれはたしかに、一八〇四年のフィヒテと一八一二年のグナイゼナウとのあいだに疑いもなく横たわっているものを、見あやまることはない。グナイゼナウがプロイセンとドイツのために経験したり行なったりしたことは、彼を紐帯によってプロイセンやドイツに結びつけていたし、この紐帯は、基本的にはすでに引き裂きがたいものではあったが、しかし、十九世紀後半の偉大な愛国者たちをかれらの祖国にしばりつけた紐帯にくらべれば、相変らず弾力性のある柔軟なものであり、はるかに精神的＝人格的であって、それほど自然的ではなかったのである。グナイゼナウは、イギリス＝ドイツ的国家の建設に協力するからといって、自国民の問題に不誠実になるとはまったく考えなかった。——それどころか、まさにそれによって、自国民に奉仕しようとしたのであった。しかし国民とは、彼にとっては、まず第一に自由と自主的な文化と教養の全体であり、必ずしも一つの共同体の境界に縛られていない精神的流動体であり、極端な危急の場合には、本来のかまどが冷えれば他のかまどに移すことのできる火のようなものであった、とわれわれはあえて解釈する。そして、一般に偉大な精神的諸傾向一つ一つのもたらす結果にたいして理解力のある人は、これらの理念が十八世紀の個人主義的・世界主義的精神に由来するものであることを、また容易に認識するであろう。グナイゼナウが、イギリスに征服されてそれに併合された住民たちの幸福を鮮やかに描くとき、エヴァルト＝フォン＝クライストがかつて七年戦争のあいだに述べた一つの特徴的な言葉を、ひとは思いおこすであろう。「王に征服された諸地方は、なんと幸福なことであろう。」それは、「征服された諸地方を幸福にするという点に征服者の正しさをみいだそうとする」世界主義的思考と関係のある傾向であったと、正当にも解釈されている。(21) 征服することと幸福にすることのほかに、こんどはまた、そのあいだに解放することもつけ加わっていたが、しかし、この数十年間における解放の思想は、またしばしば非常に世界主義的な側面をもっていたのではなかろうか。自由で幸福なイギリス＝ドイツ的立憲国家というグナイゼナウの観念は、結局のところ、フランス＝ドイツ的自由国家についてのマインツのクラブ員たちの夢と同一の地盤に立つものである。それでもって国家をみたそうと考えたものの内容が、その頃と今とではなお非常にちがっていたにしても、普遍的な観点から出発し、世界の自由と世界の隷属のうちに対立をみたという点では、両者は一致していた。グナイゼナウは一八一二年の秋に、このことをはっきりと次のように述べている。「しいられてあるいはみずから進んでボナパルトの名誉欲のために戦うものと、これに反対して戦うものとに、世界は分かれている。この場合、国々の領域よりも原則の領域のほうが、いっそう重大であるように思われる。」(22)

あるいは、なお次のような異論を唱える人がいるであろうか。すでにみたように、グナイゼナウは、シェルト（ベルギーの河名――訳者）とエルベのあいだに一大ハノーヴァー国を建設することが、プロイセン国家の利害と――現在の利害だけでなく永続的な利害とも――よく調和するものであると考えていたし、それどころか、ハルデンベルクや王の暗黙の同意をもあてにしていたのだ、と。もしも彼がそう思っていたのだったら、それは、グナイゼナウがこの国家の利害について、われわれの理解からすれば、この国家の現実的な地盤をふまえた政治家なら、あるいは、プロイセンのドイツ的な将来のことを考える政治家ですら、当然もつはずの考え方とはちがった考え方をしていたことを、示すにすぎないであろう。エルベの境界は、プロイセンがドイツのなかへ伸びてゆくのを妨げる一つの境界であり、プロイセンを東方スラヴの世界に投げかえすものであった。しかし、イギリスないしイギリス＝ハノーヴァーの政治とプロイセンの政治が永続的に調和するという信念は、またしても一つの世界主義的特徴をもっているのである。きょうはイギリスとプロイセンを一致させるが、あすはまた引き離すかもしれない世界情勢と国家利害の変化を、彼は見あやまっており、一時的な世界の対立を一つの永続的な体系に、すなわち、世界の自由の敵と味方がたがいに対立しあい、自由の味方が親しく並んで共同の主要な任務のために活動できるような二元論的体系に、しているのである。

特殊国家の利害をすべて吸収してしまうこの支配的な二元論を、レーマンは、このグループのいま一人の思想家エルンスト＝モリッツ＝アルントについて、たいへんみごとに観察している。アルントは、一八一二年十月の軍隊入門書の初版のなかで、新兵の宣誓は、現在ナポレオンに従っている君主たちの兵士を拘束するものではない、という極端な訓戒をあたえたのであった。「ナポレオンの国家にあらわれたような悪の王国への傾斜は、軍隊入門書の著者からみれば」、君主と臣下のあいだの法的関係の解消であると思われた。「アルントがこれについてくわだてた叙述を読むならば、ただちに、アウグスティヌスの地上の国(civitas terrena)が思いおこされるのである。(23)」

したがってこれは、一八一二年および解放の年一八一三年のはじめに、三人の偉大な愛国者が立っていた共通の政治的地盤であった。かれらがヨーロッパを、自由の区域と不自由の区域に分けたこと、かれらがこの原理の外観のもとに(sub specie)ドイツ的＝プロイセン的国家生活の特殊性を判断することができたこと、かれらにおいては、プロイセン的＝ドイツ的国民性と、普遍的自由と、そして同時に——核心における——個体の自由とは、ただ一つの黄金色の雲にとけあっていたということ、これらはかれらに共通であった。このことは、かれらを一定の国家の地盤からひきはなすことのできた、この年の異常な特殊な運命の作用として、十分に理解できる、という人もいるであろう。しかしやはり、世界主義的＝個人主義的な思想財産の底層に注意をはらう場合にのみ、完全に理解できるのである。この思想財産はかれらの教養のなかに含まれていたが、この年の運命が、かれらをいまやこの思想財産へとかりたてたのである。

根本的見解が共通であることは、方法と手段の多様性を排除するものではなかった。反対にそれは、ここでは必然的に、このような色とりどりの多様性を含んでいた。なぜなら、一つの国家のしっかりした地盤から離れることによって、政治的空想は羽を生やし、いろんな推測にふけることができたからである。ヨーロッパの陣営を通じて走っている鋭い分界線を別にすれば、諸国家の境界はいまや変じうるものになった。十八世紀の政論家や哲学者にとって、それが変じうるものであったように。われわれはたったいま、すでにシュタインの北ヨーロッパ計画についてそれをみたのだが、それはまた、一八一二年の彼のドイツ計画についても、みられるのである。九月十八日に彼は、ドイツをオーストリアとプロイセンのあいだに分割することを勧めたし、十一月二日には、もしプロイセンの解体が実行可能であるならば、これにたいして何も異議をとなえることはなかったのである。[24]この飛躍は、グナイゼナウにとってはあまりにも大きすぎたけれども、しかし、彼がシュタインを批判するために述べたことを厳密に検査してみると、少なくともいくらかは、シュタインが実験を行なった際にとったのと同一の根本的見解が、またしても示されている。彼は一八一二年十二月末に、次のような手紙をシュタインに書き送った。[25]「以前のお手紙では、……あなたは北ドイツ全体をプロイセンにあたえようとしておられ、最近のお手紙では、ドイツ全体をオーストリアのもとに統一しようと望んでおられる。あなたの最初の計画を実現しようとすれば、当地の(イギリスの)内閣《ミニステリオ》のうちに、またさまざまなドイツ諸邦の国民のうちにさえも、はげしい抵抗がみられるであろうし、なおそのうえ、われわれは忘恩の罪を犯すことになるであろう。かつてのよりよい時代の理念こそ、まさにわれわれの世論となるべきであり、この世論によってのみ、われわれのプロイセンはふたたび立ち直ることができるのである。プロイセン国家は、意気沮喪した一つの病体であって、彼の隣人たちの保護と親切な取り扱いによってのみふたたび力を得ることができるのだが、この病人は、この計画によって、自分の隣人たちをその住所から追い出しはじめるかもしれない。これは不正なことでもあるし、実行不可能なことでもある。あなたの第二の計画にたいしては、少なくともわたしは、協力を拒否しなければならない。プロイセンの分割を実行する可能性はもちろん存在するが、しかし、プロイセンのような重要な一国家の消滅が別のやり方で均衡を破壊することはないかどうかということを、このような革命的な方策を勧めたり支持したりする人は、よく考えてほしいものだ。」

プロイセンと北ドイツを革命的に思うままに取り扱おうとすることにたいする抗議、「かつてのよりよい時代の理念」への呼びかけ、それはたしかに、はやくも王政復古時代の精神をあらわしているし、また、歴史的な国家や民族の個性の保存にたいする理解力を示している。この理解力もまた、当時の彼にあっては、時機と環境によって、すなわち、そのころ彼を包んでいたイギリス＝ハノーヴァー的利害の空気によって、目ざまされたものである。グナイゼナウには、自分がどこに生活しているかを理解する力があり、その力の偉大さによって、彼は、自分が置かれたどんな肥沃な土地からも、何か生き生きしたものを取り出して、彼自身の本質のなかへ移植することができた。そこで彼はまた、プロイセンの地盤に移しかえされるとまもなく、いっそう控え目なシュタインがかつてなしえたよりもはるかに深く、ふたたびプロイセンの地盤に根づくことができたのである。しかし当時彼は、プロイセン国家を外から観察し、しかも、現実政治家の目で眺めたばかりではなく、——そうだ、たぶんこういってもよかろう——博愛的教育家の、すなわち、処方をもとめてはたらく政治家の目でも眺め、普遍的な観点から、そしてまた近隣諸国家の普遍的な関与のもとに、プロイセンという弱い組織体をもう一度たてなおそうとした。プロイセンは破壊されてはならないが、しかしまた大きくなりすぎてはならない。なぜなら、ドイツおよびヨーロッパの均衡は、プロイセンがそのようであることを、まさにそのようであることを、要求するからである。——ここにはまたしても、正真正銘の人工的作為の精神がみられる。もちろん、たんにこの精神がみられるだけではない。この瞬間に彼がプロイセンについて抱いた悲観的＝同情的な判断には、純粋な個人的体験も、すなわち、彼のプロイセン時代のいろんな悲しい経験や、失望しながらも消えることのなかった内心の思いやりなども、はっきりあらわれているのである。前代の遺物と独自の新しい生命とが、まじり合って流れているのである。

シュタインとグナイゼナウは、かれら自身プロイセンに独自の新しい生命を賦与していたにもかかわらず、プロイセンも独自の新しい生命を自分のなかに豊かにもっているということを、その当時は知らなかった。その後一八一三年にこの新しい生命が示されたとき、かれらは二人とも、喜んでそれを承認した。すでに述べたように、グナイゼナウはふたたびプロイセン国民国家に立ちかえった。ところでしかし、シュタインはどんな具合だったのであろうか。ここでわれわれは、一八一三―一五年代の彼のドイツ憲法草案を、われわれの問題にもとづいて注視したいと思う。

一年前には、解放戦争の理念はやむをえず外国に庇護をもとめねばならなかったが、それはいまや、自国民の郷土をふたたび手にいれた。すなわち、相変らず外国の同盟諸列強と密接にからみあってはいたが、しかしなんといっても、自国民の自発的なもろもろの力にささえられ、高められていた。完全な自律を得ようとつとめる一政治家の名誉心は、この時には、前年の苦境の際にくらべて、いっそう高い目標をみずからかかげることができただろう、と考えられるかもしれない。実際またわれわれは、一八一三年八月のシュタインの覚書のなかに(26)、美しいりっぱな言葉をみいだすのである。たとえ今は到達できないにしても、理想として、彼はここで、「ただ一つの独立したドイツ」を挙げている。すなわち、国民を、「力や知識や適度の法的自由といった要素を全部包含する一つの強い国家に」高めることを、主張している。しかしそれは、彼の国民国家理念が特別に上昇したことを意味するものではなかった。彼ははやくも一八一一年十月に、「統一と力と国民性をもとにして、ドイツのための憲法をつくり(27)」、また一八一二年九月には、「力、自由、開化といったあらゆる倫理的・物的要素を包含する(28)」一つの帝国を望んでいた。しかしその当時と同じように、いまも彼は、そのさい外国の協力なしにすますことはできないと信じていた。彼は、ヨーロッパに、すなわち、「諸国民の重大問題を指導する政治家たちの名誉と義務に」訴えて、かれらがドイツの憲法作業を、真剣にかつきわめて慎重に考慮してくれることを望んだ。一八一二年の末には、彼はイギリス・ロシア・オーストリアをドイツの整理者であると考え、かれらがプロイセンを引きつれてゆかねばならないと思っていた。いまや一八一三年九月には、彼はオーストリアへの信頼をいくらか失い、プロイセンへの信頼をふたたびとりもどしていたが、ロシアとイギリスにたいする彼の信頼は、なおつづいていた。メッテルニヒからは何も期待されないので、「イギリスはロシアおよびプロイセンといっしょに、ドイツに事物のしっかりした秩序を維持し、うち立てることを、まじめに考えなくてはならない」と、彼は一八一三年九月十六日に、ミュンスターに書き送った。さらにまた彼は、一八一三年の暮に近いころ、「外国にたいする抵抗力を供給する」(29)ドイツ憲法を希望し、ほとんど同時に、それにたいするロシア皇帝の援助をもとめた。ロシア皇帝が、当時すでに、シュタイン、プロイセン人フンボルトおよびオーストリア人シュタディオンのほかに、ロシア人ラズモフスキーも列席するはずの委員会で、ドイツ憲法を準備させてくれるかもしれない、というのが、彼の考えであった。「それだけとってみれば、ほかならぬ国民的な立場からもっとも強い批判を招かざるをえなかった一つの請願」とレーマンが述べているのは、正当である。(30)それはただ、ヨーロッパおよびロシアにたいするロシア皇帝の大きな功績と、大陸同盟を指導する他の二人の君主の政治的無価値を前提としてはじめて、理解することができる、と彼は考えている。たしかにわれわれは、これらの要素を承認しなければならないが、それにもかかわらず、たんにこれらの要素だけを承認してはならない。もしもシュタインの国民感情が、最初から近代的な国民感情とちがったものでなかったならば、もしもそれがまだヨーロッパ的普遍主義のなかに深く埋まっていなかったならば、これらの要素は、はたらくことができなかったであろう、とわれわれは推測するのである。

この推測は、彼がヴィーン会議に課そうとした任務によって、ふたたび呼びおこされる。一八一四年九月十七日の、ロシア政府にあたえることに決められていた彼の覚書は、次のように語っている。[31]「強大な国家とは、その倫理的・物的存在を賭《と》して、はかりがたい努力をしてきたものであり、その人民は血の流れを忘れているのである。……それゆえ強大な同盟諸国は、よい事態と勝利をもたらすことに専心したために、独裁者の職務を委ねられており、また、なお未決定の状態にあるもろもろの重大な利害についての発言権をあたえられているのである。」ただフランスだけは、ドイツの諸事件への関与からまったく遠ざけておかれなくてはならなかった。ドイツの諸事件自体は、彼の希望するところでは、ドイツの三強国ハノーヴァー・プロイセン・オーストリアによって決定されるべきであった。しかし「その結果は、同盟諸強国がこの結果をヨーロッパ的均衡の原則にしたがって批判することができるように、前後の段階でこれら諸強国に知らされるであろう。[32]」

シュタインがその後ヴィーン会議の前にもまたそのあいだにも、さらに繰り返し、ドイツの憲法問題にたいするロシア皇帝の支持と調停を請いもとめかつ利用したということは、周知の事実であり、ここではさらに詳述する必要はない。彼は自分の背後に他のどんな権力ももたなかったので、これらのものを利用しなければならなかったのだと、またいう人がいるであろう。なるほど、彼のおかれていたような困難な状況にあっては、どんなにきびしく国民＝政治的戒律を遵守する政治家でも、外国の援助をしりぞけはしなかったであろう。そこで次のような問題がおこってくる。外国への呼びかけは、戦術上の一時的手段にすぎなかったのか。それとも、それは同時に、呼びかけられた強大な諸外国とドイツとのあいだに永続的な利害の調和が存するという、普遍主義的幻想に取りつかれていたのであろうか。われわれは、このような幻想のはっきりした痕跡をすでに示したと考えるが、しかし、それらの痕跡は有力な疑念をおこさせはするけれども、完全に人びとを信服させるにたる証拠をもたらすことはできない、ということを、はっきりと承認する。そこでわれわれは、結論に到達するためには、シュタインの国民政策が外国の援助なしにすますことができなかった年代の現状をたずねるだけでなく、シュタインが念頭においたドイツの目標と究極状態をも、たずねなければならない。彼は、将来全体にわたって、外国の影響をドイツ国民のもっとも重要な問題から遠ざけようとしたのであるか。われわれはここでもまた、このような意図にいささかでも疑惑をさしはさむものがあれば、誇り高いシュタインは、たぶん腹を立てて拒否したであろうということを、最初から承認するものである。ゲンツは、一八一四年十月末に、ヴュルテンベルクの皇太子に一つの覚書を示していたが、それによれば、オーストリアは、ロシアにたいする均衡維持のために、南ドイツおよびフランスと同盟しなければならないのであった。なぜなら、ロシアはつねに、プロイセンと北ドイツを彼の利害にまきこむおそれがあったからである。シュタインはこれについて、自分の日記のなかで次のように書いている。[33]「ドイツ内部の協調を……破壊し、南ドイツをフランスの勢力に、北ドイツをロシアの勢力にゆだね、プロイセンとオーストリアのあいだのいまわしい不和を保存するような組織の有害なことを、わたしは彼に知らせた。」彼は国民的自律を欲しはしたが、しかし、問題をもっとも深い根底でとらえるためには、彼の欲した国民的自律が、十九世紀の発展の結果として生じた国民意識の要求するものと同一であるかどうか、ということが、いまや大切になるのである。われわれは、絶対的に否と答える。こんにちのわれわれなら国民的自律と両立しないものと考えるはずの外国の地役権(Servituten)を、シュタインが国民的自律と調和するものと考えたことについては、二つの適切な証拠がある。

フンボルトは、一八一三年十二月の覚書で、ヨーロッパの強大な諸国、特にロシアとイギリスが、ドイツ連邦の保証を引き受けてくれることを、提案していた。シュタインはこれについて、「もしわれわれが、どんな場合にもイギリスもしくはロシアだけをその保証に関与させるならば、外国の保証は、まことに、何か危険なものをもつことになる」と述べている。[34] フンボルトの意見によれば、この保証は、外国の攻撃にたいしてドイツを防衛することにだけ関係すべきであって、けっしてドイツの国内問題に干渉する結果になってはならないものであったが、しかし、このように制限された保証であっても、依然として干渉へのきっかけをあたえるものであり、真の国民的独立と両立しないものであったことは、明らかである。シュタインがこのような疑念をすでにいだいていたことは、もちろんわかるが、同時にまた、彼が依然として中途でとどまっていたことも、知られるのである。なぜなら、もしも近代的な国民感情なら、その途を最後まで進み、自己の権力政治の自由な活動が外国に妨げられるようになる一切の合憲的可能性は、非とされるだろうからである。[35]

第二の証拠は、シュタインが一八一四年三月の覚書のなかで、ドイツ連邦の最高官庁として四頭管理局を提案したとき、[36] それをオーストリア、プロイセン、バイエルンおよびハノーヴァーで構成しようとしたことである。ハノーヴァーとはしかし、イギリスのことであった。「だから、イギリスとバイエルンとは、ドイツについて、プロイセンと同じ権利をもつべきであったのだ」と、デルブリュックが推論しているのは、正しい。[37] それゆえシュタインにとっては、このような見込みも、なんら威嚇的なものをもってはいなかったのである。[38]

重ねていうが、彼はそれによって国民的でない考え方をしているのだとは、思わなかった。彼は、自分の認める限界のなかでイギリスとロシアの政治がドイツの政治と結びつくことを、有害であるとは思わず、むしろ有益であると思っていた。しかしこの信念こそ、まさにわれわれがそれ以後克服してきたものであり、われわれには、異質的なもの、普遍主義的な思想財産と感ぜられるのである。[39] この信念は、理念と現実の双方から生まれた。すなわち、それは、苦境と戦争によって強められたドイツとイギリスとロシアのあいだの利害のつながりから生まれたものであるが、しかし、この現代史的経験をいまや永続的希望に仕立てたのは、政治の利己主義的な原動力をみあやまり、ヨーロッパの連帯性を過大評価した、イデオロギーのしわざであった。

プロイセンおよびオーストリアのドイツおよびドイツ連邦にたいする関係についての、シュタインの周知の見解も、いまやこの視点のもとにおかれてよいであろう。ドイツと反フランス的なヨーロッパとが、共通の支配的な根本利害をもつならば、オーストリアとプロイセンとドイツとは、さらにより多くの共通利害をもつのではなかろうか。彼がこれら三国をまとめておこうとした形態は、彼のいろんな計画のなかで変化したが、これら三国がまとめておかれるであろうという楽観的な根本前提は、存続した。プロイセンを彼は、当時ドイツにとってまったく安心のできるものである、と考えた。(40) オーストリアにたいする信頼の度は、もちろんそれ以下であった。オーストリアとドイツのあいだの隔壁は、彼の目には非常によくみえた。彼は一八一五年二月十七日の覚書のなかで、まったく現実政治的な印象をあたえる冷静さで、その隔壁の特色を描いている。「オーストリアとドイツを引きつける利害は、つねにその一時的便宜に(à ses convenances momentanées)従属させられるであろう。」しかしこの現実政治家は、まさにそのために、いまや帝位をあたえることによってオーストリアをドイツに結びつけようとしたとき、ただちに空想家《イデオローグ》に席をゆずった。この帝位を通じて、オーストリアは自己のドイツ的使命に連れもどされるはずであったし、ドイツのために教育されるはずであった。彼は、この教育作業が成功するであろうという信念に貫かれていたにちがいないが、(41) ところでこの信念のなかには、たしかにまた、十八世紀の啓蒙主義、すなわち、政治に適用された合理主義の一片が、なお潜んでいるのであって、この合理主義は、目的にかなうように選ばれた若干の制度によって、諸国家の生活を調整し、かれらに内在する本来の特殊衝動を修正することができると、信じていたのである。彼は、オーストリア国家の利己主義的な特殊衝動を知ってはいたが、しかしその場合にも、ドイツとオーストリアのあいだに存在するいろんな共通性の最後の勝利を確信していたので、この特殊衝動を顧みなかった。そのための正しい機関がつくられさえするならば、オーストリアは自己の内的本質を変化させて、ふたたびドイツ的な国家になるであろう。

しかしながら、なおそれとはちがったもろもろの精神史的な糸が、オーストリア＝ドイツ的帝位の思想のなかの合理主義的な糸と、非常に奇妙な形でからみ合っているのである。なぜなら、シュタインは「長いあいだの所有と諸民族の習慣のために」[42]帝冠をハプスブルク家に返そうとしたのであったが、しかしまた彼にあっては、歴史的なロマン主義と帝国の追憶も、やはり関係していたからである。歴史的ロマン主義は、政治的な事物における作為に反対し、そのかわりに、歴史的生成を、いっそう正確にいえば、自然にできあがったものを、国家生活の基礎として賞賛した。ここにわれわれは、合理主義者であると同時にロマン主義者であるシュタインを、作為と自然にできあがったもの双方の調停者であるシュタインを、みるのである。そして、遠くまで気持よく作用を及ぼす彼の思想の第三の根を、すでにレーマンは適切に強調している[43]。「われわれは彼の推論のもっとも大きな欠陥にふれるのであるが、それはたしかにまた、もっとも人間的なもの、もっとも許すことのできるものでもあった。すなわち彼は、根底において、あらゆるドイツ人は心のなかに一片の愛国心をもっており、この愛国心が彼と彼の協力者たちに生気をあたえる、とみていた」と、レーマンは述べている。それゆえここでは、国民的理念とは、そのもっとも内面的な形態においては、倫理的な威力であり、それが民族の生活全体のなかでも力をもつという信念である、ということが知られるが、しかしそれは同時に、他の諸理念にからみつかれ、生え混じられているのであって、これら諸理念のために、国民的理念は、真に政治的なものになって現実的なものと結合し、それによって自主的な国民国家の現実性に移ってゆくことを、妨げられているのである。
人びとは分析をさらにつづけて、特になお次の事柄を示すかもしれない。すなわち、エルベ左岸のプロイセンの地方と、南ドイツに引きよせられるオーストリアの地方とを、ドイツ連邦に組み入れることによって、プロイセンとオーストリアの国家的結合を解体しようとはかった、一八一四年夏の彼の奇妙な思想も、国家人格の本質をまだ十分にとらえていなかった国家観にもとづくものであった、ということを。彼は、さきに論じたいろんな場合に、国家人格の自律を尊重しなかったように、この場合にも、その内的統一と排他性とを重んじなかった。国家はまず第一に権力であり、自分自身の衝動にしたがって運動する一つの権力である、ということを、彼は承認しようとはしなかった。たしかに彼はまた、国家の権力を要求し、特に、夢みられたドイツ国民国家の権力を要求したが、しかし、この権力のはるかに支配的な主要任務を、彼は、不俱戴天の敵フランスを防ぎ、国内の自由を守るという点に、みたのである。

われわれのみるかぎりでは、彼はフランスにたいして、ほかならぬ「不俱戴天の敵《エルプファイント》」という言葉を使っているわけではないが、しかしそれを、ドイツ人の「永遠の、疲れを知らない、破壊的な敵」と呼んでいる(44)。「不俱戴天の敵」という言葉のなかには、いっそう先天的な国民感情が、はっきりとあらわれている。シュタインもこのような国民感情を少なからず自分のなかにもっており、最近数世紀の歴史的回想によってこの感情を養ったが(45)、しかし、彼の使っているような「永遠の敵」という概念は、同時にまた倫理的なものの領域に移行し、国民的対立を一つの普遍的対立に、すなわち、われわれの知っている、あのよい原理とわるい原理の二元論に、高めているのである。彼によれば、フランスを通じて、いまやまたわるいものが、ドイツへもはいってきた。「バイエルン、ヴュルテンベルクおよびヴェストファーレンの国家行政の歴史をたどってみるがよい。そうすれば、人びとは、改革熱やばかげたうぬぼれや無制限な浪費や動物的な快楽が、かつて繁栄したこれらの国々のあわれな住民のあらゆる種類の幸福を、破壊することに成功した有様を、確かめることができるであろう。[46]」ドイツの憲法は、かつてドイツを守った囲壁を、もう一度築くべきである、と彼は要求する。それゆえ、ドイツの対外的任務と国内的任務とは、彼にとっては、密接に関連しているのである。彼にとって、ドイツ憲法とは、外に向かっては、国民的な対外的独立だけでなく普遍的な対外的独立をも保障するための一つの掩護物であり、内に向かっては、フランスによってよび起こされた君主たちの専制政治に対立する一つの掩護物なのである。――ドイツは、ヨーロッパの境界地であると同時に、倫理的自由の国の一地方なのである。

現実政治的思想にたいする倫理的思想のこうした優位を、彼の伝記作者マクス＝レーマンは、力づよく、かつ心底から同情しながら、時おりはいくらか荒々しい情熱をこめて、しかしまた、必要な批判をも欠くことなしに、引き立たせている。彼は、たとえばシュタインのヴィーン会議観について、「この会議全体は、彼には、権力のための争いとは思われず、わるいものとよいもののあいだの戦いであると思われた」と語っている。[47] シュタインにおける世界主義的なものをも、彼は見落してはいない。彼はシュタインを、「人間性の理念のなかに生きていた時代の子供」とよび、また「諸民族に団結することを教えた時期の闘士[48]」ともよんでいる。ロシア皇帝のポーランド計画にたいするシュタインの反対を、彼が、特にプロイセン＝ドイツ的な考え方に由来するよりも、むしろ「普遍的な性質の考慮」に由来するものであるとしているのは、非常に適切である。「西洋の諸強国は、いかなる普遍的王国と戦う場合にも、集合すべきであったし、そしてまた彼は、均衡の原則を遵奉することをプロイセンにも要求した。[49]」実際のところ、しばしばきまり文句になるまで濫用されていた、ヨーロッパの均衡というふるい思想が、シュタインにおいていまや一つの復活を経験し、この復活において、その思想のなかに潜んでいた倫理的＝世界主義的な種子は、実際まったく純粋な発展をとげた。そして、レーマンがシュタインの思想を、「なかば国民的な、なかば普遍的な傾向の倫理的＝宗教的理念」(50)として特徴づけるとき、レーマンはまた、まさにわれわれが考えていること、すなわち、倫理的なものや世界主義的なものがシュタインにおいては国民的なものと融合していたということを、述べているのである。それゆえ、われわれの試みは、彼自身開きはしたがじゅうぶん遠くまで歩まなかった道を、行くことにすぎないと思われる。なぜなら、彼の見解においては、国民国家理念の先駆者となったシュタインと普遍的均衡の先駆者となったシュタインとのあいだに、一つの矛盾とはいえぬまでも、一つの裂け目がなお口を開いているからである。(51)彼は双方であったが、しかし両者は、仲介なしに並び合っていたのではなくて、彼の国民的な、また国民国家的な思想は、しずかにそして時おりはなかば無意識のうちに、世界主義的理念に指導され、制限された、といったぐあいであった。

*　　*　　*

シュタインおよびグナイゼナウからヴィルヘルム＝フォン＝フンボルトに目を移し、今度はまた彼にむかって、われわれが前二者に出したと同じ質問を発する人は、たぶん最初から、彼にあっては世界主義的要素がなおいっそう鋭く貫いていることを、予期するであろう。シュタインとグナイゼナウがプロイセンの国務と軍役のなかで成長したのにたいして、フンボルトは古典的な文学と哲学の世界で成長し、国家権力の拡大欲に抗議し、さきにみたように、国民的なものをも純粋に人間的な意向でとらえたのであったから、政治家としての彼は、いまやまったく顕著に、国民的に再生したプロイセンとドイツを普遍的なおきてのもとに置き、国家権力や政治的に統一された国民の自決を束縛しようとしたはずだ、と思われるかもしれない。しかしながら、もしひとが一八一三―一八一六年代の彼のドイツ憲法思想を、この予想にもとづいて吟味するならば、フンボルトはこの年代には、シュタインよりもずっと、自主的な国民国家の理念に近づいていた、という意外な結果が、ただちに明らかになるのである。すでにみたように、シュタインはドイツの対外的権力政策の任務を、本能的に「永遠の敵フランス」の防止に限ったが、このドイツの任務が彼にとって同時に一つの普遍的機能を意味したことは、彼がヨーロッパを自由の地帯と不自由の地帯に分けたことから、知られるのである。彼は無意識のうちに普遍的な、遠視的といいたいような考え方をしていたからこそ、ドイツの権力政策のことを考えたときに、近視的だったのであり、そしてこの近視性を、フンボルトは認めているのである。それを語ることはなかったが、彼は、一八一三年十二月のシュタインにあてた覚書のなかで、次のように書いているとき(52)、事実上シュタインを論難しているのである。

「ドイツの将来の状態について語るとき、われわれは、ドイツをフランスから守ろうとするせまい視点に立ちつづけることのないように、よく注意しなければならない。実際にドイツの独立を脅かす危険がフランスからしかやってこないにしても、このような一面的視点は、一つの偉大な国民のためにいつまでも有益な状態をきずくにあたって、けっして規範となるわけにはゆかない。ドイツは、あれこれの隣国から、あるいは一般にあらゆる敵から身を守ることができるためだけでなく、外に向かっても強い国民だけが、国内のあらゆる祝福の源泉でもある精神を自己のなかに保持する、ということのためにも、自由でありかつ強力でなければならない。ドイツは、けっして試練にさらされることはないにしても、必要な自己感情を養い、安らかに妨げられずに自己の国民的発展に専心し、ヨーロッパ諸国民の中央でドイツがこれら諸国民にたいして占める有益な地位を、たえず主張することができるために、自由であり、かつ強力でなくてはならない。」

これは、フンボルトの、というだけでなくこの時代一般の、もっとも堂々とした言葉の一つであり、二つの時代の分水嶺に立つ言葉の一つであって、過去からそこまでのぼってきた道をなお認めさせはするが、同時に、きたるべきものにむかって、偏見のない大きな目を見開いているのである。ヨーロッパ諸国民の中央でのドイツの普遍的任務は、忘れられてはいないが、しかしそれは、シュタインの場合のように、あらゆる方面へのドイツの自由な政治的活動を妨げはしないし、またこのような活動の自由と自決は、絶対主義の自主的な政治の場合のように、権力の獲得に役立つばかりでなく、権力は、さらに進んで精神に奉仕させられる。さらにまた、彼がここで考えている精神とは、もはや純然たる個人主義的なものではなくて、国民の全生活と結びついたものである。権力と精神、個人・国民と人類、政治と文化、これらの諸要素は、この年代には人びとの頭のなかで非常に強い刺激をあたえられており、そのためにまた、非常にはげしくあちこちに震動したのであったが、ここではたしかに、たがいに理想的な均衡を保ちながら、秤盤にかかっている。フンボルトがここですでに、国家や国民国家をいわばそのありのままの姿で、のちにランケが、そしてなおいっそうはっきりとビスマルクがながめたような、あの自足と自律において、すなわち、国家に固有な権力衝動の無制限な発揮という点で、ながめたとは、簡単にはいえない。それらのもののうえには、うすくはあるがしっかりした倫理的＝精神的要求のヴェールが、なおかかっている。だがしかし、このヴェールは、ここで事態がはっきりと表現されているように、国家や権力の本性になんら拘束を加えるものではなく、それを高尚にはするが、それを妨げることはないのである。

それゆえフンボルトは、国家そのものに深い関心を寄せた点ではシュタインに劣ったにもかかわらず、——たぶんしかし、まさにそのために——シュタインよりもいっそう深く、国民的権力国家の本質に探りいった。より多くながめる人は、同一の対象に向かう場合、より多く要求し行動する人よりも、しばしば、いっそう遠くまで見通すものである。ところでフンボルトは、当時なんといっても心からの強い関心をいだいて、ドイツ国民の政治的運命に注目したのであり、そしてまた、この程度の内心の、しかし真の情熱とは無関係な愛着は、それにたいする彼の理解力を強めるのに貢献した。彼の最初のかつ不変の愛は、個人にそそがれていた。それから彼は、はやくも九十年代に、国民が個人のうえに立つことを知り、それ以来ますます深く、両者のあいだの本源的・自然的な関係を理解するようになった。彼は同じ覚書のなかで、「自然が個人を国民に統一し、人類を幾多の国民に分けるというやり方には、それだけでは取るに足らぬ個人と、個人においてのみ効用を生ずる種族とを、つりあいのとれた、漸次的な、力強い発展の正道のうちに保つための、非常に深い、神秘的な手段がふくまれている」と述べている。そこでわれわれは、あえて次のように推測する。彼は以前個人について自発性と自律を感知し、要求していたので、そのためにいままた、政治的に一体となった国民の自発性と自律を認め、かつ要求することができたのである、と。一般にわれわれの歴史的＝政治的な考え方は、超個人的な人間的結合にも個性をみいだすわれわれの感覚は、どこからきているのであろうか。それもまたやはり本質的には、たぶん一つの個人主義から出ているのであろう。ただその個人主義というのは、個人の本質についてのもともと浅薄な見解を、世俗的なはたらきのうちにますます深めてゆき、ついにその基底層に達し、それとともに、個人の独自の生活を、いっそう高い人間的結合や人間的秩序の独自の生活に結びつけている諸関係に、達したものなのである。個性、自発性、自決と権力拡張への衝動は、いたるところに存在し、それゆえまた、国家や国民のなかにも存在する。フンボルトは、当時またさらに、「諸国民は、個人と同じように、どんな政治によっても変更されない自分の方向をもっている」と述べている。これは同時に、すでにみたように、シュタインのなかにもまたグナイゼナウのなかにさえもなお影響を残していたところの、人工的な作為によってこの独自の生活を傷けた合理主義にたいする、一つの抗議であった。個人から国家にいたるまでのさまざまな段階の自主的生活が、それらの相互依存といかにして調和することができるか、という本来超越的な問題は、ここではまったく取りあげないことにする。ここではただ、ほかならぬフンボルトが、同時代の人たちの普遍主義的理想主義に惑わされずに、国民国家に、国民国家らしい内容をあたえることができた、ということを、すなわち、この問題の理念から現実性にいたる途上で、彼がシュタイン男爵を追い越すことができたということを、理解することが、必要であったにすぎない。

しかしながら、彼もまたその目標を決定的に保持したのではなく、あともどりと矛盾を免れるわけにはゆかなかった。すでにみたように、ドイツ内でのプロイセンとオーストリアの調和的な共同生活にたいするシュタインの楽観的な確信は、彼の政治的普遍主義をも養ったあの同じ倫理的理想主義から生じたものであった。フンボルトのドイツ憲法計画も、つねにドイツの二大強国の協力をあてにしていた。「オーストリアとプロイセンのしっかりした、全般にわたる、けっして中断されない調和と親善こそ、全体の建造物のかなめ石である」と、一八一三年十二月の覚書のなかでは、述べられている。彼はまた、一八一六年九月三十日の、ドイツ連邦にかんする重大な覚書でも、[53]「プロイセンとオーストリアが共同で連邦を指導するのが、本当であり、本来の姿であろう」と述べ、また連邦を、「かれらの和合を維持するための、もっとも確実な手段の一つである」と、明言している。しかし、彼はたしかに、この構想を最初からいだいてはいなかったようにみえる。一般に同盟を結ぶためには、オーストリアとプロイセンの調和という、このしっかりした要点が、まさに最初からあたえられていなければならず、この要点はまったく政治的なものであり、かつまた純粋に政治的な原理にもとづくものだ、という一八一三年十二月の彼の言葉を読むならば、彼が、シュタインとちがって、たぶん、あらゆる非政治的なもの・超政治的なものをこの関係から除去しようとし、自分自身を戒めて冷静であろうとつとめたことが、またしても非常にはっきりと、りっぱにわかるのである。しかし、はたして彼は、純粋な政治がただそれだけで、オーストリアとプロイセンの親善を維持するように心がけるだろうと、信じていたのであろうか。彼が自分にこのことを納得させようとしていろいろな根拠は、ひどく苦しい響きを立てている。[54] オーストリアがドイツおよびプロイセンとのあいだに、純粋に政治的な基礎のうえに永続的な利害の調和を保つことができるということを、もしも彼がほんとうにかたく信じていたとすれば、彼が一八一五年にオーストリアのドイツ帝位に反対して、そんなことをしても、オーストリアの非ドイツ的な政治を防ぐいかなる保証もなお得られない、と主張することは、少なくともおこらなかったであろう。「もしだれかが、まさしく帝位のために、オーストリアはドイツに有害な取引を決意しないであろう、と信ずるならば、強国はつねに、その現実的利害がいやおうなしに要求するように、行動せざるをえない、ということを、その人は忘れているのである。」[55] 彼はまた、一八一六年にも、「他方の多数者にさからって、全精力を傾けて何事かをなし遂げることが大切であるような計画が、もし万一存在する場合には、」[56] プロイセンはオーストリアをあてにすることはできないであろう、ということを、最近の諸経験にもとづいて、ふたたびさとった。それゆえ彼は、ドイツにおけるオーストリアの政治の精神について、またオーストリアとプロイセンの協力の可能性について、おそらくシュタインよりもいっそう懐疑的に考えているのであるが、それにもかかわらず、首尾一貫する勇気がなく、このような弱い基礎のうえに立つ連邦の生存能力を、一般に否定することはなかった。[57]

たしかに当時の情勢では、ドイツ連邦を、また連邦内でのオーストリアとプロイセンの協力を、せめてためしてみる以外には、まったくなんの方策も残っていなかったのであって、ほかならぬフンボルトのような現実的な方向をもった政治家までも、必然の命ずるもののもっともよい面を取ろうと努力し、ほとんど見込みのない企てにもわるい顔をしなかった、ということは、理解されるのである。しかし、それゆえやはりフンボルトは、なおいくらか非政治的な理想主義を混入しているという嫌疑を、完全に免れているわけではないし、しかも、彼にあっては、このような理想主義のまったくはっきりした痕跡が、他のいろんな点にもあらわれているから、なおさらである。われわれは以前すでに、ほかならぬ彼が、一八一三年十二月の憲法計画のなかで、ドイツ連邦のための保証を強大なヨーロッパの諸国、特にイギリスとロシアに委ねようとする不幸な提案を行なったことを、認めた。もちろん彼は、その後ただちに、ドイツの国内問題にたいする外国の一切の干渉を遠ざけようとすることによって[58]、この保証をふたたび制限し、無害にしようとしたが、しかし、権力と存在という対外政治の重大問題については、ドイツは、憲法にもとづいて強大な二つの外国の親しい援助を希望しても、さしつかえないはずであった。――われわれは彼の思想を、なんといってもこのように解釈しなければならない。

フンボルトは、この謬見をシュタインと共有したばかりでなく、さきに強調したあの第二の謬見、すなわち、ハノーヴァー経由で憲法にもとづいた影響をドイツ連邦の指導のうえに及ぼすことを、イギリス政府に許してもよい、という謬見をも、共有した。そうだ、オーストリア、プロイセン、ハノーヴァーおよびバイエルンから成る四頭管理局を組織しようとする、一八一四年三月のあのシュタインの理念は、フンボルトがすでに一八一四年一月に提案していたものを[59]、さらにいっそう発展させているにすぎない。もしも、オーストリアとプロイセンだけに宣戦の権利を委ね、バイエルンとハノーヴァーをそれから除外することが、躊躇されるならば、「この困難は、かれらをこの権利に関与させることによって、容易に除かれることができるだろう。もっともわたしは、これをまったく是認するというわけではないけれども。」この否認は、おそらくイギリス＝ハノーヴァーの関与にかんするものではなかった。なぜなら、反対に彼は次のようにつづけているからである。「ハノーヴァーと一致するイギリスが、その際やはり、つねに発言権をもつからといって、また、バイエルンが名義上口をはさむにしても、それにもかかわらず強大な国々に従わねばならないからといって、そこからしかし不都合の生ずることは、ほとんどありえないであろう。[60]」彼はすこし前に、ドイツはあれこれの隣国にたいしてのみならず、どんな敵にたいしても兵備を整えていなくてはならない、と明言していたからといって、イギリスがいつかドイツの敵となるかもしれない可能性のことを、はっきりと考えてはいなかったのである。

それゆえ彼もまた、ドイツの国民的自律という偉大な思想をはじめて概念的に鋭くとらえた人物の一人であったにもかかわらず、この思想を首尾一貫してしっかりもっていたわけではなく、彼もまた、国家生活のなかには超国民的な共通性があり、これこそ政治的に頼りにすることのできるものであり、そのうえにこそ自国民の存在も同時に基礎づけられうる、という信念から、完全に解放されているというわけではないのである。

彼をじゅうぶん理解するために、われわれは、すこし前に彼について述べたことを補い、またいくらか制限しなければならない。彼がドイツの国民的・政治的な生存のために提出した倫理的＝精神的要求は、国家や権力の本質をなんら拘束する必要はなかった、とわれわれは語った。しかし、その点でも彼は、あくまでも首尾一貫していたわけではなかった。ドイツの構成についての、また、彼がドイツにあたえようとした政治的統一の程度についての彼の思想は、このことを示している。彼は、自主的国民という理想をかかげたと同じ一八一三年十二月の覚書のなかで、同時に、ドイツの細分化を、その精神的教養の多様性のための前提であるとして賞賛しており、それゆえ彼は、ドイツの細分化が完全にやむことを、望まなかったのである。時おりすばらしくあらわれる彼の現実感覚も、同時にまた、明らかにこの希望を支持した。なぜなら、彼は次のようにつけ加えているからである。「ドイツ人は、自分が共通の祖国内の一つの特殊な国の住民であると感ずることによって、自分がドイツ人であることを意識しているにすぎない。」これは、王朝や種族についてビスマルクが語った有名な主題を、ただちに思い起こさせる言葉であり、それゆえ、ドイツが緊密な統一国家になってほしくない、という彼の意見は、ドイツ国民の当時の発展段階にかんがみて、きわめてきびしい現実政治的批判の裁きの前にも、よく立ちつづけることができるのである。ところで、彼がこれに関連して、ドイツの自然な方向を、――「一つの集団に融合している」フランスやスペインとは反対に、――「諸国家から成る一つの連合であろうとする」控え目な目標に限っていることは、たしかに奇異な感じをあたえる。それゆえ彼は、ここでは、国家連合と統一国家のあいだの中間物のことを何も知ってはいない。彼は、国内の多様性を対外的な緊密な統一や力と結びつける連邦国家のことを、知っていないか、あるいは、なんといってもそれを得ようと努力してはいないのである。しかし、彼はたしかに、連邦国家を断念したことについては、きわめて現実的な洞察を証拠だてる一つの理由をもっていたのであって、このことをわれわれは、ふたたび承認しなければならない。数年後に彼は、一八一六年九月三十日の覚書のなかで、「本当のところ、その二つの構成員が(その他の構成員のことはしばらくおいて)非常に強くなっているところでは、真の連邦国家はもはや可能ではない」と述べている。[61] しかもわれわれは、まさにこの一八一六年九月三十日の覚書を読むとき、現実政治的な諸理由とはちがったものが、依然としてドイツについての彼の目標を規定し、制限している、という印象を避けることはできないであろう。彼はここで、次のように述べている。[62]「連邦がヨーロッパの政治と関係をもつかぎり、われわれはけっして、連邦の真の目的、本来の目的を忘れてはならない。この目的とは、平和の保障である。それゆえに、連邦の存在全体は、固有の重力による均衡の維持をねらっているのである。ヨーロッパ諸国家の系列のなかへ、個別的に考えられた比較的大きなドイツ諸国家のほかに、さらに一つの新しい集合国家が――あるときはそれ自身で行動し、あるときはあれこれの比較的強大な諸国家に協力したり、それら諸国家の前壁の役に立ったりする、一つの新しい集合国家が、――かき乱された均衡に刺激されてではなく、いわば自分勝手に活動しながら、登場することになれば、その場合には、均衡はまったく阻害されるであろう。ドイツそのものが侵略国家になることがあっても，――もっとも，真のドイツ人なら，そんなことを欲するはずはないが，――その場合だれもそれを妨げることはできないであろう。というのは，ドイツ国民は，外への政治的志向をもたなかったあいだ，精神的・学問的な教養の点で非常に顕著な功績をあげてきたことは，いままでよく知られているが，しかし，このような政治的志向がまたこの点にかんしてどのように作用するかは，なお不確かだからである。」

ドイツについての目標も，全体としてここでは，一八一三年のりっぱな言葉においてよりも，著しく低く置かれている。連邦の対外的な唯一の目的である「平和の保障」，それは，自己感情によって高められた，自由な強いドイツを，誇り高く仰ぎみたのちに，なんと控え目に響くことであろう。一八一三年十二月の日々と一八一六年九月の日々のあいだに起こった事柄が，たぶん，彼のいろんな希望の減少を，多くの点で明らかにするであろう。ドイツ連邦の憲法が，フンボルトの望んでいたよりもはるかに弱体な，わるい結果に，一たび落ちついたのちには，ドイツの対外政治全体のための諸前提も，またちがったものになった。フンボルトが一八一三年十二月に予期したような，ドイツの戦争と平和にかんする決定が二つの指導的強国の手中におかれている連邦は，フンボルトがいま述べたような，「一切の行政権が完全に欠けているという」極端な欠陥をもつ連邦よりも，ドイツを対外的にいっそう力強く代表することができたし，またそうしてもさしつかえなかった。そんなに貧弱な機関をもつ連邦から，なんらかの偉大な国民的政治を期待することは，許されなかった。なぜなら，その際なんといっても，ごまかしまたは陰謀だけが出てくる危険があったからである。それゆえ，いまやフンボルトが，連邦議会に「行きすぎた統一の概念をあたえ」，それによって，あるがままの連邦ではまったく実現できないようないろんな希望を起こさせることのないように，警告したのは，理解できることである。そこで彼は，患者の弱い体力を正しく評価する冷静な医者として判断し、そこでいまやまた彼は、プロイセンの独立が中心のない連邦によって、すなわち、群小国家の政治によって、束縛されるのに耐えることができない、特にプロイセン的な政治家として、判断したのであった。それゆえ、外国にたいする自主的で強力なドイツの代表団体を彼がいま断念したことは、たしかにまた大部分は、現状への思慮ある適応であったが、しかし、一八一三年の言葉と一八一六年の言葉とを比較するならば、次のことは否定できないであろう。すなわち、彼はまた自分の文化理想のために、ドイツが自主的な権力国家に発展することを、十分な意味で望んではいなかったということ、彼の国民政治的な理想は、十八世紀の世界主義的教養から来ている諸理念によって、ドイツ人は文化国民・人間性国民たるべき使命をもっているという観念によって、弱められた、ということを。あるいはひとあって、フンボルトは、ドイツが一つの征服的な国家に、すなわち、自己の権力政治をたくましうする国家になるという、ただその一事を妨げようとしたにすぎない、との異議を申し立てようとするかもしれない。ある武器を隠すことによってその濫用を防ごうとする人は、一般にその武器にたいして不信の念をいだいているものと考えられる。ドイツ国民が「外への政治的志向」をもつことを、彼は危険なことだと思った。このことは、彼がプロイセンの政治家として、また連邦憲法の冷静な批判者として、連邦議会の対外政治にたいして当然に異議を唱えなければならないことを、越えていた。

それゆえ、この一八一六年九月三十日の覚書は、一つの鋭くきびしい政治的洞察をふくんではいるけれども、それは、まったく非政治的な起源をもつもろもろの要求と、密接にからみあっていたのである。この文書は、近づいて観察すればするほどますます増大するその内容の微妙さのために、一般に不思議な魅力をもっている。われわれはここではただ、この思想のつながりのなかで、われわれの主題にとって重要な意味をもつ、もう一つの特徴だけを、指摘しておきたい。

すでに述べたように、連邦議会が一度形成されたら、フンボルトはただちにその活動を制限して、この連邦議会がつねに、「いろいろと積極的影響を及ぼしたり、自発的活動をしたりするように定められた機関とみられるよりは、むしろ防衛的な、消極的に作用したり、不正を妨げたりする機関とみられる」[63]にすぎないようなぐあいにしようとしたが、これは、現実政治的にまったく正しい考えに立つものであった。この点をさらに深く考えるならば、ひとはおそらく、一般に連邦議会の歴史的効果について、比較的おだやかな判断に達するであろう。すなわち、悲嘆もしくは嘲笑の気持から理解の気持にはいりこみ、連邦議会の非生産性を、一八一五年にドイツにつくり出された状態の、自然のかつ順当な結果とみるであろう。しかしフンボルトはこのことを、完全に首尾一貫した形ですでに了解していたのであろうか。われわれは、そうではないと考える。彼は一度連邦と連邦議会を拘束しようとしながら、それにもかかわらず、さらにまた、それが少なくともある高さまでふたたび飛びうることを期待したのだから、非常な内的矛盾におちいっているのである。連邦議会が一方で不正を妨げるべきでありながら、他方で自発的な積極的活動を控えるべきであるというのは、そしてさらに、連邦はドイツの独立を守り、その防衛を組織すべきではあるが、しかし独立の対外政治を行なうべきではないというのは、一つの和解しえない二律背反である。有効に妨げなくてはならない人は、また有効に活動しえなくてはならないし、有効に防衛しなければならない人は、少なくとも、また有効に攻撃しうる可能性をもたなくてはならない。一つの国家は、それが国家連合にすぎない場合にも、フンボルトが国家から期待したことをやりとげるだけでも、彼が国家にあたえようとしたよりももっと大きな活動の余地を必要とした。木から養分を奪いとることはできないこと、その木からなお非常にわずかな成果しか期待できない場合にも、やはりそうであることを、彼は了解していなかった。連邦は——そしてそれとともに、この考察はふたたびわれわれの主題に合流するのであるが——国民政治的な自律を享有することなしに、国民政治的なもろもろの機能を営まねばならなかったのである。シュタインとはちがった、いっそう曲りくねった道を通って、フンボルトはこのような誤謬に達した。彼にあっては、政治的なものと非政治的なものとが、はるかに微妙にかさなりあっている。しかしながら、この誤謬の最後の源泉は、彼にあってもまた、政治的認識の非常な鋭さにもかかわらず、彼が完全には克服することのできなかった、国家にかんする非国家的見解の残滓のうちにあるのである。

(1) Stein 3, 191.

(2) Ulmann (Über eine neue Auffassung des Frh. vom Stein, Histor. Vierteljahrsschrift 1910, 153 ff.) がこれにたいして唱えている異議は、わたしを納得させはしないが、しかし、ここかしこで、わたしの議論をいっそうはっきりと表現し、その正しさをいっそうはっきりと証明するように、誘った。わたしの見解のもう一人の反対者 Hans Drüner (Der nationale u. der universale Gedanke bei dem Freiherrn vom Stein, Histor. Vierteljahrsschrift 22, 1, 1924) にたいしては、わたしは、Histor. Zeitschr. 131, 177 で、簡単に答えておいた。わたしは、彼の議論も、また G. Ritter がその Steinfestrede (Archiv f. Politik u. Gesch. 1927, 7) のなかでわたしに向けた簡単な言葉についても、入念に考慮したが、しかし、わたしの立証にかんして変更すべき点を、なんら発見しなかった。本書の注のなかには、これらの意見に対抗するためにぜひとも必要なものが、含まれている。

(3) グナイゼナウあて、20, Februar 1809. Lehmann 3, 25; それは、アダム＝ミュラーの次の言葉 (Elemente 2, 148) を想起させる。「諸国民は、ひとりでそして自分自身によって、みずからを救わねばならない。」

(4) 10. Sept. Lehmann 3, 157; Pertz, Stein 3, 152 f.

(5) Lehmann 3, 193; Pertz 3, 208 および 210 参照。

(6) 3, 377.

（7）　Ulmann, S. 158 は、「あの言葉のすこし前に、シュタインがロシアに同様の役割をあたえようと思っていたことは、なんといっても、この見解とはほとんど一致できないであろう」と述べている。しかし、シュタインはそこでは、ただロシアだけでなく、「ロシアとその同盟国」について語っているのである。しかし、外国の独裁政治は、当然、高度に国民的な目的に奉仕すべきであったし、それは、当時また、彼がもち合わせた唯一の手段でもあったが、しかし、シュタインが、このさけられない不幸を不幸と感じなかったのは、奇妙なことである。

（8）　3, 160.

（9）　Pertz 3, 202. »fortreissen«「引き離す」という表現は、反フランス的連合への加入を強いることと関係しているにすぎない、と Ulmann, S. 160 は述べている。この文章のきびしい表現と、彼が見取図を描いたドイツの未来像の末尾での彼の態度は、この主張の誤りであることを、示している。この憲法はプロイセンにとって非常に都合のよいものだったので、プロイセンをそれに「強いる」ことは、必要でなかった、と述べている。わたしは、もちろんまた、これが本当だとは思わないが、しかし、「引き離されること」はまた「強いられること」と同一ではないし、また、憲法作業およびそれとともにプロイセンの受け取るべき贈り物も、イギリス、オーストリア、ロシアから出発すべきである、とシュタインが考えていた事実は、片づけるわけにはいかない。

（10）　L'Europe et la révolution française I, 39.

（11）　Histor. Zeitschr. 95, 448.

（12）　わたしの Leben Boyens 1, 380; 2, 70.

（13）　Pertz, Gneisenau 2, 423.

（14）　a. a. O. 2, 422.

（15）　当時予想された王位継承者は、摂政殿下の娘であって、彼女は、結婚によって、新しい王朝をイギリスの方へ引きよせることもできたであろう。

(16) Pertz, Gneisenau 1, 469; Histor. Zeitschr. 62, 505.

(17) Pertz, Stein 3, 238は、上述の計画が開陳されている一八一二年十二月七日の摂政殿下あての手紙の抜粋を伝え、それを、ミュンスター伯の手になるものとしている。しかし、グナイゼナウ伝のなかでは(2, 439 ff.)、彼は、その手紙の完全な原文を、しかもグナイゼナウの署名つきで示しており、そしてまた同書六七四ページで、ミュンスターが筆者であるという以前の陳述をはっきりと撤回しながら、いまや完全な原文を、グナイゼナウの「自筆の原稿」から引き出したことを、認めている。彼はたぶん、その後グナイゼナウの自筆のフランス語の草稿をみいだしたのであろう。それゆえわれわれは、グナイゼナウが筆者であることを当てにしてもよいであろう。しかも、その手紙の文体がまったくグナイゼナウにふさわしいものであるから、なおさらそうである。この手紙のなかの「わたしが(これらの計画を)イギリス政府に提示してから、すでに三年になる」という一文は、たぶんまた、ミュンスターよりもグナイゼナウにいっそう無理なく適合するであろう。ところで、もちろんNassauer Archivのなかには、一つの写本があり、それは、匿名ではあるがミュンスターの秘書の手になるものであって、かつ、「ミュンスター伯より摂政殿下にあてたもの」という、シュタインの傍注を備えている(Stern bei Schmidt, Geschichte der deutschen Verfassungsfrage 1812-1815, S. 43, Anmerkung および Lehmann, Stein 3, 263, Anmerkung)。そしてさらに、シュタインもまた、すでに一八一三年三月十六日に、この手紙をミュンスター伯の手になるものとしているが、しかしそれは、なんといっても、Sternがそうしているように、Pertzがグナイゼナウ伝のなかで文書の鑑定にもとづいて行なっているはっきりした陳述を、それを理由にしてしりぞけるには、不十分である。それゆえ、シュタインが、その写しをたぶんミュンスターの仲介で受け取ったであろう手紙を、そこでまたミュンスターによるものとしたとき、彼は思いちがいをしていたにちがいない、と考えられる。――一八一二年十二月十四日のイギリス外務省あての請願書のなかで、グナイゼナウは上述の計画を重ねて開陳し、イギリス政府になるほどと思わせているが、この請願書は、Pertz, Gneisenau 2, 454 ff.では、不完全に、また翻訳されて伝えられているのであって、完全なフランス語の原文でこれを伝えているのは，Stern(Forsch. zur brand. u. preuss. Gesch. 13, 180 ff. のなかで)である。

(18)　Histor. Zeitschr. 62, 514.

(19)　Pertz, Gneisenau 2, 493.

(20)　Gneisenau 2, 674.

(21)　Wenck, Deutschland vor hundert Jahren 1, 148.

(22)　Pertz, Gneisenau 2, 369；グナイゼナウは，この言葉を，自分自身と同国のプロイセン人にたいする戦闘で，ロシアに味方し，——グナイゼナウの考えるところでは——故意に死をもとめたティーデマンの運命に，結びつけている。

(23)　Lehmann 3, 182.

(24)　Ulmann, S. 157 に答えることになるが，わたしは，ドイツ諸邦の境界をこのように思うままに取り扱う態度を，なおただちに普遍主義であるとは考えないが，しかし，それと非常によく似たものだと思う。なぜなら，それは，諸国家の歴史的な独自の生活をみあやまり，一般的な理性的規範をふりまわす点で，普遍主義と一致しているからである。Ulmann は，その起源を十八世紀の宮廷政治にみいだしているが，この宮廷政治は，もう一度 Sorel の言葉(上の本書一八二ページをみよ)を思いおこさせるが，十八世紀の精神的潮流とどこまでも無関係であったわけではけっしてなく，また，Ulmann がさらに思い出させるジャコバン党員たちも，周知のように，そうではなかった。かれらが「近代」フランス国民思想の主張者であったという彼の意見は，かれらの国民主義もなお非常に強く世界主義と融合していた，ということを，まったく見あやまっている。

(25)　十二月二十二日頃である。Pertz, Gneisenau 2, 467；Lehmann, Stein 3, 279, Anm. 1.

(26)　Schmidt, S. 59 ff.

(27)　Pertz, Stein 3, 46.

(28)　a. a. O. 3, 418.

(29) 25. Dez. 1813, Histor. Zeitschr. 80, 260.

(30) 3, 350.

(31) Pertz 4, 110 ff.

(32) すでにこの結文によってだけでも、列強の仲裁者たる地位は、ドイツの利益と考えられているのではなく、一般的な利益と考えられているのだ、という Ulmann, S. 163 の意見は、否定される。

(33) Histor. Zeitschr. 60, 396.

(34) Histor. Zeitschr. 80, 264.

(35) Drüner 44 ff. は、ロシアとイギリスの政策にたいするシュタインの不信の言葉を、引き合いに出している。シュタインがしかし、このような不信にもかかわらず、ロシアとイギリスによるドイツ憲法の保証を、我慢のできることと考えた、ということは、われわれの見解の正しさを裏書するだけである。Drüner は、ふるい理念と新しい理念が戦いあう過渡期に生きた一人の思想家が、はじめから、首尾一貫した統一的な思考様式や行動様式をもちうることを信じ、そして、わたしもけっして否定しはしない、シュタインの現実政治的な、また近代的・国民的な印象をあたえるもろもろの特徴を、ただそれだけ主張するという、方法的な誤謬をおかしている。

(36) Pertz, Stein 3, 719; Schmidt, S. 131.

(37) Die Ideen Steins über deutsche Verfassung. Erinnerungen, Aufsätze und Reden, S. 95.

(38) Ulmann, S. 162 は、ドイツの中央における非ドイツ人の支配を、シュタインが国民的教説にたいする一つの恥辱として否認していることを、引き合いに出している。たしかに彼は、どのような非ドイツ的精神をも望まなかったが、しかし、彼が、ハノーヴァーを通じてなんといっても事実上流れこんでいるイギリスの影響を、許すことができたということは、まさに、彼がドイツ的なものと非ドイツ的なもののあいだの境界線をわれわれとはちがったふうに引いていたことを、示している。彼の国民感情は、外国の傍系にドイツの王位を留保する、こんにちもなお(すなわち一九一八年以前)有効な法よりも、いっそう自主的なものである、とUlmannがさらに進んで述べるとき、それにたいしては、次のことが答えられなくてはならない。一、この法は旧来の実定法であるにすぎなかったが、こんにちの法感情の表現ではなかった、ということ、二、人びとは、歴史的経験にしたがって、早晩おこる外国の傍系の国民化を期待していたから、それに耐えることができたのだ、ということが。――Ulmann, S. 165に反対して、わたしはやはり、シュタインをただちに「心からの世界主義者」とはけっして考えないことを、認める。どんな時点にも有効であるとはかぎらないが、特定の重要な時点にはたしかに有効な、世界主義的な由来をもつ諸観念の付加物を、わたしは主張したにすぎない。――Ulmann, S. 166がさし示しているところの、ビスマルクが外国の勢力に譲歩した例を、わたしは、シュタインの譲歩に似たものであると認めるわけにはいかない。ビスマルクが一八五〇年に、一八一五年の保証人たちのドイツについての判定を、認めようとしたとは、一般に伝えられていない。Ulmannは、すでにもっと以前に、オルミュッツ演説についてFesterと論争した際(Histor. Vierteljahrsschrift 1902, S. 55)、一八五〇年のビスマルクを、現実的である以上に保守的であった、と考えているが、それにもかかわらず、Ludwig v. Gerlachの伝える、一八五〇年十一月二十日のビスマルクの言葉(「一七四〇年のフリードリヒ二世が彼の模範である」)によって、適切に反駁されている。それゆえ、ここでもまたUlmannは、同一の歴史的人格の内部でさまざまな思想の糸が組み合わさっていることを、認識することができなかった。一八六七年にビスマルクがルクセンブルクを放棄したのは、精神的にわずかになかばドイツ的であった地方にかんする事柄であり、自主的な国民政策の現実政治的な手段であって、なんといっても、シュタインやフリードリヒ＝ヴィルヘルム四世の政策とはまったくちがった性格をもつものであった。

(39)　おかしなことに、G. Ritter (a. a. O. 20)は、「シュタインは、全ヨーロッパの利害の性質をあまりにも考慮しすぎたのではなくて、あまりにも考慮しなさすぎたのである」という命題で、わたしを反駁するつもりでいる。わたしの本当の意見は、本文が示すように、次の通りである。シュタインは、上述のいろんな場合に、普遍主義的＝倫理的な先入見から、イギリスとロシアの政策を、あまりにも楽天的な光にてらしてながめ、かれらの現実の利害を十分に評価しなかったのである。現実の全ヨーロッパではなくて、理想の全ヨーロッパが、彼の目に浮んでいた。それゆえわたしは、Ritter の命題を是認することさえできるだろう。Ritter はさらに、中部ヨーロッパの解放にたいするヨーロッパ列強の関心のうえに自分の計画をたてようとする、一八一四年から一五年にかけてのシュタインの努力を、もっぱら現実政治への最初の不確かな萌芽に帰着させ、あたかもわたしがこの萌芽を認めないかのような、描写をしている。上の本書一九三ページに述べたことからわかるように、これもまた、一つの誤解である。

(40) Denkschrift vom August 1813, §§ 28 および 30, Schmidt, S. 65 f.; Denkschrift vom 17. Februar 1815, Pertz 4, 744; Lehmann 3, 439 参照。

(41) 二月十一日のハルデンベルクとの会談にかんする彼の日記の記載参照。(Histor. Zeitschr. 60, 430)「ハルデンベルクは、(オーストリアに帝位をあたえることにたいして)嫌悪をあらわしたが、それは、オーストリアの王家および政府の活気のなさにもとづいていた。わたしは彼に、この不完全さは一時的なものであり、ここで問題なのは、憲法の組織であることを、述べる」等々。

(42) Denkschrift vom August 1813, § 27, Schmidt, S. 65.

(43) 3, 441.

(44) Denkschrift vom August 1813, Schmidt, S. 59.

(45) Drüner a. a. O. 29 ff. および 67 は、この判断を見落しており、シュタインの土くさい愛国心を指摘することによって、わたしにたいして自明のことを証明しているのである。この章で一般に問題になるのは、シュタインの思考のなかで顧みられないままになっている特徴を引き出し、一般的な関連のなかにおくことだけである。シュタインについての補足的な全体評価を、わたしはわたしの »Zeitalter der deutschen Erhebung« および »Preussen und Deutschland im 19. und 20. Jahrhundert« S. 125 ff. のなかで試みた。

(46) Schmidt a. a. O.

(47) 3, 477.

(48) 3, 484.

(49) 3, 423 f.

(50) 3, 374. 2, 81 参照。

(51) Drüner a. a. O. 39 は、ここでもまた、わたしを誤解している。わたしは、一つの「矛盾」を主張しているのではなくて、ただ、われわれは Lehmann の叙述によれば、このような一つの矛盾を想定することができる、といっているだけである。

(52) Gesammelte Schriften XI, 96; Schmidt, S. 104.

(53) Gesammelte Schriften XII, 82; Zeitschrift für preuss. Gesch. 9, 109.

(54) 「しかしまさに、オーストリアとプロイセンの関係のなかへ、どんな同盟もがもっている以上の義務的なものをまったく何ももちこまないことによって、また、これ（オーストリアとプロイセンの和合）を、かれら自身の幸福をもそのなかに含む全ドイツの幸福の基礎とすることによって、両国の和合は、自由と必然の感情を通じて強化されるのである。そこでは、両強国のあいだに従属も権力の分割も許されないから、排他的な利害をもとめる理由はまったくなくなり、これがまた、両国の和合をたすけるのである。」Schmidt, S. 108.

(55) Denkschrift vom 23. Febr. 1815, Gesammelte Schriften XI, 300, Schmidt, S. 420.

(56) Gesammelte Schriften XII, 65.

(57) Treitschke, D. G. 2, 144 は、極端にはしり、一八一六年九月三十日の覚書のなかで開陳されているような、ドイツ連邦にかんするフンボルトの見解を、「見込みのないもの」と呼ぶとき、彼は、フンボルトのなかに、彼自身の見解の代表者をあまりにも見すぎているのである。トライチュケが引き合いに出している悲観的な言葉とならんで、やはりまた、注目に値する楽観的な判断も見いだされる。すなわち、六五ページでは、喜ばしくない情勢も、「プロイセンが、当然要求することのできるものをドイツ連邦を通じて獲得するのを、妨げるようなことは、やっぱりないであろう」といい、六七ページでは、「共同防衛のあらゆる方策は、(プロイセンの正しい態度があれば)首尾よく実行されうるであろう」と述べている。

(58) それゆえ、かれらはまた、「国民的な仕事でしかありえない」憲法の作成にも直接関与すべきではなかった。Denkschrift vom April 1814, Gesammelte Schriften XI, 207, Schmidt, S. 146. のちになると、諸外国による限られた保証さえ、彼には、気づかわしいものになった。なぜなら、彼は、一八一四年四月には、なお「憲法を保証する列強」(puissances garantes de la constitution)について語っているのに、一八一六年九月三十日の覚書では、ドイツ連邦約款をウィーン会議決議書に挿入することは、なんら真の保証を意味するものでないということを、証明しようと試みているからである。「それゆえ、いまや、言葉の本来の意味では、ドイツ連邦それ自身のほかには、ドイツ連邦およびその憲法を保証するものは、だれもいない。」(a. a. O. S. 97)。Treitschke 2, 140 がすでに強調しているように、「残念ながら、論争の余地のない法律上の見解というようなものは、けっして存在しないのである。」また、下の本書第九章二二二ページ以下をみよ。

(59) Gebhardt, Humboldt als Staatsmann 2, 114 によって、正しく認識されている。

(60) Ges. Schriften XI, 113 (Humboldt an Gentz, 4. Jan. 1814).

(61) Gesammelte Schriften XII, 83.

(62) a. a. O. S. 77.

(63) a. a. O. S. 77.

第九章　王政復古時代への移行、世論のいちべつ

従来の普遍主義的教養から、新しくおこった国民的理念のなかへ流れこんで、これと融合したのは、主として二つの理念であった。その第一は、もっとも純粋な精神国民・文化国民としてのドイツ国民こそ、真の人間性国民である、という観念であり、その第二は、諸国家が一つの普遍的なヨーロッパ連合を形成すべきである、という要求であった。古典的な人間性の理想の主張者たちは、第一の思想をいだき、初期ロマン主義の年代のノヴァーリスとフリードリヒ＝シュレーゲルは、二つの思想をいっしょにいだいていた。さらにフィヒテもまたそうであったが、しかし彼においては、これら二つの思想のうち第一のものが、はるかにつよく強調されていた。いっぽうこれとは反対に、アダム＝ミュラーおよびその後さらに発展をとげたフリードリヒ＝シュレーゲルは、重点を第二の思想に移した。これら二つの思想は、国民的・政治的な生活をはげますと同時に、妨げてもいるのである。フィヒテは、人間性国民の思想に魅惑的な力をあたえることによって、決起時代の政治的熱狂をかきたてるのに協力したが、しかし、われわれがまさにフンボルトの例についてみたように、この思想は同時にまた、国民の政治的権力衝動をおさえつけるのにも協力した。第二の思想はなおいっそう直接に、政治的生活と関係をもったこと、この思想においては、精神的運動と世界情勢とがなおいっそう直接に協力したことを、われわれはシュタインにおいてみた。そしてここでは、まったく大きな、遠くに達する理念の連関が、問題なのだから、われわれが取り扱う実例のすべては、まさしく、いっそう包括的なもの、いっそう広く行き渡ったものの実例にほか

ならないことは、明らかであり、そこでおそらく、それがなければ孤立したもの、単独のもの、それゆえ奇怪なものにみえる幾多の現象のうえに、光がさすのである。たとえば、ハイデルベルクの法学者ティボー(Thibaut)が、一八一四年に全ドイツのための統一法典をもとめる、その有名な要求を提出したとき、その「真のゲルマン的意味」を賞揚すると同時に、その要求を「強大な同盟諸外国のおごそかな保証下にある国際条約」を通じて貫徹することを提案したのは、(1) なんと奇妙な感じをあたえることであろう。われわれはそこで、国民的な事柄についての外国による保証という、こんにちのわれわれには耐えがたいこのような思想が、当時の国民感情にとってはそれほど耐えがたいものではありえなかった——なぜなら、ヨーロッパにおけるドイツの地位は、われわれとはちがった目でみられていたから——ということを、知るのである。それゆえ、ドイツ連邦約款の最初の基本的な十一箇条が、ヴィーン会議の決議書に編入され、それとともに、まったく疑う余地のない保証ではなかったにしても、ヨーロッパの諸調印国が、ドイツ憲法を保証し、ドイツに干渉する権利を要求するという、なんといってもゆゆしい事態のおこったことが、一般にいまやいっそうよく理解されるであろう。メッテルニヒ自身、この編入を行なったとき、現実的な保証のことを考えていたのである。一八一五年六月五日のドイツ会議の声明のなかでは、「そこでオーストリアの全権使節は、このヴィーン会議がまだ終らないうちに、ドイツ連邦約款が、会議の他の決議と同じように、ヨーロッパ諸国の保証のもとにおかれるようになることを、特に要求しなければならない」(2)と、述べられている。彼自身は、その際もちろん、彼の理解したオーストリアの利害のことを考えていたにすぎないが、しかし、彼がそもそもこのような要求を出しえたということは、そして次に、連邦約款をそのヨーロッパ会議の決議のなかに編入することが、躊躇なくおこりえたということは、ドイツ連邦を、国民的な性格だけでなくヨーロッパ的な性格ももっている——いわば、憲法上また創立上ヨーロッパ的な性格をもっている

――一つの組織と考えたところの、ドイツ連邦の本質にかんする一つの見解を、示している。われわれは、フンボルトさえも、連邦の「本来の真の目的」をこの見解にしたがって解釈したことを、みたのであって、ゲッティンゲンの歴史家ヘーレン(Heeren)の「ヨーロッパの国家組織と関連したドイツ連邦」という論文のなかに、同様の思想を発見しても、驚かないであろう。(3) ここでは、次のように述べられている。ドイツ連邦は、ヨーロッパの一般的および特殊的利害と、きわめて密接に融合している。それゆえ、「ヨーロッパの中央国家」がどのように形成されるかは、諸外国にとっても、どうでもよいことではありえない。もしもこの国家が、ドイツの所有するすべての物質的国力を備えた、厳密な政治的統一をもつ一大君主国であるとしたならば、――どんな確実な平和状態が、ヨーロッパ諸国にとって可能であろうか。このような国家は、ヨーロッパにおける優位を専有しようとする誘惑に、いつまでも属しないでいることができるだろうか。このことは、すでにずっと前から実際の政治のなかで感じられてきたことであり、そのために、ヴェストファーレンの講和以来、「ドイツの自由を維持すること」は、ドイツにとっての任務であったばかりでなく、ヨーロッパにとっての任務でもあったのである。そこで、賢明な同盟諸強国は、攻撃には弱いが防御には強い一つの国家、すなわち「ヨーロッパの平和国家」が、形づくられねばならないことを、いまや認識したのである。

このヨーロッパの中央＝平和国家は、普遍的王国にたいする厳密な論理的対照物であると考えられている。すなわち、この国家もいろんな普遍的機能をもつのであり、ただそれが、反対の兆候をもっているにすぎないのである。「この国家は、合法的占有状態の原理を擁護するものでなければならない。なぜなら、この原理がなければ、この国家自身にとっても、もはやどんな安全もほとんどまったく存しないであろうから。」それゆえに、このような合法的占有状態およびヨーロッパの合法的諸王朝の維持を保証することは、まったくこの国家の範囲外にあるわけではない。ヨーロッパが手をかしてこの国家を守ってやり、維持してやるように、この国家も協力してヨーロッパを守ってゆき、維持してゆくのである。

冷静な歴史的思想家として、はやくも自主的な権力政治の本質を把握することができ、また、ドイツ国民国家がもっとものはげしく脅かされていた年代に、ドイツ国民国家を忠実に守ってきた一人の男が、このような構想をいだき、このような空想にふけることができたのである。(4) この年代の政治的な空気に普遍主義的要素がどんなに強くしみこんでいたかを、われわれはただあらためてもう一度知るばかりである。――すなわち、この年代には、ヨーロッパの諸国民はかれらの独立と、そしてまた独立の感情とを、とりもどしたのであったが、しかしそれは明らかに、必ずしも完全な独立ではなかったし、また特にドイツ人は、絶対的な独立の感情をとりもどしてはいなかったのである。もちろんドイツ人は、自分たちを世界国民・普遍的国民であると感じてはいた。しかし、他の諸国民がそこから世界支配への要求をみちびき出しているのに、当時のドイツでは、人びとはそこから一種の世界隷属をみちびき出し、しかもその束縛によろこんで耐えることができたのである。

こうした世界への隷属、すなわち、ドイツ連邦および、親切な保護者顔をしてその周囲に立っているヨーロッパ諸強国によって行なわれた、ドイツ国民力のこのような中立化は、その後数十年間のヨーロッパ史の主要な前提の一つになっている。すでにヘーレンの論文のなかには、正統主義的干渉政策の、すなわちトロッパウやライバッハやヴェロナの会議の思想が、あらわれていることがわかる。正統主義的普遍主義の纏繞《てんじょう》植物は、ドイツだけにかぎられていたのではなく、それは、ド＝メーストル、ボナールその他のフランスの政治的ロマン派のなかにも、非常に強くはびこっていた。しかしながら、ヨーロッパの中心部で、自主的な国民国家の精神がなおまどろんでいなかったとしたら、それは、それほど広く拡がることはなかったであろうし、またそれほど大きな意味をもつことはありえなかったであろう。

こうしたまどろみの状態が、少なくとも有力な状態であった。なぜなら、個々の活発な動きや、近代的国民国家のなかに実現されているあの政治的・国民的真実の、個別的な論議が、欠けていたのではなかったからである。たとえば、ヨーロッパ宮廷間の団結やヨーロッパ会議の政治によって、個々の国民の独自の生活に加えられそうな危険を、すでにはやくフリードリヒ＝ゴットリープ＝ヴェルカー（Friedrich Gottlieb Welcker）が、はっきりと予想しているのは、注目すべき事柄であった。[5]「一つの新しい一面的な権力が、一つの超主権的な主権が、会議国家のなかに形づくられるならば、また、『全ヨーロッパのおきて』が、ヨーロッパの、あるいは、なんといってもヨーロッパのたいていのもっとも有力な民族の、承知も同意もなしに認可されることがありうるならば、一切の関係は、事情が変わってしまう。」もしもその当時、ドイツ人が国民としてどのような憲法ももっていなかったならば、またかれらが、明白な権利をもって望むことのできる国境を維持することさえなかったならば、そこからはただ、ドイツ人は「外国にたいしては取るに足らぬものであり、有力な宮廷がすべてである」ということが、出てくるにすぎないであろう。もっともドイツ人は、かれらの諸政府にたいする関係においては、ふたたび無視できないものになりはじめる運命をもっていたけれども。次の数十年間に政府と人民を動かし、かれらを対立させる運命にあった思想を、彼はすでに先取していた。君主たちが相互のあいだに、個々の国家の性格や憲法とはまったくちがった基礎に立つ連合をつくるならば、「人民たちは必然的に、相互に理解しあい、また、おびやかされた利害のために結合する傾向を、もたざるをえないであろう。」[6]そうすれば、最後には、人民たちはかれらの君主に属せず、君主たちはかれらの人民に属しないことに、なるであろう。そこでまた――そして、この予言がどの程度まで実現されたかは、周知の通りである――ヨーロッパはもう一度二つの陣営に分かれたのであった。すなわち、一方には、正統的諸政府の団結があり、他方には、自由と自決を得ようと努力する諸国民があったのである。

この状態がつづくあいだは、政府と人民を一つに結びつける個性的な国民国家は、ありえなかったし、また、抑圧された人民が引き合いに出した、国民的自律の思想も、その場合必ずしも真に国民的な思想だったのではなく、普遍的・合理的な一つの公理だったのであって、そこでは、十八世紀の精神がふたたび勢力を得ていたのである。その場合、国民性の原理は、ナポレオン三世の理論から知られるところの、そしてまた、三月前期のドイツに広く行なわれた国民主義のなかにも、しばしばじゅうぶんみいだされるところの、あの形式的・機械的な性格を、保持していた。そこでは、人びとは、あらゆる近隣国民の自由と独立と権力に熱中することができ、そしてまたたしかに、自国民の自由と独立と権力にもすっかり夢中になることができたが、自分たちの夢想している自由な諸国民の親睦が、なんら国民的な理念ではなく、世界主義的な理念である、ということを、感づいてはいなかった。しかしながら、この政治的誤謬が、理想的であると同時に現実的な一つの原因にもとづいていたことは、これまた、まったく明らかである。現実的な原因というのは、国内における支配者と被支配者のあいだの緊張であって、それは、自由権のための闘争によって、また市民階級の向上の努力によって、すなわち、社会的・政治的な対立によって、ひき起こされたものであった。そしてこの社会的・政治的対立は、最初は一つの国家や民族の内部にちらついていたにすぎなかったが、しかし、それに似たものは、ほとんど至るところに存在したのである。それゆえ、はやくもこれによって、一つの国際的傾向がこれらの闘争のなかにはいってきたのだが、その際この傾向を非常に強めたものは、まさに、なおはたらきつづけていた世界主義的精神の理想的要素であった。

しかしながら、われわれがヴェルカーの言葉から知ったように、すでにこの時代のはじめに、支配者と被支配者のあいだの普遍的な緊張のこのような状態が、いかに不健全なものであるか、という予感は、欠けてはいなかった。彼が消極的に表現したことを、ルーデン(Luden)は、一八一四年に次のように書いたとき、積極的に表現したのである。(7)「人びとは、たがいに愛情のこもったあこがれをもちあって、次のようにいうかもしれない。つねに至るところで、国家と民族とは、たがいにささえあうために、あるいは、たがいに相手を手にいれるために、努力する。……国家と民族が一体である場合には、人間の最高の願いであり、またもっとも神聖な努力の目標であるのは、この統一を保持することであり、両者が分かれている場合には、この統一を獲得しようとする願いはいつも存在するとはかぎらなくても、この統一を獲得しようとする努力は、なんといってもたしかに存在する。同国民は自分たちを一つの国家に結合しようとし、一国家の市民たちは、一つの民族になろうとする。ある時は後者が優勢であり、ある時は前者が優勢であって、われわれ人類の生活におけるもっとも強力な活動やもっとも興味ある現象は、これらの努力から生ずるのである。しかし、おちついた繁栄、しっかりした平和、効果的な教育、および一般的な幸福は、民族と国家の統一が獲得されているところではじめて、みいだされるのである。」

平和や平穏ではなく、競争や心配や不和こそ、真の国民国家の運命であるということを、ルーデンはまたすでに知っていた。(8)すでにトライチュケが、正当にも非常に高い位置においている、一人の若い、精力的な思想家、すなわち、ヴァイマルのカール＝アウグストの副官をしていたオットカール＝トーン(Ottokar Thon)の次の言葉も、このことを語っているのである。(9)「もろもろの国家がたがいに引きあうということは、本来不可能であり、自然は、かれらが反撥しあうことを望んでいるのだ。」それゆえ彼は、シュタインやフンボルトがそれにもかかわらず絶えず可能であると思おうとつとめたことの、すなわち、オーストリアとプロイセンのような二つの独立国家がつねに同一の道を並んで歩いてゆけるだろうということの、不可能を認識した。「かれらは、双方の利益がそれを欲するあいだは、同一の道を行くであろうが、かれらの意見と利害が分かれるやいなや、その道を見捨てるであろう。」そして、この判断を二重に価値多いものにしているのであるが、この判断は、権力国家の本質をよく知っているだけでなく、諸国民の力をも、すなわち、「一つの民族が、何事かを断固として強く望む場合に、なしうることをも、」よく知っている人物から、出たものであった。十九世紀のドイツの運命の進行を、すなわち、オーストリアが東方に駆逐・追放され、ドイツの中位諸国が屈服させられ、ドイツの国民的帝国がプロイセンの武力の勝利によって建設されることを、彼ほど適切に鋭く予言したものは、ほとんどいないのである。

われわれは、世論の声をいそいで選択するにあたって、ニーブール(Niebuhr)の有名な論文「ザクセンの宮廷にたいするプロイセンの権利」(一八一四)をわれわれの問題にてらして検討するとき、なおいっそう高いところへ登ってゆくのである。そこでもまた、トーンの場合のように、ただその場合よりもいっそう深く、また思想豊かに理由づけられて、国家にたいする理解力と国民的感情とが結合していることが、認められるのであって、まさにこれら二つの理念は、たがいに結合しながら、自主的国民国家の理念に立ち至らねばならなかったのである。「一つの国家とは、自己のなかに独立をもつもの、すなわち、意志をいだき、自己の地位を維持し、また自己の権利を主張することのできるもの、を意味しうるにすぎないのであって、このような思想をまったくいだくことのできないもの、すなわち、外国の意志に従うほかないもの、また、自分の命をつないでゆくうえに、外国の意志がもっとも好都合にみえる場合には、これを利用するほかないもの、を意味することはできない。(10)」彼にとっては、歴史のなかで活動するもろもろの偉大な力の不文律が、形式的な成文法よりもいっそう高い地位を占めていたのであり、そしてまた彼は、このことを承認したのであった。もっとも、そうしたからといって、強者の粗野な権利をただちに宣言したわけではなかったし、また、倫理的理想の地盤を放棄したのでもなかったけれども。

「力を征服してわが物にするものは、一つの新しい生活を形成する。ただしその生活は、その力あるもののなかに宿っている精神のいかんによって、よい場合とわるい場合があり、多幸な場合と有害な場合がある。[11]」彼が承認したのは、強者の権利ではなくて、その時々の強者のどのような勝利によっても根絶されることのない、生き生きしたものの権利であり、それゆえ彼は、それにすぐ先だつ偉大な年代のきわめて生き生きした精神にみたされて、個別国家(ドイツの個々の国家――訳者)をさえ国民(全体としてのドイツ国民――訳者)の権利と要求のもとに屈服させることを、躊躇しなかった。「国民性の共有は、ある種族に属するさまざまな民族を結びつけたり引き離したりする国家的事情よりも、いっそう高度なものである。種族の特性、言語、慣習、伝統および文学を通じて、かれらを他の諸種族から区別する親睦が、そしてまた、自分の種族に反対して外国と結びつく孤立を、道理にはずれた行為にしてしまう親睦が、かれらのあいだに存続するのである。[12]」

しかしながら、個別国家の自律は、同時にまたこの命題によって、超国家的理念に有利なように制限されたのではないだろうか。まったくその通りである。なぜなら、彼が個別国家の上位に置いている国民性の原理は、かれのいろんな命題を関連させて吟味してみると、相変わらず、国家国民の原理であるよりもむしろ、文化国民の原理だからである。[13]それは、偉大な自然的・精神的共有物で織りあわされた、「目にみえない統一のきずな[14]」であり、しかも彼は、それを非常に広範囲に考えているので、それはオランダ人やドイツ系スイス人さえも、いやそれどころか、ある程度までイギリス人をも、いっしょに含んでいるのである。[15]もちろん彼は、ここで、大きなドイツ国民の内部に、「まぎれもないプロイセン国民」の存在をも、誇りをもって意気揚々と認めてはいるが、しかし文化国民の個別国家にたいする優位は、それによってけっして解消するわけではないし、そして、非常に特徴的なことだが、なによりもまずこのプロイセン国家国民は、彼にとっては、なんらまとまった国家国民ではなく、したがって、彼にとっては、プロイセンもまた、完全にまとまった自主的国民国家ではありえない。「プロイセンは、けっして隔離された国ではなく、それは、学問や武力や行政にすぐれているあらゆるドイツ人の共通の祖国である。[16]」それゆえ彼にとって、プロイセンは事実上ドイツの精髄となり、ドイツ国民性の擁護者となるのであって、ドイツ国民性の権利は、「全国民の大部分ではなくほんの一小部分が、それを認め、そして、心情と精神の効力を発揮させるために、それを所有しているにすぎない場合にも、なくなってしまうことはないのである[17]」と、このように彼は、あるときはっきりと語っている。

彼が国家そのものの本質について語っていることの結論と、彼が国民すなわちドイツ国民の本質と権利について語っていることの結論とを、よく考えてみると、ここには一つの二元論が、すなわち、二つのちがった原理の緊張があることが、容易に知られるのである。もっとも、彼自身はこのことを了解してはいなかった。なぜなら、彼はなんといっても、これら二つの原理が、必然的・調和的に、いっしょになって一つの全体を構成しているという思想に、完全にみたされていたからである。この思想はさらに彼を強いて、プロイセン国家の歴史をも、それが実際にそうであったとはちがったふうに、みさせた。プロイセンの歴史は、自律を得ようとつとめる、野心ある権力国家の歴史であった。しかし彼は、少なくとも一七四〇年までは、一般的なドイツの事柄にたいして、ブランデンブルク＝プロイセン以上に忠実な君主の一家はなかった、と考えた[18]。それゆえ彼は、プロイセン的歴史解釈と呼ばれているものの最初の重要な代表者であり、ドロイゼンやトライチュケの先駆者をなしている。国民的な要求が、彼の政治的認識をくもらしたのであった。ザクセンにたいするプロイセンの諸要求を、すなわち、なんといってもドイツ的理念やプロイセン国家のドイツ的使命にもとづいていただけでなく、何よりもまずプロイセンのきわめて特殊な、現実的＝利己主義的利害にもとづいていた諸要求を、正当と認めることが大切であった当時の時点で特に、国民的な要求が、彼の政治的認識をくもらしたのである。このことをニーブールは見あやまったが、しかし、この彼の誤謬は、当時の状態およびそこに動いていた諸傾向を、正確に表現したものであった。人びとは、たんなる非政治的文化国民から、一つの国家国民的存在にむかって努力した。しかし、選ばれた道の最後に横たわる目標——自主的なドイツ国民国家——は隠されており、しかもそれは、国家の事柄にもっとも精通しており、それゆえ、問題のもっとも簡単な解決はもっとも困難なものでもあるということを感づいていた人びとにさえも、姿をみせぬことがありえたのである。[19] しかしそれにもかかわらず、かれらは、それを解決したいという衝動を放棄することはできなかったので、そこで、国家と国民をたがいに結びつけようとするかれらの努力は、なんといっても、なお結びつけることのできない二つの事物を、たがいに結びつけようとする努力、という形をとるほかはなかった。それゆえ、偉大な歴史的・政治的思想家ニーブールも、ここでつまずくということが、おこったのである。彼は、国民を、国家やプロイセン個別国家をこえて、ドイツ的理念に奉仕させたことによって、将来に通ずる道を示しはしたが、しかし、過去と現在について、自主的なプロイセン国家人格の本質を抑圧した。彼は、いわば二つの路線を眼前にみたのだが、それらは遠い先ではじめて合流するはずであったのに、彼はすでに当時両者が合流していると思ったのであって、しかも彼は、それらの一方を曲げることによって、両者を押し集めることができたにすぎなかったのである。

それとともに、われわれはすでに、本書の第二部で取り扱うはずの主題をとりあげているのである。いかにもわれわれは、ドイツにおける国民国家理念の発生史が、非政治的理念の国家への浸透といかに密接に結びついているかを、明らかにしようとしたために、ここでこの問題にふれなければならなかったのである。しかしこのような浸透のいろんな実例のなかで、国家と国民の関係を確定しようとするニーブールの試みは、その思慮と深さによって、また、それが国家的な生活範囲とも非国家的な生活範囲とも気が合っていた――といいたくなる――ために、本来すでに重要なものである。――彼の試みは、国家的な領域のほうにだんぜん深く属してはいるが、しかしフンボルトよりはいっそう均等に、双方の領域に属しているのである。しかも、いまや最後にまた、ニーブールの国民思想や国家思想のなかにも、あの普遍的思想や普遍的要求の要素は欠けていないし、それによって、国家の本来の独自な生活も、そしてまた、彼の見解によれば国家の上位にある国民の本来の独自な生活さえも、制限されたのである。

なぜなら、彼もまた、ヨーロッパのキリスト教諸国は一つの統一を形づくっており、これをそこなうことは、個別国家がその国民を裏切ることと同様に、道理にはずれたことである、という思想を、主張しているからである。「キリスト教徒を攻撃するために回教徒と手を握ることは、新教徒の意見によってもカトリック教徒の意見によっても、つねに許しがたい罪悪であると思われる。」彼はさらに進んで、フランス革命にたいする正統主義の十字軍をさえも、原則的には是認した。「フランス革命にたいする同盟が、途中で明らかにどんな救済も望みえないほど、活気なくまた軽率に指導されることさえなかったならば、最初の連合の基礎になっていた教説には、すなわち、ヨーロッパ諸国の全体は、なんら実際の同盟に指導されなくても、それゆえ同じように存立するのであり、また、どの国家もヨーロッパの事柄に関与する義務がある、という教説には、当然のことながら、なんの異論もありえない。[20]」こうして彼もまた、ロマン派の人びとやシュタインのように、普遍的なヨーロッパの事柄と諸国民の事柄とが、たがいに解きがたく結びついているのを、みた。[21] それゆえ、二つの時期すなわち革命と王政復古の精神が、いまや彼のなかで触れあったのである。なぜなら、国民性は国家の上位にある、という彼の大胆な命題は、もとより一七八九年以前には考えられないことであっただろうし、一八一五年以後は、王政復古の政治家たちによって、非常に革命的なものであると感ぜられたからである。しかもニーブール自身は、なんら革命的な政治家であろうとしたのではなく、保守的な政治家であろうとしたのであって、革命によって解き放された国民の諸力にその胸を開いていたとはいいながら、彼は、まさに自分の理解したような国民性の理念によって、革命を克服することができると、信じていた。

共通の血統と共通の文化財を引き合いに出した、このニーブールの国民性理念は、ロマン主義[22]と決起時代の共通の産物であり、そしてそれは、諸国民の歴史的過去に非常に強く関連するものであったから、たしかにまた、非常に保守的な意味でさらに発展させられることも、可能であった。[23]その際もちろん、ニーブールにおいてはなおみられたところの、正統的諸王朝にとって非常に危険なあの尖端は、この国民性理念からふたたび折り取られなくてはならなかった。それゆえ、この国民性理念は、いろんな個別国家の政治にはっきりした要求をつきつけるために、利用されるわけにはゆかなかった。——それは、国家生活を抑制する原理として使用されるわけにはゆかなかったが、しかし、国家生活を生みだす原理として使用されることは、さしつかえなかった。一国民の国家生活は、その文化生活と同じように、民族精神の独特の花であり実であると理解された意味において、それは生産的であった。その場合、歴史的に伝えられたすべての制度や生活様式を、それらのものの根源である、無意識に創造する民族精神を引き合いに出して、是認し、そして、諸国家の静かな生活に加えられる一切の勝手な干渉を、自然に成ったものやもともと真に国民的なものを抑圧するものであるとして追放すること以上にやさしいことは、何もなかった。ロマン主義によって、また、絶対精神の無意識な発展にかんするシェリングの教えによって準備されたこの方策を、可能にしたのは、サヴィニー(Savigny)の指導下にある歴史法学派であった。

彼は、ティボーに反対するその論文のなかで、「あらゆる法は、まず第一に慣習と民間信仰によって、それゆえいつでも、内的な、静かにはたらくもろもろの力によって、生ずるものであり、一立法者の恣意《しい》によって生ずるものではない[24]」ことを、教えた。あるいは、彼が歴史法学雑誌の創刊に際して明確に表現したように、「法の素材は、国民の過去全体によってあたえられているのであって、偶然にこれでもありうればまたちがったものでもありうるというような恣意によってではなく、国民自身の、また国民の歴史の、もっとも深い本質から生じたものである、という考え方を、歴史学派はとるものである[25]。」

サヴィニーみずからは、当時彼の学説を、彼自身の特殊な法の領域に限ったが、しかし、国家も広い意味の法であったから[26]、まもなく国家のためにも、彼の学説から幾多の帰結が引きだされるのは、当然であった。その際国民的理念は、いわば、自由な政治的行為の領分から、すなわち、国民的理念がわざわいを引き起こすかもしれなかった政治的世界の明るみから、国民の暗い土壌にふたたび送りかえされたのであった。しかしここで、この理念はまた、もう一度——ただいっそう内容豊かになり、またいっそうたくましくなって——世界にとび出すための新しい力を、さらにたくわえることができたのである。

(1) Über die Notwendigkeit eines allg. bürgerl. Rechts für Deutschland. Zivilistische Abhandlungen (1814), S. 443. わたしは、このことを指摘するについて、フライブルクのわが同僚 Alfred Schultze のおかげをこうむっている。ティボーは、ドイツの政治的統一についても、次のように判断することができた。「政治家は、あの個別化よりも完全な統一のほうがドイツ人にとっていっそう役に立つ、ということを証明することは、ほとんどできないであろう。大国家の状態は、つねに、一種の不自然な緊張と疲弊である」等々(S. 408)。

(2) Klüber, Akten des Wiener Kongresses 2, 523. 会議の議定書では、「保証」(Garantie)のかわりに「保護」(Schutz)という表現が使われている(S. 511)。この問題全体、および、要求された保証権にもとづいてドイツの国内問題に干渉しようとする、その後数十年間の外国のたびたびの試みを、いっそう詳細に研究してほしいものである。ドイツを列強の保証のもとに置こうとする思想を推奨している、この年代のいろんな意見のあいだで、わたしはさらに、「ヴィーン会議の当時およびその後における、ドイツならびにヨーロッパの国家利害および国民的利害について」という、興味のなくはない論文を、あげておく。Germanien 1814. 独立している国民のすべてを包括すべきヨーロッパ国家連合の思想も、たとえば、Mallinckrodt, 》Was thun bey Teutschlands, bey Europens Wiedergeburt?《 1813 によって主張された。

（3）　1817. Histor. Werke 2, 423 ff.

（4）　一八一〇年に書かれて、Perthes' Vaterländ. Museum, Histor. Werke 2, 1 ff. で公表された、彼の論文》Über die Mittel zur Erhaltung der Nationalität besiegter Völker《および、Marcks, Bismarck 1, 100 f. 参照。彼のアダム＝ミュラーにたいする関係については、上の本書一三八ページをみよ。

（5）　一八一五年十二月に書かれ、その後若干の補足が加えられた Über die Zukunft Deutschlands. Kieler Blätter 2, 345 ff. (1816). ——そのほかにも、外国のドイツに及ぼす影響を恐れる声はあったが、それらは、Hagen, Öffentl. Meinung in Deutschland etc. Historisches Tagebuch N. F. VII, 639 f., 696 におさめられている。

（6）　a. a. O. S. 364.

（7）　Das Vaterland oder Staat und Volk. Nemesis 1, 16 f., 1814. ルーデン自身が著者であることは、同書二一一ページから明らかになる。——ルーデンは、たぶんヘーゲルの影響のもとに、その》Handbuch der Staatsweisheit oder der Politik《(1811) のなかで、権力国家思想をいっそう強く力説していたことは、Heller, Hegel und der nationale Machtstaatsgedanke in Deutschland, S. 142 ff. が指摘している通りである。

（8）　わたしは、ルーデンのこの洞察を見失っていたあいだ、本書のこれまでの諸版で、ルーデンを不当に取り扱ってきた。彼がむしろ、そのころ、権力国家思想の最初の代表者の一人であったことは、Elizabeth

Reissig, H. Luden als Publizist u. Politiker (Ztschr. f. thür. Gesch. u. Altertumskunde, Bd. 31 および 32) また Heller, Hegel und der nationale Machtstaatsgedanke in Deutschland, S. 142 ff. によって、証明されている。

(9) »Was wird uns die Zukunft bringen?« Wien, März 1815. »Aus den Papieren eines Verstorbenen« という表題のもとに、印刷された手稿として(一八六七)公けにされたもの。Treitschke 1^5, 682 および拙著 »Die deutschen Gesellschaft und der Hoffmannsche Bund« S. 51 参照。

(10) S. 29 f.

(11) S. 70.

(12) S. 19.

(13) 「ポンメルンもしくはマルク＝ブランデンブルクの国民性が存在しないと同じように、ザクセンの国民性といったものは、なんら存在しない。ただ、政治的個性への献身について語ることができるにすぎない」と語るとき、彼は、「国民性」と「政治的個性」とを、厳密に区別しているのである(S. 77 f.)。それゆえ、彼が、それと並んで、時おり「ザクセン国民」について語るとき、それは、便宜的な言語の使用であるにすぎない。

(14) S. 28.

(15) 「まったく離れた遠い土地に移住した、イギリス人のような移住種族は、ドイツ人のような非常に偉大な国民とは区別された国民に、成長するかもしれない。それにもかかわらず、本来の親近関係は絶滅することはないし、事情が紛糾しても、全体と全体との、また、個人と他国内の個人ないしその全体との、自然の同盟は、持続するし、それをそこなえば、つねに罰せられる。」オランダ人およびドイツ系スイス人については、次のように述べられている。「かれらが遠ざかろうとする国民の法を、かれらは廃棄することはできない。同盟諸国のスイスにたいする調停権は、これにもとづいているのだ。」S. 20 f. このような大ドイツ的＝全ドイツ的思想をもっているのは、ニーブールだけではない。たとえば、W. v. Humboldts

Gesammelte Schriften II, 136 ; Janson, Fichtes Reden an die deutsche Nation (1911), S. 34 参照。その普及と、なかんずくその理由とを研究することは、仕がいのある課題であろう。A. W. Schlegel については、O. Brandt a. a. O. S. 179, 一般に、さらに Rapp, Der deutsche Gedanke (1920), S. 82 ff., 115, 127 参照。一八四八—四九年当時の新聞雑誌の資料は、Haufe »Der deutsche Nationalstaat in den Flugschriften 1848 bis 49« (1915), S. 63 ff. に集められている。

(16) S. 79.

(17) S. 22.

(18) S. 68.

(19) Delbrück, Die Ideen Steins über deutsche Verfassung, Erinnerungen, Aufsätze und Reden, S. 93 ff. 参照。

(20) S. 20 f.

(21) 彼が、ジェノヴァ共和国の場合を、「共通の敵」を援助した罰と——なぜなら、それは同時に「イタリアの国民性にたいする違反」であったから——みなしていることは、きわめて特徴的である。S. 21.

(22) たとえば、ニーブールが、ザクセン政府の発布した、Haymons-Kinder 等のような通俗書の再版を禁ずる法令を、この政府が非ドイツ的な偏狭な意向をもっている証拠である、と非難しているのは、ロマン主義の彼に及ぼした特殊な影響を、よく示している。S. 81.「考えの深いバーク」の賞賛も、欠けてはいない。S. 96.

(23) 上の本書九一ページ参照。

(24) Vom Beruf unserer Zeit für Gesetzgebung und Rechtswissenschaft 1814, S. 14 der 2. unveränderten Auflage (von 1828).

(25) Bd. 1, 6 (1815).

(26) このことを、サヴィニー自身もまた、のちに（一八四〇年ころ）述べている。Brie, Der Volksgeist

bei Hegel und in d. hist. Rechtsschule, Archiv f. Rechts- u. Wirtschaftsphilosophie 2, 199 参照。「民族精神」の学説および「民族精神」という標語の成立は、なお幾多の見解の相違が残っているとはいえ、本書の初版があらわれて以後、たったいまあげた Brie の研究や、Mitt. d. Instituts f. österr. Geschichtsforschung 30 のなかの v. Moeller の論文や、Internation. Wochenschrift 1910 のなかの Edg. Loening の論文や、さらにまた Landsberg, Gesch. d. deutschen Rechtswissenschaft, 3. Abt. 2. Halbband によって、本質的にいっそう明らかになっている。師サヴィニーは、のちになってはじめて、自己の学説にたいしてその弟子 Puchta から「民族精神」という標語を受け取ったのであるが、このサヴィニーの学説は、Loening や Landsberg が納得のゆく説明をしているように、内面的には、ヘーゲルよりもむしろシェリングやロマン派の人びとと関係をもっている。ロマン派の人びとにあっては、Borries, Die Romantik u. die Geschichte (1925), S. 128 ff. がみごとに示しているように、その後ランケにおいて頂点に達したあの普遍的＝ヨーロッパ的歴史観との戦いのうちに、民族精神の学説への素質が、はじめから潜んでいた。本来の民族精神学説の形成については、なかんずく Jak. Grimm と Achim v. Arnim が、問題になる。Kantorowicz, Histor. Zeitschr. 108, 311 f.; Rothacker, Savigny, Grimm, Ranke, Histor. Zeitschr. 128, 415 ff. および Herma Becker, A. v. Arnim in den wissensch. und polit. Strömungen seiner Zeit, S. 30 ff. および 36 ff. 参照。アルニムは、一八〇五年に、すでにまた「生き生きした民族精神」という標語を使っているが、しかしその場合、Herma Becker が示しているように、ロマン的な民族精神理論を、いっそう近代的な、それほど純理的でないとらえ方で、主張している。さらに、Fried. Schlegel, Über die neuere Geschichte (1811), S. 213 参照。エルンスト＝モーリッツ＝アルントは、一八〇六年に、»Geist der Zeit« (6. Aufl. S. 192) の第一部で、「その自然や気候のようにはてしない、民族の神秘な精神」を、教養ある状態で、そのうえ異常な人間や状況においてのみあらわれる不変の強烈な力以上のもの、と解釈している。ところが、これとならんで、Röm. Geschichte 2, 42 (1812) のなかのニーブールの興味ある言葉は——J. Partsch がわたしにこれを気づかせてくれたのであるが——、ふたたびロマン的精神を示すとともに、歴史的な諸力の変りやすさにたいする自然のままの感覚を示している。「国民精神は、無意識なものとして、本源的独自性の存続のもっとも強力な、またもっとも純粋な保証ではあるが、人に気づかれずに変化し、しばしば、もっとも完全な志向の革命にまで立ち至るのである。」同時にしかし、当時またすでに、「民族精神」は、ハルデンベルクの治政にたいする旧身分的な反対から、しかもサヴィニーと親密な関係にあったゲルラッハ兄弟のサークルで、のちの政治的ロマン派の寂静主義的な意味で使い慣らされた。Wilh. v. Gerlach は、一八一〇年十二月に、その兄弟 Leopold にあてて次のように書いている。「われわれはいま、サヴィニーの言葉によれば法律駄作(Gesetzmacherei)の時代に生きている。……われわれの新しい諸法令のなかに、君は、時代精神すなわちフランスの精神がしばしば呼び出されているのを、見いだすだろう。だが、民族精神はすこしも問題になっていない。」それについては、Leop. v. Gerlach の論文》Ein Wort über die jetzige Gesetzmacherei《 Dezember 1810 があり、これは、Leonie v. Keyserling, Studien zu den Entwicklungsjahren der Brüder Gerlach 1913, S. 36 f. および 132 ff. にある。——わたしが本書の初版の二四五ページ(原著——訳者)で述べた、ヘーゲルは最初この標語を歴史学派の意味で使用したのではないかという推測は、Loening によって訂正されている。ヘーゲルの民族精神とサヴィニーおよびロマン派の人びとの民族精神のあいだには、はっきりした区別が存在する(下の第十一章をみよ)。しかし、とにかくかれらに共通なものは、進化論的な要素であったが、一方、この年代にすでに必ずしもまれではない、「民族精神」という言葉の自由主義的＝政治的な使用は、大体において、それを免れている。「民族の固有の精神」という Kalisch の呼びかけのなかでは、しかし、自由主義的要素とロマン的要素とが融合しているように思われる。——「民族精神」という言葉は、ロマン的でない意味では、すでに十八世紀の終わりころにあらわれている。F. K. v. Moser, Über die Regierung der geistlichen Staaten in Deutschland, S. 167 (Dr. B. Wachsmuth がわたしにこれを知らせてくれた)は、一七八七年にこの言葉を使っている。さらに、Fr. Kluge は、Campe 1794, Reinigung und Bereicherung II, I, Vorrede 20 から、「民族精神と民族感覚の純化」をわたしに教示してくれた。Kantorowicz, Hist. Zeitschrift 108, 300 は、ヘーゲルがこの言葉をすでに一七九三年に知っていたという指摘を、それにつけ加えている。またRosenzweig, Hegel und der Staat 1, 21 ff., Heller, Hegel und der nationale Machtstaatsgedanke in Deutschland, S. 31 および Metzger, Gesellsch., Recht und Staat etc., S. 317 f. 参照。アルントは、この言葉を新しい世紀のはじめに使っている。Müsebeck, Arndt 1, 61, 121.

第十章　ハラーとフリードリヒ＝ヴィルヘルム四世のサークル

国民的な、また国民国家的な考え方の二つの大きな主要潮流、すなわち、自由主義的なそれとロマン的＝保守的なそれのうち、われわれは今後もっぱら後者をあとづけ、(1) いまや、ノヴァーリス、シュレーゲル、アダム＝ミュラーおよびサヴィニーの思想やシュタインのドイツ政策から、フリードリヒ＝ヴィルヘルム四世およびそのサークルの思想に通ずる道を、確定したいと思う。さてそこで、まず第一に、ほとんどわれわれの道を横切って建てられているかのように、ある人物の体系があらわれるのであるが、彼は一八一五年後の平和時代に、ロマン的であると同時に政治的な気持をもった人びと、特に、将来統治しようとした若い世代の人びとに、強力な影響を及ぼしたにもかかわらず、国民については、かれらにほとんど何も語ることができなかった。この人物とは、カール＝ルードヴィヒ＝フォン＝ハラー(Karl Ludwig von Haller)のことである。しかし、まさにその力強い影響のために、われわれは彼を無視することはできないのであって、彼の性格と彼の国家学のうち、たとえ一部分ほんの間接にではあっても、国民および国民国家の問題にともかくもふれている側面を、十分に検討しなければならない。

アダム＝ミュラーが国家学綱要の講義をはじめたと同じ一八〇八年に、ハラーはその「一般国家学概論」(Handbuch der allgemeinen Staatenkunde)を公けにしたが、それはすでに、彼の学説のあらゆる本質的なものを含んでいた。しかし彼は、いっそう静かな平和時代にはいって、一八一六年以後彼の「国家学の復旧」(Restauration der Staatswissenschaft) 六巻があらわれたときに、はじめて、公衆にいっそう強い印象をあたえたのであった。なぜなら、国民的な解放戦争を準備し、ささえていた精神的気分には、彼はなおうまく適合しなかったからである。ドイツ国民は独自の、かえがたい精神的価値を守らなければならない、というあの高い信念も、プロイセンの改革者たちや、そしてまた、ノヴァーリスからアダム＝ミュラーにいたるロマン派の人びとが感じていたような、あの、個別国家の内的国民化をもとめる衝動も、彼のなかにはすこしも認められない。ロマン派の人びとがふるい封建的秩序に感激した場合にも、それは、このふるい秩序を何か実際とはちがったものと考えるか、あるいは少なくともちがったふうに想像する新しい精神に立って、行なわれたのであり、この精神は、ふるい封建的秩序を、詩や哲学に由来する理想と幻想で包んだのである。ハラーも、家産国家(Patrimonialstaat)という言葉と概念をつくったとき(2)、中世の国家を自分の目的のためにみずから理想化したのであったが、しかしこの目的は、けっして理想的なものではなかった。自分の権力と富を所有し、かつそれらを自由に享受する昔の権力者の幸福を、彼は、無遠慮にかつ率直にほめそやした。彼の学説には、物質主義的・利己主義的傾向がしみこんでおり、彼の学説が神や神的な事柄の助けをもとめる場合にも、それは、どのような神秘主義も、また内的宗教心さえもともなわずに、行なわれるのであり、むしろ、自分の所有物とそれを保証する世界秩序のなかに、神の摂理と祝福がはっきり啓示されていると思う自己満足の気持で、行なわれているのである。権力と支配こそ、自然の法であると同時に神の法でもある——これが彼の学説の核心である。

彼はあるとき(3)、次のように語っている。元来、君たちを支配しているものは人間ではなくて、その人にあたえられている権力であり、君たちが事態を正確にかつ哲学的に観察するならば、神こそ唯一の支配者であり、いつまでもそうであるのだ。一つには創造者として、一つには、人間のあいだに分配されているあらゆる権力の立法者および調整者として、と。これによって、彼はいまやたしかに、権力崇拝すなわち成功崇拝をただちに招きいれたのであって、ここから、生存競争の教えや、たえず行なわれる最良者選択の教えにいたる道は、けっしてそんなに遠くはない。彼は、弱いもの、支配されているものを慰めるために、かれらに次のように呼びかけている。(4) 最高段階の幸福の獲得は、いったいだれに、永遠に閉されているであろうか。われわれは、全世界において、また歴史全体を通じて、万物がつねに移り変わるのをみないであろうか。富めるものは貧しくなり、貧しいものは富むようになり、力強いものは弱くなり、弱いものは力強くなり、名もない種族が脚光をあびるようになり、有名であった種族が闇のなかに沈んでゆくのではないだろうか、と。彼の諸前提は、彼に好ましいものであった以上に、はるか遠くまで及んだ。なぜなら、彼の実際の目標は、いかにも、革命的専制権力を克服して、ふるい家産国家の権力を正当と認め、これを再興することだったからである。彼はまた神様をも利用したが、それは、権力それ自身を是認するためだけでなく、中世が立ちつづけていたちょうどその場所に権力が停止するように、権力の進行に必要なブレーキをかけるためでもあった。正統な権力と正統でない権力とのあいだに、権力の正しい使用と正しくない使用とのあいだに境界線を引こうとする、このきわめて素朴な、そしてまったく感情的な論証と試みとを、われわれはここで詳しく論ずる必要はない。なぜなら、すでに気づかれたであろうように、この全体系のなかでは、思想ではなくて意志が、しかも伝統的な生活理想によって極度に規定された意志が、語っているからである。彼の主張したものは、なるほど真の中世ではなかったが、しかし、中世的な生活形式の最後の響きであった。ふるい時代は、その嫡出の息子のなかで、ここにふたたびその頭をもちあげたのである。彼は、ロマン派の人びとのように、中世を、歴史的な空想や反省を通じてはじめて生き返らせる必要はなく、中世は、この尊大でがんこなベルンの貴族のなかに、はじめから自然に生きていたのであり、(5)また、彼の青年時代の教養(6)および彼ののちの理論さえもの依然著しい特徴をなしている。(7)啓蒙主義と合理主義の痕跡も、このふるい時代の最後の固陋な人びとの目には、けっして不都合なものとは映じなかった。なぜなら、彼は、いわば、啓蒙主義や合理主義の衣装にふれたにとどまり、その本性にはふれなかったからである。十八世紀のベルンの門閥支配(Geschlechterherrschaft)は、強力な、のんびりした、血色のよい貴族政治だったのであって、それは、豊かな土地で生計を立て、その臣民を国庫主義(Fiskalismus)で苦しめる必要はなく、へたな多頭政治で法外に苦しめようともせず、とりわけその農民を穏やかに、家長的に取り扱かった。(8)このような生活は、かつて祖先たちの一段すぐれた手腕や力によって得られたものだという、気持のよい追憶を引き合いに出すことができたし、そしてまた、人びとは祖先たちの手腕や力自体に値しないものではなく、それゆえ、この生活を妨げられずに味わいつくす権利がある〟という意識を、引き合いに出すことができた。そして人びとは、まさに権力の享受によって、倫理的にも改善されると感じなかったであろうか。「君たちはいたるところで、権力あるもののほうが、本来、いっそう高貴であり、いっそう雅量があり、いっそう有益であることを、見いだすであろう。(9)」「自己の優越感、恐怖がないこと、欲求がないこと以上に心情を高尚にするものが、いったいあるであろうか」(10)と、ハラーは語っている。

よい法および権力のよいはたらきにかんするこのような見解において、まったく明瞭なことは、ハラーにとっては、国家および一般に生活全体は、少なくとも自分の犬を支配する乞食から、完全に独立であるという「すばらしい、心を高める幸福を享受し」、それゆえこのピラミッド全体の頂点をなす君主にいたるまでの、上下に秩序づけられた無数の権力関係＝支配関係に解消した、ということである。すべてはしかし、固有の権力でありうるにすぎないのであって、譲渡されたものではありえない、と彼は教える。君主がみずから固有の権利として所有する権力は、どんな人間の心にも書きこまれている良心の命令や道徳律によって制限されるが、彼の語るところでは、権力者は特に、これらの命令をよく聞かなくてはならない。これに反して、君主もしくは政府が表面上国家もしくは人民の委託を受けて行使する権力は、じつは、仔細に吟味すれば、これまたなんら譲渡された権力ではなくて、つねに事実上の固有の権力であるにすぎないが、しかしそれは、譲渡の擬制と幻想によって、おそろしい専制政治にみちびいたり、すでに正しい根拠をもっているあらゆる権力関係＝支配関係の破壊にみちびいたりするのである。

事実上の権力関係にたいする健全な、現実的理解力が、ここで実際に関係していることは、まぎれもないことである。革命のフランスにおいてさえも、国民の一般的意志がいったいいつ支配したであろうか、と問うとき、彼は必ずしも誤ってはいないのである。むしろあらゆる党派は、自己の大胆な言行によってその権力を戦い取り、人民の意志に反してまでもそれを保持していたのであり、また、いわゆる特権を敵として戦ったフランスの兵士たちは、かれらのおもむいたすべての国での、最初の特権所有者だったのである。「おお、破壊することのできない天性よ！」(11)と、彼は、意気揚々として叫んだ。しかし、この固有の権力にたいする彼の確かな感覚は、どんな現実の政治的権力も精神的な諸関係に基礎をおいていることを拒むむら気に変っていったが、じつは、権力自身が領主的・貴族的生活の狭い範囲を脱け出せば脱け出すほど、すなわち、中世的な諸王朝の私的権力が近代的な意味での国家権力になればなるほど、このような精神的諸関係はますます幅の広い、大規模なものになるのである。しかし、彼の生活感情全体はあの狭い範囲に由来するものだったので、彼はどこまでもこの狭い範囲に没入しており、それゆえに、この狭い範囲をこえている一切のものを、否認し排撃した。その際しかし、彼がすでにその賞賛する家産国家の内部に、この国家をそれ自身のうえに高め、近代国家に向かってみちびいてゆくもろもろの力を、いやいやながら認めなければならなかった、ということは、奇妙なことであった。中世後期の不可分制と長子相続権制度は、周知のように、純然たる王朝的利害から生じたものではあったが、しかし、一たび実行されると、この制度は、君主支配の本質についての家族的見解をくつがえし、国家が一つの緊密な統一体であり、君主の自由な恣意《しい》よりもいっそう高い法則に従うものだ、という思想を準備し、また一般に、いっそう大きな政治的共同体の確固たる基礎をつくりだした。ハラーは、これらの影響がみえなかったのではなく、それがわかったために、その原因を悲しんだのであった。もしも長子相続権と不可分制が、だんだんと至るところで行なわれるようにならなかったとしたら、いつでも、一独立領主のその隷属者たちにたいする単純な自然の関係が、目につくにすぎないであろうし、すべてをおおう統治権についてのあの誤った体系、あの空虚な理念は、けっして生ずることができなかったであろう。それゆえ彼は、――まったく正確な本能をもって、――不可分制と長子相続権のうちに、近代的な国家発展の根源的錯誤(πρῶτον ψεῦδος)をみたのである。しかも彼は、他方、世襲領主が自分の心にかなってなしうるもっとも合理的なことは、取得したものを長子権と不可分制によって確実にすることだ、ということを、承認しなければならなかった。それゆえ彼の体系全体は、たしかに彼の立論の基礎をなしていた権力者の自然的優越(Pleonexie)が、同時にそれを破壊する諸要素を生みだすという、内的矛盾の病にかかっていたのである[12]。

権力と支配にむかう力と衝動は、まさに彼の見解によれば、それらが領主的存在を凌駕する危険のあるところで、正確に停止すべきものであった。それゆえ彼は、首尾一貫して、強大な国家一般の反対者であった。広大な君主国をみると、学者たちの理解力はぐらついてしまう、と彼は考える。「なぜ人びとは、そのような、緊密に結合した恐ろしい集団を、その他の世界にとって恐ろしいものを、必要とするのか[13]。」「比較的小さな諸国家こそ、真の、単純な自然の秩序であり、自然はさまざまな道を通っても、けっきょくはいつもふたたび、比較的小さな諸国家に帰着するのである。(14)」国家が多ければ多いほど、美しさと多様さもそれだけいっそう多くなるし、ひとの心を高める独立という宝を享受する人間も、それだけいっそう多くなるのである。マケドニア王国分裂後の小アジアは、なんとすばらしくはなかったか。また、十二世紀以後そこにたくさんの独立した侯国や共和国ができたとき、イタリアはなんとみごとではなかったか。中世とルネサンスの境界線にあるこれらの権力者にたいするヤーコプ＝ブルクハルトのひそかな共感を、ほとんどわれわれは想起するであろう。もっとも、これらの権力者は、国家を有力な個人のための嗜好品にしたのではあったが、(15)しかし、明らかにその際また、ハラー自身はいわなかったことだが、近代国家一般をつくりだすのにも協力した。かれらは、冷静な合理的権力政治の精神と、権力手段をいっそう正確に計算する精神とを開くことによって、すなわち、その後ハラーやロマン派の人びとによってあしざまにいわれた絶対主義の時代をみたすとともに、諸国家を外にむかって拡大しただけでなく、内的にも強化し、それらの国家に統一と人格と自律をあたえた、まさにその精神を開くことによって、このような協力を行なったのである。すでにみたように、アダム＝ミュラーはある程度まで、ヨーロッパの国家人格のこの雄大な発展をたどることができたが、ハラーはそれをなしえなかった。「あらゆる個々の国家は、それぞれ絶対的な統一をもち、絶対的に隔離され完結したものである、という、自然に反するとともにキリスト教的でもない教説は、すべてのものをたがいに敵対させる以外に、なんの役にたつであろうか(16)」と、彼は問うている。同様に彼は、国家自身の権力のために国家を一つの現実的な共同体に、すなわち、多くの精神的・物質的要求全体の集合的総括にますます高めてゆくところの、内的国家形成も、好きにはなれなかった。市民の社会(societas civilis)が存在するという想像は、彼にとっては、いとうべきものであり、「いわゆる国家目的」について、彼は軽蔑をこめて語った。そして「一般的」という言葉は、総じて彼には、それだけでも憎むべきものであった[17]。

ところで彼は、すでに国家の精神的単一性を否定したのに、どうして民族《フォルク》や国民の精神的単一性を承認するはずがあったであろうか。彼は、君主の人民《フォルク》について語らずに、「その全体が人民とよばれる個々の人間[18]」について、語っている。彼は個々の人間を、流れのぼり流れ去るようなもの、また、比較的多くの、もしくは比較的よい養分をみいだす場合に数を増すようなもの、とみているにすぎない。しかしまた、彼の見解によれば、その養分は、直接もしくは間接に、君主の存在と富に依存しているにすぎないのである。「一君主の人民とは、ばらばらな多数の人間であり、無限に異なる義務をもつ、従属的な人びとともしくは自発的に奉仕する人びととの集合体であって、かれらは共通の主君以外には何物も共有しないが、しかしまた、自分たち自身のあいだに、なんらかの全体とか、なんらかの共同体を形成することもない[19]。」もちろん彼は、はなはだ自分の意に反する人民や国民の概念を、なんといっても完全に打ち殺してしまうわけにはゆかなかった。君主に対向しての固有権の擁護のうちに同時に一般的利益の擁護を見、国民の指導的社会層を国民そのものと同一視することができた、旧身分的な考え方のなかには[20]、すでに国民的理念のかすかなきざしが現われていた。完全にこの考え方のような意味で、ハラーはあるとき、「国民が、すなわち、国民のうちの第一級の人びとやもっとも高貴な人びとが、自発的に引き受けている[21]」ような責任を、「国民的責任」と呼んでいる。「人民の戦争《フォルクスクリーク》」が存在しうるということを、彼は、その比較的ゆるい人民概念のゆえに、承認しない[22]。しかし、それにもかかわらず、子供の父にたいする、また召使の主人にたいする自然の愛情から、法律上の義務がなくても臣民がその君主を助けに急ぎ、そこで、君主といっしょに「一つの全体、一つの心および一つの精神」を形成するということは、起こるかもしれない。「そうだ！　危急の場合には、しばしば全国民が自発的に急いでやってきて、健全な名誉感情と感激をもって、また、君主および柔弱化してしまった君主の側近者のそれをすら往々凌駕する耐久力をもって、戦うのが、みられた」[23]。それゆえやはり、むら気で利己主義的な彼の教説からも、ヴァンデー人やティロール人やスペイン人の戦いにおいて突然あらわれたような、また彼の同国人であるスイス人のなかに生きていたような、あの古風な国民精神の微風が、時おり吹いてくるのである[24]。それゆえ彼は、なお絶対王政の興隆以前に存在し、絶対王政のもとでも遠隔の地方では維持されていた、あのいっそうふるい段階の国民生活を、全体として、そっくり素朴に反映しているのである。そして、このような遠隔の地にあっては、政治的な行政圏は小さく分裂しており、それらをいっそう大きな全体に結びつける諸理念も、むしろ家長的＝家族的な特徴をもっていたのであって、十分に意識されることはめったになかったが、それにもかかわらずその際また、感性的な大きな力で、突然あらわれることもありえたのである。しかし、これらの諸理念が平静な時代にはその後ふたたびまどろみに沈みこんだと同じように、これらの諸理念は、ハラーの思想世界においても、ただ折にふれてきらめいているにすぎない。

それゆえハラーは、ロマン派の人びとよりもはるかに古めかしくかつ原初的であり、近代的な国民的潮流に触れることも、かれらよりもはるかに少ないのである。文化国民の思想も国家国民の思想も、彼の体系においては、いうに足る役割をつとめてはいないし、また、「一般的」という言葉をきらって、領主的小国家の土くれをこんなに根気強く固守した彼において、世界主義的＝普遍主義的傾向を推測する人は、いないであろう。それにもかかわらず、われわれはまたハラーにおいても、しかも、ロマン派の人びとからわれわれによく知られている、カトリック教会政治の理想化という形で、この傾向に遭遇するのである。なるほど彼は、一八二〇年にはじめてカトリック教会に改宗したのであるが、しかし、彼みずから証言しているように、心のなかではすでに一八〇八年以来これに属していたのであり、それゆえ彼は、彼の体系全体を、すでにカトリック化的意向をもって立案したのである。もちろん彼のカトリック主義は、家産国家という原始的存在にたいする感激ほど、根強くかつ本源的なものではなかった。彼自身の告白から推論されるように、彼がカトリック主義を好むようになりまたそれを必要としたのは、何よりもまず、彼の政治的体系を築くための貴重な基礎としてであった。彼の心をローマ教会にたいする同情でみたしたものは、まず第一に、革命的理念にたいする共通の反対であった。しかし彼はたぶん、その後まもなく、この同盟者は彼自身よりもいっそう強力な武器をもっているということを、感知した。純粋な家産国家の思想や平和な領主的田園生活の描写だけでは、新時代の諸権力をもはや圧伏することができないだろうという予感が、また、それらの権力の陶酔させる普遍主義にたいしては、同様に普遍的な、世界を包括する諸理念が必要なのだという予感が、彼をいくらかローマ教会のほうに引きつけたにちがいない。「君たちは、諸国家からなる一つの国家、いわゆる世界市民国家を望んでいるが、だれがキリスト教会よりもりっぱに、それを実現するであろうか」[25]と、彼は叫んだ。しかし、それだけではない。教会は、一七八九年の諸原則の世界主義的な害毒にたいして、世界主義的な解毒剤を提供したばかりでなく、まさに教会の普遍的、超国民的、超国家的な権威と権力とは、彼の家産国家のもっとも危険な敵である近代国家と近代国民にたいして、一つの有効な制限であった。権力にたいする彼の鋭い感覚と、そしてこの感覚と非常に奇妙な形で結びついているところの、権力の自由な活動と発展にたいする彼の抗議とが、同時に、ここでもう一度効力をあらわした。ますます広い範囲に及んできた権力衝動によって、家産国家は滅ぼされ、家産国家をこえ、また個々の権力者の頭をこえて、新しい精神的実体がつくりだされていた。すなわち、まず絶対主義的権力国家が、ついで国民的権力国家が形づくられたが、両者はともに、国内の緊密化と対外的独立をもとめる衝動にみたされていた。そこで、ハラーの嘆いた状態になったのである。「諸国家および諸国民の境界線は、かつてよりもいっそう鋭く引かれており、どの民族も、いわばひとりで世界のなかにあろうとする。すべてのものは、たがいに隔離され、切り離され、分けられている。[26]」しかし、以前教会がいっそう大きな意味をもっていたまさにその当時には、そんなふうではなかった。「ちょうど教会がまた諸国家のなかにはいっていたように、諸国家はほとんど教会のなかにはいっていたのではなかったか。……教会は、精神的な意味で、いわば諸国家および諸国民の境界を消滅させたのではなかったか。」教会は将来、その友誼的で私欲のない仲裁裁定によって世俗的君主たちの争いを調停するという、以前の職務をさえも、ふたたび始めることができるであろうと、彼は考えた。[27]それゆえ教会は、彼にとって、近代的な国家生活・国民生活の波浪を静めるのに、役だったのである。

さらに彼は、次のように述べている。「ただ教会だけが、隣人愛を説き、しかもあらゆる君主と人民のあいだに友誼の紐を結ぶことによって、形態の多様性と精神の単一性とを、すなわち愛国心と真の世界主義とを、たがいに結合することに成功したのではなかろうか[28]」と。われわれはいま、これまで取り扱ってきたすべての政治思想家を回顧するとき、ハラーのかびくさい従者的＝氏族的な考え方からフィヒテの明るい精神性に至るまで、国民的な思考と感情のはなはだしい極端が主張されているのを、みるのである。しかし、これらすべての段階において、人びとはつねにまた、同時に普遍的理念に助けをよびもとめた。われわれをいまふたたび北ドイツの新教の世界へ連れもどす道でも、これらの理念は、さらにまた遠くまでわれわれについてくるであろう。北ドイツの新教の世界とは、すなわち、ハラーの学説をプロイセンの諸関係に利用しようとつとめた人びとのサークルのことであって、かれらは、皇太子でのちに国王になったフリードリヒ＝ヴィルヘルム四世のうちに、かれらの望み通りの君主と同時にかれらの理想的な党首をみいだし、またのちには、若いビスマルクのうちに、選り抜きの道具をみいだすと信じたのであった。そして、ビスマルクのその後の発展は、一方では、なるほどこのサークルの諸理念を爆破しはしたが、他方では、なんといってもまた、まさにこのサークルと結びついて行なわれたものであったから、このサークルの国民思想および国民国家思想の内容と諸変化を問うことは、近代的なドイツ国民国家の建設というビスマルクの歴史的業績にとって、一つの予備的な問題となるのである。

われわれの注意をひきつけている諸理念の関連と対立が、ここでもまた、その主張者たちの個人的な出会いと別離に、すなわち、人と人との精神的な交際の結合と解消に伴われたことをみるのは、興味深い事柄である。一八一一年一月にアヒム＝フォン＝アルニム（Achim v. Arnim）の設立したベルリンの「キリスト者＝ドイツ食卓会」（christlich-deutsche Tischgesellschaft）で、われわれの取り扱った思想家の二人アダム＝ミュラーとフィヒテが、年若いレオポルト＝フォン＝ゲルラッハ（Leopold v. Gerlach）と同席したが、この人は、やがて一八一五年以後の年代に、一つの新しい交友サークル、ほかならぬのちのフリードリヒ＝ヴィルヘルム四世のサークルの指導的一員となった人物である。(29) 一八一一年の食卓会では、生き生きした愛国的・文学的な気分がさまざまに混り合って支配していたが、ただこの会の中心部は、ハルデンベルク首相の平等化的な改革の努力にたいする保守的＝貴族的な反対に、傾いていた。一八一六年から一八一九年まで「こふきこがねむし」(30)（Maikäferei）の名前で存続し、そこで人生のための親交を結んだ、若い法律家や士官たちのサークルのなかでも、最初はもちろん、人びとはやはり、ロマン的なドイツ気質とロマン的なキリスト教信仰の多彩な独創的混乱のなかで、動いていた。次いでしかし、精神の透明、積極性、区別をもとめる、一つの特徴的な、まったく圧倒的な衝動が、目ざめた。人びとは、内心の感情の奔流を放棄しはしなかったが、しかし、それにたいしてしっかりした運河を掘った。そこで人びとは、最後に、きわめて情熱的な敬虔主義の思想と、すなわち、罪の感情と救済の喜びという両極端を味わいつくす強烈な主観主義と、固定した客観的規約への傾向とを、たがいに融合させることができた。人びとがいまや双方の傾向を育成し、まず第一に内心の熱情を楽しむことによって、教義や教会や礼拝にたいして無関心な気持になり、それにもかかわらず、次にまたこれらのものをつかまえ、外にむかって強く主張したやり方は、すなわち、秘教的な理想と公教的な理想の、また熱狂と自制のこのような結合は、何か特別なもの・偉大なものを所有するという意識でかれらをみたし、こうした結合の結果生じたみのり豊かな摩擦によって、かれらには、柔軟さと活力があたえられた。

このようなすぐれた内的資源は、かれらの政治的確信の力にも役だった。かれらは、かれらの従来の生活から、ドイツ的気質一般にたいするロマン的感激と、自然なプロイセン王国的愛国心と、革命のフランスからやってきたすべてのものにたいする徹底的憎悪とを、もってきたのであった。かれらが革命のフランスを憎んだのは、それがプロイセン王国の抑圧者だっただけでなく、身分的な自由と特権の、また家長的＝貴族的支配形態の、抑圧者でもあったからである。なるほどかれらは、すでにアダム＝ミュラーにおいて、一人の才智に富んだ理論家をもってはいたが、しかし、たぶん彼は、才智に富みすぎていて、積極的なものを十分に提供することはなかった。ところが、ハラーの復旧の最初の数巻は、あらゆる世俗的なもののうえに溢れるかれらの宗教的衝動にも、同時に広い門を開くような、力強い、手頃な身分的君主政体の理論をもとめる要求を、高度にみたしたのである。レオポルト＝フォン＝ゲルラッハは、すぐハラーにたいへん感激したので、友人たちに、少なくともハラーにたいして有利な証言を行なうことなしには、どんな会合にも参加しないように、忠告した。(31) 彼の弟のルードヴィヒは、一八一七—一八年という、この最初に熱した時期について、「われわれは、下からのルソー的な革命国家に反対し、神に由来する国家を支持するための、はげしい戦いに、喜んでまた感激して、没頭した」と語っている。しかしその友人たちは、その際ただちに、ハラーの体系に二通りのものが欠けているのに、気がついた。その第一は、彼がその宗教的基礎をじゅうぶん掘り下げていないこと、すなわち、生き生きした人格的な神を、神につくられた自然の背後に退かせていること、であり、第二は、これはここで特にわれわれに興味を感ぜさせずにはおかないが、「国民」という概念こそ、なんといっても神と人間の永遠の王国の美しい花であるのに、彼はこの概念を発展させなかった、ということである。ハラーが、これらの欠陥の第一のものを、教会と聖職者国家を論じたその著作の第四巻によっておぎなおうとしたことを、[32]われわれはすでに知っている。しかし彼は、第二の欠陥をうずめようとするなんの衝動も誘発も感じなかった。われわれは、この点について、さらに語らねばならないであろう。要するに、このプロイセンの政治的ロマン派グループのなかには、ハラーの体系を改良し、自分たちの生活の政治的・宗教的な諸経験を苦心してはめこもうとする傾向が、はじめから存在していたのである。

かれらの見解のこのようなその後の発展については、われわれは、二十年代には、ほんの不十分にしか知らされていない。[33]だがしかし、われわれは三十年代には、ベルリン政治週報(Berliner Politisches Wochenblatt)という形で、豊かに流れる一つの源泉をもっている。これは、一八三一年の秋から一八四一年の暮まで刊行されたもので、週刊誌の形をとった、一種の政治の百科辞典をなしている。[34]七月革命のなまなましい印象のもとで、保守的な戦闘機関の計画が、皇太子の宮廷のサークルのなかで、立てられていた。ラドヴィッツ(Radowitz)が、たぶんこの計画に実際の形態をあたえ、彼の同信者たちに、最初の編集長として、改宗者のヤルケ(Jarcke)をつれてきた(一八三二年九月まで)。彼の事実上の後継者になったのは、陸軍少佐シュルツ(Schulz)であったが、一方名義上の編集長になったのは、退役陸軍少佐シュトライト(Streit)であり、一八三九年以後は、宮中顧問官シュタイン(Stein)であった。かれらの協力者の数にはいったのは、ゲルラッハ兄弟、レオ(Leo)、ハクストハウゼン(Haxthausen)、フィリップス(Philipps)であり、時おりは、非常に尊敬されていた師のハラー自身も、これに協力した。このサークルの成立と構成は、それが、政治的ロマン派のカトリック的分派と福音主義的分派を兄弟のように総括しようとしたことを、示している。このサークルは、フランスの同じ考えの人びととも精神的接触を保っていたが、しかし、これらの人びとにたいしても、自分たちの独立の立場を守った。(35) われわれはただちに、このサークル自身のなかでも、さまざまな意見が述べられたこと、また、このサークルは、もっとも厳密な意味でのハラーの信奉者だけを包括するものでは、けっしてなかったことを、知るであろう。(36) われわれはもちろん、ごくまれにしか諸論文の原著者を確実につきとめることはできないが、しかしこの関連では、このサークルの平均的な立場を認識し、そして個々の意見の相違を、その背後にある人物も知らないままに特徴づけるだけで、すでにまた、われわれを満足させることができるのである。われわれは、またしても、われわれの主題である国民および国民国家と関係のある事柄だけを、つかみだすことにする。

そこでまず第一に認められることは、すでにみたように、ハラーにあっては重きをなしてはいたが首尾一貫していなかった自然主義的な権力思想が、法思想のために非常に抑制された、ということである。ハラーは次のように述べていた。君主は、彼の権力の自然的優越にもとづいて支配するのであるが、しかし、主なる神が万物を創造し、統治されるのであるから、君主の権力の自然的優越は、同時に神がお望みになったものと解されて、尊敬されなくてはならない。そして、君主の権力が法になるのは——彼はやはり、あらゆる権力をただちに法とみなす勇気はなかったので、さらにこのように敷衍した——時効によるだけではなく、君主が、自分より弱いものや自分の保護をもとめるものと、正式にあるいは暗黙のうちに結ぶ、特殊な契約にもよるのである。ところで人びとは、ここで結ばれた権力と法のあいだの紐が、細く不確かなものであることを、そしてまた、権力と法の超越的・宗教的な根拠づけも、不十分でありあいまいなものであることを、はっきり感じたのである。人びとは、かれらが支持しようとした諸勢力を支持するためには、いっそうしっかりした地盤を必要とし、そしてそれを、ハラーの一般的な有神論のうちにではなく、聖書のなかに示現されているような積極的な神の言葉のうちに、見いだしたのであった。そこで、ヴィルヘルム＝フォン＝ゲルラッハは、一八三三年の週報のなかの「法とは何か」という論説で、このことを詳しく論じた。(37) それによれば、政府の法は、特別な神の指令にもとづくものである。政府とは、原罪の結果であり、堕落した世界のための一つの矯正手段であって、「地上の不正を制御するために、神御自身によって定められたもの」(38) である。第二にはじめて、政府は、政府と臣民のあいだに「存在し、成立するもろもろの制度や契約」にもとづいているのであり、「しかもなお、それらのものは、あの主要な基礎と矛盾することを、けっして許されないのである。」それによって、いまや人びとは、待望の休み場を得たと思い、また、ハラーも提供することのできなかった、生き生きした歴史的発展の法のもたらす危険にたいする安全装置をえた、と信じた。しかし、ハラーのような人が、現存の権力関係を固定して、もろもろの自然的な力の流れの進路を止めることができなかったと同じように、ゲルラッハ兄弟も、法、特に現存諸政府の法を発展の流れから無造作に取りだして、顚覆や改造の危険から守ることには、成功しなかった。ヴィルヘルム＝フォン＝ゲルラッハもまた、時効と漸次的浄化によって不法も法になりうることを、認めなければならなかった。「花が温床から発生するように、法は不法から発生する。」それゆえ、不法のなかにはすでに、将来法になるはずの目にみえない萌芽が存しており、それは、神の摂理によって「熟させ」られる、すなわち、適当な時に生命をあたえられ、成熟するようになるのである。(39) しかし、こういうとき、ゲルラッハが他の場合に汎神論としてけなしたものから、すなわち、ありのままの歴史的発展過程の承認から、もはやそれほど遠く離れてはいなかった。実際、たしかにまたかれらの党派も、それにつづく数十年のうちに、もろもろの政治的権威や権力関係がほとんどすべて改造されたりあらたにつくられたりするのをみて、それらを不法としてけなすべきか、それとも、神のみ心にしたがって不法から生じた新しい法として是認すべきか、というやっかいな問題を、みずからに提出しなければならなかったのである。(40)

けっきょくにおいて、あの世的ではなくこの世的・現世的な根拠や目的や必然性を引き合いに出すすべてのものは、総じて、かれらにとっては汎神論的であった。それゆえ、すべての歴史的生成物を理解し承認しようとする歴史主義だけでなく、(41)国家や絶対的な国家目的を賛美することも、かれらには、汎神論的であると思われた。ところで、ここにはたしかに、かれらの封建的＝貴族的な利害が、口をはさんでいた。そしてこの利害こそ、国家の絶対主義のなかに、それどころか、一般的な国家人格の理念のなかにさえも、身分的特権の危険な敵を認め、それゆえハラーとまったく同様に、――そしてそれは、歴史的にはたしかにまちがってはいなかったが――革命的な権力国家＝国民国家を、絶対主義的権力国家の相続者であり継承者であるにすぎないと、考えたのである。(42)しかし、だからといって人びとは、ハラーがそうしたように、国家を、もろもろの私的な権力関係＝法関係の集合体に、完全に解消してしまったのであろうか。三十年代に、ヴュルツブルクとエルランゲンで、国法の、また保守的＝歴史的な国家観の教師として活動したフリードリヒ＝ユリウス＝シュタールは、国家を、真に公的な法の地盤にもどして、共同体として把握し、国家理念を、もう一度君主の私的な法領域のうえに置くことを、あえてした。まさにそのために、しかし、週報の狂信者たち(Zionswächter シオンの守備兵からの転義――訳者)は、彼を背教者であり、一種の羊の毛皮を着た狼であると考えた。(43)なんといっても彼は、ホッブスのリヴァイアザンを、ただいくらか優雅な仕方で、現代風の衣服を着せて、もう一度われわれのところへ連れもどしたにすぎない、とかれらは語った。[44] しかしそれにもかかわらず、かれらもまた、強力な歴史的経験や、かれら自身そのなかに生活していた国家の精神から、完全に遠ざかることはできなかった。「近代国家は、たしかに世界史の事実であり、われわれはこれを承認せざるをえない。なぜなら、われわれの民族生活を、それとまったく矛盾する他の基礎のうえに築くことは、だれもできないからである」[45]と、かれらは告白しなければならなかったのである。

それゆえ、かれらは、かれらの身分的国家のための基礎づけをもとめて、あくせくと努力したのであったが、この基礎づけは、かれらの宗教的良心と政治的良心とを同時に満足させるとともに、かれらの貴族的支配欲をも満足させるべきものであり、永遠の啓示と拒みがたい歴史的必然性ときわめて強い身分的利害とをたがいに融合させねばならなかったが、このことはたしかに、全体の非妥協的な諸原理のなかに、いくらかのまずくおおわれた出入口を取りつけることによってのみ、可能だったのである。

そして、まったく同じようなやり方で、かれらはいまや、国民の理念とも、またこの理念が政治生活にたいしてもつ重大さとも、和解しようとした。ところで、ここではもちろん、あらゆる譲歩に際して、いわば氷面で足をすべらさないように、また、憎むべき国民主権の原理におちいらないように、最大の注意が必要であった。ヤルケ[46]は、彼が非常に賛美していた、フランス正統王朝派の人びとの機関紙「フランス新聞《ガゼット・ド・フランス》」が、国民の概念をあぶなげにもてあそび、道徳的人格にまで高められたこの概念に、大体において革命的妄想がくりかえし見いだされるようないろんな機能をあたえていることを、憂慮しながら、確認した。民族《フォルク》とは、ある意味では、共通の居住地、共通の王朝、共通の法・言語・慣習、また幾世紀にもわたる喜憂をともにした共同生活にもとづく一つの統一体であることを、要するに、「たしかに一つの共通な民族性が生じ、一民族を一民族たらしめる統一体としての国民性が、そこから発展する」ことを、もちろん彼は認めようとした。しかし、だからといって、民族はまだまだ、法律上の点で一つの意志をもつ法的人格とか、団体とか、結社とかでは、けっしてないのである。

もう一人の協力者は、民族《フォルク》(＝人民)概念と国民《ナチオン》概念のあいだに厳密な区別を立てるという方策を試みた。民族とは、一国家の住民の集団であり、このようなものとして、それはなんら統一体ではなく、まして法律上の主体ではなく、個々の法的主体の多数から成り立っているにすぎないのであって、これらの多数者が自分たちを全体として、いっそう高い使命をもった、活気ある個体にまで統一することは、不可能である、と説明された。国民とはしかし、共通の言語と血統によって形づくられるものであり、それゆえ国民の概念は、民族の概念よりも、国家との関係はずっと少ない。いなむしろ、国民の概念は、国家とはまったくなんの関係もない。国民性とは、「国家とは無関係な要素であり、国家がこれに依存していないと同じように、この要素も国家には依存していない[47]。」「国民国家といったものは、なんら存在しない[48]。」それゆえ、われわれが国家国民とよぶものは、活発な人格的性格をことごとく取り去られ、政治的な構成要素となる可能性をすべて奪われたし、またわれわれが文化国民とよぶものは、一般に、政治的生活からきれいさっぱりと追い出されてしまった。こうして人びとは、この危険な概念から、毒牙を折り取ったのである。

ところがしかし、週報の欄のなかに、さらにちがった見解があらわれたが、この見解にとっては、国民という言葉は、いっそう暖かな、いっそう内容豊かな響きをもち、またこの見解は、国家と国民とをそれほど完全に切り離そうとはしなかった。目ざめた感覚とはりきった心をもって一八一三年を経験した人であって、もしその人が、当時国民の思想が――ドイツ文化国民の思想に劣らずプロイセン国家国民の思想も――国家のためにどんなことをしたかを、忘れたとしたら、彼は、自分自身を裏切ったものといえよう。あるとき、次のような記事がでている[49]。「あの当時の感激は、啓蒙主義者たちの理論に向けられていたのではなくて、祖先たちのふるい真の自由や、世襲の支配者たちに代表された諸国民の独立に、向けられていたのである」と。週報が発言させたロシアの一外交官は、それのみか、ハラーにたいして直接の攻撃をはじめ、彼が国民の概念にどこまでも耳を傾けなかったことを、非難した。(50)「ハラー氏の国家は、まぎれもない、沈黙している平均人の集合体にすぎない。……一つの国民とは、どんな他の民族《フォルク》の連合にも同じようによくはいってゆける個人の偶然的な集合なのではなくて、一つの活気づけの原理をあたえられた有機的実在(国民性)であるということを、また、さまざまの契約とは、統治の形体もしくは形式にすぎないということを、この偉大な人物はどうして見おとしているのであろうか。」国民性とは、国家をしめくくっている精神的なきずなである。法によって実定的に表現されているすべてのものは、「創造的な国民性の精神によっていろんな形態をあたえられる素材にほかならず、これらの諸形態が、全体として、一国家の憲法を形づくるのである。」「国民性こそは、あらゆる民族の生命の源泉であり、これを枯渇させる民族は、自分自身に死刑の宣告を下すものである。」

明らかにサヴィニーの学説の流れをくむこれらの理念は、ハラー自身には、まったくなんの感銘もあたえなかった。たんなる国法上の理論のなかで、諸国家の交際上の諸関係のうちに隠れている精神的な結合根拠を問うというような微妙な点にまでよじのぼることを、彼は余計なことだと断言し、国民が一つの有機的存在であるということについては、何も知ろうとはしなかった。(51) しかし、論議はそれによっては静まらず、国家のための精神的泉水である国民について、ハラーがかれらにあたえたより以上のものをもちたいと望む不満な人びとが、くりかえしあらわれた。非常に適切なもろもろの政治的考慮が、はやくもそれを促したのである。人びとはたしかにほかならぬヨーロッパの古風なもろもろの小国民に即して、かれらがその著しい特性のために自由主義的・革命的な時代精神にたいして免疫になっていることを知り、また、かれらが、どっしりとまとまり、かつ生気をあたえるつよい信仰をもって、かれらのふるい教会を忠実に守っていることを知った。国民生活の比較的ふるい段階で特に強くねばりづよい、国民性と宗教のつながりが、心に浮んだのである。正統の君主ドン＝カルロスのための勇ましい戦いで、プロイセンのハラー一派の注意をひいたバスク人たちを、さらに詳しく観察したとき、人びとは、教理問答《カテキスムス》と祈禱書のほかにかれらの言葉で何かが印刷されるのは容易なことではないが、しかし、バスク族全体が詩的な感覚をもち、また、パリやロンドンの教養ある俗衆を赤面させるにちがいない新鮮な生活をいとなんでいることを、満足げに確認した[52]。スラヴ人の国民性についても、人びとは同様の観察を行なった。国民性を奪い、教会と縁を切らせることは、残りのポーランド人を悪魔的な革命の深淵へ完全に追いこむ一番たしかな方法であろうという事情は、なんといっても、十分な考慮に値するものといわねばならない、とあるところで述べられている[53]。ここでたぶんわれわれは、フリードリヒ＝ヴィルヘルム四世の初期の親ポーランド政策をみちびいた諸見解の基礎を、はやくものぞきこんでいるのである[54]。

しかし、さらにまた、はやくもあるところでそれとはちがった一連の思想があらわれており、その際まず第一にこの思想に心をとらえられたのは、ラドヴィッツであって、彼はこの思想のために、最後にはこの派の陣営から連れ出されたのである。自由主義の力の源泉を国民的思想だけに委ねることは許されないにしても、国民的思想はまた、自由主義の力の源泉の一つでもあったのではなかろうか。自由主義は、唯物論的見解に基礎をおくかぎり、たしかに没落にむかってゆくのだ、とこのように、あるところでは述べられている[55]。しかしながら、比較的高潔な性質の人たちは、このような自由主義のうちに空虚なものを感じ、積極的な生命の源泉にあこがれ、国民的なものをしっかりもっていようとする。ところで、祖国の歴史やふるくからの固有の法関係にたいする感覚と興味にもまして、いつわりの抽象的諸観念を破壊するものは、何もないであろう。それゆえ、このような考慮は、ただちにまた、国民性とは、正しく理解されるならば、ふるい時代を保存し新しい時代にたいして免疫にするためのすぐれた手段である、という命題に通じていたのである。

これは、週報派のじつに多くの人びとが、みたところ、自己の生活経験と心情の要求と計算によって達したところの、結果であった。国家と教会と神についての、すなわち地上的なものと永遠なものについての、かれらの他の教説の連関のなかへ、これを組みいれ、こうしてそこで、単純なハラーの体系が提供したよりもいっそう豊かな段階を、すなわち、諸理念のさらに進んだ緊張を保持することは、いまやまた、それほど困難ではなかった。最上位には、当然神の啓示が立ちつづけねばならなかった。もっともその啓示は、すでにみたように、もちろんまた、ハラーよりもいっそう積極的にかつ内容豊かに、とらえられていたのである。それゆえ、法すなわち神のおきては、依然として、国民性の源泉であるとともに実定的な諸契約の源泉でもあらねばならなかったが、しかし、神のおきてと実定的な諸契約すなわち家産国家とのあいだに、「あらゆる実定的諸契約よりもふるく、いわばそれらの母である」[56]道徳的紐帯としてのほかならぬ国民性が、いまや中間項として登場したのであって、したがって法は、それが諸契約という形で目にみえるようになる前に、何よりもまず、「形のない精神的な気息」として存在するのである。一方では、高度に普遍的な、超越的な諸理念に包まれ、他方では、まったく特殊な諸理念に包まれて、すなわち、はなはだ中世的な環境のなかで、しかもなお、半ば中世的な色合をさえおびて、国民の思想は、こうして、プロイセン国家の将来の君主が所属していたサークルの政治的体系に、摂取されたのである。

しかし人びとは、かれらが承認しなければならない国民性を、どのような地盤から適切なものと考えたのであろうか。国家国民の地盤からなのか、それとも文化国民の地盤からなのか。この問題を、人びとは、根本的な鋭い形で自分に問いかけているのではなく、われわれの目の前にある週報のいろんな発言のなかには、それについての諸観念が、いくらかまじりあって流れているのである。主として身分的＝貴族的な利害関係をもっていたこれらの政論家たちにとって、主要なことは、国民的原理をできるだけ無害な形でだけ承認し、人民主権や民主政治に急傾斜する自由主義的国民思想にたいしては、いかなる譲歩も避けることであったし、いつまでもそうであった。それゆえ、このサークルの割に厳格な成員たちは、人びとの受けいれていた危険な密輸入品にたいして、ある種の不信の気持をすてることはできなかった。このことは、ルードヴィヒ＝フォン＝ゲルラッハが、一八四四年ダブリンからリヴァプールへの旅行中に、アイルランドの合併撤回運動から感銘をうけて書きおろした、国民性にかんする思想のなかに、非常に興味深くあらわれている。[57] この運動は、ポーランド人の運動のように、従来教会的な色合をもっていたために、このサークルの同情心をおこさせたが、しかし、こうした色合いが消える見込みがあるために、このサークルの心配をおこさせた、国民運動の一つであった。ルードヴィヒ＝フォン＝ゲルラッハは、そこで、――歴史的にみて、たぶん完全にまちがっているというわけではなかったが――国民性が理想化されるようになった原因を、キリスト教に、いっそう詳しくは、宗教改革に帰した。[58] なぜなら、それ以前の世界帝国においては、国民性は吸収されていたからである。「現在そうであるように、言語と文学でつくりあげられているとき、国民性は非常に重要である。国民性は、国家の精神であるという崇高な任務を、――本来普遍的な――神の教会と争うのである。それゆえ、国家は国民以前のものであり、国民以上のものであって、国民は国家からはじめて生ずるものだ、という真理は、いまこそきわめて重要であり、また有益である。国民の概念は、すべての純然たる自然物のように、何か不明瞭なぼやけたものを、まさにそのために、こんにちの汎神論的な時代精神に合うものを、もっている。[59]」それゆえ、彼にとっても、文化国民の特徴と国家国民の特徴とは、混乱・動揺していたが、しかし、けっきょく彼は、国民が国家の産物であると断言する決心をしたのである。国民を押し下げ、とじこめるためのこのような方策は、法律的・規範的傾向をもった彼の精神に、もっともよく適合するものであったが、しかしそれは、すこし前に特徴づけたところの、サヴィニーおよびロマン派の流れをくむ、彼の仲間の人たちのあの見解――それによれば、逆に、実定法と国家とは、国民性という生命の源泉から生ずるのである――とは、矛盾していた。しかもこの見解こそは、当時このサークルのなかで、だんぜん大きな好意をもたれ、その政治的思考にだんぜん強い影響を及ぼしたものであった。たしかにこの見解は、「不明瞭なぼやけたもの」であり、そのために、ある人には危険なものにみえたかもしれないが、しかしまた他の人には、それだからこそ無難なものにみえることも、ありえたのである。なぜなら、そこでは、国民的思想を、とらえがたいもの、純粋に精神的なものの範囲内にしっかりとめておいて、国民思想が近代的な形で政治的な形体をとろうとする衝動を、阻止し、しかも同時に、人びとが守ろうとしたふるくからの政治的な形体や形式を、ことごとくその国民思想からみちびき出すとともに、またこの国民思想によって正当と認めることが、うまくゆくかもしれなかったからである。しかし、われわれはいま、過度の合理化を行なわぬように注意しよう。そして、人びとが国民的理念をこのような形で取りあげ、意識の敷居をまたがせることができたのは、国民的理念がすでにそこに存在していて、当時の偉大なもろもろの経験から、すなわち、ロマン主義および解放戦争のあたえた、独自の精神的・政治的な若々しい印象から、はげしく浮かびあがってきたためにほかならない、ということを、忘れないようにしよう。

それゆえ、われわれが保守的国民国家思想と呼びたく思うものは、一七八九年の諸理念から主要な力を得ている自由主義的国民国家思想に対立して、生まれたのである。われわれはこれをさらに検討し、その意義を明らかにする前に、何よりもまず、週報の記事のなかの、いま一つのきわめて重要な証言に、耳を傾けよう。この証言は、すでにわれわれが比較的詳しく知っているこの国家思想の諸特徴とともに、われわれがさらにいっそうはっきりと了解しなければならない諸特徴をも、含んでいるからである。それは、一八三三年に出た、フリードリヒ＝ルードヴィヒ＝ヤーン(Friedrich Ludwig Jahn)の「ドイツ民族性の目じるし」(Merke zum deutschen Volkstum)という論文についての、一つの批評である。(60) この論文で、フランス風をまねた当時の自由主義者たちを叱責した、この非常に強力な体操教師は、週報の政論家たちの性に合わないことはなかった。かれらのうちのあるものは、二十年前ハーゼンハイデの体操場で、みずからいっしょに訓練に参加していたのである。(61) ただかれらは、ヤーンにたいして次の留保をつける必要があると考えた。「われわれ自身もまたドイツ人であり、あらゆる有用な人間がそうでなければならぬように、神がわれわれを置いてくださった祖国にたいして、十分な愛情をもっているし、それにたいして十分な関心をよびおこすことはできないまでも、ドイツの気質や芸術や歴史のあらゆるすばらしいものにたいしては、すっかり感激している。ただわれわれは、ドイツの空虚な外面的統一は、この真に愛国的な気持を促進するよりもむしろ、かならずや滅ぼすであろう、と考えているし、また、このような仕方でわれわれをいわゆる大国民(grande nation)にしようとする試みは、いっそう貴重な国民性を難破させてしまうということに不名誉な結果をまねくであろうと、考えているだけである。それどころかわれわれは、まちがった愛国心の幻影の犠牲に供されようとする、あの正しい多様性のうちにこそ、ドイツの祖国は、そのもとも固有の生活原理をもっている、と考えるものである。われわれはさらに、国民感情はそれ自体退けるべきものではないが、最高のものではないということを、それどころか、それは一面的に高められるならば、遺憾ながらフランス人が達したところへわれわれをつれてゆくであろうということを、「目じるし」の著者および、ドイツにたいする熱烈な愛情とフランスにたいする無限の憎悪という点で彼と同じ考えをもっているすべての人びとに、気づかせなくてはならない。このことは、こんにちのフランスのもっともくだらない汚点の一つである。なぜなら、フランス人はライン左岸の地が当然あたえられなくてはならない世界最初の民族である、という点では、王党派も、オルレアン派も、共和派も、すべて意見が一致しているからである。……しかし明らかに、それ自身で存在するかぎりまったく異教的なあの国民感情よりも、いっそう高い何物かが、存在しなければならない。このいっそう高いものとは、法にもとづく地上の神的世界秩序の承認であり、この世界秩序こそ、国民感情を浄化し、正当化するのである。この認識は、不法はつねにあくまでも不法であり、どのような口実、どのような詭弁、またどのような表向きの感激によっても、許されるものではないことを、教える。……この認識は最後にまた、ドイツの土地はどんな外国の束縛をこうむるいわれもないという口実のもとに、長いあいだ契約によって非ドイツ的君主に属してきたドイツの諸地方に侵入することは、許されないことを、教える。エルザスがフランス領になったのは、ドイツにとって一つの不幸ではあったが、ルイ十四世の再併合に法的根拠をあたえたあの強引な、悪評の高い裁判より十倍もわるい、新しい略奪組織が、いわれなく勢力を得るよりは、このことをあきらめるほうがまさっている。……それゆえわれわれは、なんら幻影を追いもとめることなく、フランス人に、その平均化された統一を、その諸県を、その中央集権と虚栄を、喜んであたえようではないか。いっぽうドイツの統一は、これとは反対に、ドイツの祖国のどんな部分にも、どんな小さな部分にも、特殊な生命が脈うっており、その生命がすべて、人びとの心に養分を供給している、まさにその点にあるのだという、いっそうすぐれた意識を、みずから保持しようではないか。」

それゆえ、この保守的国民国家思想の本質の一つは、それが、文化国民を政治的にまとめることを原則的に断念しながら、しかもこの文化国民を、いずれもドイツ精神の真の特徴をになっている大小さまざまの政治的形体が生まれ出るみのり豊かな母体と、みなしていることである。文化国民の花と実であればこそ、人びとは、大小さまざまの政治的形体が、色とりどりに、またりっぱに入りみだれて成長する有様を、認めることができるのである。文化国民自身は、ぼんやりと見通しのきかない状態で、しかし生き生きしたものを生みながら、深所にとどまっているのである。疑いもなくわれわれはここで、サヴィニーをもさらにこえて、明らかに初期ロマン主義の最初の諸理念に起源をもつ、きわめて才智にとんだ一つの思想を、前にしているのである。われわれは初期ロマン主義から、世界が個性の深淵であり、独自の特殊な生活の充満であるが、しかしそれらは、一つの精神的な紐によってたがいにつながりあっている、ということを聞いた。この見解からは、われわれがいま眼前にみている見解への直線路は、もちろんまだ通じてはいない。しかしそれにもかかわらずこの見解は、生活と歴史のなかのいたるところで、個性的に多様なもののうちに精神的な統一を、また、一見別々なもののうちに内的なつながりを見いだすための、手段となっていたのである。

保守的国民国家思想は、国民的な統一国家を国民国家と考えないで、国民から生まれた個別国家を国民国家と認めた。いうまでもなく初期ロマン主義は、ドイツ文化国民とドイツ個別国家のあいだの精神的なつながりを、まだこれほど鋭く強調してはいなかった。それは、フィヒテや人間性の理想のにない手たちと同じように、ドイツ国民をなおあまりにも人間性国民として把握し、歴史的に規定された国民として理解することが少なすぎた。しかし初期ロマン主義は、すでにその特殊な関心を、まさにこの個別国家に向けていた。それは、個別国家を国民化し、すなわち政治的な意味で国民化し、生き生きした公共的感情でみたし、こうしてそれを、内部の激動する一大人格にまで高めようとしたのであった。ハラーの学説がすでにまったく捨ててしまうおそれのあったこの思想も、週報派のサークルのなかでふたたび浮かびあがった。「国家学の必要な補足」(Notwendige Ergänzung der Staatswissenschaft)という特徴的な表題をもつ一八三八年のある論文は、(62)国家という現象のなかにいっそう高い精神的理念をみいだすためには、ハラーとならんでアダム＝ミュラーにもう一度発言させなくてはならないということを、詳しく論じた。国家の生き生きした統一は、たしかに言葉で述べられるものではなく、「その全体の豊富さにおいてながめられることができるにすぎない。」国家は「一つの根から、時間と空間のなかで神の指導と摂理のもとに一定の方向にむかって有機的に発達した、一つの普遍的な人間生活」であって、支配と奉仕の観点だけから、すなわち孤立した経済的＝法的な利害だけから、これらの諸関係を理解することは、許されない。なぜなら、歴史はこれらの巨像を、君主と人民のきわめて親密なまた崇高な精神的融合という形で配置しているのであって、これらの巨像は、ひとえにこの不思議な紐を媒介にして、世界の運命と文化を規定するものだからである。

ロマン主義に端を発し、もろもろの政治的な利害と経験を通じてさらに発展をとげた、これらのさまざまな理念が、相並んで、また入りみだれてはたらいているのをみるならば、すでにわれわれがさきに認めたことであるが、人びとは、偉大な文化国民の地盤に眠っている国民性と、個別国家の精神的紐帯である国民性とを、厳密に分けようとつとめなかったことが、理解されるのである。このことは、学問的には一つの欠陥であったが、しかし実際には、両方ともの意味で国家の国民化を促進した。そこで、実際ドイツの個別国家は、なんといってもドイツ精神の真の創造物であり、そのために、ドイツ精神から生まれた他のすべてのものと同じように価値があり、特色があるというふうに、さらにまた、生き生きした緊密な自己内統一というふうに、理解され、感じられることができた。これによってはじめて、人びとは、自由主義的・民主主義的な国民国家の理想に反対してまた重要な国民的価値をもち出すことのできる一つの国家観を、もったのである。そこで政治的ロマン派は、人民主権をやりこめるためには民族精神をつかい[63]、国民の緊密な自主的人格をやりこめるためには、第一に、どこまでも緊密ではなく人格的でもないが、しかし不思議に多くのものを生みだす全ドイツの国民性、という空想にとむ観念をつかい、第二に、そのどれもが、支配者と被支配者の長年にわたる共同生活のなかで成立した、ドイツの個々の国家人格の現実に生きている姿を、つかうことができた。急進主義のつくり出そうとした新しいドイツにたいして、ここでは、旧来のドイツの精神と旧来のプロイセンの精神とが、同時に呼び出された。自由主義的国民国家思想は、生きている国民の権利と意志を引合いに出し、保守的国民国家思想は、国民が経験したものを引合いに出した。その際両者は、ともにその力の一部を、当時の偉大な個人主義的諸活動から得ていたけれども、しかし、こちらには民主主義的・合理主義的な個人主義があったが、あちらには貴族的・歴史化的な個人主義があり、こちらでは、個々の個体は社会や国家や国民の原子《アトム》として評価されたが、あちらでは、個性的なものは一般に社会的、政治的、国民的な生活の多様な形で評価され、こちらでは、国家生活・国民生活における万人の同権が要求されたが、あちらでは、国家生活・国民生活における個々人の特殊な機能が、かれらの属している生活圏に応じて要求される、という区別があった。一方は、個人にたいする制限として、その形成に個人みずからも協力する国民意志を置いたが、他方は、国民の過去の諸時代が生み出してきたもののなかに、その制限をみた。一方は、個人と全体を調整する、意識的な最高の理性に呼びかけたが、他方は、神による歴史の絶対的な調整から、歴史の無意識な理性をみちびき出した。その場合、両者はともに、特定の社会層の現実的な強い利害を代表していたが、どちらもしかし、同時にその利害を、一つの普遍的な生活理想の範囲内に高めようとした。政治的ロマン派の宗教的普遍主義が、自由主義的国家観の合理主義的普遍主義に対抗した。

いまこそ、この宗教的普遍主義の政治的帰結を、なおもうすこしはっきりと了解すべき時である。なぜなら、われわれはほとんどすでに、政治的ロマン派の諸理念を実際にためした治世の門口に立っているからである。すでにみたように、政治的ロマン派は、国民の思想を、一方における啓示された神のおきてと他方における身分的君主政体のあいだに、注意深く組みいれ、こうして、国民思想に固有の不安定さを、その置かれている安定した環境によって、妨げようとした。われわれはいま、さらにヤーンの著書にかんする批評から、国民的な権力と偉大さの思想を抑圧するために、人びとが気をつかったことを、また、以前の不法からけっきょく時効と契約によって生じた、隣国民のエルザスにたいする権利を承認するほうが、新しい不法を行なうよりはましだ、という理由で、[64]くすねられたドイツの国土を取りもどすための戦争をさえも、許されないこと、有害なことと断言しえたことを、知るのである。それとともに、全体としての国民の利害や権力欲や自決だけでなく、個別国家のそれらも、制限され、疑いもなく、一段高い法規範に結びつけられた。それは、自主的な権力政治にたいする国家の権利の、昔に変らぬ否定ないし少なくとも緩和であるが、このような否定ないし緩和は、つねに新しい形をとってくりかえしあらわれるものであることを、われわれは知っている。もちろんここでは、個々の諸国家のあいだに一つの普遍的な政治的連合をつくろうとする政治的な夢想や理論的な戯れについては、直接にはもはや語られていない。むしろここでは、権力にたいする法の優位と、個別国家の利害にたいする普遍的な世界＝国家秩序の優位が、純理的な規範として、政治家たちの良心にしっかりとたたきこまれる。ヴィルヘルム＝フォン＝ゲルラッハの教えるところによれば、[65]君主相互間の関係は、政府とその臣民のあいだの法的諸関係と、まったく同じ状態にある。すなわち、君主たちにとっても、「道徳とキリスト教に添わないような法規範は、なんら存在しない。それどころか、道徳的・キリスト教的規範と一致しないような法規範も、なんら存在しない。すべてのものは、どんなに特殊なものでも、そこからみちびき出されねばならないし、またそこに還元されなければならない。この法的諸関係というのは、道徳的・キリスト教的な諸関係にほかならない。なぜなら、それは、人間のあいだのあらゆる他の諸関係と同じように、神の意志によってのみ調整さるべきものだからである。」

フランス人の「異教的な」国民的自負は、このような制限にしばられてはいなかった。フランスのあらゆる党派は、正統王朝派の人びとも急進的な人民主権の擁護者たちも、その権力を拡張し、その実際のもしくは想像上の現実的利害を率直かつ自由に促進するのが、フランスの自明のりっぱな権利だと考えたという、まさにそのことを、週報のサークルの人びとは、気味のわるいことであり、罪深いことであると感じた。フランスの党派はすべて一致して、外に向かって国家人格の自律を主張し、かれらの一致団結によって、アンシャン＝レジームの自主的権力国家と革命的理念の自主的国民国家のあいだの内的なつながりを、証明した。そのためにフランスは、国家と国民の道がはるかに困難な状態にあったドイツ、国家の自律も国民の自律もいまなお抑圧され妨げられていたドイツよりも、政治的に非常に優越していた。ドイツおよびドイツの君主たちは、国家相互間の権力闘争において、かれらの隣国たちが躊躇せずに使ったある種の武器を、使うことを許されない運命にあった、といわれている。かれらは、家産国家をあくまでも純粋に保持するために、それらの武器を控えなければならなかったのである。

フリードリヒ＝ヴィルヘルム四世の交友サークルが三十年代にみずからつくりあげたところの、国家と国民についての、また、これらのものの運動の原則についての諸理念とは、まさにこのようなものであった。ドイツの運命に非常に深い切れ目を入れたフリードリヒ＝ヴィルヘルム四世の統治を理解するためには、われわれは、これらの諸理念をよく知っていなければならない。なぜなら、これらの諸理念は、全体として、彼の政治の船が最後まで負いつづけた思想の底荷を形成していたからである。ところでしかし、だからといって、これらの諸理念があらゆる点で彼に所有され、彼の行動を規定したとはいえない。キリスト教的＝ゲルマン的国家学説のこのような思想集団全体は、反対者たちには、ただ一つの堅い統一体のように思われたが、すでにわれわれの取りあげた問題についてみたように、じつはけっしてそうではなかった。すでにその主張者たちが、才智に富んだ明敏な人びとであり、逆説的なことを好んだために、その思想集団は、変形とニュアンスに富んでいた。これらのものによって、かれらは、かれらの比較的せまいサークルのなかで、当時の放縦な主観主義にさしむける義務があると考えた教条的《ドグマ》束縛の、埋合わせをつけたのである。雑多な思いつきや要求のこのようなはびこりは、大いに激動する世界のさなかで行動するようになったとき、たしかに報復をうけ、人びとは統一的な行動を忘れていたことが、すなわち、その理論から実践にいたる道の多くは遺憾ながらまちがったものであったことが、いまや明らかになった。レオポルト＝フォン＝ゲルラッハは弟のルードヴィヒについて、また後者は前者について、そしてまた両者が国王について、そしてたぶんまた国王も二人について、いかにしばしば疑惑をいだいてかぶりを振ったのではなかったか。個々人が、のちになって、あやまった行動をとったというかどで、すなわち自分の理論をあやまって用いたというかどで、自分自身を非難したことも、まれではなかった。しかしながら、このような混乱の最大の理由は、かれらの理論の性格そのもののうちにあった。すでにみたように、この理論は、戦ったり行動したりすることが問題であるときに、かれらの頭と手を萎えさせてしまうかもしれない政治的寂静主義と相対主義への萌芽を、みずからのうちに蔵していた。なるほど人びとは、反対者たちのどんな新しい不正をも忌み恐れたが、しかし、のちになって、この不法から新しい法が生まれるということは、神の意志なのかどうか、もし神の意志であればどの程度までそうなのか、という疑惑に苦しむことが、なくはなかったのである。(66)

もちろんそれでも、憎むべき反対者の学説と行為にたいする嫌悪が、この相対主義を制限してはいた。そのかわりに、人びとはその体系の内的諸矛盾を克服することができなかった。人びとがハラーをこえてその体系をさらに発展させたということこそ、まさに、その長所であると同時に弱点でもあった。精神と思想において得たものを、その体系は、緊密さとたくましさにおいて、近代的な時代精神にたいする防御力において、失なった。教条的《ドグマ》体系としては、それはあまりに歴史的となりすぎたし、歴史的国家観としては、それは依然としてあまりにも教条的でありすぎた。ハラーは、国家人格と国民の思想を彼の体系から遠ざけたとき、自分のしたことをよく知っていた。用心深くかつためらいながらにすぎなかったにもせよ、これらの思想をとりあげたことによって、人びとは、近代的発展のもっとも強い力に、おさえがたい自然の力で世襲的＝身分的国家をのりこえてゆく発展そのもののもっとも強い力に、門を開いたのである。かれらは、家産国家を建てなおそうとし、また同時に、それらのものをさけるわけにはゆかなかったので、プロイセン国家人格とドイツ国民の理念をも満足させようとし、そして、それらすべてを総括しかつ正当化するために、それらすべてをこえて、個人の生活だけでなく国家の生活をも指導するはずの、最高の、宗教的＝倫理的な、普遍的な、また超越的な一つの理念を、立てようとしたのであったが――、そこには、相容れないものがあまりにも多くありすぎた。それゆえに、フリードリヒ＝ヴィルヘルム四世とそのサークルの歴史は、三十年代にはじまり、革命時代にその頂点に達したが、革命の抑制後もさらに進んで、ついにビスマルクの時代を通じてこの方向全体が解消し、変形をとげるにいたるところの、一つの大規模な分解過程なのである。

そこで、フリードリヒ＝ヴィルヘルム四世の歴史ならびにビスマルクの歴史への一種の入門とも考えられるわれわれの考察は、もはや目標から遠くはないのである。近代的国民国家の理念が、従来それを包んでいた普遍主義的・非政治的な思想のかすみのなかから、ついに勝利をおさめて勢よくあらわれ出る有様を、次に示すためには、四十年代の分解過程を簡潔に特徴づければ、十分である。

国民国家的な要素をとり入れたために、キリスト教的＝ゲルマン的国家理想が内的に解体した例として、われわれはまず第一に、フリードリヒ＝ユリウス＝シュタール(Friedrich Julius Stahl)が四十年代に、それゆえ彼がプロイセンで活動した時代に、国家と国民の関係について展開した思想を、選ぶことにする。すでにみたように、彼は三十年代には、ハラー派の極端な人びとからは、半ば背教者であるとみられていた。フリードリヒ＝ヴィルヘルム四世のベルリンで教鞭をとるようになった四十年代には、この対立は変化した。彼が一八四〇年の終わりにベルリンへやってきたとき、はじめのうちなお彼をゲルラッハ兄弟から引き離していた、ハラーについての争いは、後退した。人びとは、双方の側にいっそう深いところで一致があることを、感じた。それどころかシュタールは、一八四五年の君主政原理にかんする彼の論文によって、ルードヴィヒ＝フォン＝ゲルラッハにハラーの一面性を納得させることができ(67)、いまや彼は、同盟者であり、自由主義と革命にたいするキリスト教国家の勇敢な擁護者であると思われていた。彼が最初からもっていた折衷的・受容的な傾向を、もちろん彼は、その当時も捨てることはなかった。一方で彼は、国家生活の超越的・宗教的基礎をつかまえてはなさず、また、この基礎によって特に身分的君主政体が正当と認められることを、あくまでも主張しつづけた。それゆえ、彼にとっては、「歴史的秩序」は同時に「神的＝人間的秩序」であり、あらゆる人造物に先行しなければならない「超人間的な神の摂理」は、歴史的にあたえられた法および正統な権威のうちに、あらわれたのである。自由主義は、彼のみるところでは、同時に宗教上のあやまちであり、宗教改革の諸原則にそむくものであった。なぜなら、宗教改革は、比較的せまい宗教の範囲内だけでなく、まさにいたるところで、超人間的にあたえられたものを、第一のもの、不可避のものであると説き、人間の行為のうちには、二次的なもの、生き生きした内的習得をみているだけであって、独自の創作をみていないからである。(68) しかし彼自身は、思想を独自の形で創作するよりは、むしろ習得する才能にめぐまれていたので、自由主義からも学ぼうとした。彼は、「人間の権利、国民の独立、立憲的秩序、公的な生活評価の精神的な力」(69)を、自由主義の代表する積極的な財宝として、はっきりと承認した。国家権力を君主の私有財産にしてしまい、国家を、上下に積み重ねられたもろもろの支配関係の集合体に解体してしまった、ハラーの学説を、彼は、はっきりとそして鋭く拒否し、国家がいっそう高い倫理的秩序であり、自分自身のなかに自分の法則をもつ根源的な全体であるということを、喜んで承認した。国家とは、「人格にまで組成された民族」(70)であって、ハラーは、国家が民族の生き生きした意向にささえられることを望み、また、国家自身を、もう一度、民族内の社会生活のにない手、整理者および促進者に高めたことによって、疑いもなく、真の国民国家の姿を眼前にみていたのである。もちろんそれは、保守的国民国家の姿であって、その臣民はたんなる臣民としての地位から国家国民にまで発展していたが、その政府は、正統な歴史的基礎のうえに立っていたのである。しかし彼は同時に、いっそう広い意味での国民、すなわち、国民的意識と慣習と言語の統一性にもとづく文化国民も、諸国家の形成と境界設定にとってどうでもよいものではないという、いっそう近代的な思想にも、鈍感ではなかった。「この意味での民族こそ、国家の自然な基礎である」と、彼ははっきり語っている。それゆえ彼は、あらたな領土分割に際しては、現存の法がそれを妨げないかぎり、自然的もしくは歴史的な民族の結合が主として考慮さるべきことを、要求する。そして、一つの国民が、たとえばドイツ国民のように、多くの同族国家に分かれている場合には、「共通の国民的意識がそこに明示されまたそこで保証されているようないっそう高い国家的統一を——それは、強ければ強いほどよい——得ようとつとめなければならない。」もちろん彼は、その際同時に、「自然な」ものと「法」そのものとを、厳密に区別した。国家の法は、その臣民の国民的構成とはまったく無関係であるが[71]、しかしまた、国家の「本質的特性《エトス》」、すなわち、何よりもまず正統な政府および歴史的に伝えられた制度も、国民以前のものでありまた国民をこえたものであって、国民はこれに従わなければならない[72]。そこではたしかに、称揚された国民の自発性は、ふたたび旧来の正統な法の制限内に送りかえされており、この法にとってはなはだ危険な、ドイツ国民のいっそう強力な政治的統一を得ようとする願望は、殊勝なしかし聞きとどけられない願望の系列のなかへ、押しかえされたのである。しかしそれにもかかわらず、この願望はつねに述べられ、そして承認され、それゆえ、保守的な法＝権威国家のただなかで、一つの異質な要素を成していた。

新しい、将来性のあるものが、伝来のふるい一連の思想のさなかで、異質的な要素としてあらわれることは、もちろんしばしばみられるところであり、そこでの問題は、この新しいものが、一連のふるい思想のなかで、どの程度に生き生きと自己を主張し、貫徹することができるか、という点にある。このことは、一八四八年の諸経験がシュタールの思想世界をためしたとき、そこで明らかになるべき運命にあった。そこではまず第一に、保守的国民国家思想に固有の、歴史的に生成した個別国家の内的国民化という理念が、彼においては、その思考と努力の根底にまで達した、ということが、明らかになった。この理念は、彼がプロイセンの生え抜きでなかったことを、大いにおぎない、そこで彼は、われわれが本書の第二部でみるであろうように、好意と敵意を同時にもった一つの要素としてプロイセン国家人格にむかっておしよせてきたドイツ国民運動の大波にたいして、プロイセン国家人格のもっとも有力な擁護者の一人となったのである。しかも彼はまた、プロイセン国家そのものの立憲的改革にも同意していたのであって、その改革は、純粋な議会主義、すなわち議会多数派の支配を断固としてしりぞけはしたが、人民代表による君主政の制限、自主的な王権と民意との協力を、あからさまに承認するものであった。彼は、この民意の形成にあたって、両院の構成のなかに人民の保守的な要素が数多く代表されればよいと願っていたとはいえ、それにもかかわらず彼の憲法計画は、全体として、近代的立憲主義への本質的な一歩の前進であった。(73)

保守的国民国家思想の諸特徴は、さらにまた、ドイツ国民の理念にたいする彼の態度のうちにも、あらわれている。彼は、次のように明言した。(74)われわれがきらっているのは、ドイツ的な事柄ではなくて、革命的な事柄だけである。真の光栄ある諸特徴を、それゆえ、既得の法の厳守、社会的秩序の組織された諸関係、あやまった集中にたいする比較的小さな諸区域の独立、君主と人民のあいだの人間的忠誠のきずな、公共生活の中心点としてもキリスト教の信仰を守ること、などの特徴を、ドイツ国民にどこまでも保持させるものは、ほんとうに、ドイツの正しい統一でしかありえない、と。ここでまた、歴史的＝ロマン的な民族精神の理念が、すなわち、独自のものを生みだす国民性の理念が、人民主権の理念にたいしてもち出されている点に、注意をはらってほしい。ところで、ドイツ国民性のもっとも根本的なこれらの特徴は、フランクフルトの人びとの憲法作業によって、むしろ世界主義的理想のために、破棄されてしまったのではないだろうか、という、勝ちほこった問いを、彼がそれに結びつけたとき、それは、一つの巧みな戦術であったばかりでなく、すでにみたように、そこには、真理の一つの核心が含まれていた。それゆえたしかに、ここでもかしこでも、保守的陣営でも自由主義的陣営でも、国民的理念はもろもろの普遍的観念に——こちらでは、宗教的＝超越的な色合いをおびた普遍的観念に、あちらでは合理的＝現世的な色合いをおびた普遍的観念に——包まれ、かつ伴われている、といった状態だったのである。

シュタールの国民思想においては、この普遍的要素は、たしかにそれでも後退してはいたが、しかしまた、欠けていたわけではなかった。国家生活のなかに宗教的な諸原理をおくことは、ベルリン週報の政論家たちにとってとまったく同じように、彼にとっても、ドイツ的＝国民的原理を制限し、それとともに、現存の個別国家の歴史的な法を、ドイツ国民的原理のもろもろの帰結から守るのに、役だった。ところで、さらにまた彼においても、われわれが非常にしばしば看取したことが、あらわれていた。すなわち、非政治的な理想が政治のなかにもちこまれたために、一般に政治的諸観念の透明さがくもらされ、政治的に可能なもの・生存しうるものにたいする感覚が弱められ、しかも、何か新しいものをつくりだすことが問題であった時にあたって、特にこの感覚が弱められたのである。プロイセン個別国家のしっかりした地盤のうえで、彼は、たしかな政治的如才なさをもって活動したが、フランクフルトの帝国憲法の中央集権的傾向にたいして個別国家的利害を主張した点でも、このような如才なさを示した。しかし彼は、帝国憲法の批判にすぐれていたほどには、彼がいまやそのかわりに積極的に提案しなければならなかったものについては、得意ではなかった。一方で、プロイセンのドイツにたいする関係という、また他方で、プロイセンとドイツを合せたもののオーストリアにたいする関係という、二つの大きな主要問題に、奇妙な確信のなさをもって、また、極端に不定見でたよりない提案をもって、答えた。プロイセンはドイツの支配的勢力であるべきかどうか。彼の答は、肯定であると同時に否定であった。すなわち、彼のなかのプロイセン的心情に由来するものは、それを肯定したが、彼の非政治的・ドイツ的な心情は、それを否定した。一八四九年五月二十六日の三王憲法に表現されているような、ドイツ帝国におけるプロイセンの支配的役割について、彼は、「このような一国家の先取遺贈は、人びとが理想として、またドイツ国民全体の調和的な状態として、まさに願っているものではない(75)」と、語った。しかしもちろんそれは、さけられないことであっただろう、と彼はつけ加えた。そして、まったく同じように、いっそう緊密なドイツ連邦国家からオーストリアを除外する問題についても、彼は、肯定すると同時に否定した。彼の考えによれば、フランクフルト議会の望んだような形でなら、それゆえ、ドイツとオーストリアのあいだにさらに国家連合的な関係が保持されるならば、オーストリアの除外は、悲しむべきことではなかった。けれども、もしオーストリアが新しい連邦国家のあらゆる義務を果たすことに同意するならば、われわれは、オーストリアの加入を拒むことは許されない。——もちろんしかし、その場合他のドイツの君主たちは、プロイセンの元首たる地位をどこまでも主張することはできるし、また、オーストリアはそれにたいしてなんら異議を申し立てる権利はない、と。このように、彼は附言した。ここで法の問題と権力の問題が、いかに不可能なまた純理的な仕方で混ざり合っているかについて、われわれは、ほとんど注意をうながす必要はないであろう。そして、彼がそれと関連して、オーストリアがドイツ連邦国家に加入して、プロイセンのドイツ帝国における支配的役割を承認しようとする場合には、オーストリアにドイツ内でなんらかの勢力を認め、また、南ドイツの要塞での共同守備権その他をあたえてもよい、という提案を行なったとき、(76)それは、さらにいっそう素朴であった。政治的な誤謬の原因は、以前シュタインやフンボルトにおいてそうであったように、ここでも、ドイツ国民に自主的な国家人格のしっかりした鋭い輪郭をあたえる必要なしに、ドイツ国民の政治的統一をつくり出すことができる、と信じた点にあった。ドイツ国民がその統一を、まず何よりも先に精神的統一として——しかもそれは、同時に普遍的理念にみちびかれた統一であり、そこではまた、このような理念を仰ぎみることによって、権力の現実性にたいする感覚が危くされていた、とわれわれはつねにつけ加えなければならない——感じかつ頭にえがいていたという事実は、非常に強い影響をあとに残していたのである。

それはまた、大体において、フリードリヒ＝ヴィルヘルム四世のドイツ政策の運命でもあった。それを、さらにとらえることのできるあらゆる原因から説明し、彼の性格のいろんな欠点、彼の意欲の諸矛盾、ドイツ＝プロイセン問題のもろもろの困難、プロイセンのドイツ的なまたヨーロッパ的な姿勢にたいするいろんな妨害を叙述するといったことは、ここでなすべき事柄ではない。ここではただ、彼の国民的理想を生みだした精神的地盤が示されさえすれば、よいであろう。彼の国民的理想は、そのさまざまな要素をたがいに融合し、理念的なものと政治的なもののすべてに豊かな装飾的空想を混入しているが、そのやり方のなかには、もちろん、完全に、彼の精神の個人的な特徴があらわれてはいる。しかし、あの諸要素そのものは、われわれが初期ロマン主義以来めぐりあってきたもろもろの思想や観念に、ほとんどまったく還元されるのである。先頭に立っているのは、神聖ローマ＝ドイツ帝国再興の希望であるが、これまた、普遍的であると同時に国民的な特徴をもっている。カール大帝の帝冠をオーストリアにふたたび返し、保持させたいものだ、という、くりかえし述べられている彼の思想は、なんといっても、権力の空虚な幻影をあたえてドイツの競争者を満足させ、プロイセンのために権力の実体を確保しようとする一つの試みを、はるかにこえたものであった。権力の幻影と実体とをこのように分けることによってドイツの問題を解決するということ自体が、すでに一つの夢のような思いつきであっただろう。ローマ＝ドイツ的帝権は、かれのみるところでは、けっしてまた、たんなる幻影ではなかった。彼はそれを、一つの「まぼ《ネーベル》ろし《ゲビルデ》」(Nebelgebilde)とよびはしたが、しかしそれにもかかわらず、一つの「偉大な現実性」[77]であると、断言した。彼は、これをもとに返すためには、どのような犠牲をもはらうであろう、と、ラドヴィッツは、その統治の最初の年に、このように語っている。一つの大きな戦争に勝利をおさめれば、その地盤は用意されるであろう、という可能性をさえも、シュタールは考慮した。「その場合、彼の思想は、オーストリアの帝位のもとに自発的に従属するばかりか、彼がその従属の最初の模範を示すことであり、また、ローマ教皇と競争して、ドイツ帝国という一つの連合体をつくりだすことである。」「どんな不当な要求にたいしても、どんな平和の攪乱にたいしても共通の力を向けるという、はっきり規定された目的をもつ、ヨーロッパのあらゆる国々の一大同盟という理想[78]」が、さらにそれに結びつけられた。われわれはただちに、同様の思想をすでにノヴァーリスやフリードリヒ＝シュレーゲルやアダム＝ミュラーにおいて看取したことを想起するとともに、このことによって、フリードリヒ＝ヴィルヘルム四世が、なんといっても実際上すでにかなり世故にたけていた週報やゲルラッハのサークルの政論家たちよりも、世紀はじめの詩人や著作家たちと、本来いっそう親密な関係にあることを、容易に認めるのである。皇帝に次ぐ最高の名誉をプロイセンの国王にあたえ、彼を、ドイツ帝国の最高指揮官にしようとするフリードリヒ＝ヴィルヘルム四世の思想も、ゲルラッハがかつて「ライン神使」(Rheinischer Merkur)のなかで述べたことのある思いつきにさかのぼる、という推定は[79]、おそらく、非常にありそうなことである[80]。

しかしここでは、彼のドイツ的理念の全体のかおりが、国民的不幸と国民的決起のあの激動時代を思いおこさせ、また、彼自身もそこで、この激動時代が彼のなかにドイツ的信念の焔を燃え立たせたことを、ありあまるほど証言しているかぎり、個々の点で借用や依存がはっきり認められるにしても、それは、まったく問題にはならない。彼が、苦悩にみちた自分の母によってドイツへの愛情を自分の心に植えつけられた次第を、また、比類のない母の名をしたうときのような愛情をもって、彼がドイツを強くしたっていることを、そしてまた、この母の言葉が五十年このかた感激の驟雨《しゅうう》で彼の胸をえぐってきたことを語るときほど[81]、彼が人間的な感動をあたえ、饒舌のうちにも自然な真の感動をあたえることは、まれである。ドイツ的な理想という点では、彼は一生涯、それらの理想をとらえた青年のころのままであり、——よい意味でもわるい意味でも、永遠の青年であった——夢とうつつのあいだをさまよう気持と、青年時代のあまい幻想とを、いつまでも自分のなかにもちつづけていた。そして、おびただしい精神的な芽生えとありあまるほどの政治的＝非政治的な理想をともなっていたその当時にあっては、彼より年長のものや彼より成熟したものも、同様のいろんな幻想に熱中していたのだから、国王のドイツ政策のなかに、ノヴァーリスやフリードリヒ＝シュレーゲルやゲルレスだけでなく、シュタイン男爵もまたよみがえっているということは、驚くべきことではない。かれらが分けあったある種の大きな誤謬の共通性は、これほど根本的にちがっている二人の人間を取巻くことのできた共通の精神的流動体の力を、非常にはっきりと示している。われわれはここで、もう一度、この精神的流動体の力を、その発展のはじめと終わりをなしているこれら二つの傑出した実例を手がかりにして、示そうと思う。

国王とかつてのシュタイン男爵に共通しているのは、ヨーロッパの諸国は一つのしっかりした共同体を形成しなければならないし、そしてまた、平和と法を危くする諸権力にたいしても、このような共同体を形成してさしつかえない、という、普遍主義的であると同時に理想主義的な観念である。この理念の実際上の核心は、フランスにたいする深い不信の念であったが、それは、シュタインにあっては国民的であると同時に倫理的な感情から、フリードリヒ＝ヴィルヘルム四世にあっては国民的であると同時に反革命的な感情から、出ていた。さらに共通していたのは、なかんずく旧帝国の再興という理念であって、この理念そのものが、両者のそれぞれにおいて、なお非常にちがった——こちらでは倫理的な、あちらでは詩的＝装飾的な——内容でみたされていたにしても、それにもかかわらず、ある種の歴史的な根本信念は、まぎれもなく両者に共通である。両者はともに、ドイツの国民生活の一千年にわたる連続性を、心の底から確信し、そして、いまこそ、その分裂した諸関係をもとに返し、それをふたたび、過去におけるもっとも偉大な、あるいはかれらがもっとも偉大であると考えた時代に、すなわち中世の皇帝主権に、なおできるかぎり結びつけるべき時である、と確信していた。かれらは、かれらのドイツ的感情が特につよく刺激された時機に、すなわち、シュタインは一八一二年九月十八日の覚書のなかで、またフリードリヒ＝ヴィルヘルム四世はフランクフルトの皇帝派遣委員への回答を準備したときに、この皇帝主権を引き合いに出した。そこで、フリードリヒ＝ヴィルヘルム四世ははっきりと、皇帝選挙が行なわれる場合の唯一のよりどころとなるべき「一千年のあいだに神聖化された慣習と法」を、はっきりと示した。「一千年にわたるということは、文字通りほんとうなのだが、諸君には、あまりにも神秘的でありすぎるのだ」——と彼は、散文的な気持をもった側近の人びとに語った。[82]

さらにまた、歴史的な法こそ、帝位がドイツの二大強国のいずれにふさわしいものであるかについて発言しなければならない、という思想も、かれらに共通している。それゆえ、両者はオーストリアに賛成の態度をきめたのであり、しかも二人は、その内的所属から考えれば、当然プロイセンに賛成票を投ずべきであったにもかかわらず、そうしたのであった。このことは、帝国直属のシュタインについては、ホーエンツォレルン家の君主についてよりも、なおいっそう早く理解できるが、しかし、彼自身のプロイセン的名誉心がこのように圧縮されたことを理解するためには、たぶんまた、再興さるべきローマ皇帝の位は、彼のみるところでは、もっぱら国民的な位なのではなくて、同時にまた普遍的な位だったのであり、これを彼は、どんな場合にも、夢みられたヨーロッパ諸国家の同盟の中心点と考えた、という点を、同時に念頭におく必要があるであろう。シュタインは、帝位をオーストリアに譲り渡すことについては、歴史的＝ロマン的な動機のほかに、さらにまた、われわれの記憶しているように、自己の利害によってドイツから抜け出そうとするオーストリアを、ちょうどよい程度にしっかりとドイツに結びつけることが必要だ、という理由も、もっていた。われわれはフリードリヒ＝ヴィルヘルム四世においても、まったく同じ一連の思想に遭遇する。「われわれは、オーストリアがドイツ的であるように強いなくてはならない」と、彼はその治世のはじめに、彼の腹心の友ヨーゼフ＝フォン＝ラドヴィッツが彼にその皇帝の夢を伝えたとき、この友に明言した。[83] それゆえ彼もまた、諸国家をたがいに結びつける偉大な理念によって、——

この理念は、ここでは、国民的であると同時に普遍的な側面をもっていた——その個別国家の利己的な諸利害を克服することができると信じて、オーストリアの非ドイツ的政策の現実を無視したのである。ラドヴィッツが国王の意をうけて一八四七年十一月二十日に作成した、有名なドイツ連邦改革案の注目すべき諸矛盾も、この考え方からして、理解することができる。なぜならここでは、一方において、比較的せまいドイツの利害や喜びや悲しみのすべてにオーストリアはあまりにも無関係なので、ドイツと存亡をともにすることはできない、という、かんばしくない認識が述べられはしたが、しかもその著作者、なかんずくその委託者は、オーストリアとプロイセンとドイツは全体として一つの活気ある国民的全体を形づくることができるし、また形づくらねばならない、という幻想を免れてはいなかった。[84] この幻想がたんに精神的な根をもっていただけでなく、一八一三年の解放戦争のもろもろの政治的な経験と必要のうちに現実的な根をもっていたことを、われわれはシュタインから知っているのであって、それゆえ全体としてみれば、フリードリヒ＝ヴィルヘルム四世のドイツ連邦改革政策は、それが彼本来の思想から出ていたかぎりでは、シュタインおよび解放戦争の時代一般の、高潔な、しかし不可能なものを望んだ国民政策の、一つの余波であった、といってさしつかえないのである。もちろんそれは、盟主《ヘゲモーニッシュ》的なプロイセン＝ドイツ的野心の萌芽をすでに含んでいたので、同時にまたすでにビスマルク時代の序幕でもあったが、しかしこの萌芽は、国王およびそのキリスト教的＝ゲルマン的友人たちにたいして、あらゆる実際政治の面でもたしかに拘束力をもっていた、国家理念のあの宗教的性格《エトス》によって、おおい隠され、抑制された。そこではけっきょく、プロイセン的野心とドイツ的あこがれとは、キリスト教的支配権という世界的理念の前に、沈黙しなければならなかった。それゆえラドヴィッツは、一八四八―五〇年の諸事件の結語ともいうべき彼の「新問答」のなかで、国王に次のように語らせている。「わたしは、真の共同体を樹立することが、国民の正当な要求であり、プロイセンにとっても真の使命であることを、認める。しかしわたしには、外国の領地に手をさしのべてはならないという神の命令が、それよりも高く、いや、あらゆるものよりも高く、位置している。……わたしは国民の統一を、言葉ではいえないほど尊重しているものであり、ものごころついて以来そうしてきたのであるが、しかし、わたしのキリスト教的国王としての義務は、なおいっそう高いものである。両者は、天と地ほどもかけ離れている。それは、格言ではなくて、神の命令である。わたしはここに立っているのであって、ほかのことはできないのである。(85)」

オルミュッツの挫折に先だつ数ヵ月間の、プロイセン国王のドイツ政策の一例は、国家と国民の自律にたいする感覚を、諸国家から成る一つの普遍的、倫理＝政治的共同体という理念によって破壊していた政治的な考え方が、どんな迷路に落ちこんだかを、もう一度示すであろう。人びとがベルリンで、連邦議会を勝手に再開したオーストリアとの一戦を本気で予期しなければならなかったのは、一八五〇年春のことであった。ラドヴィッツは、一八五〇年四月二十一日の閣議でそれを予期し、プロイセンがオーストリアのやり方に抗議することをも要求したのであったが、しかしすぐ次のようにつけ加えた。「しかしながら、不自然な決裂の危険は、この場合にも相変わらず、ドイツ諸政府の援助のもとに、ヴィーン条約の参加者たちと保証人たちの会議によって、予防されることが可能である。プロイセンは、オーストリアの命令的な諸要求や、大体においてオーストリアに従属している連邦議会の決議にしたがうくらいなら、むしろ、自分の名誉をそこなうことなしにこうした会議にしたがうほうが、ずっとよいであろう。」そして国王は、五月七日の顧問官会議で、次のことに同意のむねを明言した。もしプロイセンがこのように行動して、ヨーロッパの諸強国を仲裁者に立てるならば、「プロイセンは平和を守るためにはどんな犠牲をも恐れないということを、文句なしに証明したことになるであろう。プロイセンは、平和の使者として、戦争の脅威をあたえるオーストリアに対立するであろう。」[86]

それゆえ、ドイツとプロイセンの運命について外国列強から助言をあたえてもらい、またその運命を外国列強の手で決定してもらうことも、名誉と両立しうる方策と考えられたのである。

われわれはここでは、非難すべきではなく、理解しなければならないのである。あの誇り高いシュタインさえも、ドイツの国民的憲法を外国列強の保証のもとにおくことが好ましくないとは思わなかったことを、想起するならば、一般にこれらの思想の全体の関連をもう一度思い浮かべてみるならば、要するに、われわれが観察者としてしてもよいこと、またしなければならないことを、国民的見地からではなく、普遍史的見地から判断しようとするならば、われわれは、ここに一つの悲劇的な運命が支配していること、そしてそれは、奥深く、多岐にわたる内的諸原因の作用のせいであることを、知るのである。しかし、いまや、国家と国民の縛られた手足がついにその鎖から解放されるべき時であった。そこでわれわれは、この解放作業を準備した思想の動きに、目をとめることにしよう。

（1） Dock, Revolution und Restauration über die Souveränität (1900) という書物は、反革命派の教説を詳しく取り扱ってはいるが、われわれの問題にたいしては、まったくなんの収穫もない。それはただ、いろんな抜粋を含んでいるだけであって、独創的らしくみえる結末の詳論 (S. 269) も、シュタールの思想 (Geschichte der Rechtsphilosophie VI, 1; 3. Aufl. S. 548 f.) に依存している。H. O. Meisner, Die Lehre vom monarch. Prinzip im Zeitalter der Restauration und des deutschen Bundes (1913) のほうが、ずっと迫力のある独創的な研究であるが、しかし、本質的には、われわれの問題提出とは触れ合わない。

（2） Below, Der deutsche Staat des Mittelalters 1, 6.

（3） Restauration der Staatswissenschaft I (2. Aufl.), S. 386.

（4） a. a. O. S. 387.

（5） 彼の特徴的な次の言葉を参照せよ。Restaur. 6, 571 f.「人びとのなかには、わたしがこれまで発展させてきた体系を、たんに中世の歴史から汲み出したものと信じているものも、いくらかあるようだ。……わたしは、いわゆる中世について、ただ一冊の書物も読んだことがないということを、隠さずに告白する。……ふるいもの、未知なものによってではなく、われわれの目の前に横たわっているもの、すなわち、日常の社交的諸関係そのものによって、われわれは、あの永遠の諸法則を認めたのである」等々。

（6） Looser, Entwicklung und System der polit. Anschauungen K. L. v. Hallers, Berner Dissert. 1896, S. 2 ff. 参照。ハラーの生涯と政治的遺産については、さらに、ここで Ewald Reinhard, K. L. v. Haller (Vereinsschrift der Görresgesellschaft, 1915) 参照。

（7） 彼の学説は、自然法の主張者たちのように、自然状態から出発して、それをどこまでも厳密に保持し、しかもかれらがふみ出す社会契約への歩みを共にしないという点で、きわめて自然法的である。さらに彼は、啓蒙主義の、国家に敵対する純粋に個人主義的な傾向とも、すなわち、ルソーや――彼はルソーの覚醒期間 (lucida intervalla) を賞賛している――Siéyès や啓蒙団（十八世紀ドイツの政治および宗教秘密結社――訳者）とも、交渉をもっている。サヴィニーはすぐ (1817)、ハラーにおける合理主義的要素を、非常に鋭く感知した (》Krasser Aufklärer in Geschichte und Politik《)。Varrentrapp, Rankes Histor.-polit. Zeitschr. und das Berliner Polit. Wochenblatt, Histor. Zeitschr. 99, 40 をみよ。また Singer, Zur Erinnerung an Gustav Hugo, Zeitschr. f. Privat- u. öffentl. Recht 16, S. 285 および 311 参照。シュタールもまた、彼について次のように述べているが、それは、不適当ではない (Gesch. der Rechtsphilosophie, 3. Aufl. S. 560)。「彼は、反革命的な著作家たちのうちでの合理主義者である。彼は、他の人びとのように、生き生きしたさまざまな見解を追求することなく、自然法と同じように、一つの最高原理を、論理的に首尾一貫して、あらゆる関係を通して貫徹しているのである。」しかし、われわれが上の箇所で詳しく述べているように、この最高原理は、とにかくやはり、一つの生き生きした見解にもとづいているのである。

——ハラーがさらに、彼が非常にはげしく排撃したルソーの契約理論をさえも免れていない、ということも、すでにずっと前から認められている。彼は、大きな一般的社会契約(contrat social)のかわりに、無数の小さな私的契約をおくことによって、Ancillonが彼にたいして述べたように、大きな金属の延べ棒を、ただ小銭に改鋳したにすぎなかったのである(F. v. Raumer, Über die geschichtl. Entwicklung der Begriffe von Recht, Staat und Politik, 2. Aufl. 1832, S. 190参照)。R. v. Mohl, Geschichte und Literatur der Staatswissenschaften 2, 550も、同様のことを述べている。——ヘーゲルがハラーにたいして行なった批判については、Rosenzweig, Hegel u. der Staat 2, 190 f. 参照。さらにSchmitt-Dorotič, Polit. Romantik, S. 16 ; Metzger, Gesellschaft, Recht u. Staat etc., S. 272 f. およびKluckhohn, Persönlichkeit und Gemeinschaft, S. 100.

(8) Oechsli, Geschichte der Schweiz im 19. Jahrhundert I, 51 ff.

(9) Restauration I^2, 382.

(10) a. a. O. S. 386.

(11) Restauration I^2, 260, 265.

(12) Restaur. 2, 534 ff. われわれは、彼がたぶん感じていたこの矛盾を隠そうとする彼の試みに、立ちいる必要はない。

(13) a. a. O. 3, 179.

(14) a. a. O. 2, 535.

(15) ハラーは、また別のときに(2, 103)、次のように述べている。十四、五世紀におこったイタリアの多くの小さな戦争は、「もろもろの力を練磨したにすぎなかったし、また、自己感情という、あらゆる偉大な事物の源泉を強めたのであった。」

(16) a. a. O. 3, 179.

(17) 彼は、その著作の第六巻で取り扱われている共和国に、外見上だけは特別の地位をあたえ、これを

「共同体」として取り扱い、時おりはその公共心について語っている。しかし彼は、その際それを、ただ私法的な団体および共同体として理解したにすぎなかったし、また、彼自身生まれながらの共和国民であったにもかかわらず、君主国と共和国のあいだの均衡をも、後者に都合のわるいようにした。6, 546 参照。「しかし、このような共同体は、個々の人間の個性的なものに比較して、なんと鈍重な、ぎこちない、気のきかぬものであることだろう、等々。」君主国は自然な国家であり、共和国は、これに反して、人為的な営造物である。6, 10.

(18) a. a. O. 1, XVIII.

(19) a. a. O. 2, 74 f. および 2, 119; 2, 366 参照。民族の利益のために一つの営造物が問題になる場合に、この営造物は、「その民族自身によって、すなわち、私人もしくは私的団体によって、もっともよく、また、もっとも高尚に、実現される。」彼の国家にたいする敵意は、ここで彼を、ヴィルヘルム＝フォン＝フンボルトや、また——Metzger a. a. O. S. 273 f. が示しているように——わかいフィヒテとの、ある種の親近関係におくのであるが、しかし、この関係は大して深いものではない。

(20) 上の本書二六ページ参照。

(21) Restaur. 2, XI.

(22) Restaur. 2, VII.

(23) Restaur. 2, VII, および 81.

(24) きわめてさまざまな精神の人たちが、まだ一八一四年には、外国支配の圧迫からよみがえったという共通の気持で、たがいに触れあうことができた次第を示しているのは、Rotteck の「ドイツ新聞《トイチェ・ブレター》」が、一八一四年一月二十二日に、ベルンおよびスイスにかんするハラーの論説「旧秩序とは何か」を、「ドイツの愛国者および誠実な世界主義者の見解と完全に調和する一寄与」として再録した、という事実である。

(25) Restaur. 4, XVII; 5, 369 参照。

(26) a. a. O. 4, XXI.

(27) a. a. O. 4, XVII.

(28) a. a. O. また 5, XXII, 51, 96 および 372 参照。

(29) ビスマルクがこのキリスト教的＝ゲルマン的サークルにはいったことについてのわたしの論文(Histor. Zeitschr. 90, 75 f. また》Preussen und Deutschland im 19. und 20. Jahrhundert《に収録); Reinhold Steig, Heinr. v. Kleists Berliner Kämpfe, 1901; Nadler, Die Berliner Romantik 1800-1814 (1921); Jedele, Die kirchenpolit. Anschauungen des E. L. v. Gerlach. Tübinger Dissertation 1910, S. 5; Leonie v. Keyserling, Studien zu den Entwicklungsjahren der Brüder Gerlach, 1913 参照。

(30) 人びとの集まった、城の周囲の特権区域にある飲食店の主人 Mai にちなんで、名づけられたもの(E. Ludw. v. Gerlach 1, 94 ff. 参照)。その会員 Leop. v. Gerlach および Brentano は、すでに一八一一年の食卓会に所属していたので、それは、この食卓会の一種の移植とみなされてもよかった。Fr. Wiegand, Der Kreis der Maikäfer in Berlin; Deutsche Rundschau, Bd. 160 参照。

(31) Denkwürdigk. a. d. Leben Leop. v. Gerlach 1, 6; Ernst Ludw. v. Gerlach 1, 101 f.; Hassel, Radowitz 1, 187. それがどのように行なわれ、またその際人びとがどのように衝突しあったか、ということについての然るべき証拠を、われわれは、(そのころ保守的な一時の出来心をもっていた)グナイゼナウからクラウゼヴィッツにあてた、一八一八年三月二十九日の手紙(Pertz-Delbrück, Gneisenau 5, 300)のなかに、もっている。「はなはだすぐれたものを含んでいるハラーの国家学の復旧を、いくらか賞賛するということは、ここではばかげたことと思われている。わたしは最近、ある夫人たちの集まりで、この権力を好む人物が、その年若い義兄弟がこの書物の擁護をはじめたとき、泡をふいて激怒し、ひどい叫び声をあげるのを、みた。」この「権力を好む人物」とは、Grolman であり、彼は、ゲルラッハ兄弟の義兄弟であった。この「年若い義兄弟」とは、おそらくレオポルト自身をさすのであろう。

(32) もちろん彼は、それによって、なおそのプロイセンの友人たちの願いを満足させなかったし、同じようにアダム＝ミュラーの願いをも満足させなかった。E. Ludw. v. Gerlach 1, 127, さらに v. Below a. a.

O. 1, 12, Anm. 参照。

(33)　Joseph v. Radowitz の見解は、例外である。拙著 »Radowitz und die deutsche Revolution« 1913 で詳しく述べたように、彼は、しかし、カトリック教徒および非プロイセン人として、はじめから特殊な地位を占めていたのである。

(34)　Varrentrapp, Rankes Historisch-polit. Zeitschrift und das Berliner Polit. Wochenblatt, Histor. Zeitschrift 99, 35 ff.; Hassel, Radowitz I, 43, 60, 212 f., 248; Salomon, Gesch. des deutschen Zeitungswesens 3, 475 ff.; Kaufmann, Polit. Gesch. Deutschlands im 19. Jahrh., S. 239 ff.; Arnold, Aufzeichnungen des Grafen Carl v. Voss-Buch über das Berliner Polit. Wochenblatt, Histor. Zeitschr. 106, 325 ff. および本書の初版 S. 227 の注参照。

(35)　Kaufmann, Histor. Zeitschrift 88, 437 は、われわれからみると、de Maistre, Lamennais らがドイツの王政復古時代の政論家たちに及ぼした影響を、いくらか過大評価しているように思われる。しかしやはり、フランスの政治的ロマン主義とドイツの政治的ロマン主義のあいだの相互作用の問題は、全体としてなお立ち入った研究を必要とする。

(36)　Treitschke, Deutsche Geschichte 4, 203 が述べている通りである。

(37)　S. 49 ff. 彼がその筆者であることは、彼の兄弟 Ludw. v. Gerlach 1, 208 の記載からみて、明らかである。すこしあとで、週報サークルのもう一人の会員であるハインリヒ＝レオは、むしろバークの立場から、その Lehrbuch der Universalgeschichte 6, 764 f. (1844) のなかで、ハラーの自然主義的権力理論を、「バークの教説の戯画《カリカトゥール》」であり、「バークの天才的な教説を、平易なもの、ぎこちないものに、それゆえ新たな不真実に翻訳したものである」と批判した。また v. Below 1, 14 ff. 参照。

(38)　a. a. O. S. 60.

(39)　a. a. O. S. 49. 一八四七年にレオポルト＝フォン＝ゲルラッハ (1, 119) は、国王にいわせたいと思った言葉のなかで、同様のことを述べている。「それがこの地上における神の秩序である場合には、実際また、不法からも一つの法が生ずる。法も、新しい不法なしには、展望されることができないのである。」

(40) ここではただ、それの重要な一例をあげるにとどめる。それは、第二部で取り扱われるはずの、一八四八年十二月五日のプロイセン憲法の欽定に関係するものである。レオポルト＝フォン＝ゲルラッハは、それをはじめは当然排撃したが、しかし、その後ただちに、「神様はこの憲法認証によって正しい道をあゆまれたのだということを」発見した。ルードヴィヒ＝フォン＝ゲルラッハは、彼の兄のこのような「歴史的＝客観的な、汎神論的反省」を、悲しんだ。「一八六六年にも、保守派の人びとは非常に汎神論的な考え方になっており、そのためにまったく無力になったのである。」Ludw. v. Gerlach 2, 34.

(41) Ludw. v. Gerlach 1, 102. 国家と法についての、たんに歴史的なこの学説(サヴィニーとその仲間)は、「汎神論的な仕方で、本質的にはただ諸民族の個性と歴史だけから、……その体系をつくりあげているのだ。」

(42) たとえば、B. P. W. 1833, 39 ff. (Verm. Schriften 1, 166 ff.) のなかの「革命と絶対主義」についてのヤルケの論説参照。

(43) B. P. W. 1837, 177 によれば、シュタールの国家にかんする学説は、国家の包括的な任務について、また、君主たちのうえに立つ国家理念について語っているために、「国家を汎神論的に神化する結果に」なった。B. P. W. 1834, 259 (Verm. Schriften 3, 10) において、(ヤルケは、) シュタールおよび歴史法学派にたいして、さらに立ち入った攻撃を加えている。

(44) B. P. W. 1837, S. 181.

(45) B. P. W. 1833, S. 160. Daselbst, S. 150 では、次のように詳説されている。「ハラーは、一つの共和国に生活していたのだが、そこでは、種々の私法的な要求権をもちながら、一つの最高団体が、単一の臣民に向かい合っていたのであって、したがってそこには、高度に強められた相互作用が欠けていた。ところが君主国では、一人の独立した支配者が有機的に組織された諸身分にたいして位置しているために、必然的にこの相互作用が生じ、それによって、もちろん他のいっそう深い諸関係があらわれ、その結果、まさに君主国こそ、人間の共同生活のとりうるもっとも完全な形態となるのである。」租税承認問題でも、ヤルケは、B. P. W. 1833, S. 78 (Verm. Schriften 1, 192) および B. P. W. 1837, 129 (Verm. Schriften 3, 371) において、ハラーの頑固な旧身分的原理をこえて、近代的な国家思想への接近を示すとともに、一般的な国家の必要の承認を意味する立場を、主張している。この点で、B. P. W. 1840, 127 ff. は、さらに一段と進んでいる。そこには、なかんずく、まったく非ハラー的な次の文章が見いだされるのである。「君主の財産は、このようなものとして、どこまでも、まったく一般的福祉に捧げられていなければならない。」しかし、B. P. W. の最後の数巻は、ケルンの教会紛争の影響をうけて、一般に最初のものよりも、いっそう政府的な色彩をおびている。

(46)　B. P. W. 1832, S. 246 (Verm. Schriften 1, 20 ff.); また B. P. W. 1832, S. 3 参照。

(47)　B. P. W. 1838, S. 65; 同様のことは、daselbst, S. 261 さらに 1840, S. 131 および 163 にもみられる。

(48)　a. a. O. S. 200.

(49)　1836, S. 57.

(50)　1834, S. 46 ff.

(51)　彼は、冷静に、叙爵によってあたえられた不十分な布告を、引き合いに出した。それによれば、「国民が一つの共通の起源をもっているかぎりにおいて、」国民は「一つの国の土着の住民」を意味するにすぎないのであって、「その他の点では、国民はただ一つの国家を形成しようと、若干の国家に分かれていようと、さしつかえない」というのである。a. a. O. S. 234. その際、これらの異議にたいしてさらに詳しい答えをあたえるはずのものは、やはり、一八三四年に公刊された彼の著作の第五巻のなかの第九十二章である。人間社会の目にみえない精神的基礎にかんする質問にたいして、彼はここで、かなり合理主義的に、「ある種の真理とある種の義務をひとしく信ずることこそ……人間の本源的紐帯」をなすものである、と答えている (5, 325)。

(52)　B. P. W. 1834, S. 86.

(53) B. P. W. 1837, S. 300.

(54) B. P. W. 1841, S. 221 ff. は、ポーゼン州におけるポーランド人の政治的熱望に反対してはいるが、しかし、かれらの国民性があくまでもいたわられんことを望んでいる。――皇太子時代のフリードリヒ＝ヴィルヘルム四世のポーランド人にたいする好意的態度については、Leop. v. Gerlach 1, 59, 73 および der Gerlachs 1841 E. Ludw. v. Gerlach 1, 286; 1846 Leop. v. Gerlach 1, 112 参照。――B. P. W. がドイツのバルト海沿岸諸州のロシア化を悲しんだとしても、それはまったく首尾一貫したことであったが、しかし、B. W. P. が、これらの諸州におけるドイツ国民性の敵を、ロシアの国民的な党派のうちにではなしに、表面上は自由主義的なロシアの官僚主義のうちにみた、ということは、同時に、その特徴を示すものである (1841, S. 155)。

(55) B. P. W. 1833, S. 244.

(56) B. P. W. 1837, S. 299.

(57) Ludw. v. Gerlach 1, 397. 彼については、ここでまた Wildgrube, Die polit. Theorien Ludwig v. Gerlachs, S. 66 ff.

(58) 同じような思考の過程は、さらにハインリヒ＝レオにおいても、みることができる。彼は、一八四八年秋のフリードリヒ＝ヴィルヘルム四世のためのある覚書のなかで、ドイツ国民の成立を、ボニファチウスおよび教会の活動に帰着させた。宗教改革は国民的形成を完成したが、しかし同時に、ドイツの一体性そのものの根のなかに、死の病を運びこんだ、という。Varrentrapp, Histor. Zeitschrift 99, 112 f.

(59) 国家、民族、国王および国民性などの概念についての、あとの時期 (April 1867; 2, 297) のルードヴィヒ＝フォン＝ゲルラッハの言葉も、また興味深いものがある。「これらの理解されていない言葉は、ある人の手中では、自然の実体もしくは偶像に変化するのであって、このような実体や偶然には、神の法も人間の法も適用されず、それらは怪物《モンストラ》もしくは巨大な海獣《レヴィアータン》として、それら自身の風変わりな特性にしたがって批判されねばならない。そこで、汎神論に孵化されて、わが兄レオポルトのいわゆる《愛国心の悪徳》が発生する。わたしは、一八一七年以来、なんといってもハラーに一方ならぬおかげをこうむっている。」

(60) B. P. W. 1833, S. 214.

(61) わたしの Leben Boyens 2, 407 参照。

(62) S. 2 ff.

(63) ヤルケは、「神秘な深さと多様さをもつ民族の精神」という表現を用いている。B. P. W. 26. Nov. 1831, S. 31 (Verm. Schriften 1, 36). 民族精神の標語と学説については、上の本書二三八―九ページおよび下の本書三〇六ページ参照。ヤルケはたぶん Puchta, Das Gewohnheitsrecht I (1828) の影響を受けているのである。

(64) 国民性を一般に国家と無関係な要素であると宣言した「自然的境界」という論文（》Natürliche Grenzen《 B.P.W. 1838, S. 65 f.）の筆者は（上の本書二五九ページをみよ）、もちろん最初は、次のように正しく宣言することができた。「ドイツの国民性は、たとえわれわれがそれをどんなに高い地位におこうとも、ドイツの国境を神聖視するようにという法の道徳的強制を、フランス民族に課する力はない。この神聖さをドイツの国境にあたえるものは、ただドイツ諸君主の領土権だけである。」

(65) B. P. W. 1833, S. 60.

(66) 上の本書二五七ページをみよ。この理論のこうした寂静主義的な、実行力を麻痺させる性格を、わたしは、以前すでに（Die Tagebücher des Generals von Gerlach, Histor. Zeitschrift 70, 1892. 現在は》Preussen und Deutchland im 19. und 20. Jahrhundert《のなかに再録されている）強調したのであるが、しかし、当時はあまりにも孤立的に取り扱いすぎた。

(67) Stahl an Rotenhan, 5. Dez. 1849. Histor. Vierteljahrsschrift 14, 546; Masur, Aus Briefen J. G. Stahls. Archiv f. Politik u. Gesch. 1927, 295 参照。

(68) Philosophie des Rechtes II, 2. Aufl. (1846), S. XV ff. この思想の寂静主義的帰結を、わたしは、上の注(66)に述べたわたしの論文で、取り扱っている。

(69) a. a. O. S. XIV.

(70) a. a. O. S. 109.

(71) a. a. O. S. 134.

(72) a. a. O. S. XVI f.

(73) Die Revolution und die konstitutionelle Monarchie, 1848. Salzer, Stahl und Rotenhan, Histor. Vierteljahrsschr. 14, 214 は、シュタールはこの思想を、原則的にはすでに一八四八年の革命以前に、一八四五年の君主制の原理にかんする論文のなかで主張している、と述べている。なるほどシュタールは、すでにこの論文のなかで、「近代国会的な、それゆえ立憲的な体系」を奉ずることを告白してはいるが、しかしその際、Michniewicz, Stahl und Bismarck (1913), S. 36 ff. および 97 が示しているように、本質的な諸点では、なお一八四八年のもろもろの譲歩には及ばない。

(74) Die deutsche Reichsverfassung, 2. Aufl. 1849, S. 49. そのあいだに Herbert Schmidt, F. J. Stahl und die deutsche Nationalstaatsidee (1914) は、ここで可能である以上に、さらに詳しく論じている。

(75) a. a. O. S. 49. Salzer a. a. O. は、わたしの見解を否定してはいない。ここで Michniewicz a. a. O. S. 141 および W. Oppermann, Stahl; Arch. f. öffent. Recht 34, 92 参照。

(76) a. a. O. S. 86 ff., 91.

(77) Leop. v. Gerlach 1, 272 (Januar 1849).

(78) 一八四〇年九月と一八四一年九月のあいだの Radowitz の記載から。Hassel, Radowitz 1, 76.

(79) Simson, Ed. Simson, S. 172.

(80) Görres' polit. Schriften 2, 146 に再録されている。「その権力と威力と以前の功績のために、帝位は当然オーストリアに帰すべきである。……オーストリアに次いでの順位は、全ドイツ民族が一致して、これをプロイセンに確約する。そして、この王家ははじめから武事に専心し、図上作戦を好んでいるから、その国王は帝国の最高司令官に選ばれるのである。」アヒム＝フォン＝アルニムもまた、一八一五年二月二十一日の「ライン神使」で、プロイセンの国王を帝国の最高司令官にしようとした。Herma Becker, A. v. Arnim in den wissenschaftl. u. polit. Strömungen seiner Zeit, S. 80.

(81)　一八四九年四月七日の Bunsen あてのもの。Ranke, Aus dem Briefwechsel Friedrich Wilhelms IV. mit Bunsen, S. 217 (Sämtl. Werke 49/50, S. 519). 一八四八年五月十五日の Dahlmann あてのもの。Springer, Dahlmann 2, 247.

(82)　Leop. v. Gerlach 1, 309; v. Poschinger, Unter Friedrich Wilhelm IV. 1, 89.

(83)　Hassel 1, 76 および 311; また拙著《Radowitz und die deutsche Revolution》S. 53, 87 参照。

(84)　Radowitz, Deutschland und Friedrich Wilhehm IV. S. 44, 50, 56.

(85)　1, 206 (1851).

(86)　Protokolle der Konseilsitzungen im Kgl. Hausarchiv. (王室文庫における顧問官会議の議事録) その輪郭は、Radowitz, Schriften 2, 249 f. にある。拙著《Radowitz und die deutsche Revolution》S. 342 f., 417 f., 429 ff., 461 参照。一八五〇年の末に、オーストリアとプロイセンがかれらのすべての国々と同盟を結ぶことにたいして、イギリスが異議を申し立てるような顔つきをしたときの、国王の態度は、外国の側からのヨーロッパ的なドイツ連邦の保証に、この国王がとにかくある種の制限を加えようとしたことを、示している。v. Poschinger, Preussens auswärtige Politik 1850/58, 1, 47; Leop. v. Gerlach 1, 572.

第十一章　ヘーゲル

政治的思考を非政治的＝普遍的な諸理念から解放したのは、それに先だってそれを束縛したのとまったく同じように、もっぱら個人の仕事であった。ここでもかしこでも、ドイツにおける思考と感情の一般的な変化が問題なのだが、いうまでもなく、究極において問題になるのは個性的な生命であるから、いかに広範囲な歴史叙述でも、この一般的変化の豊富さと内容とを汲みつくすことは、できないであろう。われわれの取り扱っている問題も、近代的精神の成立、特に構成的思考から経験的思考への、すなわち、観念論的＝思弁的思考から現実主義的思考への推移という、かぎりなく複雑な一般的な問題の一部であるにすぎない。このような変化の原因は、無数の源泉から流れ出ているのであるが、しかし、こうした変化は、偉大な人物が先導者の足取りで、自分に関係深い源泉を引っさらってきて、自分のふところにとり入れるときに、はじめて、もっとも強くあらわれるのである。そこでわれわれは、三人の偉大な国家解放者として、いま、ヘーゲル、ランケおよびビスマルクの名前を、あえてあげることにする。

高圧的な体系家であり、観念的＝思弁的な運動の完成者であるヘーゲルの名前を、二人の偉大な経験主義者と同時にあげることは、大胆なように思われる。しかしヘーゲルは、相反するものをみずからのうちに統一し、彼の時代を動かしていたあらゆる理念の総合をうち立てているのであって、この総合は、もちろん彼の死後すぐにふたたび解体しなければならなかったとはいえ、彼の強力な手のもとでは、まだ統一的な姿をもちつづけていたのである。ところで、さまざまなものが彼のところで一度一つの屋根のもとに相並んで存在し、一家のなかでたがいに仲よくしなければならなかったということは、将来にたいしてすぐれて教育的な影響を及ぼしている、といってもよい。保守的思想家も自由主義的思想家も急進的思想家も、歴史的な思想家も純理的な思想家も、国民的な思想家も世界主義的な思想家も、彼の体系に師事することができ、のちにそれをかれらの特殊目的のために一面的にじゅうぶん利用することができたが、それにもかかわらず、その際かれらは、そこで放棄したものとの本源的なつながりをいくらか保持しつづけていたので、このつながりは、かれらがさしあたり放棄したばかりかたぶん克服しようとさえしたものを、のちにもう一度結びつけるきずなとなることが、できたのである。ヘーゲルのもろもろの刺激は、どんな地盤に移植されても、相変わらず生産的であることができた。そこで、特に国家にかんする彼の学説は、まったく極端に相隔たる諸方向に影響を及ぼし、それと同時に、そのなかにあらわれていた不変の真理のいくらかを、いたるところに移植することができたのである。一般に国家的精神を、すなわち、国家の必要、偉大さおよび倫理的威厳についての確信を行きわたらせた、十九世紀の偉大な思想家たちのあいだで、彼は、最前列に位置している。

　われわれはここではただ、彼の国家学説のうち、われわれの特殊な問題に答をあたえる諸特徴だけに、注意をはらうことにする。そこでわれわれは、国家がまったく個性であり、個性的な全体である、ということを聞くと、なんといっても、ただちにあのよく知られたロマン主義の空気のなかへ移し入れられたような感じがする。[1] 国家のどのような側面も、単独に取りだされて孤立的に観察されるわけにはゆかないのであって、一民族の憲法は、その宗教、その芸術や哲学と非常に密接な関係をもっており、これらのものといっしょに、また、風土、隣人、世界的地位などのようなすべての外的条件といっしょに、一つの実体、一つの精神を形成する。この精神的実体とは、究極において民族精神であり、——国家のなかのすべてのものは、この民族精神から生まれる[2]、と、このように、彼は歴史法学派とともに教えている。しかし、このヘーゲルの民族精神は、ロマン主義者やサヴィニーの民族精神と似ているだけであって、同じではない。民族精神は、無意識なものの神秘の暗黒から、ヘーゲルの汎論理主義の明るい光のなかに引き出される。それは、敬愛される生命の母の役割をつとめるのではなくて、国王のために後継者を生まねばならない妻の役割をつとめるのである。それゆえまた、民族精神は、それがただ目的のための手段として、すなわち、「国家に達するために通過すべき一つの動因[3]」として取り扱われるかぎりにおいて、合理化される。国家と民族とは、彼にとっては、非常に緊密な一組をなしているので、一民族の存在のなかには、一つの国家であろうとする実体的な目的がすでに存すると思われ、国家形成を行なわない民族は、じつはなんの歴史ももたないのである[4]。それによって、たしかに彼は、どんな国民も一つの歴史をもつべきであるならば、国民的統一国家を形づくらなくてはならない、と考えているのではなくて、明らかにわれわれのいわゆる保守的国民国家思想の意味で、一般に民族精神から、それにふさわしいなんらかの国家生活が生まれなければならない、と考えているのである。しかし彼は、国家の評価においては、——われわれはさしあたり、彼の思考の歴史的な一つの方向だけをたどることにする——啓蒙主義のあらゆる図式主義、あらゆる作為と人為的な改良の意欲を無視して、あらゆる国家形成における特殊性と独自性を、力づよく承認する。「国家はなんら芸術品ではなく、世界のなかに位置しているのであり、それゆえに、恣意や偶然や誤謬の範囲内で、よくない挙動がいろんな方面で国家の形をそこなうことも、ありうるのである。しかし、もっともいやな人間、犯罪者、病人や不具者であっても、依然として一人の生きた人間である。肯定的なもの、すなわち生命は、欠陥にもかかわらず存続するのであって、ここでは、この肯定的なものが問題なのだ[5]。」よきにせよ、あしきにせよ、とにかくしかし躍動するこのような独自の生命を、国家にあたえるものは、国民的原理である、と、われわれはこのように解釈しても、さしつかえない。——それは、フランス革命の意味での国民的原理ではない。なぜなら、民主主義的理想の人民《フォルク》とは、ヘーゲルにとっては、私人の集合体すなわちvulgus(大衆)であるにすぎず、populus(市民)ではないのであって、このようなvulgusとして、一つの奇形的、盲目的な暴力であるにすぎないからである。(6)——そうではなくて、歴史的な意味での国民的原理なのである。なぜなら、一民族の過去全体の精神的遺産が、その現在および将来にわたる生活必需品をともなって、国家のなかでいっしょにはたらいているからである。そして、国家が世界のなかで自己の地位を維持し、さらに発展することができるように、いまやヘーゲルは、無制限の自律権と、自己の固有の利害を外にむかって貫徹する権利をも、国家に認めるのである。「個々の個体として、国家は、もっぱら、まさにこのような他のもろもろの個体に対している。(7)」諸国家相互間の関係においては、調停を行なうとともに何が正義であるかを決定する大法官は、なんら存在せず、ただ独立にたいする独立があるだけであり、そこで、けっきょく最後にはまた戦争も、偉大なドイツ哲学の側から、無制限かつ決定的な承認をあたえられ、とにかく世界の理性的な意味を認識しようとつとめる世界観のなかに、自分の席をあたえられたのである。それゆえ、すべての争いを調停する一つの国家連合によって永遠の平和を確立しようとするカントの観念は、ヘーゲルにとっては、一つの夢以上のものではなかった。なぜかといって、どの国家にも一つの特殊な主権的意志が生きているのに、諸国家の永続的な和合が、どうして可能なはずがあろうか。(8)そして彼は、神聖同盟のような諸国家の結合についても、「これは、永遠の平和と同じように、つねに相対的であり、制限されたものであるにすぎない(9)」と、判断した。もちろん彼は同時に、ヨーロッパ諸国民のあいだには特に一つの家族的な共同社会が存在し、それがまた、かれら相互間の国際法的な関係にも影響を及ぼし、かれらの純然たる、容赦のない利害闘争をも和らげている、ということを知っていたし、またこれを強調した。しかし、このような権力闘争の緩和は、個々の国家人格の自主的な権力政策の束縛をなんら意味するものではなく、それはむしろ、ヨーロッパ的文化共同体の、すなわち、「その立法、慣習、教養の一般的原理(10)」の、自然の結果である。それは、諸国家のうえに立つ法廷によって外から諸国家に命じられるのではなく、かれら自身の内部の生活から、また、かれらの本来の精神的＝倫理的親近性から、生ずるものである。したがって、このような緩和もまた、結局は自主的な、他律的でない起源をもっているのである。

それゆえ、諸国家の相互関係についてのヘーゲルのこれらの思想のなかには、真の経験的感覚、鋭い歴史的＝政治的理解力があらわれている。彼の哲学のもっとも重要な特徴の一つは、おそらく、この哲学が、合理的・構成的な基本性格をもっているにもかかわらず、しかもその構成の内部で、つねにまったく理性的であるとはかぎらないすべての経験的な力に、たいへん自由な活動の余地をあたえるとともに、非常にはっきりした承認をあたえた、という点であろう。「諸国家の相互関係においては、それらの国家はいずれも特殊なものとしてそこに存在するから、激情、利害、目的、才能および徳行、暴力、不法、罪悪などの内面的特殊性、ならびに外的偶然性の、きわめて激しい動きが、現象の最大の広がりにおいてあらわれる。(11)」だがそれも、あらゆる事物は、けっきょくやはり、理性の実現にもっともよく奉仕しなければならない、という信念において、彼を惑わすことはなかった。周知のように、彼の歴史哲学は、世界史そのもののなかに、きわめて厳密な法則性をもつ世界精神の発展段階を指示し、現実の全素材を精神に置きかえ、現実の運動を思想そのものの運動にしようと、企てるものである。それゆえ彼は、歴史的世界に力強い構成的思想の上屋を建てたのであるが、そこでたしかに、次のような疑問がただちに生ずるのである。彼は、そうすることによって、歴史的世界から永久に空気と光を奪ったのではないだろうか。彼は、歴史的生活の特性をどんなにはっきり承認するようにみえたにしても、けっきょくやはり、そうすることによって、歴史的生活の特性をまげてしまったのではないだろうか、と。それは、われわれにとって、次の問いに帰着する。国民と国家についてのかれの見解のなかにもまた、以前からの普遍主義的傾向がしみ通っており、純粋な経験的認識をふたたびくもらせているのではないだろうか、と。そして、いかにもその通りなのである。

たしかに、世界主義的理念と国民的理念がたがいに混じりあっていたその当時の主要思想は、彼のなかにもなお生きており、彼の歴史哲学において、一つの新しい独特の形態をとっている。すなわち、それは人間性国民の思想である。だからといって、まさか、フィヒテやシラーや、ある程度はフンボルトや初期ロマン主義者たちもそう考えていたように、ヘーゲルもやはり、ドイツ国民こそただちに人間性国民であり普遍的国民であると考えていた、というわけではなく、世界史のどんな時期にも、一般的精神のその時々の発展段階のにない手として、一つの「世界史的民族」が存在するというのが、彼の見解であった。そしてこの民族は、それによって、他の諸民族の精神はもつ権利がないような一つの絶対的な権利を、獲得する。——世界史的民族というのは、その場合むしろ、世界支配的民族でもあるのである。(12) 彼はそれによって、ただちに諸民族の経験的な権利や具体的な世界支配のことを意味しているのではなく、彼は、さまざまな国民がいわば絶対的な世界精神の法廷の前に集められていると考え、この法廷から、理想的な権利と支配の要求を、かれらに分けあたえたのであった。しかしまた、諸国民をこのように分類し、評価するやり方は、純粋に歴史的な感覚からみれば、硬直したもの、たえがたいものと思われるにちがいない。なぜなら、たしかに歴史家にとってあらゆる国民が同価値であるとはかぎらないにしても、それにもかかわらず彼は、かなり高度に発展したどんな国民のなかにも、一つの固有な、とりかえがたい歴史の価値を――すべての内容豊かな歴史的個性は、何かとりかえがたいものであるから――認めるからである。ヘーゲルの見方は必然的に、歴史のあらゆる個性からそれ自身の権利を奪い、それらの個性を、世界精神のたんなる無意識の道具および使用人にしてしまう結果になった。

ランケをヘーゲルから突きはなしたのは、まさにこの点であった。ランケはあるとき、次のような意見を述べた。ヘーゲルの見解においては、あらゆる人間は、理念にみたされたたんなる影もしくは幻であるにすぎず、あいついでやってくる人類の諸時期や諸時代は、そのためにいわば陪臣の格に下げられ、それだけでは意味をもたなくなってしまう。「わたしはしかし、主張する。あらゆる時期は神に直接するものであり、あらゆる時期の価値は、その結果生ずるものにもとづくのではけっしてなく、自己の存在そのもののうちに、それ自身の独自性のうちに存するのである(13)」と。

このことは、国家や国民「自身の独自性」についても、妥当した。ヘーゲルは、彼の哲学全体を貫いている注目すべき二重性をもって、それを是認すると同時に否認した。すなわち、意識された現実の範囲内では、国家や国民自身の独自性に考えうるかぎりのあらゆる自由をあたえたが、のちに、絶対者のいっそう高い領域では、ふたたびそれを非常にきびしく束縛したのである。国家および歴史的世界は、一般に、彼にあっては、現実での外見上の自由と霊界での真の隷属という、二重の生活を営むのである。彼がフィヒテのように歴史的世界そのものを二つに切断しなかったこと、フィヒテがはやくも地上にはじめようと望んだ理性的存在を、彼はかえって超越的な領域に移したこと、これは、フィヒテにくらべて一大進歩であった。現実が理念のために耐えなければならなかった圧迫は、それによって弱められ、現実はそれによって、いっそう大きな自由を享受することができた、といってもよい。しかしこの自由は、ヘーゲルにあっては、やはり不確実なものにすぎなかったのであり、いわば、この哲学者が愛想よく経験界に行なった一つの譲歩にすぎなかったのである。彼自身はむしろ、進んで超越的なものの世界にとどまり、同時代の人びとにもせまって、こうした超越的なものの世界から現実の歴史的生活を判断させようとした。いいかえれば、彼の目でそれをみさせようとしたのである。もろもろの国家や民族や個人は、かれらの利害に深く没入して日を送っているが、実際はしかし、あの「本質的業務」の下ばたらきであるにすぎず、「これらの諸形態は、このような業務のなかで消えてゆくが、しかし、精神それ自体は、すぐ次のいっそう高い段階への移行を準備し、かつそれをかち得る」(14)という、事の次第を、ヘーゲルが鮮やかに描いたとき、そこには、一つのしんらつな風刺がふくまれていた。彼の学説の精神に完全に心をうちこんだ人は、つねに、現世をたんなる幻影にすぎないと解釈する危険に立ち、――われわれは、われわれの根本思想の継続で、いまやこういってもよいであろう――普遍的要素を、早まって不自然に、国家や国民のなかへも引き入れて考える危険に立っていた。なぜなら、ヘーゲルが行なったこと、また彼が、世界精神に、その無意識な道具をつかってやらせたことこそ、最高度に高まった普遍主義だったからである。それゆえ、彼の学説のこの部分は、やはり、われわれがこれまでたどってきた諸傾向と、きわめて密接な関係に立っているのである。

歴史的生活にその完全な自律をかえすためには、従来それをきびしく束縛していた普遍的原理を、全然追い出してしまう必要はなかった。後者と前者のあいだに、いままでとはちがったいっそう正しい境界線を設け、普遍的理念の弓を、歴史がその十分な、萎縮しない生活をそのもとに営むことができるほど高く、また広くはることが、必要なだけであった。それをやろうとするヘーゲルの試みは、雄大な、熟慮をへたものではあったが、しかし、依然として十分に成功したものとはいえなかった。いまランケの例が示すであろうように、歴史的個性の固有の権利を承認する点でさらに先へ進み、歴史的なもろもろの個性をいっそう力強く包括し、しかもその際、精神的な目をまたつねに上のかた、永遠の星辰に向けておくことも、不可能ではなかったのである。

(1) ヘーゲルのロマン主義にたいする関係については、上の本書二三七ページの注(26)に引用したBrieの論文S. 8 f. および、両者を区別する点をもう一度正しく浮きあがらせているLandsbergの詳論Gesch. der deutschen Rechtswissenschaft, Abt. 3, 2. Halbband, S. 347 f. 参照。

(2) Philosophie der Geschichte (Werke 9, 44 および 50). Enzyklopädie der philosophischen Wissenschaften § 540 (3. Ausg. S. 535).

(3) Landsberg a. a. O. は、このように述べている。一方Loeningの意見は(Internat. Wochenschr. 1910, S. 84)、ヘーゲルの民族精神はただちに国家をさすものにほかならない、というのであるが、これは、いささか行きすぎており、ヘーゲルの個別的な屈折を一面的に取りだすものである。ヘーゲルの民族精神概念のいっそう細かな分岐については、Kantorowicz, Histor. Zeitschrift 108, 316 ff. 参照。また、その発生については、いまのところ、まず第一にRosenzweig, Hegel und der Staat (1920) I, 21 ff., 166 f. および 223 ff.; 2, 180 ff. 参照。Rosenzweig および Heller, Hegel und der nationale Machtstaatsgedanke in Deutschland (1921) は、本書の範囲内では不可能であったこと、すなわち、ヘーゲルの権力国家思想の発生と発展をも、いまや徹底的に研究している。しかし、その際わたしは、あらゆる解釈においてHellerにしたがうというわけにはいかない。

(4) Enzyklopädie § 549. Philosophie des Rechts § 349–352 (Werke 8. 434 f.).

(5) Philosophie des Rechts § 258 (Werke 8, 320).

(6) Enzyklopädie § 544.

(7) Daselbst § 545; Philosophie des Rechts § 330 (Werke 8, 424).

(8) Philosophie des Rechts § 333 (Werke 8, 427).

(9) Daselbst § 259 (8, 321).

(10) Daselbst § 339 (8, 430).

(11)　Philosophie des Rechts § 340(8, 430).

(12)　Philosophie des Rechts § 347(8, 433), Enzyklopädie § 550. Vernunft in der Geschichte, S. 47. Heller, Hegel und der nationale Machtstaatsgedanke, S. 130は、不当にも、この学説のなかの普遍主義的な特徴を否定し、粗雑にも、「世界精神とは、ヘーゲルにあっては、国民主義的世界権力に倫理的な正当さをあたえるための表現にほかならない」と述べている。わたしはただ、ヘーゲルの普遍主義は「諸民族を結びつけるもの」ではない、という点だけを、彼に承認することができる。

(13)　Über die Epochen der neueren Geschichte, S. 5および7.

(14)　Philosophie des Rechts § 344(8, 432).

第十二章　ランケとビスマルク

「国民」という言葉は、ランケが歴史把握の仕事をするとき、たいていの場合に使っている根本概念の一つであるが、彼はこれらの概念をけっしてはたらかせすぎることはなく、歴史的素材を簡単に分類するためにこれらの概念を濫用するということもないので、すなわち彼は、これらの概念が適用の非常に鋭い限界をもつものではないことを知っており、これらの概念を適用しながら、つねにまた、無限なもののなかに次第に消えてゆくこれらの概念の背景をいっしょに示しているので、少なくともそのために、これらの根本概念は、ランケの歴史把握においては、それほど注目すべき多産性を示してはいない。たしかに、彼のような特別の天才だけが、経験的であると同時に哲学的でもあり芸術家的でもある見方だけが、ぼやけたり不明瞭になったりしないで、こういうふうに、鋭い境界線やしっかりした範疇を放棄することができたのである。普通の学問的手段で企てられる試みは、これらのものを欠くことはできず、ランケがたぶんけっして口にしなかったと思われる、「文化国民」「国家国民」「自由主義的国民国家思想」「保守的国民国家思想」などのような概念をつかって、作業しなければならない。ところが一方、ランケの歴史叙述は、しばしばじゅうぶんそれらの概念にみちびいてゆくし、このような範疇に容易に適合する諸考察にとんでいるのである。

彼の歴史叙述全体を、国民思想を適用して吟味することは、この研究の範囲をこえている。われわれはむしろ、彼の発展のなかから、彼が歴史的な同時にまた政治的な思想家として、ドイツのための国民的なまた国民国家的な理想の発展に、重要な、そしてわれわれの考えるところでは画期的な関係をもった一つの契機を、とりだすことにする。このことは、歴史＝政治雑誌(Historisch-politische Zeitschrift)における彼の諸論文、なかんずく「フランスとドイツ」(Frankreich und Deutschland)(1832)「ドイツの分裂と統一について」(Über Trennung und Einheit von Deutschland)(1832)「強国論」(Die Grossen Mächte)(1833)および「政治問答」(Politisches Gespräch)(1836)によって行なわれたのである。(1)

彼がここで、国民性と国家の関係について語っていることや、またこれら二つの力にたいする彼自身の内面的関係についてほのめかしていることは、真の独創性と本源的な感情をあらわしており、また、使いふるされた語法のなかにさえも、模倣しがたいけはいを発散させている。しかもわれわれは、いっそう詳しく耳を傾けるならば、実際のところ、われわれがこれまで聞きとってきたほとんどあらゆる声がいっしょに響いているのを、聞くのである。フンボルトがかすかに聞こえてくるかと思うと、フィヒテや、(2)シラーさえも聞こえてくるし、また、ノヴァーリスからアダム＝ミュラーやサヴィニーにいたるまでのロマン主義者たちも聞こえてくるような気がするし、さらに、ランケの雑誌の歴史的＝政治的な平静さにたいして、極端に封建的な対照をなしている、あのベルリン政治週報の諸理念とさえも、いろんな接触が存在している。(3)ありきたりの文献的批判や史料の比較によっては、このつながりはほとんど理解することができないし、あるいは、たとえ理解できても、きわめて疑わしいものでしかありえない。ランケがあの先輩たちを思いおこさせる点も、けっして直接かれらから転用されたものである必要はない。それはまさに、それに先だつ四十年間の思想活動全体が高度に個人的な見解のなかに移し植えられたところの、もっともみごとな精華にほかならない。——しかもそれは、かの決起時代の偉大な国民的経験の精華であるよりも、さらにそれ以上に、この思想活動の精華だったのである。なぜなら、決起時代の国民的経験は、彼の精神を直接つよく動かすことはなかったからである。しかし、考察という媒介物によって、この経験もまた、その本質的な内容を純粋に彼に伝えることができた。(4)

彼自身の国民的感情を構成する第一の要素は、これまた、かの決起時代の国民的経験からきているものではなくて、それに先だつところの、ドイツ国民がその新しい文学によって突然ふたたび自己を偉大な文化国民であると感じた時代に、由来するものである。ランケは、まったく個人的な経験の調子で、次のように語っている。(5) ドイツ文学は「われわれの統一のもっとも本質的な契機の一つになっている。すなわち、われわれは、まず第一にドイツ文学において、われわれの統一をふたたび実際に意識するようになった。ドイツ文学がいま形づくっている雰囲気、そのなかでわれわれの子供らしさが目をさまし、われわれの若々しさがよみがえり、この雰囲気こそ、われわれの存在のあらゆる脈管に、独自の生気を吹きこむのである。ドイツ文学がなかったら、どんなドイツ人も彼が現在あるところのものでないことは、明らかである。」ランケのドイツ国民感情は、まず第一に、精神的＝非政治的な性質のものであり、一種のインスピレーションの感情であり、完全にみたされたもの・ささえられたものの感情であり、——少なくともルードヴィヒ＝フォン＝ゲルラッハならば、疑わしげに、こういったであろう——彼の精神と国民の精神のあいだの汎神論的関係の感情であった。政治問答のなかでは、次のように述べられている。「われわれの祖国は、われわれとともに、われわれのなかにある。ドイツは、われわれのなかに生きている。われわれは、望むと望まないとにかかわらず、われわれのおもむくあらゆる地方、あらゆる地帯において、ドイツを表現する。われわれは最初からドイツを基礎にしているのであって、それから解放されることは、不可能である。貴賤の別なくすべての人びとをみたすこの神秘なあるもの、——われわれの呼吸するこの精神的な空気、——それは、あらゆる憲法に先行し、そのすべての形態を活気づけ、充実させるのである。」ここでは、主観的要素、すなわち、近代的国民意識の発生にあたってなんといっても普通大いにあずかって力のある、固有の意識的意志という要素は、一面からみれば、完全に拭き消されている。ここでは、一つの国民とは、国民であろうとするものである、とはいわれていず、――反対に、国民を構成する個人がそれに属することを望もうと望むまいと、一つの国民は存在する、といわれている。国民とは、自由な自己規定を基礎とするものではなく、決定を基礎とするものなのである。

それゆえ、国民の生成におけるあの比較的ふるい段階が、――そこでは、合理的にとらえられない、無意識的・本能的な生活過程が、国民のなかに支配し、その統一と特殊性を静かにつくり出し、維持する――ここでもう一度、天才的な精神に反映して、われわれを迎えるのである。そして、もしわれわれが、ランケの言葉や思想がこの見解を純化するためにつけ加えることのできたものを、取り去るならば、われわれはここに、週報派の一部のものの保守的国民国家思想の基礎をなしていた、国民性の本質についてのあの見解と寸分ちがわぬものを、ふたたび手にしているのである。国民性とは、ぼんやりした、測りがたい母のふところであり、神秘な何物かであり、隠れたところから作用する一つの力であって、みずからは非形体的でありながら、形体のあるものを生み出し、それをみたすのである。人格的なもの・個性的なものの充実は、国民性から生ずるのであるが、国民性自体は、少なくともわれわれの目には、非人格的なものの範囲内にとどまっているようにみえる。国民性の境界を定め、これを規定しようとするあらゆる試みは、彼にとっては、無限なものをせばめ、かつ平板化するものであった。「空想的なドイツ気質の旗をかかげよう」と試みた人びとにむかって、彼は、ほとんど文字通りに、「だれが、無限なものに名前をつけたり、無限なものを告白したりすることができようか」といった。「ドイツ的なものを、いったいだれが、概念や言葉でとらえようとするのか。われわれの何世紀もの精神、過去と未来の世紀の精神の名を、だれが呼ぼうとするのか。それはただ、われわれを別のまちがった道にみちびくもう一つのまぼろしとなるだけであろう。(6)」こうしてありきたりのドイツかぶれをしりぞけたランケは、また、身分的=家産国家をただちにドイツ精神の特殊な精華として、またキリスト教的=ゲルマン的国家として描きだそうとした、週報政論家たちの試みをも、しりぞけねばならなかった。ランケの雑誌の傾向全体が、またかれらとは反対の方向をむいていた。(7)彼が国民性の理念をまったく精神的・非形体的に把握したのは、あの週報政論家たちのように、あとから、それによって農業=封建的諸制度のどっしりした形体性を理想化するためでは、なかった。彼が国民の精神に、このような無限の性格——われわれは、いまやこういってもよかろう——、このような普遍的性格をあたえたのは、そこから、このような特殊な成果を得るためではなかった。なぜなら、フンボルトやフィヒテや初期ロマン主義者たちをみたしていたあの精神的普遍主義の、弱々しくはあるがはっきりしたけはいが、このランケの国民概念のうえに、なお漂っているからである。ここで国民というのは、神秘的でかつ明白な人間存在一般の制限《モディフィカチオン》にほかならない。「人間性の理念、その表現を、神は、さまざまな民族という形でおあたえになった。(8)」そしてランケは、国民の本質を、明らかに故意に、世界精神としての神にもあてはまる言葉で、いいなおしているのではなかろうか。名前は、ここでもまた、はかなくむなしいものである。この国民性の理念にみたされている人にとって、国民性とは、ある限られた国民的存在の地上に引きおろすおもりではなくて、彼を高いところに運んでゆくつばさなのであり、彼はその高所で、眼下の自分の国民的ふるさとを、感謝にみちた愛情をもってながめ、上方の、とらえがたくはてしない宇宙の諸力を、畏敬の念をもってながめることができたのである。このランケの国民概念のなかには、ある独特の浮動的な感じがあり、それゆえこの国民概念のなかには、たったいま述べたように、諸国民の古風な植物的生成の時期が余韻を残しているばかりでなく、ちょうどいまみたように、ドイツ国民理念の普遍主義的な時期も、余韻を残しているかもしれないのである。ランケはここで、不思議にも、発展の進行そのものに順応している。なぜなら、われわれがさきに認めたように、[9] たしかに、あの普遍主義的時期の発生およびその時期の国民的文学運動こそは、もう一度大がかりに、諸国民の生成における無意識的＝植物的なものを示していたからである。彼はまた、ドイツにおける国民的生成のこのようなやり方が、意識的意志や合理的意図の支配するフランスのそれといかにちがっているかという点についても、鋭い目をもっていた。われわれの国民性は根本的にちがっており、まったくちがった要求をもち、まったく別の視点を追求する、と彼は語っている。「フランスにおこった、財産と法のあの完全な変革、一つの新しい国民と新しい存在の創造、あらゆる過去との完全な絶縁、それらは、われわれのところでは、繰り返されてはいない。[10]」ここでは、ドイツの国民的発展とフランスのそれとのあいだの対立が、鋭すぎるくらいにさえ、特徴づけられている。というのは、一七八九年のフランス人の「新しい国民」は、なんといっても、人びとがこれらの言葉から想像するかもしれないよりもはるかに強く、アンシャン＝レジームのふるい国民と関係をもっていたからであって、それゆえ、ここでランケは、彼の歴史的思考におけるまれな一例であるが、たしかに、彼自身のドイツ的感情にあまりにも夢中になりすぎたのである。彼のドイツ的感情は、ここではしかし、同時にまた、個人的な感情であった。ドイツの精神が、平静な社会的・政治的状態のなかから、ドイツ国民性の意識にまで高まると同時に人間的理想の高所にのぼったという、あの発展の仕方は、かぎりなく彼自身の気に入ったものであり、性に合ったものであった。

彼がまた、ドイツの古典的＝ロマン的文学期の内容とも密接な内面的接触をもっていたこと、そして、特に彼の歴史処理の重大な普遍主義的特徴がこれに由来するものであることは、周知の通りである。さらにまた、彼が十八世紀の普遍史的遺産に、歴史のなかの国民的なものにたいする感覚をつけ加えた、ということがよく強調されるが、これは正当である。しかしわれわれは、この国民的なものにたいする感覚は、すでに普遍主義的な時期のさなかに、ヘルダーやフンボルトにおいてもまた初期ロマン主義者たちにおいてもきざしていたものであり、二つの傾向を鋭く分離することは不可能であった、ということを想起しながら、いまやランケについても同様に、彼自身のドイツ国民感情と彼の普遍的なものにたいする感覚とは境を接していたといっても、さしつかえないであろう。もちろん彼にあっては、フンボルトやフィヒテやシラーやノヴァーリスのように、ドイツ国民をただちに精神的な普遍的国民＝人間性国民に高めるということは、もはや話題にされてはいない。この理想的な、しかしけっきょくあまりにもつかまえどころのないドイツ国民の任務を、なお信じえんがためには、彼の感覚は、また彼の時代の感覚は、すでにあまりにも現実的かつ具体的になりすぎていたのであり、人びとは、あまりに多くのことを経験しすぎていたのである。ドイツ的特性とはもっとも強力な個性とまざりあった世界主義である、というノヴァーリスの定義は、ランケをもはや十分に満足させることはできなかったであろうが、しかし、ノヴァーリスのその先の言葉、すなわち、あらゆる国民的なもの、地方的なもの、個性的なものは、普遍化される。そして、人びとは、平凡なものに高い意味を、既知のものに未知なものの威厳を、有限なものに無限の外観をあたえなければならない、という言葉を、ランケはその学問的考察においてだけでなく、彼自身の国民的感情においても、適用している。ノヴァーリスはこのやり方を「ロマン化」と名づけ、しかもその際、もちろんまた無限なもので有限なものを、普遍的なもので国民的なものをおおわせ、くもらせたのであった。ランケが「ロマン化」することなく、現実にその権利をあたえたことは、――しかも今度は、週報派のように、ある特殊な政治的利害に奉仕する現実に、その権利をあたえただけでなく、一般にドイツ国民性のいぶきによって生気をあたえられているすべてのものに、その権利をあたえたということは、精神的な気分の大きな旋回を特色づけるものである。

ドイツ国民精神の本質にかんする彼の観念が、いかに汎神論的な印象をあたえるにしても、それはなんら神秘的＝熱狂的なものではなく、感情からただちに事実へとつき進んでゆく、現実的な、現世を楽しむ汎神論なのである。なぜなら――彼は、ドイツの精神について語りながら、非常に特徴的なことだが、このように考えた――「感情だけではなお不十分なことを、人びとは容易に承認するであろう。感情も、その他の酵素も、事情は同じである。それらの酵素は、素材を精神化し、その主成分を発展させ、醱酵させ、活気づけるために、存在するのである。それらの酵素は、ひとりで離れては、なんの意味ももたない。それらは、促進的なはたらきを示すよりは、むしろ麻酔的な、有害なはたらきを示すであろう。[11]」

かように彼は、現実的なものと精神的なものとをいつもいっしょにながめ、一方が他方から離れているとは考えなかったので、それによって彼はまた、国民性と国家の関係やわれわれが保守的国民国家思想とよんでいるものをも、かのとらわれた週報の政論家たちがなしえたよりも、いっそう深くかついっそう純粋に、表現することができた。われわれはいまや、彼の行なったこのようなドイツ個別国家の是認と理想化に、目をとめなければならない。

週報の政論家たちのように、ランケも当時、ドイツのいっそう厳密な政治的統一をまったく断念していた。この点でも人びとは、ドイツ国民の国家的統一の価値をいまだかつて経験したことがなく、かの腐朽した老帝国(神聖ローマ帝国――訳者)の印象のもとに勢力をえるようになったために、ドイツ国民の国家的統一の価値を知らなかった、比較的ふるいもろもろの意見の影響を、認めることができるであろう。ランケはこの時代について「幸いにも、この帝国は国民ではなかった」と語っているが、[12]この言葉は、そのころのシラーの「ドイツ帝国とドイツ国民とは、別々のものだ」という言葉を、われわれに思いおこさせる。その場合にしかし、一世代を隔てるこれら二人の思想家は、それに伴う結論において、なんという注目すべき、また教訓的な相違を示していることであろう。シラーはこれにつづけて、「ドイツ人の尊厳は、その君主たちの首長のうえにあったのでは、けっしてない。政治的なものとは別に、ドイツ人はみずから一つの独自な価値を創設したのである」と述べている。しかしランケは、「国民の生き生きしたもろもろの力は、すでに長いあいだ帝国から遠ざかっており、それは目下のところ、新しい諸侯国に結びついていた」とつづけている。シラーは、人間性国民の不滅の理想とみずから信じたものによって、その心を慰めたが、ランケは、国民の不滅の政治的生命力とみずから認めたものをながめて、その心を慰めたのであり、しかもその生命力というのは、腐朽して役に立たない国民の統一が崩壊したのちには、ただちにドイツの個々の国家に身を投げかけて、これを刷新し、国民化したものだったのである。「われわれの諸国家は、もしも、その基礎としている国民的原理からあらたな生命を受け取らなかったとしたら、どうなったであろうか。[13]」こうして、国民性の国家にたいする意義は、やっとのことでふたたび一般的に意識されるようになったのである。

ところでしかし、国家にとってそれほど不可欠なこの国民性とは、もっぱら一般ドイツ的なものなのであろうか。そして、それはただ、ゲーテのファウストやカントの哲学をみたす場合とまったく同じように、個別国家をみたすべきものであるのか。要するに、彼はここで、歴史法学派が発展させたあの民族精神の学説——それによれば、民族精神とは、それ自身は目にみえぬ非人格的なものであるが、さまざまな目にみえる個性的現象のなかに、精神的なもののなかにも、政治的・社会的なもののなかにも、あらわれる、というのである——を、適用しているにすぎないのであるか。ランケの見解は、往々、疑いもなくそうであり、彼はここでもまた、明らかに汎神論的である。彼にとって、国民が人間的存在の一つの制限であると同じように、国家は彼にとっては、——彼は、このことをはっきりと述べている——人間的存在の一つの制限であるばかりでなく、特にまた国民的存在の一つの制限でもあるのである。なぜなら、国家は、その本性上、国民よりもはるかに緊密にまとまっているからである。[14] 彼は、諸国民が国民的統一国家形成への傾向をもつことを、否定しはしなかったが、——そしてこの点にまた、週報派にくらべて、彼のとらわれない歴史的洞察があらわれている——しかし彼は、このような傾向は本来どこにも、フランスやイギリスでも、完全に実現されてはいないと考え、特にドイツ国民については、この傾向が非常に強く、また有望であるとは、みなかった。彼はむしろ、ドイツ国民の偉大な政治的任務は、ドイツの個別国家をできるだけドイツ本来の姿で、あらゆる外国の型や理論からできるだけ自由に、引きつづき発展させることである、と考えた。「われわれは、われわれに固有の、偉大なドイツ的任務をはたさねばならない。われわれは、国民の精神に対応するような真のドイツ的国家を、形成しなければならない。[15]」彼が、遠ざけておかねばならない外国の型と考えていたものは、何よりもまず、議会主義と人民主権の学説だったのであり、それゆえ彼はここで、同時に自由主義的国民国家思想にたいしても、それが普遍的な、一般に妥当する理論を引き合いに出すかぎりにおいて、抗議したのであった。彼はもちろんまた、週報の政論家たちのように、封建的身分組織のうちに絶対的なもの、価値あるもの、また一般に妥当するものを認めるところの、国制についてのいま一つの普遍的理論をもちあわせていたわけではなく、真のドイツ国家もまた非常に多様な形態をとることができる、という意見をもっていたのである。彼の考えによれば、ドイツの諸国家は、一人の母から生まれた子供たちのように、まったくひとりでに、多くの点でたがいに似通っていることを知るであろうが、しかし、すべてのドイツ国家に同一の制度をあたえることは、不可能である。[16] ドイツ国家のおのおののなかには、こうしてまた、一つの特殊な原理がはたらくようになり、それがまた、各国家の特殊な独自の形体をつくりだすのである。

ところでしかし、それとともに、かれらがすべてそこから出ている、根源的・統一的な国民性もまた、多様化される。ランケがドイツの個別国家をそこにすえようとする国民的基礎は、ただちにドイツ民族精神そのものというわけではなく、彼にとっては、全体のドイツ文化国民は、生活力のある独立した個別国家の存在とまったく同じ数の国家国民に、ほとんどみとめがたく分化するのである。次のいろんな言葉のなかで、彼は双方を、まったく同じようにつよく心に思っていたにちがいない。たとえば、次のようにいわれている。「ある他の国民がわれわれよりも優勢になるおそれがあるとき、われわれはただ、われわれ自身の国民性を発展させることによってのみ、これを防ぐことができる。わたしは、考えだされた、幻想的な国民性のことを、いおうとしているのではなく、国家のなかにあらわれた、本質的な、現存する国民性のことを、いおうとしているのである。[17]」また別の時に、彼がプロイセンの改革立法について語るとき、彼はふたたび、もっぱら国家国民のことを考えているのである。「この改革立法は、全体と国民の利益以外になんの利益ももたない君主の、合法的意志にもとづいていた。[18]」特に「政治問答」の進行をたどってみよ。これは、ランケの著作のなかで、たぶんもっとも多く、理論と個人的告白とを同時に提供しているからである。そこでは、まず第一に文化国民の姿が、すなわち、あらゆる制度に先行し、そのあらゆる形態をみたす「神秘なあるもの」の姿が、輝かしい精神化をうけて、あらわれる。この神秘な深みから、いまや国家が流れ出る。しかしながら、国家の流出は、国民性の内部から個人が流出するのとは、事情を異にする。後者にあっては、すでにみたように、個人がその国民に属することを望むかどうかは、問題にならなかった。そこでは、自己決定ではなくて、確定が支配していた。国家の成立にあたっては、彼ははじめから、両者をともに響かせている。「事物の本性と機会、精神と幸運が、いっしょにはたらいている。」そして、国家をさらにまた普遍的意義にまで高めるもろもろの力のうちでは、「道徳的活力《モラーリッシェ・エネルギー》」が――ランケにおける、非常に内容豊かな、意味深長な概念の一つである——最上のものである。それからあと、聞き手はもっぱら、国家と国家のなかに生きている特殊な精神の空気のなかにいることを、感ずる。いまやわれわれは、もはや国民の国家形成的な力を感ずるのではなくて、国家の国民形成的な力を、すなわち、国家のなかにはたらき、また国家から発散する「道徳的活力」を、感ずるのである。「特定の国家」は、個人の「精神的祖国」となり[19]、また、そこで問答の最後までわれわれにつき従う「共同体の精神」とは、一つの政治的な国民精神なのであって、それは、われわれが深所に残しておいた「神秘なあるもの」よりも限られたものではあるが、しかし、それよりもいっそう明るく、いっそうはっきりしており、その本質において、いっそう人格的である。国民性にみたされているということは、国家にとっては、道徳的な力にみたされているということである[20]。

非人格的なものから人格に、確定から内面的自己決定にいたる発展の経過は、このようにして完結する。そして、国民化された国家のこうした内面的自己決定を、ランケは、ここではもちろん、一七八九年の理論の信奉者たちよりもはるかに広く、理解している。彼の国民国家の概念は、非常に弾力性があるので、それは、ふるい特徴をもつ国民国家も、近代的な特徴をもつ国民国家も、ともに包括する。ランケにとっては、国家国民が代議制的・討議的な形で政治に参加するかどうかということは、問題ではなく、一般に国家国民が精神的・道徳的に国家に協力することだけが、問題なのであり、したがって彼は、権力国家以外の何物でもなく、ただ兵隊と金銭だけを基礎にしている国家を、国民国家として承認せず、このような国家の生活能力に、異論を唱えている[21]。

そこで、すべては、自発的な固有の生命に起因する偉大な国家の個性、という思想において、頂点に達する。それは、かつてフンボルトが一七九二年の青年時代の著作のなかでかかげた発展の理想とは、なんとちがった印象をあたえることであろう。その当時は、次のように述べられていた。「人類が、現在立っている文化の段階からいっそう高く舞いあがることができるためには、個人の育成を心がけるほかはないのであって、それゆえ、この育成を妨げ、人間をいっそう集団に圧縮するあらゆる組織は、いまのほうが、以前よりもいっそう有害である。」一見したところ、ランケとフンボルトのあいだでは、ほとんどあらゆる点がかけ離れているように思われる。世界史の課題としての文化について、ランケは、「しばしば非常におぼつかない文化の促進が、その唯一の内容なのでもない」(22)と語っている。そしてそれは、ランケがうっとりながめた強大な権力国家＝国民国家以上に、人びとを集団に圧縮したものだったのである。それにもかかわらず、われわれはこの対立を、それほど大ざっぱにとらえてはならない。ランケの注意をひいているものは、大集団への圧縮それ自体ではなくて、そこから生ずる精神的人格なのである。それゆえ、個性とは、フンボルトもランケもともに使う合言葉であるが、ただ、人格の概念は、ランケにおいては、全体としての集団人格をもともに含んでいる、という点がちがっている。ドイツ精神がはげしく熱望してとりかかった、個性的なものの国への探検旅行は、そうこうするうちに、――われわれは、もちろんフンボルトもやはりみずからこの探検旅行に参加したことを、知っている――個人を集団に結合するすべてのものの個性をも、発見しはじめたのであった。そして、いまやランケが、もろもろの国家や国民について、「分離と純粋な育成から、真の調和は生ずるであろう」(23)と語るとき、そこには完全に、フンボルトや古典的個人主義の根本気分が、余韻を残している。そこで、「文化」にかんするランケの懐疑的な言葉のなかにも、――すでにこの概念そのものが、なんとあいまいなものではないか――われわれはけっして、ただちに古典的な人間性の理想の否認をみてはならないであろう。「文化」の概念を精神的な意味でとらえるならば、ランケの権力国家＝国民国家も、真の高貴な文化である。なぜなら、国家の権力および国家の人格にたいする権利は、けっして、勝手に使用するためにあたえられているのではなく、また、たんにその生存を外的につないでゆくためにあたえられているだけでもなくて、「国家の生存の条件は、国家が人間的精神に一つの新しい表現をあたえ、それを新しい固有の形で表現し、かつそれをあらたに明示することだからである。これこそ、神から委託された国家の使命である。[24]」

それゆえわれわれは、ここでまたもう一度普遍的な命令があらわれて、それがもろもろの強大な国家人格の生活のうえに漂っているのをみるのであるが、しかしこの命令は、それら諸国家の個性的な発展を同時に包含し、それらをなんら制限したり、弱めたりしないようなもののである。――この点にわれわれは、ランケの国民国家観の画期的な進歩をみるである。ランケは、歴史から形而上的な要素を追い出しはしなかったが、しかし、その本来あるべき場所に、経験のぼんやりした境界にとどまるように指示したと同じように、彼はまた、強大な諸国家の生活のなかの普遍的要素も追い出しはしないで、それが諸国家の自由な活動をもはや妨げないところにおいたのである。それゆえ、諸国家は国民性の深みのなかに起源をもちながら、しかもその起源とその目標(Telos)とは、普遍的なものの色合いを帯びるのであるが、しかし、かれらの生活そのものは、まったくかれら自身の生命力をじゅうぶん発揮しているにすぎないのである。それを考察し再現する歴史研究は、それが人間的などんな事柄にも無関係であることを許されないかぎりにおいて、どうしても普遍的である必要があるが、しかし、その考察の対象である個々の国家に、もっぱらそれ自身の本性と利益にしたがって行動する完全な権利を認める場合にのみ、これらの対象を理解することができるのである。[25]その結果、なんというりっぱな対句《アンティテーゼ》が生まれていることか。すなわち、諸国家の行動それ自体は、普遍的な動機からではなく、利己的な動機から行なわれるが、しかし、その行動の意味は普遍的であり、また、それをうつしとる考察の鏡は普遍的でなければならない、というのである。

さきにみたように、ヘーゲルもまたすでにこの対句を立てたのであったが、その際彼は、歴史の普遍的な考察と評価を、そのために経験的な歴史が幻影になってしまうほど極端にまで、推し進めたのであった。ランケは、経験的歴史に、その奪い取られていた血をふたたび返しあたえ、経験的歴史を、概していっそう大切に、かつ丁重に取りあつかった。ヘーゲルがいたるところで把握することができると考えた歴史の普遍的意味を、彼はただ観照し予感しようとしたにすぎない。こうして、いまやついに正しい境界づけが成功し、それによって、理想と経験、考察される対象と考察する主体とは、そのいずれもが権利をもつ程度に、分離されたのである。それは、一つの流動的なぼんやりした境界にすぎなかったとはいえ、カントの精神での境界づけであったといっても、ほとんどさしつかえないであろう。しかし、このような特殊的なものと普遍的なものの融合、経験と思弁の融合は、事物の固有の本性そのもののうちに根拠をもっていた。もっとも重要なことは、経験の世界が解放され、それが普遍的・思弁的な解釈の試みのそとへさらに遠く押し出された、ということであった。

われわれは、経験に、すなわち、「諸強国」の光景に、話をもどすことにしよう。ランケのスケッチが、息切れするようなすばやさで、しかし消しがたい印象をあたえて、われわれのそばを通りすぎさせるような、列強の姿を、たがいに手を握りあうかと思えば、あらあらしく衝突したり、また、はげしい戦いそのものによって骨髄や筋肉を増したりするような、列強の姿を、だれか知らぬものがあるだろうか。ノヴァーリスやなかんずくアダム＝ミュラーは、もちろんすでにこの光景を予感していたが、しかしなんといっても、かれらの主観的な見方はなおあまりにも多く普遍的傾向をもちこんでいたので、それは、はっきりした姿であるよりは、むしろ一つの幻影であった。いまここで、これら諸強国の生活の真の姿が、あの幻影から解放されて、われわれを迎えるのである。「諸強国はいずれも、すべての機関やすべての生活機能を完全に支配している特性や原理を、確保しようとし、かれらの力や強さのすべてを、内外にむかって示そうとする。――レンツ(Lenz)は、このスケッチの根本思想を、このように非常に見事に再現している(26)――このもっとも深い本能の前には、共通性は、それが諸国家をどんなに緊密に結びあわせるにしても、後退せざるをえない。この本能は、列強がたがいに結ぶ同盟の基礎をさえなしており、そしてまた、それは、あらゆる友誼にとっての限界をなしている。」国家の個性とか自己決定とかいうのは、けっきょく、――それは、ランケの意味で同じことを述べることになるのだが――国家は、自己の地位および自己自身を維持しえんがためには、「その存在の特殊な諸原理に」、国民性に、道徳的活力にもとづいていなければならない、ということにほかならない。ランケが示しているように、西洋の強大な諸国は、この国民性や個性や自己決定を、アンシャン＝レジームの時代にすでに、素朴な自明さ――とでもいいたいようなもの――をもって、獲得していた。その後の革命時代に、これらのものは、内外の敵に脅かされた。外からの敵というのは、侵略的なフランス国民国家であって、それは、みずから普遍的・世界主義的な諸理念にはぐくまれて、諸国家および諸民族を、自己の普遍的支配にしたがえようと試みたのである。内部の精神的な敵というのは、あらゆる民族に一様な国家組織をすすめ、平等と自由をもとめる個人の願望に呼びかけて、あらゆる民族に取り入ったところの、あの普遍的な諸理念そのものであった。そこで、その自己決定を脅かされた諸国家は、かれらを脅かした世界主義的な抑圧と画一化に反対して、立ちあがった。かれらは、かれら自身のいっそう深い国民的基礎を、文化国民におとらず国家国民の基礎をも、思い出そうとつとめ、そして、そのもろもろの力に助けをもとめた。しかし、特にドイツが、脅威をうけたドイツの諸国家に施した精神的なもろもろの力は、われわれが再三再四みたように、それ自身同時に普遍的な諸理念に貫かれていたのであって、それゆえ、国家のこうした内部の同盟者は、同時にまた、国家の純粋な絶対的自己決定の、内部における敵でもあった。われわれは、シュタイン、グナイゼナウおよびフンボルトの例について、これらのおびただしい、直接ないし間接に普遍的な理念と前提が、実際的な政治家の範囲内にまで侵入した次第を、みた。われわれは、さまざまな国家や国民を結合させた当時の政治的要素さえもが、普遍的理念を活気づけたことをみたし、また、ヨーロッパ的共同体の思想と国家的・国民的な自己主張の思想とは、たがいにささえあい、またいくらか相おおいはしたが、しかし、それはなんといってもまったくほんのいくらかにすぎなかったので、それゆえまたここでは、同盟者がふたたび敵に、恩恵が苦しみになることもありえた次第を、みた。そして、一方における普遍主義的諸観念の精神的遺産と、他方における解放戦争の諸経験の精神的遺産のところへ、次に第三の要素として、国家と社会における復旧された諸勢力の特殊利害が、やってきた。家産国家の信奉者たちは、かれらがみずから述べたように、どんな形の絶対主義も、ふるい時代の君主制的なものも、新しい時代の民主主義的なものも、これを排撃した。——かれらは、どんな形の自主的な国家人格も、比較的ふるい特徴をもった国民国家をも、近代的な特徴をもった国民国家をも、排撃したのだ、といってさしつかえない。かれらは、国民的潮流そのものからまったく遠ざかっているわけにはゆかず、またそれを望みもしなかったので、そこでかれらは、身分的国家を民族精神すなわち文化国民の真の産物として理想化する、保守的国民国家思想をつくりあげることによって、国民的潮流を無害なものにしようとつとめたのであった。そして、かれらが同時にまた、すでにいくらか弱められていたとはいえ、正統なキリスト教諸国のヨーロッパ的共同体という普遍主義的観念をしっかりもっていた、ということは、非常に理解しやすい事柄である。じつにこの共同体思想こそは、ふるくからの封建的な静かな生活にとって非常に危険な、もろもろの国家や国民の権力衝動を、おさえつけ、国家人格の自律を、制限したのである。共同体の思想は、諸国家および諸国民のあらゆる利己的な権力利害に先だつべき、最高の法的＝道徳的命令を立てることによって、一つの積極的な内容を得たのでありそしてまたこの命令は、神のおきてであり啓示であるとして尊敬されたために、宗教的な尊厳を得たのであった。

いま、利害と理想で織り合わされたこの体系と対比してはじめて、ランケの思想の歴史的な意義と偉大さが、われわれにまったく明らかになるのである。この体系においてもみのり豊かなはたらきをしたが、しかしまたこの体系から生じたのではなく、古典的・ロマン的な運動から出ているもの、すなわち、文化国民、民族精神、独自の精神的国民性、新しい精神的個性を生みだす国民性の思想を、ランケの構想は保持していたが、しかし、こうして彼もまた獲得した保守的国民国家思想は、いまや彼においては、国民国家的自律を制限する役にたったのではなくて、逆にこれを正当化し強化するのに役だった。彼の国民国家は、しっかりした足取りで世界にはいってゆき、あらゆる点で自己の内面的精神の声だけにしたがうのである。もちろんその国家人格の究極の起源と目標は、もろもろの普遍的な力がはたらいている深所と高所に達するものではあるが、しかし、その日々の生活の明かるい光のなかでは、国家は、自己の固有の要求に応ずるかぎりで、普遍的な諸理念にしたがうにすぎない。ランケは、ヘーゲルと同じように、諸国家相互間の生活のなかにも、また一つの「ヨーロッパ的共同性」が存在するということを、非常によく知っていたが、しかしそれは、本源的な親近性および近隣的な共同生活の自然の結果なのであった。そして彼が、ほかならぬ革命戦争の時代にもヨーロッパ的共同性の理念がふたたびはたらいているのをみた、ということは、興味ある事柄である。しかし彼は、それを永続的な普遍的原理にしようとした人びとにたいしては、「諸国家が当時集合したとはいえ、」それがいかに困難なものであり、また、「いわば破滅に面したため」のものにすぎなかったか、を強調して、ただちにまたこの認容を制限した。この点についての彼の根本思想は、次の通りである。「それにもかかわらず、どの国家も自己の特殊な発展にたずさわっていた。そして、革命戦争の影響がなくなると、どの国家も自己の特殊な発展にすっかりもどるであろうということを、わたしは疑わない。(27)」事物の接合点が、ここでは、天才的な確実さをもっていいあてられている。革命戦争の時代は、ここでは、個々の国家人格の自律を基礎にした国家生活の正常な発展を一時他に転じたところの、ヨーロッパ的=普遍主義的政治の一種の挿劇であると、考えられている。しかし彼は、それが自分の本来の寝床にふたたび帰るであろう時を、絶対的な確実さをもって予想する。彼の理論は、自由主義的教説の普遍主義も、正統主義的教説の普遍主義も、ともにしりぞけた。彼は、ヨーロッパが永続的によい原理とわるい原理の二つの陣営に分かれるかもしれないということを、まったく認めようとはしなかった。なぜなら、彼は、この二元論的観念をよびおこしたと同じ時代が、アンシャン=レジームの列強やもろもろの国家人格を新しい生命でみたしたものでもあったことを、知っていたからである。将来は、普遍的原理に属すべきものではなく、若返った国民国家の自律に属すべきものであった。それゆえ、彼の時代の人びとがそのなかで成長した普遍主義的諸観念の全積雲は、ここ彼の目の前で寸断し、この歴史家は、きたるべきものを深く見通す予言者となったのである。

このことをなしえんがためには、ドイツに中央集権的な理想を立てるためによりも、さらにいっそう天才が必要であった。このような理想を立て、ドイツ国民全体のために国民国家を要求した人は、政治的な情熱にみたされていなければならなかったが、このような情熱は、なんといってもこの観照的な歴史家にはそなわっていなかった。それゆえ彼は、国民的な国家生活を、大体においてかのとらわれた同時代の人たちよりもはるかに深くながめたのではあったが、しかし、個々の特殊な点では、ドイツで文化国民のいっそう厳密な国民国家的統一をめざして押しよせた力を、はなはだしく軽視するということが、起こりえたのである。われわれはこんにち、文化国民の地盤が、真にドイツ的な個別国家よりも、また、ランケがとにかくまた育成するようにすすめた個別国家のあいだのゆるい連邦的結合よりも、さらに多くの成果をあげ、多くのものを生みだすことができたことを、知っている。われわれはまた、ドイツ精神に養われた個別国家に満足するこの保守的国民国家思想は、全体としてドイツの実際上の分裂の一つの反映であり、また、なんといっても現存しているドイツ国民意識の法廷の前で、この分裂を精神的に是認しようとする一つの試みであったことをも、容易に理解するのである。しかし、この種の理念はすべて、たしかに何かある現実に由来するものであり、しかも、それが自分のほうからもう一度精神的な力として現実のうえに反作用を及ぼさなくてはならない場合には、まったくそうでなくてはならない。すなわち、それは、このような生命の血をできるだけ多く含んでいなければならないのである。ドイツの国民感情が、精神的一体の意識からドイツ国民性の政治的表現をもとめる願望に移行する際に、なんといってもまた、幾世紀ものあいだの領邦国家的な活動のうちにすでにその特殊な政治的国民性を獲得していた個別国家の境界を、何よりもまずひとたびよりどころにしたということは、たしかに、ドイツ国民感情の発展におけるもっとも現実的な事実であった。もしも個別国家の国民性を、その他のすべての国民的価値といっしょにはかりにかけなかったならば、もっとも根深い感情は捨てられねばならなかったであろう。この事実を証明するためではなく、――なぜなら、この事実は証明を必要としないから――それにいっそう深い意味をあたえるために、われわれは、フンボルトとビスマルクが――もっとも理念に由来するところの多い政治家と、もっとも現実に由来するところの多い政治家が――一致してこの事実を述べているということを、想起しよう。(28)

ところで、この二人のあいだに位置したのが、――時代順にいっても――ランケであり、彼の天賦の才能(Charisma)は、他のだれより以上に、理念と現実を結合することだったのである。三人のあいだのこのような交響曲的な――ひとは、たぶんこういいたくなるであろう――つながりは、真の理念的思考と真の現実的思考とは繰り返しめぐりあわねばならない、ということを、証明している。シラーの人間性国民がビスマルクの国民国家を形づくることができたのも、けっきょくやはり、このことによるのである。このビスマルクの国民国家にいたるために、われわれはいまや、われわれの道の最後の部分をたずねることにしよう。

ランケが三十年代に展開した政治的綱領とビスマルクの政治的な考え方とのあいだに、著しい内面的親近性が存在するということは、つねに好んでこの両者を研究してきたすぐれた学者マクス＝レンツ(Max Lenz)[29]が、すでに繊細な判断力をもって証明したところである。そして彼は、国民の政治的思考に及ぼしたかれらの影響について、「かれらこそはじめて、われわれドイツ人のために、歴史と政治において自然法とロマン主義を完全に克服したものだ」と述べている。レンツ自身は、この判断が幾分しんしゃくして(cum grano salis)理解されることを望むであろう。なぜなら、このような力と創造性をもった精神的勢力が、これまでに、どこかで完全に克服されたことがあったであろうか。これらの精神的勢力は、それらを「克服する」もののなかにも、依然として生きているのであって、ランケもビスマルクも新しいドイツもわれわれも、みんないっしょに、精神的にはなおそれらの勢力を食べて生きているのである。たとえわれわれが、これらの勢力のうち以前の生命のなきがらにすぎないものに背を向けるにしても、これらの勢力に含まれている理念的な真実と現実的な生命力とは、ともに失われずに、われわれのところに残っている。それゆえ、ランケとビスマルクがなしとげた事柄においては、このような空虚ななきがらの破壊、硬直した教条と理想の克服がもっぱら問題なのだが、しかしわれわれは、こうしたかれらの業績を称揚しながらも、同時にまた、かれらが活動の余地をあたえた新しい思想と、かれらがその枯れ枝を除去したふるい思想とのあいだの、内的生命の連続性をも、指し示さなければならない。

ロマン主義からランケにみちびくと同じように、ビスマルクにもみちびく通路は、まず第一に、保守的国民国家思想である。この関係は、ランケにおいてはただちに明白であるが、ビスマルクについては疑われるであろうということを、われわれは覚悟している。なるほどわれわれは、すでに、彼の老年期の次の思想を引き合いに出すことができた。すなわちそこで、彼は、ドイツ国民感情の特殊な性格を、「われわれのところで王朝的家族財産の基礎のうえに形づくられている特殊な国民性」(30)に媒介されてはじめて、効力を発揮するようになる、という点にみているのである。しかし、何よりもまず、この命題は、もちろんまだ、ただちにわれわれが保守的国民国家思想とよんだものではない。両者は、似通ってはいるが、同一ではない。この命題もまた、保守的国民国家思想のように、個別国家的国民性を全ドイツ的国民感情と結びつけてはいるが、しかしこの命題は、それによってただ、ビスマルクがその生涯の晩年にみたような、国民的発展の結果だけをあたえようとするものであり、後世の人びとに、新しいドイツ帝国が、いかに特有の、国民的動機の二元論にもとづくものであるかを、銘記させようとするものである。これに反して、三月前期の保守的国民国家思想は、なんらドイツ帝国を知ることもなく、またそれを要求することもなく、ランケやラドヴィッツやフリードリヒ＝ヴィルヘルム四世のように、せいぜいドイツ連邦憲法の修理を要求したにとどまり、その他の点では、真にドイツ的な個別国家に満足していた。その場合もちろんまた、保守的国民国家思想は、このような個別国家のなかに国民的動機の独自の二元論が、すなわち、個別国家の特殊な政治的国民性とドイツ民族の精神的国民性が、はたらいているのをみたのであった。それゆえ、価値を認められている力は、同じであるかあるいはとにかく似ているけれども、観察と関心の立場がちがっていることが、わかるのである。ビスマルクは、新しいドイツ帝国の国家国民に、その新帝国のなかに支配している政治的個別国民性(プロイセンのこと——訳者)の力を忘れぬように、注意しているのであるが、——保守的国民国家思想は、一つのドイツ国家国民をもちたいと望んだ人びとをやっつけるために、ドイツ文化国民の思想と政治的個別国民性の思想とを、同時に用いたのである。

これら二つの立場のあいだのもっと一般的な歴史的関係が、ただちに目に浮んでくるのは、当然である。たしかに新しいドイツ国家国民は、まったく、ドイツ文化国民と個別国家の力の共同作業によって形づくられたものである。そしてその際、保守的国民国家思想自身は、ドイツの個別国家に将来のドイツ国民国家に組みいれられる心構えをさせるための、精神的手段の一つだったのである。それは、ドイツ個別国家の存在を是認したが、しかし、その場合の是認の根拠としては、やはり個別国家よりもいっそう高い何物かが引き合いに出されていたのであり、そしてそれによって、国民の外面的な政治的統一にたいする不信の念にみちていたサークルのなかにも、内面的な国民的共同体の理念を生き生きと保存する手伝いをしたのである。分立主義《パルティクラリスム》のこのような是認の仕方は、まさに、大きなドイツ国民国家をつくり出すために必要なかぎりで、分立主義を内面的に克服することに協力したのである。

もちろんこの思想は、ドイツ国民国家を準備したばかりではなく、遅滞させもした。この思想がドイツ国民国家を準備したのは、その本来の意図に反してのことであったが、遅滞させたのは、意識的な意図にもとづいてのことであった。この思想のはたらきのこうした二重性は、実際一八四八年の運動のなかではっきりとあらわれているが、ここでは、促進的なはたらきよりも阻止的なはたらきのほうが、いっそう強くみられるのである。フランクフルトの憲法作業の反対者たちは、分立主義的なそれも大ドイツ的なそれも、明らかに保守的国民国家思想を思い起こさせる論拠によって活動したのであり、特にプロイセンの保守的な反対者たちが当時この思想をはたじるしに立て、それによって、かれらがドイツの統一に反対して行なった戦いについての自己のドイツ的な良心の呵責を和げたことを、われわれはすでに、シュタールの例についてみたのである。

しかしまたビスマルクのなかにも、当時ドイツ的良心が脈打っていたのだろうか、と人びとは疑わしげに問うであろう。彼は、まったくプロイセン的分立主義者として戦ったのではなかったか。彼の伝記作者レンツは、「彼にとっては、外国はすべて、黒と白の境界標のかなたにあるものであった(31)」と語っている。同じ身分の一プロイセン人が、当時彼のはげしい反動的心情を吐露した言葉にたいして、「国民的思想」のなかにもやはり承認すべき真理がある、と彼に異議をとなえたとき、ビスマルクは、「それでは、あなたもドイツの犬にかまれているのですか(32)」と嘲笑して、彼をしりぞけた。われわれは、この研究の第二部で、当時のドイツ運動からどんな危険が、プロイセン国家に、その特殊な人格と国民性を維持するうえに迫っていたかを、叙述しなければならないであろう。それは、プロイセン的国民性および——彼自身の当時の言葉で語るならば——そのもっともすぐれた特質の、すなわち、戦闘的要素の化身であったビスマルクのような人にとって、「ドイツの犬」に打ってかかり、自分の母国を危険にさらした国民的思想の承認を拒むに十分な、誘因だったのである。ところで、彼とフランクフルトの人びととを引き離した深淵のこちら側に、まさにかの保守的国民国家思想が立っていた。そして、この思想に含まれていたドイツ国民性の承認は、非常に無害な、非常に危険のないものだったので、ビスマルクのような根っからのプロイセン人も、良心のとがめなしに、この方式を繰り返すことができたのである。実際この年代のビスマルクには、力づよいプロイセン的意向とならんで、ある種のドイツ的意向をもあらわしている一連の言葉が、みられるのである。これらの言葉は、まったく顧みられないままになっているわけではないのであって、普通には、彼の体操家的《トゥルネリッシュ》(Turn　プロイセンの愛国者ヤーンが、一八一一年ベルリン郊外ハーゼンハイデに開いた体操の教練所の名前。彼はフランスに対抗するために国民皆兵の必要を説き、体操を奨励した。——訳者)＝学生組合《ブルシェンシャフト》的《リッヒ》(Burschenschaft 一八一五年にはじめて組織された、愛国主義を振りかざす大学生団体の名前——訳者)な青年時代の感動のなごりであると、解釈されている。[33] それらの影響が残っていることを否定する必要はないが、しかし、これらの言葉はいずれも、同時に保守的国民国家思想の連関のなかに無理なく組みこまれるものである。そこではもちろん、ただちに次のような疑問が生ずる。これらの言葉が保守的国民国家思想を表現するかぎりにおいて、それは、彼の内面的意向の真の一片であったのか、それとも、彼の仲間が彼なしに、また彼以前につくりあげていたこのような理念への表面的な共感、あるいはたぶんまたそれらの戦術的な利用にすぎなかったのか、という疑問が。

この疑問は、ビスマルクがキリスト教的＝ゲルマン的サークルのなかで、すなわち、プロイセン保守派の内輪の仲間のなかで独特の地位を占めていたことのために、はやくもわれわれの注意をひくのである。彼は、このサークルに完全に熱中したというわけではけっしてなく、ここで彼に提供された宗教的＝政治的な体系をも、それが彼のなかで個人的な生き生きした経験に突きあたったかぎりで、とりいれたにすぎなかった。[34] おそらく彼は、一八四七年六月十五日に合同州議会で行なった、ユダヤ人問題にかんする演説においてより以上に純粋に、彼の新しい友人たちの言葉を述べたことは、けっしてなかったであろう。すなわち、そこで彼は、素朴にも、国家の目的をキリスト教の教義の実現のうちにみたのである。しかし、それの実現の可能性について、彼はなんと冷静にまた実際的に考えていることであろう。[35] また彼が、その親譲りの先入見について語るとき、すなわち、自分が従わなければならない高位高官のユダヤ人をみると、自分の喜びも率直な名誉心も、消えてしまうだろう、と断言するとき、彼がほのめかしている動機は、なんと具体的＝個人的であり、また、なんとマルク＝ブランデンブルク的(Mark Brandenburg もとプロイセンの州名——訳者)＝貴族的であることだろう。こうしてわれわれは、彼が使っている、キリスト教的＝ゲルマン的教説のどんな個々の命題をとっても、それが彼の口にかかると変形され、その理論的・純理的な響きをまったくあるいはほとんどまったく失ってしまう次第を、みることができるのである。それゆえ、ドイツ的意向を示している彼の言葉は、彼の友人たちがつくりあげていた、プロイセン国民性とドイツ国民性の関係についてのあの理論から出ているということは、ためらわずに疑われてもよいであろう。この理論は、すでにみたように、人格的なものを生みだしはするがみずからは目にみえる人格になることのない創造的な民族精神、というロマン的な観念の基礎のうえに、つくりあげられたものであった。そしてまた、この観念は、一部は初期ロマン主義の汎神論と汎個性主義に、一部はたぶんまた、フィヒテや初期ロマン派の人びとや古典的理想主義者たちのなかに生きていた精神的な文化国民＝普遍的国民の観念に、さかのぼるものであった。われわれは、保守的国民国家思想のこうした系譜を立てなくてはならないにしても、その結果はただ、それがビスマルクにとっては何物も意味しなかったということをみるにすぎない。これらの繊細で深遠なすべての理念は、観察的な気分の人の内面的経験となることはできたが、彼のような行動的な気分の人の内面的経験となることはできなかった。しかし、これらの諸理念そのものが、とにかくすでに、国民の体験に由来するものではなかったか。そして、特にドイツ民族精神の観念は、強力な現実の反射ではなかったか。この観念そのものは、反射であり反映であるにすぎなかったが、その基礎になっていたものは、古風な、素朴な、自然な国民の成長だったのであり、そこでは、国民は無意識のうちにすでにいろんなものを創造してはいたが、その誇り、その憎悪する力、その意志が刺激されたときにはじめて、自分自身を意識したにすぎなかったのである。われわれは、まず第一に、その青年時代の南西ドイツ旅行の印象についてのさらに進んだビスマルクの説話を、聞くことにしよう。(36) それは、もっともおそい時期のものであるが、しかし、それほどやすやすと後期の色彩を帯びてはいない回想の一つである。「地図をながめると、フランスのシュトラスブルク領有がわたしを腹だたせ、また、ハイデルベルク、シュパイエルおよびファルツ地方の訪問は、わたしを復讐心に燃えさせ、好戦的な気分にさせた。」このような自然的感情には、ビスマルクの語るところによると彼のトゥルン時代の最初のドイツ的＝国民的感銘がはたらいていたという「理論的考察の段階」自体は、まったくみられない。それどころか、この自然的感情は、彼がその当時立っていた、――彼はもちろんまた、このように語っている――「自由戦争(一八一三―一五年の解放戦争のこと――訳者)の意味でのプロイセン士官の立場」よりも、もっと本源的なものである。この説話によって、人びとはただちにまた、彼が一八四七年の合同州議会で行なった最初の演説を思いおこすであろう。そこでは彼は、一八一三年の民族的反抗には、「外国人がわれわれの国土であたえた恥辱」「虐待と蔑視」「外来者にたいする憎悪」などの自然のままの人間的感情とはちがった、なお別の動機もいっしょにはたらいたはずだ、ということを、理解しようとはしなかったのである。しかし、われわれはまたここで、特にプロイセン的なもしくはドイツ的な国民性の感情の背後になお存在する、原始的な国民感情の一片が、われわれの前におかれていることを、疑うことができるであろうか。それは、外国人が国内で支配することを耐え忍びえない、民衆叙事詩の世界、グードルーン(Gudrun 十三世紀のドイツの叙事詩およびその女主人公の名――訳者)やイリアス(Ilias ホーマーがトロイ戦争を詠じた英雄叙事詩の名――訳者)の英雄たちの世界なのである。それは、たんに国民的な、またたんに国家的な自律だけでなく、けっきょくは英雄的な自律をもとめる衝動なのである。この衝動は、彼の全生涯を通じて彼の意欲の深いところにはたらいており、あらゆる彼の政治的目標を特徴的に色どり、また、彼の偉大さを本質的に形成していたのである。

本質的には、しかしそれだけではなかった。なぜなら、そのなかで彼が成人した、歴史的な発達をとげた大きな生活圏には、そのうえまた、一つの自然的な力強い特徴がつけ加わったからである。この特徴というのは、それらの生活圏のまっただなかに身をおき、それらの生活を自分の生活とし、自分の自律とそれらの自律とを融合し、偉大なものとして支配し、また偉大なものに奉仕しようとする衝動のことである。彼は、みずから成人するにあたって、自分のまわりに三つの大きな生活圏をみいだした。プロイセン貴族の社会的環境、君主制的＝プロイセン的国家制度、およびドイツ国民が、これである。第一のものを、彼はけっして否認しはしなかったが、しかしこれは、当時にあっては、彼をはるかに強く取りかこみひきつけていた第二のものと、非常にしっかりと結びついていた。第二のものと第三のものの、プロイセンとドイツ国民のあいだの選択の前におかれたとき、彼はその天性のあらゆる力と情熱をもって、プロイセンを支持する態度をきめた。しかし、ドイツ国民とは、むろんただちに、自由主義的＝民主的な国民性思想を基礎にした、フランクフルトの人びとの国民政治的な理想と同一ではなかった。彼がそのまっただなかへ身をおくことのできる、もう一つのドイツ国民の概念は、いったい存在しなかったのであろうか。もちろん、すでにみたように、ドイツ文化国民の理念がそれであることは、不可能であった。ドイツの人民主権には、彼は、貴族としてまたプロイセン人として、かかわりたくなかったし、そのロマン的な友人たちのドイツ民族精神も、彼には大して仕様がなかったが、――しかし、人民主権や民族精神の背後には、なおまた歴史的な原始岩石として、ドイツの国民力(Volkskraft)が存していた。彼の気にいったものは、これであった。

「もしも、ドイツの力と統一の最初の飛躍が、フランスにエルザスを要求し、シュトラスブルクの大寺院のうえにドイツの旗を立てることによって、調子を整えたとしたら、わたしはそれを、説明できることと考えたであろう」と、彼は一八四八年四月二十日に、マグデブルク新聞の編集局あてに書きおくった。どんなに理解力のある人でも、彼がそれによって、即座にフランスにたいする国民的侵略戦争を説こうとしているのだとは、思いつかないであろう。もちろんそれは、同様にたんなる無鉄砲な豪語ではないが、しかしそれは、力を——彼のなかに眠っていた力と、彼の思い通りになった力とを——あらわす言葉である。それは、まだ雷雨ではないが、しかし、われわれがすこし前に耳にした類似の言葉とまったく同じように、一つの稲妻である。それは、なお政治的ではなく精神的でも倫理的でもないが、しかし著しく自発的な性質の、ドイツ国民感情である。実際君たちが、ぜひとも君たちのドイツ的感激をもとうとするならば、もし君たちが、君たちの母国から君たちに提供される快適さに不満であるならば、わたしは君たちに、角と爪をもつ一つのドイツ精神《ドイチュトウーム》を示したいと思う。わたしは、このようなものの仲間にしかならないであろう。——それは、このような響きを発しているのである。

マグデブルク新聞にあてたあの手紙の直接の目的は、彼のドイツおよびプロイセンの同国人たちに、かれらがポーゼン州のポーランド人の運動を助勢することによって演じた自殺的愚行を、説明することであった。それゆえ、彼はみずから共有する必要のなかったドイツ的感情に訴えることによって、特にプロイセン的な利害を促進しようとしたのだ、という異議をとなえることも、おそらく可能であろう。しかしながら、もしだれかが、ビスマルクがこのドイツ的感情を述べた打算的な形式のなかにもその感情を認めようとしないならば、それは、この感情の自然の声にたいして無感覚であることを意味する。もちろん彼は、ドイツの国民力の盲目的な発展のためではなく、合目的的な発展のために、その言葉を述べたのであり、そしてこの目的は、彼にとっては、まず第一に彼の母国プロイセンの権力と偉大さのうちにのみ、存在しえたのである[37]。それゆえ、当時の彼にとって、ドイツ国民性とは一つの大きな力ではあるが、それはしかし、まず形づくられるべき統一国家のなかにではなく、母国の権力政治のなかにあらわれるものなのである。

他の強大なドイツ個別国家についても、事情は同じであったのか。同じ手紙のなかで、そして同様にまた一八五〇年十二月三日のオルミュッツ協約にかんする演説のなかで、一般にドイツの武力が数世紀のうちに征服してきたすべてものについて、それゆえまたスラヴ人やイタリア人の国々におけるオーストリアの支配についても、彼は自己の喜びを語っている。われわれはここで、彼の喜びの本源性を疑いはじめることはできるが、しかし、ドイツの強国という尊称をオーストリアが要求するのは、ドイツ的な支配と武力行使にもとづくものだ、という考え方こそ、なんといっても真にビスマルク的であるということを、認めるものである。

そして、少なくとも最後にわれわれは、当時の彼のドイツ国民概念が、同じサークル仲間のレオポルト＝フォン＝ゲルラッハおよびルードヴィヒ＝フォン＝ゲルラッハの国民概念と一脈相通ずるところがあることを、確認しなければならない。レオポルトは、一八四八年四月二十四日に——たぶん、なんらかの方法で彼にもよく知られるようになっていた、あの同じ時代のビスマルクの思想からもまた、感銘をうけて——その日記のなかで、次のように書きしるした。「一般にこのドイツ心酔は、なんというつわりのものであることか。そしてそれは、疑いもなく、ドイツになんという傷をあたえていることであろうか。プロイセンは、ドイツの慣習とドイツの法を、ニーメン(Niemen)地方にまで、さらにネッツェ(Netze)やプロスナ(Prosna)の地方にまで、拡げていた。革命は、ドイツ人をこれらすべての占領地から追い出そうとするために、最大の努力をしている。(38)」ベーメンやティロールやオーストリア領イタリアについても、まったく同様である。「その際、エルザスやロートリンゲンやネーデルランドのドイツ諸州や真にドイツ的なスイスをふたたびドイツと結合し、ジーベンビュルゲンにおけるドイツ国民性を守ることとは、まったく別の問題である。」ところで、ルードヴィヒ＝フォン＝ゲルラッハは、翌年ヴォルフガング＝メンツェル(Wolfgang Menzel)の意見に賛成して、ハンガリーおよびイタリアでのオーストリアの戦いをドイツ的な事柄であると宣言し、ドイツの軍隊をそこに送り、ロシア人の武力干渉をまったく許さないことこそ、唯一のドイツ的な国民政策であっただろう、ということを認めた。(39)もちろんわれわれはただちに、ビスマルクにあっては国民的＝英雄的な特徴をもっている同じ思想が、ゲルラッハ兄弟の頭のなかでは、ひからびていくらかとっぴな理論になりかかっていることに、気がつくのである。かれらにあっては、理論と感情を分けることは困難であるどころか不可能であるが、ビスマルクにあっては、利害と感情を区別することは困難であるどころか不可能である。もし歴史家が、酷評と善意のあいだの正しい中道を進もうとするならば、彼は、生き生きしたものにたいする自分の感覚にしたがって、両者をそのたびごとに並んでいっしょに承認するよりほかはないのである。

それゆえ、われわれの推測は確認される。すなわち、ビスマルクは、生来また土着人としてそのうえに立つことができたかぎりで、そして、ドイツの国民力とプロイセンの国家利害が相合うかぎりで、保守的国民国家思想の地盤のうえに立っていた。彼がそれをこえて、彼の友人たちの国民的理論と一致したときには、それは主として、その時点の戦術的考慮から行なわれたのであったが、しかし同時に、彼から自然にほとばしり出る英雄的感情がつけ加わっていた。オーストリアが東方でドイツの武力を行使したことにたいする彼の喜びを、実行に移し、そして、ゲルラッハの意味でのドイツの国民政策を行なうというようなことは、すでに当時、彼の夢にも思いつかぬところであっただろう。おのおののドイツ国家は、ただそれ自身の武力で、自由な道を切り開いてくれればよかったのである。オーストリアは、そのスロヴァキア人とマジャール人にたいして、プロイセンは、――この思想も、実際すでにこの年代にひらめいている(40)――ドイツ人にかれらの憲法がどんなものでなければならないかを命令することによって。オルミュッツ演説の二、三日前に、同じ党派仲間の比較的せまいサークルのなかで、彼は率直に、一七四〇年のフリードリヒ二世が模範であると明言し[41]、また、オルミュッツ演説のなかでさえも、彼はこのような強烈な欲望を、少なくとも推測させたのである[42]。彼はただ、当時あまりにも深淵が左右から彼の国家をおびやかしているのをみたために、この欲望をかたく制したにすぎなかった。そこにはつねに、あらゆる勇気を喜ぶ古風な軍王精神(Heerkönigsgesinnung)が感じられると同時に、いろんな要素の力を目的に隷属させ、自制を行なう近代的な合理的現実主義が、感じられるのである。なぜなら、合理的現実主義のみが、そのように、自己の生活上の諸要求からの自己決定をも行なうことができるからである。

実際同じオルミュッツ演説のなかで、彼は、政治的ロマン主義のあらゆるあいまいさを追い払った偉大な単純な真理を、次のように述べているのである。「ある大国の唯一の健全な基礎は、——そして、それによって、大国は本質的に小国から区別されるのであるが——国家的利己主義であって、ロマン主義ではなく、また、自分自身の利害に属しない事柄のために争うことは、大国にふさわしいことではない。」

このような自主的な政治を、ビスマルクは、この年代のある他の時に、「国民的・プロイセン的な政治[43]」とも呼んでいる。しかしわれわれは、たとえ彼がこうした自主的な政治を実行したわけではなく、また、「特殊なプロイセン主義」のあらゆる感情価値を他の場合にはそれほど生き生きと響かせていないにしても、彼が心のなかに思っていた自主的な大国を、政治的な意味での真の国民国家と呼ばなくてはならないであろう。なぜなら、この国家は、その行動の原理を、政治的に一体となった民族共同体の内外の生活上の諸要求のうちに、もとめねばならなかったからである。フリードリヒ＝ヴィルヘルム四世やそのロマン的な友人たちが眼中においていたプロイセンは、この意味の国民国家ではなかった。なぜなら、かれらは、ビスマルクのように、プロイセンの国家的利己主義を、その政治の唯一の健全な基礎であるとは考えていなかったからである。かれらは、プロイセンを対外政治の面でも最高の倫理的命令に結びつけ、それによって、その権力の目標、その運動の自由、さらにその同盟の可能性をさえも、制限した。[44] かれらは、かれらが国家にあてがった非国家的な目標によって、国家が仕事をする場合に使用すべき手段をも変化させ、さらに政治的思考を、すなわち、政治的に可能であり実行できるものについての観念を一般に変化させ、こうして、もろもろの政治的誤謬、欠陥、失敗および屈辱の一つの源泉をつくり出したのである。

われわれは、われわれの論究の結末に近づいている。われわれは最後の回顧を行なうに先だって、新しい時代のはじめに相争った二つの見解に、もう一度発言の機会をあたえようと思う。ビスマルクの専門家ならだれでも、彼が一八五七年五月にレオポルト＝フォン＝ゲルラッハと取りかわした手紙、ならびに、彼が一八五七年の五月と六月に彼の政府に提出した覚書を知っている。これらのものを読むと、われわれは、うすら寒い夜明けにいる感じがするし、月の光があせていることを知るのである。

その際、一八五七年五月六日のゲルラッハの手紙のなかでは、[45] ロマン主義や解放戦争や王政復古時代の普遍主義が、もう一度姿をあらわして、ヨーロッパの政治の真の原理を提供するとともに、世界史そのものを通してそれを実証することができる、と主張している。カール大帝の原理はキリスト教会を拡張することであった、と、彼はこのようにはじめている。カールは、ザクセン人やサラセン人などにたいする戦争で、この原理を信奉して、そのよい報いをえたが、一方彼の後継者たちは、原理をもたないでたがいに争いあった。しかし、中世の偉大な君主たちは、ふるい原理をふたたび忠実に守りつづけたのであって、ブランデンブルク＝プロイセン国家の建設は、この原理を基礎にしている。いいかえれば、教会の代理者(Vikarius)である皇帝に従おうとしなかった諸民族にたいして行なわれた戦争を、基礎にしているのである。その後、教会と帝国が衰微した時代に、諸国家を絶えず起きあがらせたものは、ほかならぬこのふるい原理であった。すなわち、オーストリアとロシアは、そのトルコ人にたいする戦いによって、勢いをえるようになったのである。大選挙侯のやった戦争およびフリードリヒ大王の最初の三つの戦争も、領土的利害や均衡的利害がいっしょにはたらいていたにもかかわらず、それらはプロテスタント的性格をもっていたので、この原理を守っていたのであるし、また、ルイ十四世にたいして行なわれた戦争は、本来まったく革命にたいする戦争であった。プロイセンの政治のもっとも不幸な時代は、一七七八年からフランス革命までの時代であった。それは、「利害の政治であり、いわゆる愛国心の政治」であった。次に、革命によってはじめて、諸国家はふたたびあの真の原理について教えられた。なぜなら、この原理はいまや、フランスのナポレオン三世にいたるまでのあらゆる形態の革命にたいする戦いにおいてのみ、あるいは、少なくともそれらにたいする反抗においてのみ、成立することができるからである。プロイセンとオーストリアは、この原理の行なわれるあいだは、うまくいった。一八一五年から一八四〇年までは、どんな外国の権力も、ドイツの事柄に干渉しなかった。

　ゲルラッハは、彼の理想政治が、表面上はいつでも、その現実的な報いをこの世ですでにみいだしていたので、――もちろん彼は、無理やりに関節をはずしたり、知らぬふりをしたりしないでは、このことを証明することはできなかった――それゆえまた、現実政治を行なっていると信じていたのである。彼はまた、国民の自律を尊重しているようにみえるが、しかしそれは、真の自律ではない。なぜなら、彼のいう自律とは、なんといってもただ、神聖同盟に組みいれられることの効果として、すなわち、権力の真の自律を放棄することの代償として、理解されているにすぎないからである。ゲルラッハの政治的行動の原理は、しっかりしたようにみえる一種の緊密さと強固さに達したが、この緊密さと強固さは、もちろん比較的平穏な時代には、国家に一種の信用を保証することができた。「一定の原則にしたがって行動し、利害などのような動揺する概念にしたがって行動しない人だけが、たよりになるということは、なんといってもはっきりしている」と彼は、賞賛している。しかしそれは、同時に、すべての他律的な行動の原理と同じように、単調、硬直、事物の変化に生き生きと適応する能力のないこと、自然の生命力や歴史的発展を抑圧すること、を意味した。彼は、運動の法則を、現に運動しているもろもろの力そのもののうちにではなしに、普遍的、絶対的、超越的な関係のうちにもとめた。なぜなら、彼の信仰は、このような普遍的関係のうちに運動の法則をみているからである。

すべての点で、ビスマルクは反対であった。彼の政治は、現に運動しつつあるもろもろの力そのものの中心から出発し、その本質は、個性であり、発展であり、現世的性格《ディースザイティヒカイト》である。彼の政治は、一方からみれば、瞬間から瞬間へと振動するが、それは、彼の政治が、「ある戦争の場合のためにいろんな同盟を結んだり、いろんな集団に属したりすることのできる可能性、蓋然性、もしくは意図のあらゆるニュアンス」[46]によって、規定されているからである。しかし、こうした種類の被規定は、真の内面的自己決定の一部をなしているのであって、それはちょうど、内界が外界にたいする闘争と対立を通じてのみ成長し、発展し、自己の地位を維持することができるにもかかわらず、外界がやはり内界に属するようなものである。それゆえまた、諸国家相互間の生活についてのビスマルクの見解も、恒常的・持続的なもろもろの力をけっして欠いているわけではない。それは、個々の国家の「生来の自然的利害」であって、これは、ゲルラッハが主張したほど不安定なものではけっしてなく、それどころか、ゲルラッハが確固不動のものと考えたあの諸原理よりも、いっそう強いものである。なぜなら、個々の国家の利害は、政体のあらゆる変化を通じて繰り返し発現し、国家がいまや革命的原理の陣営にあろうと、反革命的原理の陣営にあろうと、頭をもちあげるものだからである。ビスマルクは彼の友人に、「すべての戸をあけ、すべての方向変換を偏見なく受け取ろう」とする、自分の自己決定の政治を弁護するために、その友人に語らなくてはならない一番必要なことだけを、語った。彼は、ゲルラッハの主張する、革命的原理と反革命的原理の対立、よい原理とわるい原理の対立が、本来根本的にそもそも正当であるかどうか、という問題には、あまり深くかかり合わなかったし、また、自由主義や革命にたいする自分自身の内面的態度を検討してみようとする要求さえも、なんら感じなかった。そうではなくて、彼は、この対決においても、国家が一般にその本性上行動しなければならないようなふうに、行動した。彼は、もっとも切迫した、死活にかんするものにたいしては、すなわち、諸国家のもっとも大きなまたもっとも重要な生活活動にたいしては、活動の余地を調達したが、その他のすべてのものは、これを発展の流れに委ねたのである。

彼はその友人の誤謬を、特にそれが歴史的制約をこうむっていることを指摘して、排撃した。ランケとまったく同じように、彼は、革命と王政復古の時代を、諸国家相互間の生活における、また、諸国家を指導する政治家たちの準則における、一種の挿劇《インテルメッツォ》であると認めた。もし、あらゆる政治の基礎であるこのような原理が存在するとしたら、どうしてそれは、一七八九年以前にもやはり存在していたキリスト教的・保守的な政治家たちから失われたのであろうか、と彼は考えた。(47)「フランス革命前には、どんなにキリスト教的なまた良心的な政治家であっても、彼の政治的努力全体を、すなわち、内外の政治にたいする彼の態度を、革命との戦いという原理に従属させ、他の諸国家にたいする自国の関係をもっぱらこの試金石にかけて吟味する、という思想に達したという事実を、わたしは知らない。(48)」彼は、その年上の友人の誤謬を、個々の点についても、心理的に解釈しようとした。彼は、一八六〇年五月二日に、この友人に次のように述べている。(49)「人はだれしも、感銘深い青年時代が心に刻みつけるしるしをふたたび失ってしまうことはないと、わたしには思われます。あなたの心のなかには、ボナパルトにたいする勝ちほこった憎悪が、消しがたく残っています。あなたは彼を《革命の化身》と呼んでおられますが、もしあなたが、何かもっとひどい言葉を御存知でしたら、たぶんまた、それにしたがって彼に命名されることでしょう。」

こうして彼は、彼のやり方にしたがって、誤謬の諸原因のなかから、もっとも具体的なもの、もっとも生き生きと体験されたものを取り出したのであった。われわれはこのことを、けっして忘れてはならないであろう。しかし、われわれの課題は、その誤謬のさらに広い精神的連関をも示すことでなくてはならない。ヨーロッパの国家世界を実際に二つの陣営に引き裂いた、解放戦争の深い経験を、われわれは、シュタインとグナイゼナウを手がかりにしていっしょに体験しようとしたのであったが、しかし、すでにここで、この経験が思考と感情の一定の範疇に、なかんずく、その普遍的諸原理を国家生活にも移そうとする、なおはたらきつづけている十八世紀の精神に、ぶつかっていることを、知った。自主的な国家は、個人の倫理的自律があらゆる他律的道徳とのあいだに行なわねばならなかったのにも似た戦いを、この他律的諸原理とのあいだに行なわねばならなかった。十八世紀のとりすました権力国家は、もちろんはじめからこれらの諸原理にはかたく反対であったし、十八世紀の啓蒙君主たちさえも、特にかれらの対外政治において、これらの諸原理が氾濫することのないようにじゅうぶん注意した。革命と解放戦争によってはじめて、国家生活の入口が開かれ、それを通して、普遍的・非政治的な理想のいっそう強い波が、政治のなかに突入した。特にそれは、ドイツで活動の余地が準備されているのをみいだした。なぜなら、ここでは、精神的教養はとりわけ非政治的であり、普遍主義的な特徴を特にこまかくかつ深くつくりあげていたからである。このときロマン主義が、その憎悪する十八世紀の合理的＝世界主義的精神に反対して、過去のもろもろの精神を呼び出しはしたが、しかし、このロマン主義そのものも、同時にまたやはりあの世界主義的精神に根ざしていたので、過去のなかからまたもう一度、この精神と同質のものを取り出したのであった。そこで、キリスト教諸国の普遍的共同体というきわめてふるい理念が復活して、(50) 新しい生命を獲得し、政治的になったロマン主義は、宗教的＝倫理的な兆候をもつ世界主義となったのである。革命の諸理念と神聖同盟の諸理念という形で、二つの普遍主義がぶつかりあった、とわれわれはこのように語った。もちろん、国家の力強い本性は、その国家に押しかけてその手足を鎖につなごうとする異質な要素に、抵抗した。この異質な要素は、そのために、完全に勝利を得るということはなかったが、しかし、ほかならぬプロイセンで、フリードリヒ＝ヴィルヘルム四世の時代に、指導的な人びとの頭を非常に強く支配したので、それは、実際の政治にも、すなわち、国家の優越した地位にも、宿命的な作用を及ぼしたのである。それゆえ、それはけっきょく、身体がふたたび自然なはたらきをしなければならない場合には、ふたたび除去しなくてはならない毒のようなものであった。その毒を取り出した医者こそ、ビスマルクだったのである。

しかし、もちろんそれは、元来毒であっただけではなく、薬でもあった。

われわれはもう一度、ナポレオンにたいする諸国民の反抗を回顧してみよう。この反抗の場合に、諸国民自身は、さまざまな型と発展段階をあらわしている。スペイン人やティロール人やロシア人のような国民は、古風な自然的基礎のうえに立っていた。ナポレオンの世界帝国にむかって敵意と憎悪を爆発させるためには、かれらは、なんら特別な新しい刺激物を必要としなかった。かれらのなかには、半文化民族の熱狂がなおいくらか存在して、これがまた、この世界帝国の近代的文化要素を拒否したのである。ナポレオンの支配は、「それにたいする精神の準備ができていたところでは、」すなわち、革命のうちに生長し、ナポレオンによっても主張された社会的諸理念が、すでに知られていたところでは、いっそう容易に拡がることができた、という意味深い意見を、ランケは述べている。われわれは、啓蒙主義思想の社会的な部分だけでなく、その世界主義的な部分も、ナポレオンの仕事の基礎をつくったのだ、とつけ加えてもよいであろう。啓蒙思想は、特にドイツの国民的抵抗力を、まず最初は弱めたが、次いでしかし、それが発展し高まるのをまさしくいっしょに手伝ったのである。われわれはここで、国民の上流、指導階級について語っているにすぎない。なぜなら、後備兵の燧発《すいはつ》銃をもつマルク=ブランデンブルクやポンメルンの農民は、国民的感情の性質という点で、ティロール人やスペイン人の民衆戦士たちとそれほどちがってはいなかったからである。しかし、国民の精神的指導者たちのなかには、国民的衝動がはなはだ複雑な仕方で目ざめていた。すでにみたように、それは、ここでははじめから、普遍的なもろもろの理想につらぬかれ、からみつかれていた。諸国民のはっきりしたむき出しの利己主義を承認することは、比較的優雅なドイツ的教養にとっては、まず最初は、不可能なこと、耐えがたいことであった。かれらの国民的感情は、旧来の世界主義的な格子垣に、高く巻きついていた。そしてそれゆえに、普遍的な諸理念と精神化された国民的諸理念とは、同時にまた、たがいに密接に結びついて、国家のなかへ侵入する結果になった。前者は後者に、力と熱をあたえ、後者が国家に侵入するのを助けた。のちに前者は、プロイセン国民国家をドイツ国民国家にまでさらに発展させうるために、ふたたび放逐されねばならなかったが、しかし、それは無用なものではなかった。二つの偉大な時期の内面的、精神的連続性を媒介するものに、無用なものは何もない。また、重大な決定的時点に歴史的な行為を鼓舞することができるものにも、無用なものは何もない。もしシュタインが、彼が当時そうであったヨーロッパ的な政治家として、国民的・国家的な諸利害とならんで、あの超国家的・普遍的な諸理念をもその心のなかに燃え立たすことができなかったとしたら、シュタインは一八一二年の末に、ロシア皇帝に説いてロシアの国境をこえて戦争を継続させることを、よくなしえたであろうか。国民の問題は、当時はまたヨーロッパ人一般の問題でもあった。それゆえ、神聖同盟の思想は、それがまだ成文化されていなかった時に、その最大の具体的な成果をあげたのである。なぜなら、国家生活における普遍的思想は、それがまだとらえがたい生命のいぶきにとどまっている場合にのみ、天恵を示すことのできる、精神的要素の一つだからである。

(1) ランケの全集の第二十四巻に(そして、いまではまた、わたしが序文を書いて、インゼル叢書のなかにも)はいっている》Die Grossen Mächte《を別にして、すべては、全集の第四十九―五十巻に再録されている。これらの論文は、本書の初版があらわれて以後、Otto Diether の示唆に富んだ書物 Leop. v. Ranke als Politiker, 1911 のなかで、本質的にちがった観点から研究されている。わたしが理念史的な問題を取り扱っているのに、一方彼は、「純粋な歴史家の実際政治にたいする関係」という心理的な問題を立てており、その場合もちろんまた、この道を通って精神史的な成果に達しているが、それによれば、ランケは、自主的な、冷静な、まったく非政治的な(!)思想家として、十九世紀よりもむしろ十八世紀の世界に属するであろう、というのである。なるほど正しい核心をついていないわけではないが、しかし、はなはだしく度をすごしているこの見解と、わたしは、Hist. Zeitschrift, Bd. 111, 582 ff.(》Preussen und Deutschland im 19. und 20. Jahrhundert《に再録)で対決したのであるが、ここでも本質的には、初版の本文を繰り返すものである。なぜなら、それは、Diether の根拠にしている諸事実を、わたしの設問が要求するかぎりで、すでに顧慮しているからである。――国民についてのランケの見解は、最近適切に、しかし独創的な観点はないが、Gasparian, Der Begriff des Nation in der deutschen Geschichtschreibung des 19. Jahrhunderts, 1917 によって取り扱われている。

(2) ランケは、周知のように、フィヒテの流行の書物が青年時代の自分にあたえた深い感銘を、みずからのちに証言している。Sämtliche Werke 53/54, S. 59. フィヒテが彼に及ぼした影響についての文献は、Varrentrapp, Christl. Welt, 1905, n. 23 および Histor. Zeitschrift 99, 50 Anm. にある。また Fröhlich, Fichtes Reden an die deutsche Nation, S. 78, Anm. 1 参照。

(3) 国民性の思想を迎えいれた週報派のメンバーたちが、かれらの方で同時にランケの諸論文からもすでに学んだということは、ありそうなことである。(上の本書二五九ページ以下をみよ。)

(4) 「彼の精神的運命は、考えられる最大の経験をも、——われわれは、あらかじめ念入りに考慮したうえで、こういいたくなる——できるだけ客観的な考察の対象になるように、彼の精神の前にはこんでいった。」Dove, Ausgewählte Schriften, S. 153.

(5) Trennung und Einheit, S. 160.

(6) Trennung und Einheit, S. 172.

(7) Varrentrapp a. a. O. S. 35 ff. 参照。

(8) Frankreich und Deutschland, S. 72.

(9) 上の本書三〇ページをみよ。

(10) Frankreich und Deutschland, S. 62 f.

(11) Trennung und Einheit, S. 134 f.

(12) Frankreich und Deutschland, S. 65.

(13) Die Grossen Mächte, S. 39.

(14) Polit. Gespräch, S. 326.

(15) Frankreich und Deutschland, S. 71.

(16) Trennung und Einheit, S. 156.

(17) Die Grossen Mächte の結末のところ、S. W. 49/50, S. 75.

(18) Frankreich und Deutschland, S. 65.

(19) S. 333. もう二回、S. 335 と S. 336 で使われている》Nation《という言葉は、ここでは疑いもなく、国家国民の特徴を示している。

(20) Die Grossen Mächte, S. 39.

(21) a. a. O.

(22) Die Grossen Mächte, S. 93.

(23) Die Grossen Mächte の結末。S. W. 49/50, S. 76.

(24) Frankreich und Deutschland, S. 73.

(25) Über die Verwandtschaft und den Unterschied der Historie und der Politik, S. W. 24, 291.

(26) Die Grossen Mächte, S. 9.

(27) Polit. Gespräch, S. 329.

(28) 上の本書二〇七ページをみよ。

(29) Lenz, Bismarck und Ranke. Kleine histor. Schriften 383 ff.

(30) Gedanken und Erinn. 1, 293.

(31) Geschichte Bismarcks, 3. Aufl. S. 39.

(32) Ludw. v. Gerlach 2, 324.

(33) 一八四八年四月二日の演説については、たとえば Lenz a. a. O. S. 43 参照。「それは、彼の青年時代の思想であった。彼は、この思想を、革命の際にも忘れてはいなかった。しかし彼は、ドイツの一体性を、やっぱり、その君主たちの協調のうちにみたにすぎなかった。」

(34) わたしのビスマルクとゲルラッハにかんする論文参照。Histor. Zeitschrift 72 (1893) (》Preussen und Deutschland im 19. und 20. Jahrhundert《のなかに再録されている。) 大体において、その後のビスマルク研究は、この見解に賛同している。Günther Franz による、「ビスマルクの国民感情」についての最近の念入りな研究(1926)も、この研究から出発しており、少なくともその大要は、以下の詳論とも一致しているが、しかし、ビスマルクのプロイセン国家主義に、いくらか頑強すぎる性格をあたえている。

(35) 彼は相前後して少なくとも三度、この目的はなんといっても達成されないであろうということを、強調している。

(36) Gedanken und Erinn. 1, 2.

(37) それゆえまた、当時の情勢では、プロイセンにたいして何物をも約束しない対デンマーク戦争を、彼がなお喜ばなかったことも、理解されるのである。

(38) 1, 155. ゲルラッハは、もちろんここで自家撞着におちいっている。――そしてこのことは、彼の国民的原理の不確かさの特色を示している。上の本書二九四ページの注(54)をみよ。ゲルラッハ兄弟の国民概念にかんするその他の資料は、Lüttke, Die polit. Anschauungen des Generals und des Präsidenten v. Gerlach. Leipziger Dissertation 1907 および Augst, Bismarck u. Leopold v. Gerlach 1913 に集められている。

(39) 2, 47.

(40) 一八四九年九月六日の演説。

(41) Ludw. v. Gerlach 2, 116.

(42) Fester, Histor. Zeitschr. 85, 49 f. は、このことを正しく認識している。上の二一六ページの注(38)をみよ。

(43) 一八四九年九月六日の演説。

(44) ここで同時にもう一度、ランケが同じころ、フランツ一世とトルコ人との連合を叙述する際にくだした判断を、思いだしてほしい。「国外の諸事件を、自国の状態の要求するところにしたがって、もっと自由に取り扱うということは、人びとが、その所属するもろもろの民族や国家のいっそう大きな体系への顧慮によってとにかく規定されていたあいだは、不可能であった。」Französische Geschichte 1, 117. またフランス史の第三章の冒頭で、彼が、普遍主義的・倫理的な意向をもつ君主と、国民的＝利己主義的な君主とを区別しているのも、明らかにフリードリヒ＝ヴィルヘルム四世のことを暗に指しているのである。

(45) Bismarckjahrbuch 6, 83 ff.; Kohl, Briefe Gerlachs an Bismarck, S. 208 ff.

(46) 一八五七年五月二日、Kohl, Bismarcks Briefe an Leopold v. Gerlach, S. 316.

(47)　一八五七年五月三十日、Kohl, S. 328.

(48)　Sorel, L'Europe et la rév. franç. 1, 71 参照。「一七八九年前の神聖同盟とは、真の歴史的逆説である。以前のヨーロッパでは、このようなものをつくることはできなかったのであり、ヨーロッパにこの概念をあたえるためには、フランス革命が必要であった。」

(49)　Kohl, S. 347.

(50)　すでに啓蒙主義の歴史は、特徴的な仕方で、「キリスト教的共和国」という中世的理念を、明らかに、唯一の役に立つ中世の理念であるとして、その価値を認めていた。Samuel, Die poetische Staats- und Geschichtsauffassung F. v. Hardenbergs (Novalis), S. 257 参照。

あとがき

本書は、フリードリヒ＝マイネッケ教授の「世界市民主義と国民国家」(Weltbürgertum und Nationalstaat, 7. Aufl. 1928) の第一部「ドイツ国民国家思想の発展における国民、国家および世界市民主義」の全訳である。同書の第二部にあたる「プロイセン国民国家とドイツ国民国家」も、いずれ近い将来に訳出する予定である。第二部はもちろん第一部と密接な関係をもっているが、第一部の内容を理解するためには、かならずしも必要ではない。第一部は、それだけで一つのまとまりをもっているからである。

マイネッケの名前は、すでにわが国では一般にひろく知られている。わたしが東大に在学した昭和十年代のはじめには、マイネッケの名はようやくわが国の歴史学界に知られはじめたばかりで、その著書の邦訳もほとんどなく、彼にかんする研究もきわめて乏しかった。しかしその後、彼の著作の邦訳もつぎつぎにあらわれ、ことに第二次大戦後は、マイネッケとしっかり取りくんだ少壮気鋭の学者も、しだいにその数を増し、立派な研究もあらわれるようになったので、いまここにあらためてマイネッケについて詳しく紹介したり、論じたりする必要はないが、やはり順序として、ごく簡単にマイネッケの学問的生涯をふりかえっておきたい。

マイネッケは一八六二年十月プロイセンの小都市ザルツヴェーデルに生まれ、その後、帝国主義時代の到来、第一次世界大戦、革命、ヴァイマール共和制、第三帝国、第二次世界大戦、崩壊、占領下の分裂と、波瀾にみちたドイツの歴史を身をもって体験し、その間つねにドイツの運命と人類の将来について真剣に考えつづけた、二十世紀前半のドイツを代表する偉大な歴史家である。マイネッケは、ベルリンとボンの大学で歴史学とゲルマン学をおさめたのち、一九〇一年以後、シュトラスブルク(現在のストラスブール)、フライブルク、ベルリンの各大学教授を歴任して、盛名をはせ、三大著作といわれる「世界市民主義と国民国家」「国家理性の理念」「歴史主義の成立」をはじめ、多くの著書・論文を通じて、たんにドイツの歴史学界だけでなく、マクス＝ウェーバーやエルンスト＝トレルチュとならんで、全世界の思想界に大きな影響をあたえてきた。ところで、長年にわたる彼の学問的生涯を一貫する特徴は、学問の政治化にどこまでも反対しながら、しかも、過去の学問的批判を通じて、ドイツ国民に将来の発展の方向を示そうとするひたむきな態度であり、つねに良心を歴史のみちびきの星とする高潔な立場であった。マイネッケは、ナチス政権成立後は、その圧制下に不遇をかこちながらも、終始この態度をもちつづけ、終戦後まもない一九四六年には、八十歳をこえた老軀にむちうって、ナチス批判の書である「ドイツの悲劇」を公けにして、目標を失ったドイツ国民につよくよびかけ、大きな感銘をあたえた。またその翌年には、彼が多年にわたって考えつづけてきた近代歴史学の基礎についての見解を、「ランケとブルクハルト」という書物に集約した。そして翌四八年、マイネッケはベルリン自由大学の初代総長に就任したが、ついに一九五四年二月六日、一世紀に近いその生涯を終えたのである。

マイネッケの歴史学をつらぬく二つの中心的テーマは、一つは、国民主義と世界主義の正しい関係の把握ないし国家の本質の探究であり、いま一つは、近代的歴史感覚の成立という問題であって、両者はまた、たがいにふかいつながりをもっている。彼の史学は理念史とよばれ、はなはだしく哲学的・倫理的な色彩をおびているが、しかし彼はどこまでも歴史家としての本分を忘れることなく、実証的精神に根ざしつつ、歴史の複雑な発展過程を具体的にたどることによって、問題の解決をみいだそうとしたのであり、二つのテーマは、ともに近代ドイツを出発点としながら、しだいにひろく一般的に掘り下げられていった。ここに、彼の学風の顕著な特色をみることができる。

このたび訳出した「世界市民主義と国民国家」は、彼の三大著作の最初のものであると同時に、第一のテーマの出発点ともなったドイツ政治思想史研究の力作であって、マイネッケの若々しい、野心にみちた気負いが、よくあらわれている。本書は、その影響力の大きさの点でも、あとの二つをはるかにしのぐものがあり、十九世紀のドイツ国民主義の研究を志すものが、ぜひとも一度は通過すべき古典的名著とされている。

この書物は、副題「ドイツ国民国家発生の研究」が示すように、ながく国家的分裂の苦しみを味わってきたドイツが、十八世紀末の国民的意識の発生とともに、しだいに政治的統一への歩みを進め、ついにビスマルクによって統一的国民国家が形成されるにいたるまでの過程を、主として理念史的に考察したもので、こまかな実証的研究を着実にふまえながらも、むしろ理論的とさえみられる性格が、かなりつよくあらわれている。彼の歴史学を一貫する立場は、歴史学を手工業的専門化からすくい、政治史と精神史とを結合するにあったが、本書もこのような基礎に立っていることは、第二版の序言のおわりの次の言葉から知ることができる。「ドイツの歴史研究は、その方法的作業の貴重な伝統を放棄することなしに、しかもまた、国家生活＝文化生活のもろもろの重要な力とともに自由に活動し、またそれらの力と自由に接触するまでに、高められなくてはならない。」したがって、マイネッケの書物、特に本書は、たんなる知識の集積ではなくて、彼自身のはげしい人間的な思索と苦闘の結晶であり、ここに本書がひろく人びとの心に訴えるゆえんがある。総じて彼の著作は、学問と生活の関係について、われわれにふかい反省をしいずにはおかない。

「世界市民主義と国民国家」のもっとも新しい第七版が発行されたのは、一九二八年のことであり、それ以後四十年のあいだに、世界の歴史学もわが国の歴史学も、方法的にも対象的にも、じつに目ざましい進歩をとげた。

マイネッケのこの書物は、たんにドイツ国民主義の研究書としても、すでに幾多の点で修正をうけなくてはならないことは、当然である。しかし、それにもかかわらず、現在の時点で本書を通読するとき、われわれは、依然としてふかい感銘と教訓をうけることを否定することができない。特にわたしは、本書が現在のわれわれにあたえる教訓として、次の二点をあげたいと思う。

第一は、歴史研究における、ふかい意味での総合的把握の必要である。最近の——ことに現代史にかんする——おびただしい史料の出現や専門的研究領域の細分化は、社会の進展にともなう当然の現象であり、個々の分野で、マイネッケの時代にくらべてけたちがいにきめのこまかい成果を生みだしていることは、事実である。しかしその反面、最近の学界のいわゆるメリット＝システムにわざわいされて、時には、新奇をてらうだけで根の浅い末梢的な研究にかたむきやすい弊害がみられるし、またそうでなくても、各分野のおびただしい精緻な研究成果を結びつけて、統合的な歴史像を構築する仕事は、いったいだれの手に委ねられているのであろうか。この点で本書は、現在のわが国の歴史学者たちに、多くのことを考えさせずにはおかないであろう。

第二に本書は、現在ならびに今後の国際政治の複雑な動向を考えるうえにも、多くの示唆をあたえてくれるように思われる。十八世紀末から十九世紀中葉にかけてのヨーロッパをふまえて、マイネッケが本書の第一部でいおうとしているのは、だいたい次の諸点である。すなわち、(1)現実の特殊性と政治的権力とを無視する理想主義は、どんなに進歩的なものであっても、歴史的な力となることはできない。(2)国民国家とは、その内部に充実した国民生活をふくむ国家のことであるが、それが対外的に自主独立を維持するためには、しっかりした自力をもたなくてはならない。(3)このように、世界は自主的な権力国家の併存であるから、国家相互間の同盟もしくは敵対関係は、その時々の歴史的事情のもとでの各国自身の利害関係にもとづくものであり、けっして永遠不変の規範的原理ではありえない。(4)しかし、それにもかかわらず、非道徳的・非精神的な政治ははなはだ危険であり、国民主義と世界主義とはけっして排除しあうものではなく、たがいに実らせあう、密接な関係に立つものである。——といったことが、それである。マイネッケが本書で取りあつかっているような形での国民主義と世界主義の関係は、もとよりそのままこんにちの時代にあてはまるものではないが、しかもなお、国民主義と世界主義の問題は、依然として現在の世界の基本的な問題の一つである。戦後二十年余の国際政治の推移の跡をふりかえるとき、本書のマイネッケの論旨は、時代の差をこえて、われわれの胸にこたえるものを含んでいる。われわれの将来は、マイネッケの提出したこの教訓的な課題を、いかに解くかにかかっているといっても、過言ではないであろう。

わたしが本書の邦訳を最初に公判したのは、今から二十五年前の戦争のさなかであった。この訳書は幸いに好評をえて、当時としては思いもかけないほどの部数を世におくることができ、その後かずかずの研究論文にも引用されて、わたしをひそかに喜ばせてくれた。しかし、すでに絶版になってから久しいので、現在では入手が困難であり、再版を出すようにすすめて下さる方々も多くなった。けれども、旧訳書をそのままの形で再刊することは、わたしの気持が許さなかった。

まず第一に、旧訳は本書の第六版(一九二二)を底本としたために、そのあとで出た最新の第七版にくらべて、種々の点で不十分であった。第七版は、第六版にくらべて、本文にもかなりの文章が加筆され——この点は、マイネッケが自分で意識している以上である——、そのうえ、注においては、おびただしい数の重要な増補が行なわれている。さらに、旧訳書には、あとから気づいた若干の誤りもあり、また、当時のわたし自身の若さにともなう表現の生硬さが目だち、そのうえ、二十五年のあいだに漢字やかなづかいも大幅に変化し、旧訳文は、現在の日本語として適切なものでないことを痛感するにいたった。しかも旧訳書は、本書の第一部だけで、第二部を割愛している。

以上の諸理由のために、わたしは、ぜひとも第七版にもとづき、第二部もふくめて、現在の日本語としてふさわしい決定的な改訳を、折をみて実現したいという気持が、しだいにつよくなってきた。しかし、身辺の多忙や種々の事情のために、ながいあいだそのままにうちすぎてしまった。

ところが最近になって、やっと年来の希望を実現する機会をえ、一年あまり全力をかたむけて旧訳書を徹底的に再検討したうえ、あらたに第七版を底本にして、まず第一部の改訳を完成することができた。したがってこの訳書は、すっかり面目を一新した、むしろ新訳ともいうべきものであり、旧訳の誤りはできるかぎり訂正し、表現も平明な現代調にあらため、日本語として読みやすいことを、まず心がけた。わたしは、これらの諸点でこの新訳がかなり進歩していることを確信しているが、それにしても、外国語を、しかもかなり難解な学術書を日本語にうつすという仕事が、いかに困難なものであるかを、あらためてしみじみと感じさせられた。この新訳にも、思わぬ誤りや表現の不適切な点はいろいろとあろうから、読者の方々からお気づきの点を御教示いただければ、幸いであり、版を重ねるたびに、できるだけ改めてゆきたいと思う。

わたしは、学生のころ、東大図書館のほのぐらい電燈の下で、異常な感激をもって本書を読み通した記憶を、いまなお忘れることができない。マイネッケの歴史学については、その後、歴史把握の仕方があまりにも観念的であるとか、世界市民主義と国民的精神の相関関係がヨーロッパ的視点にかぎられているとか、その他いろんな批判が加えられているし、現在わたし自身も、マイネッケの立場に全面的に同調することはもとよりできないが、しかし、わたしが学問的発展の過程でマイネッケから学んだところは大きく、いま本書の新訳を世におくるにあたって、深いなつかしさを禁ずることができない。

さきに述べたように、わたしが本書をはじめて訳出したのは、第二次大戦のたけなわなころであったが、大戦終了後マイネッケ教授は、戦争中のわたしの翻訳にこころよく事後承諾をあたえられたうえ、みずから出版社と交渉して下さった末、本書の一部と二部を合せた全体の翻訳権を、あらためてわたしに譲与された。この御好意には、まったく感謝の言葉もないほどである。ただ、教授の存命中に新訳をお目にかけることができなかったのは、心のこりだが、いまとにかく第一部を完成して、肩の荷が一つおりたような、ほっとした気持である。第二部の訳業も準備中であるから、いずれ世に送ることができるであろう。第二部は、一八四八—四九年のフランクフルト国民議会での論議や、プロイセンの欽定憲法成立の背景など、現実的な問題との関連も多く、ドイツの三月革命を考えるうえにも、また、プロイセンにおうところの多いわが国の近代化をふかく考えてみるうえにも、重要な問題点をたくさんふくんだ、興味ふかい叙述であるから、できるだけはやく訳し終えたいと考えている。

わたしは、一九六一年秋、ベルリンの郊外ダーレムのお宅に、マイネッケ教授の未亡人をお訪ねして、親しく歓談した数時間を、忘れることができない。マイネッケ教授は家庭生活にめぐまれ、その結婚生活は、ワルター＝ゲッツが「われわれの知る、地上でのもっとも幸福なもの」と賛嘆したほどであった。未亡人はすでに九十歳に近いが、いまなお健在で、毎年自筆のクリスマスカードを送って下さっている。十九世紀末の結婚以来、マイネッケ教授のかわらぬ伴侶として、教授を助けてすぐれた研究のかずかずを成就させた夫人のかげの力は、大きなものがあった。わたしは、お会いした時の未亡人のあの明るい笑顔を思いうかべながら、いつまでも健全であられることを、心から祈りたいと思う。

最後にわたしは、本書の出版にあたっていろいろと好意を示され、また直接お世話になった岩波書店の編集部の方々、特に古荘信臣、竹田行之、河辺岸三、木村秀彦、唐沢修の諸氏に、心から謝意を表したい。そして、本訳書が、十九世紀ドイツ政治思想史にかんする古典的名著の決定訳として、多くの研究者や一般知識人のあいだにいつまでも読みつがれることを祈りながら、筆をおくことにする。

一九六八年五月二十七日

北海道大学政治史研究室にて

矢田俊隆

■岩波オンデマンドブックス■

世界市民主義と国民国家 I
——ドイツ国民国家発生の研究
フリードリッヒ・マイネッケ 著

1968年 7月27日 第1刷発行
2001年 6月21日 第3刷発行
2015年 5月12日 オンデマンド版発行

訳 者 矢田俊隆《やだとしたか》

発行者 岡本 厚

発行所 株式会社 岩波書店
〒101-8002 東京都千代田区一ツ橋 2-5-5
電話案内 03-5210-4000
http://www.iwanami.co.jp/

印刷／製本・法令印刷

ISBN 978-4-00-730199-5 Printed in Japan